本书是国家社科基金项目
"基于田野考察的西南地区少数民族传统体育文化生态研究"
（项目编号：13CTY040）结项成果

西南少数民族
体育文化生态论

王洪珅 韩玉姬 张文涛 等◎著

中国社会科学出版社

图书在版编目（CIP）数据

西南少数民族体育文化生态论/王洪珅等著. —北京：中国社会科学出版社，2019.12

ISBN 978-7-5203-5818-7

Ⅰ.①西… Ⅱ.①王… Ⅲ.①少数民族—民族形式体育—体育文化—文化生态学—研究—西南地区 Ⅳ.①G852.9

中国版本图书馆 CIP 数据核字（2019）第 290481 号

出 版 人	赵剑英
责任编辑	郭晓鸿
特约编辑	张金涛
责任校对	韩海超
责任印制	戴 宽

出　版	中国社会科学出版社
社　址	北京鼓楼西大街甲 158 号
邮　编	100720
网　址	http://www.csspw.cn
发 行 部	010-84083685
门 市 部	010-84029450
经　销	新华书店及其他书店
印　刷	北京明恒达印务有限公司
装　订	廊坊市广阳区广增装订厂
版　次	2019 年 12 月第 1 版
印　次	2019 年 12 月第 1 次印刷
开　本	710×1000　1/16
印　张	23
插　页	2
字　数	353 千字
定　价	138.00 元

凡购买中国社会科学出版社图书，如有质量问题请与本社营销中心联系调换
电话：010-84083683
版权所有　侵权必究

著者及工作单位

王洪坤（成都体育学院）

韩玉姬（成都中医药大学）

张文涛（江西师范大学）

韦晓康（中央民族大学）

李　晨（贵阳学院）

李斗才（德宏师范高等专科学校）

李传国（成都体育学院）

吴　勇（成都师范学院）

徐　鹏（成都体育学院）

陈振勇（成都体育学院）

李　杨（成都体育学院）

自　序

作为我国传统文化重要组成部分的少数民族传统体育，是我国少数民族居民的生存样态和生活状态的良好反映和折射，同时体现了我国民族传统文化"百鸟在林、百花齐放"的繁荣景象，学界相关学者开展的相关研究可在较大程度上丰富和完善关于民族传统体育的理论体系，可为其未来发展奠定基础；从现实层面而言，少数民族传统体育作为一种文化事项，伴随各少数民族的产生、演变和发展，可谓窥视少数民族历史、文化、社会的窗口。随着社会的不断发展，少数民族传统体育在促进少数民族居民身体健康、社会发展、文化进步等方面发挥的作用日益凸显，其复合型的功能价值会逐步彰显。

然而，"少数民族传统体育文化日渐式微"在学界已然成为共识，并且围绕这一问题进行了多方面的研究，类似观点在很多的文献中都能找见，且相关论述有理有据。当然，这种判断和假设是将少数民族传统体育文化置于"中国传统文化"旁落这一大背景之下的。观照现实，西方文化自近代涌入中国之后，中国的社会生态和文化生态均开始发生变化，西方文化所裹挟的价值观也在悄然改变着中国人的传统思维和观念，以至出现了"70后""80后""90后""00后"这些前所未有的、具有特定含义的新名词，这些人为划分的年代分层或分化，其核心是人在观念层面上对待"传统文化"的不同态度。社会的快速发展，迫使我们必须清醒而又理性地看待文化的存在和演化，这既包含对文化"传统"的留存和继承，也包含对文化"现代化"转型的客观认知。将思维和视野放至高远的星空来俯瞰45亿年历史的地球，各种文化就如同蜿蜒流淌的河流，无论是其纵向的传承和演进，还是横向的交融与传播，都是一个曲曲折折的漫漫历程。以此来看，我们所经历的时代是人类发展史上的一个渺小片段（抑或称之为片刻），文化的变化或转型在时间单位上没有统一的标准，但至少应该是以"世纪"为最小参照的，固然我们可以从"历史"中探寻文化发展的一般性规律或残存的轨迹，但对于其"未来"确实难预料或预知。可见，我们对于文化发展的认识应该保持理智，所做的"假设"固然可以大胆，但"结论"的得出须小心谨慎。中国传统文化博大精深，历经千年延续至今，其所包含的"精神"已经内化至不同文化亚类的核心层面，这些文化"模因"的共同存在使中国传统文化有了强大的生命力，相信这种积蓄千年的力量也会传递下去，荫护各种不同类型的传统文化在不断地吸收和借鉴中发展下去。因此，中国传统文化及其下的各亚类传统文化的发展应该是有足够底气的，将"式微"理解为一种面对冲击的"调适"或许更加理性和客观，毕竟，一种文化不是凭空而生，当然，也不可能无端消亡。中国传统文化如此，少数民族传统体育文化也不例外，虽然"少数民族"是中华人民共和国成立以后才有的名称，"体育"也是近代以后才引入的名词，但中华大地上不同民族所创造的文化却是现实存在的，民族传统文化不会因称谓上的变化而发生本质上的改变。因此，对于少数民族传统体育及其衍生的文化，我们应该立足当下，放眼高远，在所能够认知的"历史片段"中对其进行研究，从时间纵轴上了解它如何从"过去"走向"现在"，从历史横轴上察视导致其发生演变的各种因素，即对其存活的基本条件和所处的生态环境进行研究，以期对它在当下的历史片段中的存续样态有一个相对客观的描绘和叙述。

基于此，本研究将少数民族传统体育置于文化生态的视野之下，将多个少数民族聚居的西南地区作为研究的地理范围，以代表性区域的典型少数民族传统体育项目为研究个案，对少数民族传统体育的起源、存续、传承、演变和发展等问题进行田野考察，了解其生存样态，分析自然、社会、文化生态对少数民族传统体育及其文化的影响，即楼宇烈先生所提倡的，将传统文化"放在一定的环境中去重新认识"[①]。

王洪珅
2019 年 6 月于成都典未斋

---

① 楼宇烈：《中国文化的根本精神》，中华书局 2016 年版，第 24 页。

目 录

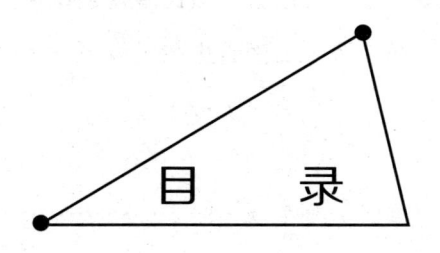

绪 论 ………………………………………………………………… 1

第一节 文化生态与体育文化生态研究 ……………………………… 5
    一 文化生态概念研究 ………………………………………… 6
    二 文化生态学研究 …………………………………………… 7
    三 文化生态失衡问题研究 …………………………………… 8
    四 体育文化生态研究 ………………………………………… 9

第二节 少数民族传统体育文化研究 ……………………………… 10
    一 少数民族传统体育文化定义、起源和特征研究 ………… 12
    二 少数民族传统体育文化传承、保护和发展研究 ………… 14

第三节 少数民族传统体育研究 …………………………………… 16
    一 少数民族传统体育的"总体性"研究 …………………… 18
    二 少数民族传统体育的"区域性"研究 …………………… 24
    三 少数民族传统体育的"交叉性"研究 …………………… 29

第四节 本研究理论框架及其他 …………………………………… 34
    一 理论框架设计 ……………………………………………… 34
    二 研究目的与意义 …………………………………………… 35
    三 理论基础 …………………………………………………… 36

四　核心概念 …………………………………………… 38
　　五　研究方法 …………………………………………… 42

第一章　云南省少数民族传统体育文化生态考察 ………… 49
第一节　云南省少数民族简述 ……………………………… 50
　　一　彝族 ………………………………………………… 52
　　二　白族 ………………………………………………… 53
　　三　哈尼族 ……………………………………………… 53
　　四　傣族 ………………………………………………… 54
　　五　壮族 ………………………………………………… 55
　　六　苗族 ………………………………………………… 55
　　七　景颇族 ……………………………………………… 56
　　八　傈僳族 ……………………………………………… 56
　　九　拉祜族 ……………………………………………… 57
　　十　纳西族 ……………………………………………… 57
　　十一　佤族 ……………………………………………… 58
　　十二　怒族 ……………………………………………… 58
第二节　云南省少数民族传统体育的挖掘与整理 ………… 59
　　一　哈尼族传统体育概览 ……………………………… 59
　　二　普米族传统体育概览 ……………………………… 60
　　三　独龙族传统体育概览 ……………………………… 60
　　四　纳西族传统体育概览 ……………………………… 61
　　五　景颇族传统体育概览 ……………………………… 61
　　六　怒族传统体育概览 ………………………………… 62
　　七　拉祜族传统体育概览 ……………………………… 62
　　八　傣族传统体育概览 ………………………………… 62
　　九　基诺族的传统体育概览 …………………………… 63

十　阿昌族传统体育概览 …………………………………………… 63
　　十一　布朗族传统体育概览 ………………………………………… 64
第三节　云南省苗族"吹枪"文化生态考察与分析 ………………………… 64
　　一　"吹枪"与自然环境 …………………………………………… 66
　　二　"吹枪"与社会环境 …………………………………………… 68
　　三　"吹枪"的自身特质 …………………………………………… 72
　　四　"吹枪"与族群 ………………………………………………… 73

第二章　贵州省少数民族传统体育文化生态考察 …………………………… 78
　第一节　贵州省少数民族简述 …………………………………………… 80
　　一　苗族 ……………………………………………………………… 80
　　二　布依族 …………………………………………………………… 81
　　三　侗族 ……………………………………………………………… 82
　　四　仡佬族 …………………………………………………………… 82
　　五　水族 ……………………………………………………………… 83
　　六　瑶族 ……………………………………………………………… 83
　　七　毛南族 …………………………………………………………… 83
　　八　仫佬族 …………………………………………………………… 83
　第二节　贵州省少数民族传统体育的挖掘与整理 ……………………… 84
　　一　苗族代表性传统体育概览 ……………………………………… 85
　　二　布依族代表性传统体育概览 …………………………………… 87
　　三　侗族代表性传统体育概览 ……………………………………… 89
　　四　土家族代表性传统体育概览 …………………………………… 90
　　五　仡佬族代表性传统体育概览 …………………………………… 92
　　六　彝族代表性传统体育概览 ……………………………………… 94
　　七　水族代表性传统体育概览 ……………………………………… 96
　第三节　贵州省"独竹漂"文化生态考察与分析 ……………………… 97

  一　"独竹漂"与自然环境 ·············· 98

  二　"独竹漂"与社会环境 ·············· 101

  三　"独竹漂"的自身特质 ·············· 106

  四　"独竹漂"与族群 ················ 110

第三章　四川省少数民族传统体育文化生态考察　113

第一节　四川省少数民族简述　114

  一　藏族 ······················ 114

  二　羌族 ······················ 115

  三　彝族 ······················ 115

第二节　四川省少数民族传统体育的挖掘与整理　116

  一　藏族代表性传统体育概览 ············ 117

  二　羌族代表性传统体育概览 ············ 119

  三　彝族代表性传统体育概览 ············ 121

第三节　四川省彝族"赛马"文化生态考察与分析　123

  一　"赛马"与自然环境 ··············· 125

  二　"赛马"与社会环境 ··············· 127

  三　"赛马"的自身特质 ··············· 130

  四　"赛马"与彝族族群 ··············· 133

第四章　西藏自治区少数民族传统体育文化生态考察　138

第一节　西藏自治区少数民族简述　145

  一　藏族 ······················ 146

  二　门巴族 ····················· 150

  三　珞巴族 ····················· 154

第二节　西藏自治区少数民族传统体育的挖掘与整理　158

  一　藏族代表性传统体育项目概览 ·········· 158

二　门巴族代表性传统体育项目概览 …………………… 162

　　三　珞巴族代表性传统体育项目概览 …………………… 164

　第三节　西藏自治区藏族"响箭"文化生态考察与分析 …… 165

　　一　"响箭"项目与自然环境 …………………………… 167

　　二　"响箭"项目与社会环境 …………………………… 169

　　三　"响箭"的自身特质 ………………………………… 174

　　四　"响箭"与藏族族群 ………………………………… 176

第五章　重庆市少数民族传统体育文化生态考察 …………… 181

　第一节　重庆市少数民族简述 …………………………… 182

　　一　土家族 ……………………………………………… 182

　　二　苗族 ………………………………………………… 182

　第二节　重庆市少数民族传统体育的挖掘与整理 ………… 182

　　一　土家族代表性传统体育概览 ……………………… 183

　　二　苗族代表性传统体育概览 ………………………… 185

　第三节　重庆市土家族"摆手舞"文化生态考察与分析 …… 186

　　一　"摆手舞"与自然环境 …………………………… 188

　　二　"摆手舞"与社会环境 …………………………… 190

　　三　"摆手舞"的自身特质 …………………………… 196

　　四　"摆手舞"与土家族族群 ………………………… 199

第六章　西南地区少数民族传统体育文化生态困境 ………… 203

　第一节　自然环境维度：作为原生场域的影响力逐渐让渡 … 204

　　一　自然环境的重要作用逐渐消弭 …………………… 204

　　二　传统体育文化与自然环境剥离 …………………… 206

　第二节　社会环境维度：多因素的影响日趋明显 ………… 208

　　一　民族节日平台的过度依赖 ………………………… 209

二　制度安排上的缺失或乏力 ……………………………………… 211

　　三　嵌入旅游业的无奈与无助 ……………………………………… 213

　　四　生产生活方式改变的影响 ……………………………………… 216

　　五　针对性传承机制尚未建立 ……………………………………… 218

　　六　"非遗"项目申报中的曲解 …………………………………… 220

　　七　传统体育社会组织的少缺 ……………………………………… 222

　　八　传承和发展平台力量分散 ……………………………………… 223

　　九　传统体育文化教育的滞后 ……………………………………… 224

第三节　传统体育维度：转型中"异化"现象频出 …………………… 227

　　一　自身弊端使发展路径日渐窄化 ………………………………… 227

　　二　转型过程中"传统"元素的遗落 ……………………………… 229

　　三　竞技化进程中出现"异化"现象 ……………………………… 234

　　四　竞技水平悬殊使竞赛生态失衡 ………………………………… 237

　　五　发展空间有效拓展的现实障碍 ………………………………… 239

　　六　经济环境变化带来的负面影响 ………………………………… 241

　　七　体育文化生态变化的被动适应 ………………………………… 242

　　八　"传统"与"现代"契合点的难寻 …………………………… 243

第四节　族群维度：主观能动性缺位 …………………………………… 245

　　一　传承群体的集体性流失 ………………………………………… 245

　　二　主体意识的缺失或淡漠 ………………………………………… 247

　　三　工具化与功利化的侵扰 ………………………………………… 248

　　四　传承能力的"代际"递减 ……………………………………… 251

　　五　族群主体意愿的无端忽略 ……………………………………… 255

第七章　西南地区少数民族传统体育文化生态建设 …………………… 258

　第一节　自然环境维度：加强文化实体的建设与利用 ……………… 258

　　一　加强传统体育原生环境的保护 ………………………………… 259

二　筹建传统体育文化生态保护区 …………………………… 260

　　三　历史遗迹、文物的建设性保护 …………………………… 262

　　四　设立教育基地，促进纵向传承有序有效 ………………… 262

　　五　构建传播平台，突破横向交流和融合障碍 ……………… 263

第二节　社会环境维度：多点发力构筑发展新格局 ……………… 264

　　一　创设教育环境 ……………………………………………… 264

　　二　建构制度环境 ……………………………………………… 265

　　三　搭建交流平台 ……………………………………………… 266

　　四　打造文化符号 ……………………………………………… 267

　　五　建立传承机制 ……………………………………………… 269

　　六　申报"非遗"项目 ………………………………………… 269

　　七　设立教育基地 ……………………………………………… 270

　　八　动员社会力量 ……………………………………………… 271

　　九　营造节日文化 ……………………………………………… 272

　　十　构建传播平台 ……………………………………………… 273

第三节　传统体育维度：价值与内涵的理性回归 ………………… 273

　　一　规范化整理 ………………………………………………… 274

　　二　体系化构建 ………………………………………………… 275

　　三　增强普适性 ………………………………………………… 276

　　四　拓展社会功能 ……………………………………………… 277

　　五　增强调适能力 ……………………………………………… 278

　　六　挖掘文化内涵 ……………………………………………… 279

第四节　族群维度：在守护中发扬传统体育文化 ………………… 280

　　一　重构族群观念 ……………………………………………… 280

　　二　培育参与群体 ……………………………………………… 281

　　三　传承者的培养 ……………………………………………… 282

　　四　强化族群认同 ……………………………………………… 283

五　增强文化自信 ………………………………………… 284

第八章　西南地区少数民族传统体育文化生态优化 ……………… 286
第一节　西南地区少数民族传统体育文化生态优化的基本原则 … 286
　　一　底线原则 ……………………………………………… 287
　　二　嵌入原则 ……………………………………………… 289
　　三　"护根"原则 ………………………………………… 289
　　四　体系化原则 …………………………………………… 291
　　五　活态性原则 …………………………………………… 291
　　六　可持续性原则 ………………………………………… 292
第二节　西南地区少数民族传统体育文化生态优化的具体路径 … 293
　　一　树立生态发展理念 …………………………………… 293
　　二　加强制度设计落实 …………………………………… 295
　　三　促进发展方式转变 …………………………………… 296
　　四　建立体育竞赛体制 …………………………………… 297
　　五　推进产业融合开发 …………………………………… 299
　　六　创办传统体育节日 …………………………………… 300
　　七　纳入全民健身计划 …………………………………… 303
　　八　培育体育团体组织 …………………………………… 304

结　语 ……………………………………………………………… 306

参考文献 …………………………………………………………… 310

附：考察行迹 ……………………………………………………… 329

后　记 ……………………………………………………………… 353

绪 论

西南地区是我国自然区划的一个概念，包括青藏高原东南部、四川盆地、秦巴山地及云贵高原大部；按照行政区划的标准，西南地区也被称为"西南五省（自治区、直辖市）"，具体包括云南省、贵州省、四川省、西藏自治区和重庆市，总面积250万平方公里。西南地区地形复杂，较为明显地分为三个地形单元：第一单元为四川盆地及其周边山地，主要包括重庆市的大部分地区、四川省中东部和东南部；第二单元为云贵高原中高山山地丘陵区，主要包括贵州省全境和云南省南部；第三单元为青藏高原高山山地区，主要包括西藏全境，四川省北部、西部和云南省的西北部。西南地区的自然气候与地形关系密切，四川盆地属于亚热带季风气候，空气湿度较大，云雾较多，较为平缓的地势适合农业发展；云贵高原属于低纬度高原，四季如春，地势较高的山地适合林业和牧业发展，相对平缓的地区则适宜发展农业、花卉种植和烟草种植等产业；青藏高原高山山地区的气候类型较多，呈立体状分布，气候类型因海拔高度而呈现明显的差异，适宜发展畜牧业。

西南地区所辖的云南省、贵州省、四川省、西藏自治区和重庆市是我国少数民族汇集的重镇，少数民族人口4300多万，占全国少数民族人口的52%，族群含量大，人口密度高。55个少数民族中的大多数聚居于这片广袤的大地上，在千百年的生产生活中，创造积累了丰富多彩的民族传统文化。海拔千米的青藏高原上藏族宗教文化、草原文化、医药文化、节日文化别具一格；多彩贵州也孕育了多彩的少数民族和丰富的传统文化，歌舞文化、服饰文化、饮食文化、节日文化等都在秀美的山水中得到滋养；彩云之南有风景壮丽秀美的丽江、大理、西双版纳、香格里拉、泸沽湖、腾冲,多个少数民族也分布于此,创造了纳西族东巴文化、傣族贝叶文化、彝族贝玛文化、大理白族文化等民族特色鲜明的传统文化;熊猫故乡四川省,名胜古迹繁多,饮食文化、休闲文化等闻名全国,藏族、羌族等少数民族创造了具有地域特色的草原文化、建筑文化和节日文化;山城重庆,长江穿流而过,各民族的石刻、木雕、泥塑、剪纸、蜡染、糕模等古老民间艺术熠熠生辉,土家族"摆手舞"独具特色。可以说,西南地区是我国民族传统文化最为集中的区域,不同民族、不同类型、不同风格、不同地域的传统文化为少数民族传统体育文化的起源、演变和发展提供了肥沃土壤。

西南地区独有的复杂的地形地貌缔造了丰富多彩的少数民族传统体育文化,众多的体育项目和丰富的内容是少数民族文化资源的重要组成部分。据不完全统计,该地区民族传统体育项目共有470余项,占全国民族体育项目总数的48%,其中经常性开展、有代表性的民族传统体育项目有70多项[1]。西南地区少数民族体育文化以西南地区独特的地理环境、经济状况、社会历史和民族文化为背景产生,是这一地区不同民族人民共有的思想感情、智慧和意识行为的体现,具有浓厚西南民族风情的合型文化形态[2]。其特点主要体现在以下几个方面:

第一,劳动生活的提炼性、浓缩性。西南地区少数民族世代居住于高山或丛林地区,多从事以小农经济为主的农业生产,故农耕文化是为民族体育文化的奠基石之一。狩猎与农事是少数民族生产方式中最为重要的两个内容,经提炼与浓缩后成为民族体育项目最经常反映的内容。以狩猎为起源的体育项目主要围绕着跑、跳、投、攀、射、骑等活动展开。藏、彝族的射箭,藏、彝、白、怒族的赛马以及土家族的飞石子、打飞棒等投掷类项目均从不同角度反映出狩猎所需的技能技巧。苗族的"跳鼓"是根据犁田、插秧、播谷、挑担等姿势编成,用以表现丰收后的喜悦心情,是有关农事生产的较为直接的体现,以此类动作为素材的体育项目在各民族间广为流传。

---

[1] 郭永东:《西南地区少数民族体育项目分布及其文化特征》,《西南民族大学学报》(人文社会科学版) 2005年第6期。

[2] 姜明、文格西:《西南地区少数民族传统体育文化特点及发展趋势》,《西南民族大学学报》(人文社会科学版) 2004年第10期。

第二，地方风俗的契合性、互动性。每个民族都有自己的行为模式。体育作为文化的一部分，往往被封闭在本民族风俗的外壳内，具有相对的稳定性，是其他民族难以全然接受和吸收的。某个民族相对于周围民族的不同文化特点，正是该民族成员相互认同的重要标识，也是凝聚该族群众的永久黏合剂，因而特别受到重视和珍惜。西南地区诸多少数民族族群的存在，正是靠其鲜明的民风民俗及系统的传承方式来维系其发展与强盛的。而西南地区民族体育项目作为体现本民族地方风俗的一大手段同时依托于地方风俗庞大而系统化的传播网络，在经历了几千年的历史巨变之后仍然以强大的生命力流传于本民族或多民族间，体现出体育文化与地方风俗完美的契合性与互动作用。

第三，民族文化的教育性、传承性。西南地区民族传统体育是一种综合性的民族文化，它包含着人们的价值、伦理道德、审美理念以及行为模式，从古到今就对该地区的民族教育有着重要影响，同时是学校教育不可或缺的内容之一。民族传统体育在人类的早期教育中，是通过舞蹈与体育活动的形式得以实施的。这类教育在学校教育出现之前就已萌生。原始的早期教育是从将生存技能传授给下一代开始的。在没有文字和书本的时代，这种教育主要靠口传心授、身体活动的模仿来进行，由此而产生了一些生动有趣的游戏。另外，在祭祀、庆典中也以巫师为导师传授某些技能，传授礼仪习俗及部落历史知识，而下一代也会自觉或在督促下进行模仿学习。这种教育是部落下一代获得技能和知识的唯一途径，也是民族传统体育得以延续发展的重要原因。

第四，余暇时间的浪漫性、创意性。在汉民族几千年的发展史料中，有一个重文轻武的过程，因而导致了其内敛的民族个性。而西南地区少数民族多居于偏远山区，以农耕或畜牧为社会经济的主要形式。他们朴实、率真的审美观来源于其终日的身体劳作，也因此演化出通过舞蹈、游戏等以身体活动为主要特征的文化艺术，其形式直观外露，且具有浪漫性、创意性特点，是西南地区少数民族传统文化中的一朵奇葩。在物质文明和精神文明高度发展的今天，各种民族体育项目都在为社会提供精神产品，而且更具观赏性与艺术性。这一发展趋势逐渐脱离了过去民族体育单纯的功利性、实效性特征，转而讲求艺术、表演效果和审美价值。如土家族的"摆手舞"就从原来单一、粗糙的插秧、播谷等直接来源于农事生产的动作，或来源于战斗场面的动作，逐渐趋向于讲求表演效果。不仅动作含量有所增加，表演身法更加精致，相关的服装、音乐等整体艺术形象也都趋于丰满化。现代的"摆手舞"所表现出来的强烈的动感、优美的姿态、恰当的节奏、和谐的韵律以及深蕴的意境，无不给人带来强烈的美的感受，充分体现了民族体育项目的浪漫性和创意性。

第五，节日民俗的亲和性、娱乐性。民族体育从来没有独立存在过，而总是和人们的军事、农作、生活密切相连，在漫长的发展和演变过程中，逐渐朝着竞技化和表演化的方向发展，出现娱乐化趋势，并依靠民间赛会和节令活动得以开展，依附民俗习惯得以沿袭。民俗是由于各民族生活在不同的自然环境和社会环境，经过长期的生产和生活，逐渐形成了具有自己民族特色的性格及民间传承习俗。节日民俗中的民族传统体育是民俗的一种独特的表现形式，具有非常浓厚的民族文化色彩。西南地区少数民族有着众多的民族节日，这些节日中的民俗随着社会的发展往往与人们的生产活动、纪念活动、社交活动和文化娱乐活动及民族间的相互影响有着密切的联系。虽然各民族的节日民俗从时间上、纪念意义上、活动内容上不尽相同，但把民族传统体育作为节日民俗的一项重要内容却是相同的，节日民俗与民族传统体育之间的这种亲和性也正是二者互动发展的原动力。

第六，宗教信仰的崇拜性、强化性。宗教信仰是少数民族文化的一个重要组成部分，许多体育项目反映了这一内容，有的甚至直接来源于宗教活动。祭祀和巫术都是原始宗教的重要表现形式，而巫师则是这一活动的执行者，必须把本民族的有关历史、宗教、道德、风俗、礼法等最终以身体活动的形式表现出来。民族宗教信仰就是这样蕴于民族传统体育文化之中的，一方面因体育项目的不断继承而终得以保存和强化，另一方面则随体育项目的不断演变而得到修改和发展，使我们的文化本源不致因时代的变迁而终被摒弃于古代文明的废墟中。

作为我国传统文化不可或缺的重要组成部分，少数民族传统体育文化要在中国传统文化的大花园中绽放异彩，就要在社会现代化发展的滚滚大潮中保持自己的独立品格，展现自己的独特个性。然而，现实的情况并不尽如人意，跟其他民族传统文化类似，少数民族传统体育文化的发展也陷入了日渐流散、后继乏人、遭受冷遇等困境。鉴于此，少数民族传统体育文化需要在发展视野、发展思维和发展路径上寻求突破。走走停停、寻寻觅觅、拨云见日，美国文化人类学家朱安利·斯图尔特关于文化生态的结构分层理论为我们提供了一扇窗，透过这扇窗可以发现，文化生态是少数民族传统体育长期以来存续、传承、发展、演变的维系，也是这种特殊类型民族传统文化赖以生存的条件；透过这扇窗，困扰和制约少数民族传统体育文化发展的各种疑惑似乎都找到了寻求答案的方向。于是，本研究尝试着从文化生态的视角来审视我国西南地区少数民族传统体育文化发展的一系列问题，通过深入少数民族居住的村落进行田野考察等方式，了解和获知少数民族传统体育文化起源、生存、演变和传承的场域和环境，具体从自然环境、社会环境、族群和少数民族传统体育本身四个方面构建分析框架，分别在不同省市选取了具有典型性和代表性的少数民族的传统体育活动作为个案，在上述四个维度的框架之下分析具体因素对于少数民族传统体育项目的作用和影响；对西南地区五个省市自治区少数民族传统体育的文化生态进行了综合分析。最后，研究针对西南地区少数民族传统体育文化生态的建设进行了分析讨论，同时给出了优化西南地区少数民族传统体育文化生态的基本原则和具体路径。

需要指出的是，本研究是受前人成果启发而萌生的思路，文化生态、体育文化生态、少数民族传统体育及少数民族传统体育文化等领域的研究成果为本研究提供了大量有价值的资料，现分述如下：

第一节 文化生态与体育文化生态研究

国外学者关于文化生态问题的研究侧重于文化人类学的视角，文化生态是文化生态学的重要研究内容之一，最初作为人类学的一个研究领域源起于美国的文化生态学，所探讨的核心问题是人类文化与其所处的自然环境之间的关系。该学科的先驱人物是美国人类学家弗兰兹·博厄斯和克罗伯等，进化论、功能主义及环境决定论对其思想影响深远。时至1955年，Steward 所著的《文化变迁的理论》(*Theory of Culture Change*)正式发表，该著作对文化生态学的基本理念进行了阐述，并且认为文化与其生态环境是不可分离的，两者相互影响、相互作用、互为因果,相似的生态环境下会产生相似的文化形态及其发展线索,而相异的生态环境则造就了与之相应的文化形态及其发展线索的差别。这本专著是对文化生态学基本内容的梳理和总结,并且提出了核心观点,因此成为文化生态学正式诞生的标志。随着相关研究的不断开展,文化生态学在20世纪80年代后逐渐走向成熟,作为一个新兴学科的影响力也逐步扩大,研究内容也逐渐得以创新和丰富,先前的一些观点和认识也逐渐深化,其中,关于文化生态环境内涵的认识逐渐从之前的自然环境拓展到人化环境;同时学者们认识到,文化生态的决定性环境和条件是地域、民族传统、人的主体需要、文化政策、风俗习惯、经济水平及科技教育程度等。此外,文化生态的研究者逐渐从美国人类学家拓展到世界各地,并且研究领域也开始跨学科发展,多元化的研究态势逐渐呈现。

本研究以中国知网为文献来源,以"篇名"为检索范围,以"文化生态"为检索词,检索截止时间为2016年12月,检索到的相关文献共计1562篇,其中包括硕博士论文、学术会议论文和报纸类论文。国内关于文化生态的研究可以说处于初期,文化生态的相关内容散见于社会学、人类学、文化学和文化人类学的部分著作中,且仅仅是其中的一小部分内容。专门论述文化生态的专著尚未找见,而相关主题的学术论文也相对鲜少,其中具有开创意义的学术论文是王长乐的《论"文化生态"》,作者对文化生态的概念进行了探讨,认为文化生态是"由社会环境决定的人民大众的心理状态,其核心为社会公理,是一个社会稳定和存续的基本条件"[①];同时区分了文化生态和自然生态。此外,作者论述了文化生态的特征及功能,为后来的相关研究奠定了基础。此后,出现了一些较有代表性的论文,主要围绕文化生态的概念、文化生态学和文化生态的失衡等内容进行研究。

一 文化生态概念研究

概念厘定是一个学科领域的发展基础,关于什么是文化生态这一问题国内学者多有尝试,其中代表性的观点如下:李学江在其《生态文化与文化生

[①] 王长乐:《论"文化生态"》,《哈尔滨师专学报》(社会科学版)1999年第1期。

态论析》一文中认为"文化生态是指文化的生成、传承、存在的生态状况"[1]，是一个相对宏观的概念，未对文化进行类型方面的划分，也未考虑文化存在的时间和空间特征。另外一位学者管宁认为"文化生态是指就某一区域范围中，受某种文化特质的影响，文化的诸要素之间相互关联、相互作用所呈现出的具有明显地域性特征的现实人文状况"[2]；这一界定提及了文化存在的区域范围，并鲜明地指出了文化生态是一种现实人文状况。还有一位学者吴圣刚给出的界定有别于以上两位学者，他认为文化生态是"不同特质、不同品种的文化聚合在一起，形成各种不同的文化群落、文化圈甚至类似生物链的文化链，并共同构成了人类文化的有机整体"[3]。这一界定不仅区分了文化的特质和类型，还提出了文化群落、文化圈、文化链等概念，可以说是对文化生态概念的创新性解读。综上可见，关于文化生态的概念因视角不同而在界定上存在一定的差异性，但文化生态的具体所指应该是文化要素及其之间的关系。

二 文化生态学研究

文化生态学是从学科的角度来审视和统摄文化生态问题，能够成为一个学科，说明文化生态在学界的被认可程度相对较高。而关于文化生态学的界定和研究，代表性的学者和观点如下：司马云杰先生在《文化社会学》著作中认为"文化生态学是从整个自然环境和社会环境中的各种因素交互作用研究文化产生、发展、变异规律的一种学说"[4]。这一界定中提出了文化生态的两个核心关键词——自然环境和社会环境。而梁渭雄、叶金宝两位学者则认为"文化生态学是研究文化与环境的互动关系的理论，环境大体上包括外环境和内环境"[5]。同样提及了文化与环境的关系，但将环境分为"外环境和内环境"。还有一位学者王玉德给出了文化生态学的研究内容，他认为"文化生态学研究文化的生态背景、文化的多样性、文化的群落、文化的组成结构、文化的

---

[1] 李学江：《生态文化与文化生态论析》，《理论学刊》2004 年第 10 期。
[2] 管宁：《文化生态与现代文化理念之培育》，《教育评论》2003 年第 3 期。
[3] 吴圣刚：《文化的生态学阐释和保护》，《理论界》2005 年第 5 期。
[4] 司马云杰：《文化社会学》，山东人民出版社 1987 年版。
[5] 梁渭雄、叶金宝：《文化生态与先进文化的发展》，《学术研究》2000 年第 11 期。

网络和链条、文化的变迁等"[1]，使文化生态学的研究范畴更加具体明晰。

三 文化生态失衡问题研究

文化生态研究所关注的是文化与环境的相互关系，无论从纵向维度还是横向维度来看，两者的关系都是动态发展的，因此，文化生态的平衡问题成为学界的研究焦点，如何维持文化生态的平衡，如何解决文化生态的失衡就成为一个热点问题。国内学者对于上述问题多有研究，提出了许多创新性观点，学者方李莉在《文化生态失衡问题的提出》一文中认为"文化生态是一种观念性的、潜移默化的东西，文化生态的被破坏和文化资源减少是文化生态失衡的具体表现"[2]，观点鲜明地指出了文化生态失衡的具体表现。此外，有学者从文化生态系统的视角来审视文化生态的平衡问题，代表性的成果是沈建良的《文化安全：文化生态的视野》，该文指出"文化生态系统中任何一个文化因素都对文化生态有着独立的贡献，注重文化系统中各种文化因素之间的协调、配合，文化发展才能处于一个相对平衡的'生态'中"[3]，从文化因素的角度指出了文化生态平衡的关键。在文化生态平衡这一问题上，只有在失衡和平衡的不断调整和适应中，文化生态才能实现可持续发展。学者黄云霞针对这一问题在《论文化生态的可持续发展》一文中进行了详细阐述，认为"文化生态的可持续发展首先应当注意文化生态的整体性与文化功能的整合性，其次必须注意生态理性意识观照之下的对于文化生态失衡现象的批判，最后是文化生态的可持续发展的最终目的应当是文化的未来图景"[4]。另外，也有博士关注文化生态方面的研究，其中，徐建在其博士学位论文《当代中国文化生态研究——基于文化哲学的视角》[5]中分析了中国文化生态的相关问题，提及了中国文化生态格局的失衡和调整问题，并从文化哲学的角度进行了解读和分析。

---

[1] 王玉德：《生态文化与文化生态辨析》，《生态文化》2003年第3期。
[2] 方李莉：《文化生态失衡问题的提出》，《北京大学学报》（哲学社会科学版）2001年第3期。
[3] 沈建良：《文化安全：文化生态的视野》，《江南社会学院学报》2007年第1期。
[4] 黄云霞：《论文化生态的可持续发展》，《南京林业大学学报》（人文社会科学版）2004年第3期。
[5] 徐建：《当代中国文化生态研究——基于文化哲学的视角》，博士学位论文，华东师范大学，2008年。

四 体育文化生态研究

国内关于体育文化生态的研究成果相对较少,根据中国知网的文献检索数据,截至 2016 年 12 月,共检索到 26 篇以体育文化生态为题名的文献。

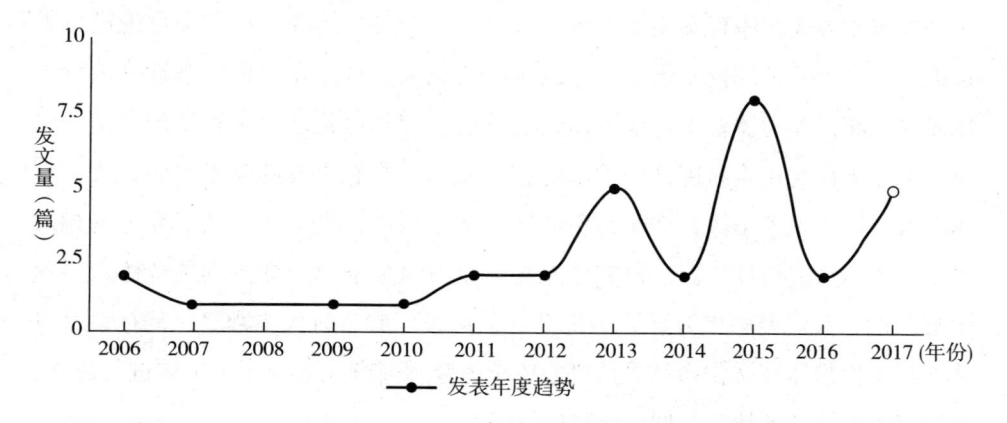

图 0-1 国内"体育文化生态"领域发文量年度趋势

资料来源:中国知网。

国内关于体育文化生态的相关研究,是从文化生态的视角来研究体育项目开始的,代表性的成果是《文化生态嬗变下传统武术的历史走向》[①](2011)和《文化生态视野下传统武术的生存价值研究》[②],作者李吉远等从文化生态的角度审视了传统武术的历史和发展问题。以文化生态为视角研究体育的文章还有《文化生态视域下少数民族体育的发展》,作者江伟、徐成立认为"维护少数民族传统体育文化生态平衡既要在理论上厘清是非,又要在实践中排除困难"[③]。学界对于体育文化生态的研究相对较少,2011 年,龚建林发表了《体育文化生态系统的结构与特性》[④] 一文,对体育文化生态系统的构成和特性进行了分析,认为构成体育文化生态系统的是体育文化和体育环境两个子系统,同时指出,体育项目、体育环境、社会组织、象征符号、文化认同、乡土情结和历史传承

---

① 李吉远:《文化生态嬗变下传统武术的历史走向》,《西安体育学院学报》2011 年第 3 期。
② 谢业雷、李吉远:《文化生态视野下传统武术的生存价值研究》,《武汉体育学院学报》2009 年第 1 期。
③ 江伟、徐成立:《文化生态视域下少数民族体育的发展》,《贵州民族研究》2012 年第 1 期。
④ 龚建林:《体育文化生态系统的结构与特性》,《体育学刊》2011 年第 4 期。

是体育文化生态系统的基本构成要素;并且认为体育文化生态系统有层次性、相关性、有序性、整体性和主体性等基本特性,是体育学界较早研究体育文化生态的成果。2013 年,布特教授等发表了《体育文化生态理论:新范式引入与展望》[①]一文,对体育文化生态理论的构建进行了尝试性探索,通过梳理作为一种新研究方式的体育文化生态理论,对体育生态、体育文化生态理论进行了审视,评价了关于体育文化生态理论研究的成果,对体育文化生态理论进行了概述和判断,并对体育文化生态理论的发展目标和深化趋势进行了展望。可以说是关于体育文化生态理论的首次尝试和探索,具有重要的学术引领意义。总体而言,近年来关于体育文化生态的研究成果当中,直接相关的研究还是相对较少,未能形成持续、深入研究的态势,而国内关于"少数民族传统体育文化生态"的相关研究则更为鲜见。在"生态发展"成为时代主题之一的社会背景之下,无论是体育文化还是少数民族传统体育,都应该围绕这一主题进行思考,通过深入而持续的研究,回应时代的召唤。

第二节 少数民族传统体育文化研究

通过中国知网的外文文献检索系统,分别以"Minority Traditional Sports Culture"和"Traditional Sports Culture"为检索词,共检索到 4 篇相关文献,均为中国学者发表在国外期刊上的论文或某个国际性学术研讨会论文集中收录的论文。其中,布特发表在 *Asian Social Science* 的"Dilemma of Study on Chinese National Traditional Sports Culture and the Selection of Paths"[②]一文,从科学研究的角度,对中国民族传统体育文化研究中存在的问题进行了反思,认为学习和反思中国民族传统体育文化的研究方法具有深远意义,有助于促进民族传统体育文化的发展,保护和继承优秀的体育文化遗产。新疆师范大学的 Dilshat Mohammad(穆罕穆德·迪力夏提)在 *Asian Culture and History* 发表

---

① 布特、闫静:《体育文化生态理论:新范式引入与展望》,《吉林体育学院学报》2013 年第 4 期。
② Te Bu, Dilemma of Study on Chinese National Traditional Sports Culture and the Selection of Paths, *Asian Social Science*, Vol. 7, No. 1, June, 2010.

的"Study on the Interaction between the Modern Change of the National Traditional Sports Culture and the Reconstruction of Ethnic College Students' Value Consciousness"[①]，分析了民族传统体育文化现代化与民族大学生价值意识重建的关系，认为将民族传统体育文化融入少数民族大学生的体育文化价值意识，将有助于民族传统体育文化的继承和发展。另外2篇是会议论文，Jinghong Yan（闫静红）的"Minority Traditional Sports Culture Development Mode Adjustment in the Urbanization Process"[②]对城市化进程中少数民族传统体育文化发展模式的调适问题进行了研究；新疆师范大学的 Ling Jing（凌静）在 CSSE 2010 上的"The study on the development approaches of traditional sports culture and resources of minority people in Xinjiang"[③]探讨了新疆少数民族传统体育文化及其资源开发路径问题。从上述内容来看，关于中国少数民族传统体育的研究国外学者鲜有涉及，或者未能引起国外学者的注意。相关的外文文献也多为国内学者之作，在研究内容和视角上也未能有所突破。

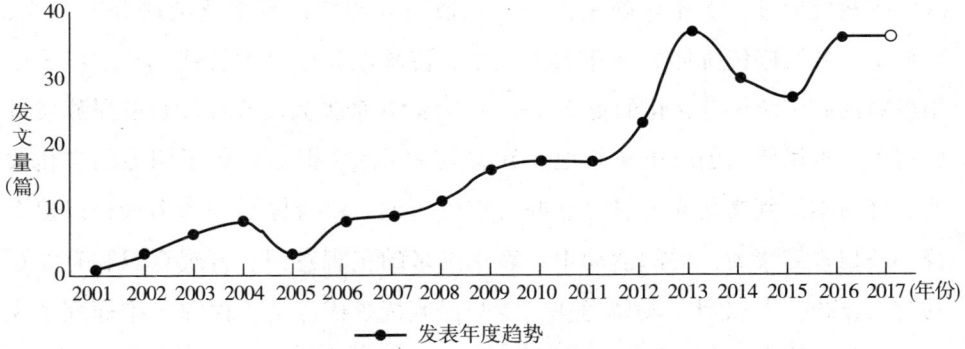

图0－2　国内"少数民族传统体育文化"领域发文量年度趋势

资料来源：中国知网。

---

① Dilshat Mohammad, Study on the Interaction between the Modern Change of the National Traditional Sports Culture and the Reconstruction of Ethnic College Students' Value Consciousness, *Asian Culture and History*, Vol. 3, No. 1, June, 2010.

② Jinghong Yan, Minority Traditional Sports Culture Development Mode Adjustment in the Urbanization Process, Information Engineering Research Institute, USA. Proceedings of 2013 3rd International Conference on Social Sciences and Society（ICSSS 2013）Volume 39, Information Engineering Research Institute, USA: Dec, 2013.

③ Ling Jing, The study on the development approaches of traditional sports culture and resources of minority people in Xinjiang, Proceedings of 2010 International Conference on Computer Science and Sports Engineering（CSSE 2010）, Mar, 2010.

一 少数民族传统体育文化定义、起源和特征研究

2004年，研究此类的文献大量出现。在《对中国少数民族传统体育文化的再认识》① 一文中，作者栾桂芝分析了少数民族传统体育文化的经济、教育、娱乐等功能。段军刚在其论文《传统文化与少数民族传统体育文化研究》② 中对传统文化和少数民族传统体育文化的特征进行研究，得出少数民族传统体育文化具有娱乐性、健康性、竞技性、民族性、实用性等特征。并对少数民族传统体育文化的发展方向进行了设想。2004年，在《西南地区少数民族传统体育文化特点及发展趋势》③ 一文中，作者姜明等认为少数民族传统体育文化具有六个方面（劳动生活的提炼性、浓缩性，地方风俗的契合性、互动性，民族文化的教育性、传承性，余暇时间的浪漫性、创意性，节日民俗的亲和性、娱乐性，宗教信仰的崇拜性、强化性）的特点，并探讨了西南地区少数民族传统体育文化的发展趋势及未来走向。同年，贵州师范大学的冯胜刚教授通过《关于正确定义中国少数民族传统体育文化的研究》一文，分析了少数民族传统体育文化的民族性、传统性和体育性特征，并给出了中国少数民族传统体育文化的定义——"中国55个少数民族在漫长的民族发展历程中，本民族原创或虽从其他民族文化中引入，但已经历了明显的文化改造、已与本民族文化充分融合、并流传已久的，以身体活动为形式，以追求身心与精神健康为目的的活动中，表现出来的主观意识、客观意识和有意识的行为方式。"④ 此外，马辉等在《少数民族传统体育文化探源》中探究了少数民族传统体育文化的源起，提出了"源于生产斗争、源于军事斗争、源于宗教信仰、源于生活娱乐"四种观点。⑤

2005年，芦平生发表的《西北少数民族传统体育文化的社会价值》一

---

① 栾桂芝：《对中国少数民族传统体育文化的再认识》，《中南民族大学学报》（人文社会科学版）2003年第2期。
② 段军刚：《传统文化与少数民族传统体育文化研究》，《体育文化导刊》2004年第4期。
③ 姜明、文格西：《西南地区少数民族传统体育文化特点及发展趋势》，《西南民族大学学报》（人文社科版）2004年第10期。
④ 冯胜刚：《关于正确定义中国少数民族传统体育文化的研究》，《贵州民族研究》2004年第4期。
⑤ 马辉、方征：《少数民族传统体育文化探源》，《宁夏大学学报》（人文社会科学版）2004年第6期。

文,对我国西北少数民族传统体育文化进行了阐释,认为物质性、精神性和制度性是西北少数民族传统体育文化社会价值的构成要素,同时认为其社会价值在于:"增进民族团结、社会稳定与政治统一;提高国民素质、促进社会经济的发展;民族复兴。"① 2006 年,韦晓康、方征在《民族文化生态建设与少数民族传统体育文化研究》一文中阐述了民族文化生态建设的内涵,从生态学的角度对民族文化生态建设与民族传统体育文化研究之间的关系做了分析,认为"少数民族传统体育研究要承担起保护中华民族文化生态建设的责任;西部大开发应当重视民族文化生态建设,少数民族传统体育文化研究应该起到积极的促进作用"②。同年,袁华亭的《对少数民族传统体育文化基本概念的探讨》③,从本质、类别、时间、空间四个方面入手,从文化、体育、传统和民族四个维度对中国少数民族传统体育文化的定义、内涵等问题进行梳理。2008 年,吴湘军、白晋湘在《我国少数民族传统体育文化源流探究》中通过对前面学者所表述的几种民族传统体育文化产生的学说进行综述,指出:"人类的基本生产与生活需要是推动民族传统体育文化进步的原始动力,战争促进了民族传统体育文化的发展,宗教的多元化丰富了民族传统体育文化的内容,民间的娱乐与养生使民族传统体育文化逐渐趋于完善。"④ 再者,任莲香的《体育全球化与少数民族传统体育文化》⑤ 一文通过对少数民族传统体育文化特性的剖析,指出了体育全球化与少数民族传统体育文化的多维关系与未来趋势。

综上所述,以上研究对少数民族传统体育文化的起源、特征进行了详细的描述和分析,并多视角、多维度地对少数民族传统体育文化的内涵和概念进行了梳理和界定。

---

① 芦平生:《西北少数民族传统体育文化的社会价值》,《上海体育学院学报》2005 年第 6 期。
② 韦晓康、方征:《民族文化生态建设与少数民族传统体育文化研究》,《体育文化导刊》2006 年第 8 期。
③ 袁华亭:《对少数民族传统体育文化基本概念的探讨》,《武汉科技学院学报》2006 年第 12 期。
④ 吴湘军、白晋湘:《我国少数民族传统体育文化源流探究》,《吉首大学学报》(自然科学版) 2008 年第 4 期。
⑤ 任莲香:《体育全球化与少数民族传统体育文化》,《甘肃社会科学》2010 年第 1 期。

二 少数民族传统体育文化传承、保护和发展研究

2002年,田祖国等人在《西部地区少数民族传统体育文化与节日文化研究》① 一文中,分析了西部大开发地区的节日文化和民族传统体育文化的关系、发展现状和面临的问题,并提出了民族传统体育文化与节日文化相互发展的设想。另外一位学者王南童,在《浅析少数民族传统体育文化的传承》② 一文中对我国少数民族传统体育的社会价值,传承少数民族传统体育文化的条件进行了研究,提出了传承民族传统体育文化的七个有效途径。2006年,白永生、方征等人在《论经济全球化形势下我国少数民族传统体育文化的保护及发展》③ 一文中,对少数民族传统体育文化的不可间断性、神秘性和不可再创性进行了分析;从传统生活方式的改变、现代体育的快速发展、经济发展三个方面分析了经济全球化对少数民族传统体育文化的影响,并提出了三点保护和发展少数民族传统体育文化的有效途径。刘东渝在《试论民族地区高校对少数民族传统体育文化的传承》④ 一文中,认为民族地区高校对民族传统体育文化的传播有着独特的功能(活化体育文化、增加不同民族学生的认同感和凝聚力),同时认为民族地区高校在传承少数民族传统体育文化上有着教育、地域、人力上的优势。2009年,黄银华、龚群发表了《少数民族传统体育文化资源开发中存在问题及对策探析》⑤ 一文,文章对少数民族传统体育文化资源开发中存在的四个方面的主要问题进行分析,并针对问题从管理体制改革、资源配置优化、运行机制创新等方面提出了对策。同年,袁华亭发表了《断裂与传承——"范式"视域内的少数民族传统体育文化》⑥ 一文,

---

① 田祖国等:《西部地区少数民族传统体育文化与节日文化研究》,《西安体育学院学报》2002年第3期。
② 王南童:《浅析少数民族传统体育文化的传承》,《贵州民族学院学报》(哲学社会科学版)2003年第5期。
③ 白永生、方征等:《论经济全球化形势下我国少数民族传统体育文化的保护及发展》,《中央民族大学学报》2006年第6期。
④ 刘东渝:《试论民族地区高校对少数民族传统体育文化的传承》,《成都体育学院学报》2007年第5期。
⑤ 黄银华、龚群:《少数民族传统体育文化资源开发中存在问题及对策探析》,《中南民族大学学报》(人文社会科学版)2009年第1期。
⑥ 袁华亭:《断裂与传承——"范式"视域内的少数民族传统体育文化》,《贵州民族研究》2009年第3期。

作者在"范式"的视域下,从五个方面分析了少数民族传统体育文化传承断裂及原因。同年,在《城市化进程中少数民族传统体育文化传承与保护》[①]文章中,作者刘坚等通过分析城市化进程对少数民族体育文化的影响及城市化进程中少数民族体育文化现状与存在问题,针对问题提出了四个方面的传承与保护的建议。

除了上述研究成果以外,夏琼华在《少数民族传统体育文化传承的教育策略》[②]一文中认为,"教育是实现少数民族传统体育文化传承的主要途径";认为学校体育系统能培养民族传统体育的传承人才。刘铮、郝凤霞等的《我国西部少数民族传统体育文化安全略论》[③]研究了西部少数民族传统体育文化的安全问题,作者在界定"文化安全"定义的基础上,从国家身份统一与多元、文化软实力、文化生态三个方面分析了安全以及威胁安全的原因,提出倡导"文化自觉"、坚定创新之路、建立村镇协会组织、合理开发学校体育教育校本教材等保障西部少数民族传统体育文化安全的策略。朱琳、刘礼国等在《论我国少数民族传统体育文化遗产保护》[④]论文中,总结了少数民族传统体育文化遗产保护存在的六个方面问题,提出了五大点具体的保护措施。肖谋远、韦晓康在2014年发表的《少数民族传统体育文化传承与教育路径研究》[⑤]中,从国家、社会、家庭、学校四个方面对少数民族传统体育文化传承与教育的现状进行了研究,根据这四个方面所具有的优势以及少数民族传统体育文化传承与教育的重要性,提出了以家庭教育为基础、学校教育为主导、社区教育为核心的综合传承与教育的主要路径。李晓通、周山彦等人在《我国少数民族传统体育文化传承机制研究》[⑥]中,认为我国少数民族传统体育具有原始生态性、非独立性、发展性等本质特性,并通过对我国少数民族传统

---

① 刘坚等:《城市化进程中少数民族传统体育文化传承与保护》,《体育与科学》2009年第6期。
② 夏琼华:《少数民族传统体育文化传承的教育策略》,《体育与科学》2010年第1期。
③ 刘铮、郝凤霞等:《我国西部少数民族传统体育文化安全略论》,《成都体育学院学报》2013年第5期。
④ 朱琳、刘礼国等:《论我国少数民族传统体育文化遗产保护》,《体育与科学》2013年第5期。
⑤ 肖谋远、韦晓康:《少数民族传统体育文化传承与教育路径研究》,《西南民族大学学报》(人文社会科学版)2014年第7期。
⑥ 李晓通、周山彦等:《我国少数民族传统体育文化传承机制研究》,《体育文化导刊》2014年第7期。

体育传承的原始路径进行总结分析，得出了系统化、有序化、多元化、产业化、艺术化、科学化、人性化等将是其未来生态文明建设下发展的主要趋向。杨敏、沈卫珍的《少数民族传统体育文化保护的问题与对策》[①]一文中，从社会大众参与、科研机构、法律法规三个层面分析了少数民族传统体育文化保护过程中存在的问题，根据少数民族传统体育文化保护应坚持的六大原则，提出了分级管理、分类整理、分层提升的保护措施。方征在《少数民族传统体育文化多样性保护的人类学解读》一文中，从多样性形成、分布特征、保护的重要性以及保护态势四个方面，对少数民族传统体育文化进行了研究，认为"在社会扶持下，实现文化尊重、发展文化产业是促进少数民族传统体育文化多样性保护和维护生态平衡的有效途径"[②]。丁雨的《新时期少数民族传统体育文化的保护与传承》[③]从新时期我国少数民族传统体育文化保护与传承的现状入手，找出了保护方面和传承方面存在的一系列问题，针对问题分别从这两个方面对新时期我国少数民族传统体育文化保护与传承提出了策略和建议。

综上所述，以上研究大多从某一特定区域、某个时期、某种视角下，就少数民族传统体育文化的保护、传承、发展三个方面中的某一个维度进行探究。极少有人从整体上进行思考和研究，这就导致分析其中所存的问题也有一定的局限性，不是从整体的角度出发考虑的，亦无法确认其客观性。再者，学者们对少数民族传统体育文化保护、传承与发展所提出的策略和建议，大多只是理论性的策略，缺乏对研究对象真实情况的实际性指导。

第三节　少数民族传统体育研究

少数民族传统体育是各民族生产生活中的重要内容之一，具有鲜明的民族特色和地域特色，同时作为一个民族传统文化事项，很自然地进入了学者的视野。根据中国知网查到的数据，国内研究少数民族传统体育的论文是徐

---

① 杨敏、沈卫珍：《少数民族传统体育文化保护的问题与对策》，《贵州民族研究》2014年第8期。
② 方征：《少数民族传统体育文化多样性保护的人类学解读》，《体育文化导刊》2016年第5期。
③ 丁雨：《新时期少数民族传统体育文化的保护与传承》，《贵州民族研究》2016年第5期。

寿彭、严英俊的《丰富多彩的少数民族传统体育》①和《少数民族传统体育具有极强的生命力》②等。总体来看，1982—2017年1月共检索到3576篇论文，国内关于少数民族传统体育的研究可大致分为三个阶段（具体发文量情况见图0-3）：

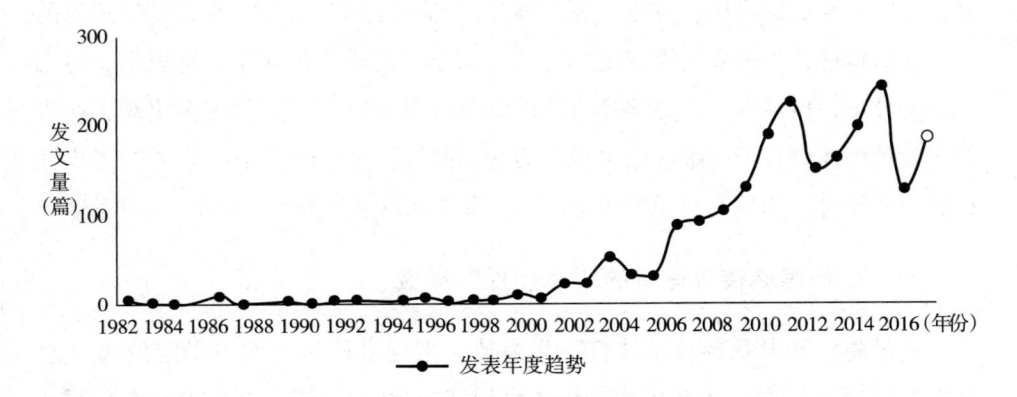

图0-3 国内"少数民族传统体育"领域发文量年度趋势
资料来源：中国知网。

第一阶段是1982—2000年，这一阶段有两个特征，一是数量较少，这一阶段每年的发文量都在10篇以内；二是介绍性、描述性的文章居多，而学术性较强的研究性论文相对较少，且多为挖掘、整理、特征概括等基础性研究。第二阶段是2001—2007年，此阶段的年发文量有所提高，从20余篇逐年递增至94篇。从2001年开始，国内学者田祖国、芦平生、龙佩林、白晋湘、方征等开始对少数民族传统体育进行多维度的研究，涉及的主题有"项目分类与推广、传承、创新、变迁与演变、价值与功能、训练基地、抢救与保护、课程开发、民运会"等，并且区域性的分化趋势开始显现，西部、西北、西南、东北、湘西及某一地区的相关研究大量出现。第三阶段是2008年至今，这一阶段中，年发文量升至105篇，其间经历了波浪式增减，最多增至244篇。区域性分化研究在这一阶段更加明显，同时，在研究的主题方面在上一阶段的基础上大大拓展，而且，从不同理论、不同视角进行的研究也大量出

---

① 徐寿彭、严英俊：《丰富多彩的少数民族传统体育》，《中央民族学院学报》1982年第4期。
② 徐永昌、李建章：《少数民族传统体育具有极强的生命力》，《中国民族》1982年第8期。

现,如"自组织理论、耗散结构理论、代价论、利益相关者理论、互动仪式链理论、社会资本理论、项群理论、物质文化视域、文化软实力、异化视角、文化遗产、文献计量、人类学、生态位、体验经济、全民健身、生态伦理、文化安全、文化生态、产业融合、网络化、全球化、新农村建设、非主流经济学、社会性别、大数据时代、博弈"等。再者,"学科交叉"是这一阶段研究成果的另一典型特征,将少数民族传统体育与旅游学、美学、新闻学、历史学、生态学、统计学、传播学、人类学等学科领域进行交叉研究的成果大量出现,使少数民族传统体育有了多维度的呈现和表达。此外,这一阶段中出现了以"少数民族传统体育"为研究对象的硕士论文。具体从以下几个方面列举。

一 少数民族传统体育的"总体性"研究

此处将"少数民族传统体育"作为独立主题进行研究的成果定位为"总体性"研究,探讨"少数民族传统体育领域的相关问题",并且没有作区域性限制的文献。此类文献在上文划分的三个阶段中皆有,具体如下。

第一阶段(1982—2000年)中,除了1982年发表的几篇介绍性文章以外,1983年,武恩莲的《生活气息浓郁的我国少数民族传统体育》[1]一文通过举例探讨分析我国少数民族传统体育与"生产、生活"的关系;1986年,吴志平在《我国少数民族传统体育初探》[2]中对民族传统体育的形成、内容、形式、特点、开展的意义和影响等问题进行了分析、挖掘和整理,同时对民族传统体育的发展趋势进行了展望;之后关于少数民族传统体育的论文较为少见,直到1994年,闭锦源发表了《我国少数民族传统体育的特点及美的特征》[3],指出了我国少数民族传统体育所具有的"传统性、地域性、民俗性、娱乐性和文体交融"的特点,同时认为,我国少数民族传统体育具有"展美形式呈多样性、美感丰富呈复合性"的美的特征;2000年,赵昌毅发表了《中国少数民族传统体育运动发展展望》[4]一文,作者认为在中国现代社会发展过程中,发展少数民族传统体育有其政治、经济、文化等方面的重要意义,

---

[1] 武恩莲:《生活气息浓郁的我国少数民族传统体育》,《沈阳体育学院学报》1983年第2期。
[2] 吴志平:《我国少数民族传统体育初探》,《贵州民族研究》1986年第3期。
[3] 闭锦源:《我国少数民族传统体育的特点及美的特征》,《武汉体育学院学报》1994年第2期。
[4] 赵昌毅:《中国少数民族传统体育运动发展展望》,《北京体育大学学报》2000年第1期。

同时具有"发扬民族文化、增进各民族之间的了解和加强民族团结"的作用。

进入21世纪,少数民族传统体育的相关研究大量出现,第二阶段(2001—2007年)中,黄建文、陈丽珠发表的《21世纪少数民族传统体育发展的新趋势》[①] 具有一定的代表性,作者认为21世纪少数民族传统体育项目的发展要突出体育特性,并且要充分发挥其教育功能,同时要在西部大开发中发挥精神和物质上的双重功能;2003年,芦平生、陈玉玲的《少数民族传统体育的传承与演进》[②],分析了少数民族传统体育的传承问题,从提升、重塑、多功能凸现和科学化四个方面讨论了少数民族传统体育文化的演进问题;同年,徐万邦的《少数民族传统体育的特点和功能》[③] 一文发表,作者认为少数民族传统体育具有六方面(形式多样、丰富多彩,历史悠久、渊源深厚,附于节日、重在娱乐,源于劳动、结合生产,多元一体、和而不同,因地制宜、活动方便)的特点,同时认为,少数民族传统体育具有传承、亲和、强身健体、美育、政治、经济方面的功能;贵州师范大学少数民族体育研究专家冯胜刚在《我国少数民族传统体育的价值研究》一文中,对我国少数民族传统体育的历史价值和现实价值进行了详细论述,同时认为"我国少数民族传统体育具有独特的民族特征和存在方式,与现代体育相比具有独特的价值"[④];徐金尧的《少数民族传统体育教学探究》[⑤] 提出了学校少数民族传统体育教学在提高青少年身心健康水平和综合素质、终身体育意识培养和传承和整理等方面的优势,同时分析了在学校开展少数民族传统体育教学在"教育观念、师资、教材以及运动器械"方面的影响因素;李志清在《少数民族传统体育起源与变异探析》中认为"运动本能和顺应自然的生活节律的需要、生产劳动和军事训练的需要、原始信仰崇拜的需要繁衍种族的需要和经济活动的需要"是少数民族传统体育的起源动因,同时认为,少数民族传统体育已经发生变异,具体表现为"由族内分享到族际共享,从娱乐性与随意性转

---

① 黄建文、陈丽珠:《21世纪少数民族传统体育发展的新趋势》,《体育文化导刊》2001年第5期。
② 芦平生、陈玉玲:《少数民族传统体育的传承与演进》,《成都体育学院学报》2003年第3期。
③ 徐万邦:《少数民族传统体育的特点和功能》,《宁夏社会科学》2003年第5期。
④ 冯胜刚:《我国少数民族传统体育的价值研究》,《贵州民族研究》2003年第3期。
⑤ 徐金尧:《少数民族传统体育教学探究》,《武汉体育学院学报》2003年第2期。

向竞技性和正规性，由娱神、娱己转变为娱人，并且逐步向商品价值过渡"[1]；颜绍泸教授在《走近主流文化的历程——少数民族传统体育研究之一》中对少数民族传统体育从"一种边缘性体育手段存在"到"成为社会主流体育的一个组成部分"，再到"完成了向经济领域的突进，融入了主流文化的大潮"的主流化进程进行了梳理和论述[2]；2006年，冯胜钢在《我国少数民族传统体育存在方式和存在基础的特征调查与近30年内逐步现代化的对策研究》中对我国少数民族传统体育的存在方式和存在基础进行了深入分析，认为少数民族传统体育"与少数民族其他多种文化现象共生的方式，借助民俗活动的开展而存在着和发展着"[3]，并且"未来30年内，促进我国少数民族传统体育逐步现代化的对策主要是：通过行政力量主动介入而强化引导方式，在促进民俗活动和业余文化活动的开展中促进其发展；关注社会需求、坚持服务社会方向，更为充分挖掘和实现其课程资源、旅游资源和健身文化资源的价值；组织竞赛，借助竞赛的杠杆作用推动其持续发展"[4]；已故体育知名学者胡小明教授在《中国少数民族传统体育的文化多元价值》一文中围绕"和而不同"对少数民族传统体育的多元价值进行了探讨，认为"少数民族传统体育可以使中华传统体育重新焕发多样化生机，为世界体育的文化多元化作贡献"[5]；此外，也有学者开始研究少数民族传统体育项目的保护问题，如袁华亭在《论我国少数民族传统体育项目的保护措施》[6]中，从"形态特质"的差异性入手将我国少数民族传统体育项目分为"竞技类和表演类"，并给出了两个类别的传统体育项目的具体保护措施。

第三阶段（2008年至今）是我国少数民族传统体育研究迸发的时期，研究成果大量出现，明显的变化是论文量的增长，其次是研究主题的拓展。其

---

[1] 李志清：《少数民族传统体育起源与变异探析》，《体育科学》2004年第1期。
[2] 颜绍泸：《走近主流文化的历程——少数民族传统体育研究之一》，《成都体育学院学报》2005年第1期。
[3] 冯胜钢：《我国少数民族传统体育存在方式和存在基础的特征调查与近30年内逐步现代化的对策研究》，《北京体育大学学报》2006年第11期。
[4] 同上。
[5] 胡小明：《中国少数民族传统体育的文化多元价值》，《体育学刊》2007年第8期。
[6] 袁华亭：《论我国少数民族传统体育项目的保护措施》，《中南民族大学学报》（人文社会科学版）2007年第6期。

中代表性的文章如下：对少数民族传统体育项目的研究已经不再停留在挖掘、整理和分类上，国内知名学者白晋湘在《少数民族传统体育项目及其文化编目的价值与方法》[①]一文中，研究了少数民族传统体育项目及其文化编目问题，提出了建构少数民族传统体育项目及其文化的数据库，并以此保护我国民族传统体育项目及其文化的设想；学者郭礼对少数民族传统体育的传承途径进行了研究，在其论文《我国少数民族传统体育的传承途径研究》[②]中提出了"自身价值创新、娱乐大众化、竞技体育和学校体育教育"四条传承途径。此阶段，国内部分学者开始研究少数民族传统体育运动会，王虹、赵晓玲的《全国少数民族传统体育运动会研究》[③]从"举办主题、运作模式、发展演变、赛事体制与规模"等方面，对民族运动会进行了分析与研究，试图揭示其中变化的规律和发展趋势。此阶段也出现了从"博物馆"角度研究少数民族传统体育的成果，刘少英、肖宪平、赵志强的《少数民族传统体育虚拟博物馆构建研究》论证了构建少数民族传统体育虚拟博物馆的必要性和可行性，对"构建模式、运行环境、框架搭建、栏目设计、后台管理"等进行了分析，认为"虚拟现实技术将拓宽少数民族传统体育研究领域，促进少数民族传统体育现代化进程"[④]。2011年，新的切入视角在少数民族传统体育研究领域出现，张守平、王天军开始研究少数民族传统体育引入高校体育教育问题，在其论文《少数民族传统体育引入高校对策研究》中认为"少数民族传统体育项目具有较高的课程开发价值与优势，符合高校体育教学的指导思想，能体现民族地区高校的办学特色，对培养学生体育能力、弘扬民族文化、加强民族团结具有积极意义"[⑤]。同年，关于少数民族传统体育与社会发展的研究也开始出现，《少数民族传统体育增强农村社区凝聚力研究》的作者刘昀等以广西农村为研究点，通过研究认为："利用少数民族传统体育运动引导农村社区居民参与体育锻炼，举行以少数民族传统体育项目为活动内容的节日

[①] 白晋湘：《少数民族传统体育项目及其文化编目的价值与方法》，《体育学刊》2008年第9期。
[②] 郭礼：《我国少数民族传统体育的传承途径研究》，《西南师范大学学报》（自然科学版）2008年第6期。
[③] 王虹、赵晓玲：《全国少数民族传统体育运动会研究》，《体育文化导刊》2009年第11期。
[④] 刘少英、肖宪平、赵志强：《少数民族传统体育虚拟博物馆构建研究》，《成都体育学院学报》2009年第12期。
[⑤] 张守平、王天军：《少数民族传统体育引入高校对策研究》，《体育文化导刊》2011年第7期。

盛会，以少数民族传统体育活动为内容，建立农村社区文化社团等。"① 途径对于农村社区凝聚力的增强有促进作用。同类研究还有《少数民族传统体育发展的社会实效性研究》，作者丁辉通过研究分析了少数民族传统体育多方面的社会价值，认为"少数民族传统体育是推进全民健身运动发展，促进社会主义和谐社会构建不可或缺的重要助力"②。成都体育学院的霍红教授结合我国体育事业发展方式转变的背景，在《我国少数民族传统体育发展方式转变研究》中认为，少数民族传统体育的发展方式也应该转变，但"需要协调传统体育文化与现代体育文化、开发与异化、传承与发展、秉承传统与现代转型、发展定位的内敛与外拓等方面的关系"，提出了我国少数民族传统体育发展方式在思路上要"由外延式向内涵式转变"，资源开发方面"由无序向系统化转变"，总体上要"由保守向开放转变"，同时要"实现价值取向由追逐功利向人性需求转变，发展模式从单一向多元化转变"③。在这一时间段内，国内学者在少数民族传统体育方面的研究在视角上有一定拓展，如：《少数民族传统体育资源的社会价值及其发挥》作者王新武、张建军认为"少数民族传统体育具有健身娱乐、陶冶情操、增进团结和民族交流等社会价值"，这些价值应该在"立足传统，融汇中西，实现现代化转型，在全民健身普及、文化产业发展和民族文化传承中充分发挥"④。屈植斌、顾晓艳的《我国少数民族传统体育传承运行机制的系统构建》对影响少数民族传统体育传承与发展的各种相关因素及相互关系，能够维持其长期运行的相关过程、原理及方式，以及对这些运行方式的监控与评价指标体系等进行了研究，建构了传承运行机制的框架（规划系统、组织系统、保障系统、评估系统四大子系统），认为各子系统可以独立运行并有机衔接。⑤ 李姗姗在《论少数民族传统体育的教育

---

① 刘昀、刘闯、杨元英：《少数民族传统体育增强农村社区凝聚力研究》，《体育文化导刊》2011 年第 7 期。
② 丁辉：《少数民族传统体育发展的社会实效性研究》，《广州体育学院学报》2012 年第 5 期。
③ 霍红、王洪珅：《我国少数民族传统体育发展方式转变研究》，《成都体育学院学报》2012 年第 7 期。
④ 王新武、张建军：《少数民族传统体育资源的社会价值及其发挥》，《体育文化导刊》2014 年第 12 期。
⑤ 屈植斌、顾晓艳：《我国少数民族传统体育传承运行机制的系统构建》，《北京体育大学学报》2015 年第 4 期。

价值及其实现》中指出："少数民族传统体育所具有的立德树人、生命教育、社会伦理、素质教育等教育价值功能尚未得到正确认识，只有通过学校教育、社会活动和体育生活化等途径，其教育价值功能方能得以实现。"[①] 再者，谭广鑫、罗国旺分析探讨了少数民族传统体育作为一种遗产的保护路径，在《论少数民族传统体育遗产保护路径》中提出了"博物展览、学校传承、健身娱乐、竞技比赛及旅游表演五种保护路径"，同时认为"对体育项目要类型化地进行保护，系统化、类型化、多途径保护原则将是未来文化遗产保护的一大特点"[②]。此外，在这一时期内，各高校的研究生的硕士学位论文也开始研究少数民族传统体育：北京体育大学史航昊的《少数民族传统体育竞技项目——板鞋竞速途中跑技术分析》、云南师范大学辛锡灿的《民族文化生态村模式下少数民族传统体育发展的SWOT分析和策略研究》、姜瑞强的《村落少数民族传统体育的文化生态学研究》、贵州师范大学崔欢欢的《少数民族传统体育与学校体育互动式发展的个案研究》、内蒙古师范大学孟根图的《少数民族传统体育政策法规的研究》、内蒙古大学刘静的《第十届全国少数民族传统体育运动会报道分析》、沈阳师范大学许雨龙的《关于环沈阳经济带少数民族传统体育演变与传承的研究》等。

综上，从所查到的1982—2017年的文献来看，国内关于少数民族传统体育的"总体性"研究呈现以下几个特点：第一，阶段性强。如上文所述的三个阶段无论在"发文量"还是"主题相关性"上都呈现出较强的阶段性，其原因之一是世纪之交人们对体育的认知和态度的转变，原因之二是2008年北京奥运会后人们体育态度和体育行为的转变，原因之三是近年来体育发展方式转变和改革力度的加大，上述三个原因促使国内学者将研究的目光投向了少数民族传统体育。第二，研究视域日益拓展。综合来看，关于少数民族传统体育的研究从基础性的项目挖掘、整理、分类，到社会价值、文化价值等的研究，从抢救、保护再到发展方式转变及传承运行机制的系统构建，国内学者在研究视域上的拓展趋势很是明显，研究的问题也逐步细化和深化。第三，研究者群体不断增大。从36年来的总体情况来看，关于少数民族传统体

---

① 李姗姗：《论少数民族传统体育的教育价值及其实现》，《贵州民族研究》2015年第4期。
② 谭广鑫、罗国旺：《论少数民族传统体育遗产保护路径》，《体育文化导刊》2016年第5期。

育的研究者群体数量不断增大,这从发文量不断增加可以看出。同时,从最近几年的作者数量来看,研究者数量较少,但后两个阶段中不仅出现了一系列的研究专家,新生力量也不断涌现。由此可以看出,国内关于少数民族传统体育的研究总体上处于"量质齐增"的态势,但"低水平重复性研究、高质量研究成果比例偏低、研究范式固化"等问题也客观存在。

二 少数民族传统体育的"区域性"研究

此类文献主要是指以某地域范围内的少数民族传统体育为研究对象的学术论文成果。从中国知网查到的相关数据来看,此类研究最早出现学术论文的时间为1986年,分别是管学庭的《论广西少数民族传统体育》[①]和李锦的《广西少数民族传统体育考究》[②],都是对广西少数民族传统体育的研究。同类研究的再次出现是1989年梁柱平发表的《广西少数民族传统体育源流传说中的祭祀特征浅析》[③];再者,庞锦荣的《我国西南少数民族传统体育略论》是代表性较强的成果之一,作者重点论述了我国少数民族传统体育思想的形成和发展,将其分为"对人体运动社会效能的糊涂认识、对人体运动社会效能的明确认识和对人体运动社会效能的全面认识和发展三个阶段"[④],并对每个阶段进行了详细论述。1994年,中央民族大学的韦晓康对中国北方少数民族的传统体育进行了初步研究,他在《中国北方少数民族传统体育初探》一文中认为"北方少数民族传统体育最初形成都来源于劳动生产、古代的军事战争、宗教祭祀、节日庆典、风俗习惯等"[⑤]。一直到2000年,此类研究才零星出现,从2001年开始,此类研究在数量上开始增加,田祖国、芦平生、刘少英、龙佩林、周伟良、白晋湘、方征等学者针对西北、西部、湘、鄂、渝、黔边、湖南等地区的少数民族传统体育进行研究,从"形成与发展、项目项群分类、理论建构、现状与发展对策"等维度展开研究,取得了一定数量的

---

① 管学庭:《论广西少数民族传统体育》,《广西师范大学学报》(哲学社会科学版)1986年第3期。
② 李锦:《广西少数民族传统体育考究》,《广西民族学院学报》(哲学社会科学版)1986年第2期。
③ 梁柱平:《广西少数民族传统体育源流传说中的祭祀特征浅析》,《体育文史》1989年第6期。
④ 庞锦荣:《我国西南少数民族传统体育略论》,《体育文史》1989年第3期。
⑤ 韦晓康:《中国北方少数民族传统体育初探》,《黑龙江民族丛刊》1994年第3期。

成果。自此，关于少数民族传统体育的"区域性"研究拉开序幕，一直到2016年12月，每年都会有此类论文在各类期刊上发表，其间出现了一些代表性成果，列举如下：

（一）西北少数民族传统体育研究

从查到的文献来看，主要有两种类型，一是对"西北"这一大的区域内少数民传统体育的整体性研究。二是对隶属西北的少数民族传统体育的研究。此类研究中，芦平生教授可谓领军人物，进行了多年的持续深入研究，取得了大量具有较强代表性的研究成果：《西北少数民族传统体育发展的理论构建》[1]《西北少数民族传统体育的形成与发展》[2]《西北少数民族地区体育资源的开发与利用》[3]《西北少数民族传统体育的若干理论与实践问题》[4]《西北少数民族传统体育理性化的自然选择与定位》[5]《西北少数民族地区体育资源开发的社会价值研究》[6]《西北少数民族群众参与传统体育活动的行为特征》[7]《西北少数民族传统体育的项群分类及其特征》[8] 等，从上述研究可以看出，研究的内容从基础理论到源流梳理、从开展现状到发展对策、从价值分析到资源开发、从项群分类到群众参与，研究视野开阔，视角多元。此外，部分学者对西北地区的少数民族体育运动项目（《对西北少数民族体育运动项目文化类型的特征分析》[9]）、西北少数民族传统体育的研究进展（《西北少数民族传统体育研究新进展》[10]）和发展（《西北地区少数民族传统体育发展的几点

---

[1] 芦平生等：《西北少数民族传统体育发展的理论构建》，《成都体育学院学报》2001年第1期。
[2] 芦平生、杨兰生：《西北少数民族传统体育的形成与发展》，《西北师范大学学报》（自然科学版）2001年第2期。
[3] 芦平生等：《西北少数民族地区体育资源的开发与利用》，《体育科学》2002年第1期。
[4] 芦平生、陈玉玲：《西北少数民族传统体育的若干理论与实践问题》，《体育学刊》2002年第1期。
[5] 芦平生、冯平：《西北少数民族传统体育理性化的自然选择与定位》，《体育学刊》2003年第1期。
[6] 芦平生、潘健：《西北少数民族地区体育资源开发的社会价值研究》，《武汉体育学院学报》2006年第5期。
[7] 芦平生：《西北少数民族群众参与传统体育活动的行为特征》，《上海体育学院学报》2007年第3期。
[8] 芦平生：《西北少数民族传统体育的项群分类及其特征》，《中国体育科技》2001年第9期。
[9] 王琳、谢智学：《对西北少数民族体育运动项目文化类型的特征分析》，《西北民族大学学报》（哲学社会科学版）2013年第4期。
[10] 张扬、王玉红：《西北少数民族传统体育研究新进展》，《体育文化导刊》2003年第6期。

思考》①）等方面进行了研究。同类研究中的另一部分是关于新疆少数民族传统体育的，其中围绕"项目"开展的研究较多，如：《新疆少数民族传统体育项目研究》②《新疆少数民族传统体育传承与保护研究》③《新疆少数民族传统体育项目分类及其特征分析》④《新疆少数民族传统体育项目场地发展的特殊性及契机》⑤《新疆少数民族传统体育项目场地现状分析及发展对策》⑥《新疆少数民族传统体育项目文化特征分析》⑦，其他的相关研究则将视角集中于"发展"方面，如《新疆少数民族传统体育与新疆体育的发展研究》⑧《新疆少数民族传统体育发展研究》⑨《新疆少数民族传统体育活动开展现状及发展对策》⑩《从新疆民运会看我国少数民族传统体育发展模式之构建》⑪等。总之，此类研究中的"区域性"特征也比较明显，研究的主题也相对集中。

（二）西南少数民族传统体育研究

相比于西北地区而言，我国西南地区的少数民族聚居更为集中，九成以上数量的少数民族分布于此，因此，关于西南地区少数民族传统体育的研究也比较多。从收集到的文献来看，此类研究也呈现出两个特点：一是关于西南地区的少数民族的整体性研究，二是关于西南地区各省市（自治区）内少数民族传统体育的研究。相关内容陈述如下：第一，关于西南地

---

① 周伟良：《西北地区少数民族传统体育发展的几点思考》，《体育文化导刊》2001年第5期。
② 阿不拉·玉素甫、查萍：《新疆少数民族传统体育项目研究》，《体育文化导刊》2009年第5期。
③ 沈林、宋楚欢：《新疆少数民族传统体育传承与保护研究》，《体育文化导刊》2010年第12期。
④ 刘全福：《新疆少数民族传统体育项目分类及其特征分析》，《成都体育学院学报》2009年第5期。
⑤ 武杰、庞辉、王欢：《新疆少数民族传统体育项目场地发展的特殊性及契机》，《体育学刊》2007年第7期。
⑥ 仝兆静：《新疆少数民族传统体育项目场地现状分析及发展对策》，硕士学位论文，新疆师范大学，2006年。
⑦ 王国元、张玉祥：《新疆少数民族传统体育项目文化特征分析》，《新疆师范大学学报》（哲学社会科学版）2004年第3期。
⑧ 李险峰、朱梅新、熊飞：《新疆少数民族传统体育与新疆体育的发展研究》，《北京体育大学学报》2009年第10期。
⑨ 沈林、朱梅新、胡金明：《新疆少数民族传统体育发展研究》，《体育文化导刊》2009年第1期。
⑩ 杨成、刘胜兵、龙凤：《新疆少数民族传统体育活动开展现状及发展对策》，《成都体育学院学报》2008年第11期。
⑪ 庞辉：《从新疆民运会看我国少数民族传统体育发展模式之构建》，《西安体育学院学报》2008年第2期。

区的少数民族的整体性研究。或许是西南少数民族太多,具有共性的问题相对较少的原因,从整体上探讨西南少数民族传统体育的论文,尤其是核心期刊发表的论文数量不多,其中代表性的成果将研究的主题落脚于"分类、特征、功能、保护、创新"等方面,如《西南少数民族传统体育游艺分类及其特征》[1]《西南少数民族传统体育特征及其功能的现代发展》[2]《非物质文化视野下西南少数民族传统体育的保护与发展研究》[3]《关于西南少数民族传统体育保护创新的多元思考》[4]《西南地区少数民族传统体育文化基征考》[5]《论多元文化圈对西南少数民族传统体育的影响》[6]。比较而言,西南地区未能形成像西北地区那样的研究者群体,相对应的发表成果的数量也相对较少。第二,关于西南地区各省市(自治区)内少数民族传统体育的研究。根据检索的情况来看,此类研究的区域分化特征很是明显,西南地区所辖的五个省份之中,对于少数民族传统体育的研究无论是从论文数量还是研究主题上,都以贵州和云南为主,而四川、重庆和西藏三个省市(自治区)仅检索到少量的核心期刊论文。其中,贵州关于少数民族传统体育的研究以贵州师范大学的冯胜刚为代表,研究的主题包括"特征、分类、流变、传承、价值、发展、与旅游业的结合"等,如:《生活方式变迁中贵州少数民族传统体育发展契机研究》[7]《贵州少数民族传统体育的传承与发展研究》[8]《贵州少数民族传统体育的文化特征及传承保护》[9]《贵州少数民族传统体育的传承和发展》[10]《浅析少数民族传统体育项目的美学价值——以贵州

---

[1] 谭永洁:《西南少数民族传统体育游艺分类及其特征》,《中南民族大学学报》(人文社会科学版)2004年第6期。
[2] 董素云:《西南少数民族传统体育特征及其功能的现代发展》,《贵州民族研究》2012年第3期。
[3] 肖谋远:《非物质文化视野下西南少数民族传统体育的保护与发展研究》,《成都体育学院学报》2009年第4期。
[4] 雍桂军:《关于西南少数民族传统体育保护创新的多元思考》,《黑龙江民族丛刊》2010年第3期。
[5] 庞元宁、蒋仕延:《西南地区少数民族传统体育文化基征考》,《北京体育大学学报》2002年第6期。
[6] 郭永东:《论多元文化圈对西南少数民族传统体育的影响》,《体育文化导刊》2005年第8期。
[7] 冯胜刚:《生活方式变迁中贵州少数民族传统体育发展契机研究》,《贵州民族研究》2012年第5期。
[8] 徐咏:《贵州少数民族传统体育的传承与发展研究》,《贵州民族研究》2011年第6期。
[9] 李红:《贵州少数民族传统体育的文化特征及传承保护》,《贵州民族研究》2014年第5期。
[10] 国伟、田维华:《贵州少数民族传统体育的传承和发展》,《体育学刊》2009年第9期。

独竹漂为例》①《南方喀斯特地区少数民族传统体育价值观研究——以贵州为例》②《贵州少数民族传统体育的流变与传承发展的理性思考》③《少数民族传统体育纳入贵州高校体育课程资源体系的研究》④《合理开发利用贵州少数民族传统体育推动贵州旅游业的发展》⑤ 等，从贵州省的情况来看，研究者群体组成较为分散，未能形成相关的科研团队，而论文发表的刊物也集中在本省内的《贵州民族研究》，侧面反映出了相关研究成果在认可度方面的短板。关于云南少数民传统体育的研究成果中，在研究主题上更为多元和深入，从最初的"起源"到后来的"地域文化特征分析、可持续发展、非遗保护与传承、体育旅游资源开发、与新农村建设的互动、民族体育产业"等，如：《云南少数民族传统体育的起源与发展》⑥《云南少数民族传统体育的地域文化特征》⑦《云南少数民族体育的宗教渊源及影响》⑧《云南少数民族传统体育可持续发展研究》⑨《云南少数民族传统体育旅游资源开发利用研究》⑩《云南省少数民族传统体育非物质文化遗产保护与传承研究》⑪《云南少数民族体育产业发展的思路与构想》⑫《云南少数民族体育与新农村建设互动研究》⑬ 等，研究视野的开阔增加了省外学术期刊的发文量和认可度。总体来看，西南地区的少

---

① 吴小淼：《浅析少数民族传统体育项目的美学价值——以贵州独竹漂为例》，《贵州民族研究》2014 年第 9 期。
② 冯胜刚：《南方喀斯特地区少数民族传统体育价值观研究——以贵州为例》，《贵州民族研究》2011 年第 1 期。
③ 龙忠德：《贵州少数民族传统体育的流变与传承发展的理性思考》，《贵州民族研究》2012 年第 3 期。
④ 王南童：《少数民族传统体育纳入贵州高校体育课程资源体系的研究》，硕士学位论文，武汉体育学院，2009 年。
⑤ 谢芳：《合理开发利用贵州少数民族传统体育推动贵州旅游业的发展》，《贵州民族研究》2003 年第 1 期。
⑥ 戴文忠：《云南少数民族传统体育的起源与发展》，《体育文史》1996 年第 4 期。
⑦ 方桢、黄光伟：《云南少数民族传统体育的地域文化特征》，《体育文化导刊》2006 年第 5 期。
⑧ 尹晓燕：《云南少数民族体育的宗教渊源及影响》，《贵州民族研究》2014 年第 10 期。
⑨ 赖云华：《云南少数民族传统体育可持续发展研究》，《昆明大学学报》2008 年第 4 期。
⑩ 邓开民：《云南少数民族传统体育旅游资源开发利用研究》，博士学位论文，北京体育大学，2012 年。
⑪ 刘坚：《云南省少数民族传统体育非物质文化遗产保护与传承研究》，博士学位论文，北京体育大学，2012 年。
⑫ 饶远、王丽静：《云南少数民族体育产业发展的思路与构想》，《体育文化导刊》2003 年第 2 期。
⑬ 温和琼、敬龙军：《云南少数民族体育与新农村建设互动研究》，《体育文化导刊》2011 年第 12 期。

数民族传统体育研究，无论是在成果数量、研究主题视野还是研究者群体方面，均呈现区域内的"区域分化"特征。

（三）东北少数民族传统体育研究

从检索到的文献资料来看，东北地区也是一个少数民族传统体育研究的典型部分。东北地区少数民族传统体育的相关研究当中，研究主题涉及"形成、现状、特点、传承、发展"等方面，如：《东北少数民族传统体育发展研究》[①]《东北少数民族传统体育的形成与发展探究》[②]《东北少数民族传统体育的传承及其发展研究》[③]《东北少数民族传统体育项目及其对体育的促进作用》[④]《东北少数民族传统体育现状及其发展思路研究》[⑤]《东北少数民族传统体育的现状与特点》[⑥]《东北地区少数民族传统体育的发展现状及其未来发展趋势》[⑦]《东北少数民族传统体育的现状研究》[⑧] 等，综合来看，对于东北少数民族传统体育的研究形成了相对稳定的研究群体，代表性人物如栾桂芝、朴刚、陈立华、赵忠伟等，这也一定程度上增大了论文发表刊物的覆盖面，但也应该看出，在研究主题、研究视角、研究方法等方面的突破性和创新性是有待提高的。

三 少数民族传统体育的"交叉性"研究

此类文献是指那些从其他学科领域或视角来研究"少数民族传统体育"的某一方面问题的成果。

---

① 赵忠伟、郑鸿：《东北少数民族传统体育发展研究》，《体育文化导刊》2009 年第 3 期。
② 栾桂芝：《东北少数民族传统体育的形成与发展探究》，《中南民族大学学报》（人文社会科学版）2004 年第 5 期。
③ 朴刚、栾桂芝、陈立华：《东北少数民族传统体育的传承及其发展研究》，《天津体育学院学报》2004 年第 2 期。
④ 朴刚：《东北少数民族传统体育项目及其对体育的促进作用》，《上海体育学院学报》2005 年第 3 期。
⑤ 朴刚、陈立华：《东北少数民族传统体育现状及其发展思路研究》，《体育科学》2004 年第 4 期。
⑥ 栾桂芝：《东北少数民族传统体育的现状与特点》，《北京体育大学学报》2004 年第 11 期。
⑦ 赵忠伟等：《东北地区少数民族传统体育的发展现状及其未来发展趋势》，《武汉体育学院学报》2006 年第 9 期。
⑧ 陈立华：《东北少数民族传统体育的现状研究》，《沈阳体育学院学报》2005 年第 1 期。

（一）不同理论基础上的少数民族传统体育研究

理论基础如同大厦的地基，有一定理论基础的研究更容易深化对某些问题的认识、理解和阐释，关于少数民族传统体育，也应该从多种理论的角度开展相关研究，以使人们对于少数民族传统体育的认知更为立体化。有部分国内学者从不同的理论维度对少数民族传统体育进行了研究，理论类型涉及"社会资本理论、互动仪式链理论、差异化理论、耗散结构理论和代价论"等，唐明在《基于社会资本理论的少数民族传统体育文化传承发展研究》一文中，针对作为一种体育文化的少数民族传统体育的传承问题，以社会资本理论为基础分析其困境，研究发现"文化信任与认同的缺失、项目面临失传和消亡、生存和发展关系网络失去平衡"是其传承的主要困境，提出了促进少数民族传统体育文化传承和发展的建议和措施。王洪珅从互动仪式链理论的角度切入，对少数民族传统体育的存续与消亡等本质问题进行了研究，认为"少数民族传统体育在本质上是一种仪式性的身体活动，情感能量获取是其存续的根本动因，而沉降是其日渐式微的本质原因"[1]。《基于差异化理论的桂西地区少数民族传统体育文化资源开发模式构建》的作者魏建军通过研究认为"地理位置、经济状况、交通条件、文化特色等方面的区位差异是影响各地开发方式的重要因素"[2]。少数民族传统体育与旅游的结合和互动发展是近年来的一个研究热点，《代价论视域下少数民族传统体育旅游可持续发展研究》一文认为：少数民族传统体育旅游的可持续发展应重视"在代价论的视域内的商品化、庸俗化、趋同化、过度化和拜金化等现象带来的代价问题"，从"代价意识确立、文化生境保护、特色文化旅游品牌树立、利益均衡、机制健全、完善执法与监督机制"[3]等方面提出了促进可持续发展的路径。张兴奇、顾晓艳以耗散结构理论为基础，分析讨论了少数民族传统体育文化的进化理路，在《耗散结构理论视阈下少数民族传统体育文化的进化理路》一文中发现，"少数民族传统体育文化进化是一个不可逆或不可阻挡的历

---

[1] 王洪珅：《互动仪式链理论视域下的少数民族传统体育本质推演》，《体育科学》2014年第7期。

[2] 魏建军：《基于差异化理论的桂西地区少数民族传统体育文化资源开发模式构建》，《广西师范大学学报》（哲学社会科学版）2013年第5期。

[3] 成英、葛小军、陈振勇：《代价论视域下少数民族传统体育旅游可持续发展研究》，《山东体育学院学报》2013年第2期。

史进程，其现代化的各种转型是其进化的现代趋势"①。可以说，以不同的理论为基础进行的研究，一定程度上加深和拓展了对于少数民族传统体育研究的视野，可为不同时期、不同地域的少数民族传统体育发展提供理论借鉴，进而寻求到更为有效和合理的发展方式或路径。

（二）不同视角或视域下的少数民族传统体育研究

古诗云："横看成岭侧成峰，远近高低各不同。"从不同的视角去研究和探索少数民族传统体育，会发现不一样的"景色"，也会发现少数民族传统体育的多元化价值。国内学者在这方面做了大量尝试，"文化多样性、文化软实力、价值多元化现代化进程、文化安全、文化体制改革、非物质文化遗产、全球化、城镇化、经济全球化"等视角或视域内的研究屡见报端，为了解少数民族传统体育打开了多扇窗户。吴建逊的《我国少数民族传统体育的内涵与发展》②，将少数民族传统体育的内涵和发展问题，从文化多样性和价值多元化的视角进行分析，是一次新视角的尝试；余彬和李军的《基于文化软实力提升视角下的新疆少数民族传统体育开发途径研究》③一文，针对新疆少数民族传统体育，从提升文化软实力的视角寻求开发途径。在西方体育的冲击之下，作为我国传统体育文化重要组成部分的少数民族传统体育应该如何应对，如何寻求发展空间，如何不被西方体育文化同化等问题，引发了诸多学者的关注。《我国西部少数民族传统体育文化安全略论》④一文，将我国西部少数民族传统体育的相关问题置于"文化安全"的视域下进行审视，将少数民族体育的定位提升至民族和国家层面。同时，面对社会的现代化转型，少数民族传统体育应该如何发展？冯胜刚的《中国现代化进程中少数民族传统体育有效传承路径的实证研究》针对这一问题，从有效传承路径的角度进行了探讨，认为"成为社会体育手段而走进城镇居民生活、走进学校教育实现

---

① 张兴奇、顾晓艳：《耗散结构理论视阈下少数民族传统体育文化的进化理路》，《南京体育学院学报》（社会科学版）2012年第5期。

② 吴建逊：《我国少数民族传统体育的内涵与发展——基于文化多样性、价值多元化的视角》，《广州体育学院学报》2015年第4期。

③ 余彬、李军：《基于文化软实力提升视角下的新疆少数民族传统体育开发途径研究》，《首都体育学院学报》2014年第5期。

④ 刘铮等：《我国西部少数民族传统体育文化安全略论》，《成都体育学院学报》2013年第5期。

互动发展、长期与多种民俗活动共存共荣、成为广大村民休闲活动方式、成为乡村旅游文化资源、竞赛"[1] 等是少数民族传统体育的有效传承路径。非物质文化遗产是少数民族传统体育发展空间的一个拓展，《非物质文化遗产视域下贵州省少数民族传统体育文化的保护与传承》[2]《非物质文化视野下西南少数民族传统体育的保护与发展研究》[3] 两篇文章即是从"非遗"的视角来分析少数民族传统体育的保护、传承和发展问题。随着城镇化的不断推进，"村落或农村"渐渐消失，少数民族传统体育的生存空间和场域受到冲击，这一问题如何应对？《城镇化进程对少数民族传统体育文化的影响及对策：以新疆哈萨克族为例》[4]《城市化进程中少数民族传统体育文化传承与保护》[5] 两篇论文的作者正是基于这样的考虑，从城镇化进程中少数民族传统体育所受到的影响入手，对其传承、保护和发展的对策问题进行了深入分析。全球化（政治、经济、文化）使包括少数民族传统体育在内的民族传统文化开始反思其应对策略和发展路径，《全球化语境下少数民族传统体育文化传承的SWOT分析》[6] 和《论经济全球化形势下我国少数民族传统体育文化的保护及发展》[7] 两篇论文，以全球化为研究背景，分析讨论少数民族传统体育文化的保护、传承和发展问题，分析了"冲击"方面的挑战和"有利于传播"方面的机遇。此外，还有学者将少数民传统体育置于"传统文化"和"构建和谐社会"视野之下进行研究，如《传统文化视野下的全国少数民族传统体育运动

---

[1] 冯胜刚：《中国现代化进程中少数民族传统体育有效传承路径的实证研究》，《贵州民族研究》2012年第2期。

[2] 郝国栋、石文：《非物质文化遗产视域下贵州省少数民族传统体育文化的保护与传承》，《贵州民族研究》2011年第2期。

[3] 肖谋远：《非物质文化视野下西南少数民族传统体育的保护与发展研究》，《成都体育学院学报》2009年第4期。

[4] 宁新辉、谢玉琴、刘玉兰：《城镇化进程对少数民族传统体育文化的影响及对策：以新疆哈萨克族为例》，《首都体育学院学报》2014年第4期。

[5] 刘坚、吕赟、徐长红：《城市化进程中少数民族传统体育文化传承与保护》，《体育与科学》2009年第6期。

[6] 朱杰等：《全球化语境下少数民族传统体育文化传承的SWOT分析》，《南京体育学院学报（社会科学版）》2010年第2期。

[7] 白永生、方征、马辉：《论经济全球化形势下我国少数民族传统体育文化的保护及发展》，《中央民族大学学报》2006年第6期。

会价值观的构建》①和《少数民族传统体育与构建和谐社会的研究》②，在研究视角或视域上有一定的创新和拓展。

(三) 不同学科背景下的少数民族传统体育研究

从学科的交叉地带寻求选题是科研工作的可取之法，往往学科交叉更容易产生高质量的研究成果。国内学者在研究少数民族传统体育的过程中，也多有跨学科的尝试，涉及的学科有"人类学、历史人类学、教育人类学、文化生态学、社会学"等，如：《少数民族传统体育文化变迁的文化人类学思考——以黔南地区为个案》③《历史人类学视域下西北少数民族传统体育文化流变研究》④《少数民族传统体育文化多样性保护的人类学解读》⑤《少数民族传统体育的人类学考察——以第8届全国少数民族传统体育运动会为考察对象》⑥《少数民族传统体育文化传承的教育人类学研究》⑦，将研究的着眼点放在了少数民族传统体育的"演变、保护、传承"等方面，虽然是较为常见的着眼点，但也在一定程度上为相同问题找到了更多的解释。此外，还有学者从"文化生态学"（《文化生态学视角下湘西州少数民族传统体育文化研究》⑧）和"社会学"（《从社会学角度审视少数民族传统体育发展进程中的整合》⑨）学科进行的研究，虽然研究的相关问题有些"老套"，得出的结论也有待商榷，但作为一种研究的尝试，却是值得提倡的。

---

① 何亮、杨世如：《传统文化视野下的全国少数民族传统体育运动会价值观的构建》，《体育学刊》2008年第9期。

② 郭风兰、闫晓、臧留鸿：《少数民族传统体育与构建和谐社会的研究》，《首都体育学院学报》2013年第1期。

③ 李因霞：《少数民族传统体育文化变迁的文化人类学思考——以黔南地区为个案》，《搏击·武术科学》2012年第3期。

④ 闫艺：《历史人类学视域下西北少数民族传统体育文化流变研究》，《南京体育学院学报》（社会科学版）2015年第1期。

⑤ 方征：《少数民族传统体育文化多样性保护的人类学解读》，《体育文化导刊》2016年第5期。

⑥ 谭广鑫、胡小明：《少数民族传统体育的人类学考察——以第8届全国少数民族传统体育运动会为考察对象》，《西安体育学院学报》2009年第5期。

⑦ 李因霞、顾晓艳：《少数民族传统体育文化传承的教育人类学研究》，《黔南民族师范学院学报》2008年第3期。

⑧ 徐巧：《文化生态学视角下湘西州少数民族传统体育文化研究》，硕士学位论文，吉首大学，2013年。

⑨ 张文涛、刘志元：《从社会学角度审视少数民族传统体育发展进程中的整合》，《内蒙古体育科技》2011年第1期。

总之，关于少数民传统体育的"交叉性"研究在视角或视域的拓展方面有一定可取之处，可在很大程度上使人们站在更高或更特殊之处看待少数民族传统体育及其背后的多元价值和内涵，相信"他山之石"会引发更多的思考和研究尝试。

第四节　本研究理论框架及其他

西南地区少数民族传统体育文化生态研究，着眼和立足于文化生态的视角，选取我国少数民族分布最为集中、民族种类最全和人口数量最多的西南地区进行研究，以缘起并长久生长于此的传统体育为个案进行剖析，将此作为窥视我国少数民族传统体育文化生态的"麻雀"，某种意义上讲，西南地区的少数民族传统体育文化生态样貌可以大致代表我国少数民族传统体育文化生态的概貌。

一　理论框架设计

本研究在相关内容的论述和立意上，均从我国少数民族传统体育的高度入手。为了更好地为研究提供理论支撑，根据研究所需选择文化生态理论和文化适应理论作为理论来源，并以此为基础进行理论框架的设计。在文化生态理论的内容体系中，文化与环境的关系是核心，经过诸多学者的研究，自然环境、社会经济环境和社会制度环境被作为环境的三个元素。而文化适应理论所重点关注的是不同文化群体之间因为发生不同程度的文化接触而导致彼此相互影响，进而发生文化模式的适应性变化。鉴于以上两种理论的主体内容和本研究实际情况，通过讨论和研究认为，少数民族传统体育文化的起源、演变和发展是受自然环境、社会环境影响的；同时，作为文化群体的族群在日常生产生活中的各种交流，其实质就是文化主体间的接触，通过千百年来的接触、交流和融合，不同少数民族族群间的文化会发生模式方面的变化，传统体育文化的发展模式也通过这种文化接触而发生适应性改变，而这种适应性的改变恰恰是由于文化生态理论框架中的自然环境和社会环境，以及传统体育活动自身的特质三方面所引发的。因此，本研究初步构建了以"自然环境、社会环境、族群和传统体育"为主体的少数民族传统体育文化生态理论框架，并以此研究少数民族传统体育文化生态的基础，在具体的分析讨论过程中，又将上述四个主体元素细分为若干个子元素进行具体分析。对少数民族传统体育项目与自然环境、社会环境和族群的相互关系进行梳理，为少数民族传统体育演变、传承、保护及发展等问题的思考和研究提供理论借鉴。

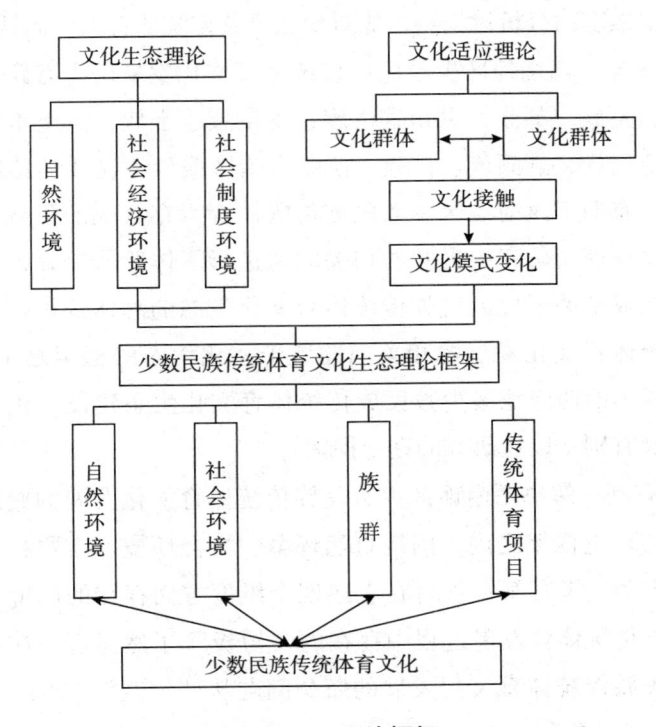

图 0-4 理论框架

二 研究目的与意义

（一）研究目的

本研究以美国文化人类学家朱安利·斯图尔特对文化生态的结构分层理论作为立论依据，选取田野考察和个案分析为主要研究方法，根据文化生态的四个结构对西南地区少数民族传统体育文化生态进行考察和分析，旨在探察西南地区少数民族传统体育的生存状况，了解其所处的文化生态情况，为其今后发展和其他地区少数民族传统体育的发展提出可供借鉴的发展思路与模式。

（二）研究意义

1. 研究视域有一定拓展。本研究从文化生态的角度切入，对西南地区的少数民族传统体育文化进行研究，通过文化生态这一抓手，突破了以往单纯从某一维度进行研究的局限，多因素的综合探究可体现研究的严谨性和科学性，同时，多维度的分析讨论会形成对少数民族传统体育的丰满认识和理解。

2. 初步探索了西南地区少数民族传统体育文化发展的生态路径。研究对四川省藏族、羌族、彝族，贵州省苗族、仡佬族、水族，重庆市土家族、苗族，云南省哈尼族、景颇族、白族，西藏自治区藏族等民族的传统体育进行了定点考察，有助于西南地区少数民族传统体育生存状况的了解。研究通过田野考察对以往理论研究中提及的相关问题进行了体验式验证，通过大量的观察和调查形成了关于少数民族传统体育文化生态的总体认识，将西南地区少数民族传统体育文化发展的相关问题置于文化生态的框架之下进行审视，基于考察而提出的西南地区少数民族传统体育文化生态建设与优化的原则和路径，是一次有别于以往研究的理论探索。

3. 研究有利于解决西南地区少数民族传统体育文化发展的瓶颈问题。本研究在设定的理论框架之内，围绕自然环境、社会环境、族群和少数民族传统体育四个方面，考察某一项目在上述四个维度方面存在的困境，使西南地区各少数民族传统体育发展过程中存在的"短板"了然显现，在一定程度上将制约少数民族传统体育文化发展的瓶颈问题从"宏观"转向"微观"，从"抽象"转向"具象"。

4. 研究有助于制定促进少数民族传统体育文化发展的针对性政策。以文化生态为基础的研究，可以统摄影响少数民族传统体育文化发展的各个因素及相互间的作用，基于此而得出的保护、传承、存续、发展对策更具针对性和实际意义。

三 理论基础

（一）文化生态理论

生态学，是研究生物有机体与其生存环境关系的科学，以整体宏观的基本观点研究不同生物间的相互关系、生态系统的基本结构以及生态系统的失衡与平衡问题。在生态学的理论框架内，生物个体和生态系统中的组成部分被看作一个有机整体，生态学的理论、方法和基本概念为文化生态理论的产生提供了借鉴。文化生态学从生态学的基本规律中找到研究文化现象的范式，将不同类型的文化及其与生存环境的关系作为主要研究内容，经过多年积累逐渐发展起来，在发展过程中不断汲取人类学、哲学等学科的理论营养，从而逐渐成熟。

在学界，美国人类学家 Steward 的著作 Theory of Culture Change（《文化变迁理论》）于 1955 年出版，最早提出了"文化生态学"的概念，并阐述了该学科的基本理念，因此该著作的出版被认为是文化生态学正式诞生的标志。Steward 认为，文化生态学是"从人类生存的整个自然环境和社会环境中的各种因素交互作用研究文化产生、发展、变异规律的一种学说"，文化生态学在于解释对不同环境的适应中的特殊文化及其类型、模式。在 Steward 提出的理论框架中，文化与其生态环境是不可分离并且是相互影响、相互作用、互为因果的关系。因此，环境适应的概念成了文化生态学的全部基础，简言之，即"相似的生态环境下会产生相似的文化形态及其发展线索，而相异的生态环境则造就了与之相应的文化形态及其发展线索的差别；由于世界上存在多种生态环境，所以由此形成了世界上多种文化形态及其进化道路"。在国内的文化生态学领域，有"文化生态学中国学派创立者"之誉的冯天瑜先生的观点有一定的代表性，在冯先生那里，文化生态学是"以人类在创造文化的过程中与天然环境及人造环境的相互关系为对象的一门学科，其使命是把握文化生成与文化环境的调适及内在联系"，同时，他将文化生态划分为"自然环境、社会经济环境和社会制度环境"三个层次，也认为"文化生态三层次彼此之间不断通过人类的社会实践（首先是生产劳动）进行物质的及能量的交换，构成一个浑然的整体，同时，它们又分别通过复杂的渠道，经由种种介质对观念世界施加影响"[1]。

（二）文化适应理论

文化适应理论是在文化适应（acculturation）研究的基础上产生的，关于

---

[1] 冯天瑜：《中华文化史》，上海人民出版社 1990 年版。

文化适应的研究最早可追溯到1880年，John Wesley Powell 从心理层面对文化适应进行了研究，并给出了具有开创新意义的最早界定——"文化适应是来自外文化者模仿新文化中的行为所导致的心理变化"①。文化适应作为一种理论的创建，是由国际知名跨文化心理学家约翰·贝利（John W. Berry）完成的，这一理论的结构框架也因此被称为"Berry 的理论框架"②，文化适应的相关研究为该框架提供了支撑，同时，文化适应也作为这一理论的基地和核心。时至1936年，文化适应的概念被人类学家 Redfield、Linton 和 Herskovits 重新界定，即"文化适应是由个体所组成，且具有不同文化的两个群体之间，发生持续的、直接的文化接触，导致一方或双方原有文化模式发生变化的现象"③。这一概念从文化模式的角度来解释文化适应，且顾及文化适应的缘由、过程和结果，使文化适应更加明了地呈现，因此成为经典定义而得到了学界的普遍认可。

四　核心概念

（一）少数民族传统体育

关于少数民族传统体育的概念，需要从其"所属、所归、所为"等几个维度去界定，虽然这一关键词在民族学、民俗学和体育学界都有使用，但其被广泛认可的定义却一直未见。目前，各学界对于少数民族传统体育的定义有四种基本观点：其一，少数民族传统体育是古代体育的延续，因此是指近代体育传入以前我国各民族就已有的体育活动。其二，凡是目前在一些民族

---

①　F. W. Rudmin, "Field Notes from the Quest for the First Use of 'Acculturation'", *Cross - Cultural Psychology Bulletin*, Vol. 3, 2003.

②　"Berry 的理论框架"以其"双维度模型"将文化适应研究推到一个更加全面、细致深入的阶段。所谓"双维度模型"是指 Berry 所认为的完整文化适应概念所包括的两个层面：其一，在文化层面或群体层面的文化适应（文化接触之后在社会结构、经济基础和政治组织等方面发生的变迁）；其二，心理或个体层面上的文化适应（文化接触之后个体在行为方式、价值观念、态度以及认同等方面发生的变化）。Berry 认为文化适应的过程实际上对发生相互接触的两个不同文化都会产生影响，只不过对主流文化影响小而已。同时他根据文化适应个体对自己原来群体和现时与之相处的新群体的态度对文化适应策略进行区分，并提出了考量的两个维度：（1）保持传统文化和身份的倾向性；（2）和其他民族文化群体交流的倾向性。根据文化适应个体在这两个维度上的不同表现，Berry 提出了整合（integration）、同化（assimilation）、分离（separation）和边缘化（marginalization）四种不同的文化适应策略。

③　Redfield, R., Linton, R. & Herskovits, M. J.. Memorandum on the study of acculturation, *American Anthropologist*, 38, 1936.

地区仍在流传的具有民族特色的体育活动（包括自娱活动）都属于民族传统体育范畴。其三，少数民族传统体育是各少数民族世代相传、具有民族特色的各种体育活动的总称。其四，少数民族传统体育是具有民族性、传统性、体育性的活动项目。学者李志清对以上观点进行了总结，认为少数民族传统体育是"指长期流传在各少数民族中，具有浓厚民族色彩和特征及强健体魄和娱乐身心作用的各种活动"[①]。综上可见，少数民族传统体育概念的界定首先要明确几点，即"少数"这个概念的相对性，"传统"与"现代"的对比性，"体育"这一现代语境中产生的词汇的涵盖性和对应性。基于以上观点，本研究认为"少数民族传统体育是中国除汉族以外的55个民族，在民族形成、演变和发展过程中创造并分化形成的，以身体活动为基本表现形式的各种社会性活动的总称"。

（二）少数民族传统体育文化

关于少数民族传统体育文化的概念，在学界也是众说纷纭、莫衷一是，并且存在与少数民族传统体育模糊区分的现象。针对这一问题，国内学者袁华亭在其《对少数民族传统体育文化基本概念的探讨》一文中，从文化、体育、传统和民族四个维度进行了深入分析和探讨，认为"中国少数民族传统体育文化是指中国55个少数民族在其民族发展历程中所形成的具有地域性特色，能体现本民族生活态度和生活方式的，通过身体活动以追求身心与精神全面健康的思维方式和行为方式的总和"[②]。本研究认为这一概念既言明了少数民族传统体育文化的民族所属，又明确了其基本特点和表现形式，同时指出了其在不同层次上的文化特质。基于此，本研究将此概念作为研究的基础关键词，相关的分析也以此为依据。

（三）体育文化生态

目前，体育文化生态的概念尚未明确提出，但有专家学者对体育文化生态系统进行了界定："体育文化生态系统是指体育文化与体育环境相互联系而构成的有机统一体，该系统是一个开放、自组织的系统，它具有自身的结构、

[①] 李志清：《少数民族传统体育起源与变异探析》，《体育科学》2004年第1期。
[②] 袁华亭：《对少数民族传统体育文化基本概念的探讨》，《武汉科技学院学报》2006年第12期。

功能和一定的自适应、自我调节能力,并具有一定的稳定性。其要素主要包括体育项目、象征符号、乡土情结、历史传承、文化认同、社会组织、体育环境,这些要素之间存在的生态关系总和构成体育文化生态系统。"① 学界有学者对少数民族体育文化生态的概念进行了界定:"少数民族体育文化生态是指少数民族群众在一定时期、一定范围内创造的具有生态适应性特征、各种元素相互影响、相互制约的一种文化方式和状态。"② 本研究认为,界定体育文化生态,要明确以下几点:第一,明确地域范围。即对体育文化生态进行地域范围的限定,毕竟不同地区的体育文化存在表现形式和基本特征等方面的差异性,基于此,本研究尝试性界定是:"体育文化生态是指各国家、民族所创造的体育文化作为构成世界体育文化生态圈的因子之间相互作用、相互关系的状态的呈现。"第二,从体育文化的内部结构入手。从微观层面来看,体育文化生态的所指还应包括体育文化内部,即体育文化自身构成要素之间的各种相互关系。具体而言,"体育文化生态是指构成各民族体育文化的各要素之间相互作用、相互影响、相互制约等关系的呈现状态"③。以此概念为基础,少数民族传统体育文化生态的界定如下:"是指我国55个少数民族所创造的传统体育文化与其所处的环境之间,以及其内部各要素之间相互作用、相互影响和相互制约关系的呈现状态。"

(四) 自然环境

"自然环境"的概念,在《中国百科大辞典》中是指"人类赖以生存、发展和从事生产劳动及其他各种活动的场所"④;《当代科学学辞典》中认为自然环境"是人类赖以生存、生活及社会发展的自然基础,是人类社会的物质生产和物质生活必备的条件"⑤。纵览其他学科关于自然环境的界定,共同的一点就是围绕"人"而进行的界定。文化生态学中所强调的自然环境也正是基于其与"人"的关联,然而,自然环境是一个内涵相对宽泛的概念,包

---

① 龚建林:《体育文化生态系统的结构与特性》,《体育学刊》2011年第4期。
② 吴桥、彭立群:《文化生态学视野下的少数民族体育文化发展解读》,《河北体育学院学报》2008年第4期。
③ 王洪珅:《中国传统体育文化的生态适应论》,中国商务出版社2017年版,第50—51页。
④ 中国百科大辞典编委会:《中国百科大辞典》,华夏出版社1990年版。
⑤ 向洪:《当代科学学辞典》,成都科技大学出版社1987年版。

括的内容和元素有很多。结合少数民族传统体育文化这一研究对象来看，并非所有的自然环境因素都会对其发展演变产生影响，因此，本研究在分析过程中所指的自然环境仅限于与研究对象相关的各种因素。

（五）社会环境

关于"社会环境"的概念，《中国百科大辞典》中从广义和狭义两方面进行了界定，广义的社会环境"指人类创造的一切现存的社会生活条件，是相对于社会主体——人而言的社会客观存在。可分为物质环境（如器具、建筑物、公用设施等）和精神环境（如风俗、宗教、伦理、艺术、政治、法律等观念形态）。狭义的社会环境指具体的个人、群体活动的微观社会境况"①。《环境科学大辞典》中的社会环境概念是："人类在长期生存发展的社会劳动中所形成的人与人之间各种社会联系及联系方式的总和，包括经济关系、道德观念、文化风俗、意识形态、法律关系等。"② 同时指出，社会环境与自然环境的概念一样，也是在把环境看成是以人为主体的客体的这一大前提下派生出来的一个概念，有人把它称为文化社会环境。综上可见，"社会环境"也是从"人"的维度来界定的，其内涵也相对丰富，在具体研究过程中，仅就与研究对象产生直接或间接关联的因素展开分析。

（六）族群

"族群"（Ethnic），源于古希腊语的"Ethnos"，其基本含义是"人类文化群体形成的历史过程在一定时空场合里呈现的一种人类共同体"③。后来主要在西方人类学领域运用。"族群"一词在1980年前后，随着中国人类学的重建开始被重视，90年代之后，关于"族群"的研究开始涌现，马戎、徐杰舜、纳日碧力戈等是代表性学者。至于定义所指，人类学界尚无统一认识，但其所表达的"人类文化群体"的意涵被广泛接受。在中国，由于族群边界的伸缩性较大，族群的概念也未确定，主要是指一个或多个民族的集合体，或者一个民族的分支或支系，还可以指某一宗族或世系，或者是某一文化圈内的人类共同体。鉴于以上分析，本研究所指的"族群"即西南地区各少数

---

① 《中国百科大辞典》编委会：《中国百科大辞典》，华夏出版社1990年版。
② 《环境科学大辞典》编辑委员会：《环境科学大辞典》，中国环境科学出版社1991年版。
③ 费孝通：《简述我的民族研究经历和思考》，《北京大学学报》1997年第2期。

民族体系中的某一个民族及其分支或支系。

五 研究方法

(一) 文献研究法

为了更好地把握本领域的研究历程、进展和前沿问题，在研究过程中，运用"中国知网"的各种检索功能搜集相关文献。为了更全面地了解本研究领域的相关情况，在分析过程中，使用了全部可检索到的文献来分析总体情况，而在具体的研究过程中，主要从"体育类核心期刊和中文核心期刊"发表的论文中拣选了部分文献，对其进行分析、研究和参考引用。

通过对中国知网、读秀、百链等电子资源网站等进行相关文献资料的检索和筛选，在国家图书馆，四川省、云南省、贵州省、重庆市、西藏自治区的图书馆、档案馆、民委资料室与档案室、体育局资料室等渠道，搜集并梳理近30年来国内外学界关于文化生态、体育文化生态、体育文化、民族传统文化、民族传统体育文化、少数民族传统文化和少数民族传统体育等方面的文献、资料，并对其进行梳理和分析，全面深入地掌握该领域的研究基础和最新观点。同时在社会学、人类学、文化社会学、民族学等领域查阅相关文献，在相近关联学科中搜集专著和论文等方面的文献资料（文献检索截止日期为2017年10月），作为本研究的资料来源和文献支撑。

(二) 田野调查法

田野调查是本研究所运用的重要研究方法之一。运用此方法作为本项目的引领有两个目的，其一，通过田野调查，身临其境地感受少数民族传统体育的风貌，形成关于少数民族传统体育文化直观感受和认知，了解少数民族居民日常生活中的体育行为等，较为全面地观察、了解、体悟少数民族传统体育文化生态的真实情况。其二，通过此方法验证文献资料当中关于少数民族传统体育的现状描述、陈述观点和相关结论等，同时开展相应的观察、座谈、访谈等研究工作，为后期研究做好铺垫。本研究在团队搭建过程中重点考虑到田野调查的开展，在成员构成上基本包括了所研究的五个省、市、自治区，以便于在重大少数民族节日中进行短期调研，搜集相关资料。通过上述措施，对西南地区少数民族传统体育文化生态进行相对综合、立体和多维的考察。

　　结合本研究的实际情况，西南地区少数民族传统体育文化生态的田野考察分为两个阶段：第一，一般性考察。此类考察主要是在总体上了解和把握某个区域内少数民族传统体育的现况，选取某个少数民族最大的聚居区，进行少数民族传统体育的总体开展情况、代表性传统体育项目、参与群体的构成情况、当地中小学体育课程设置及少数民族传统体育融入全民健身情况、传承和发展中存在的问题等方面内容的考察；主要调查对象包括少数民族居民、当地文化体育局、民委管理人员、文化专员、学校体育教师等；在考察过程中进行文字、图片、录音等方面的资料收集。以此形成对某个地区少数民族传统体育文化生态的整体了解和把握，并有针对性地选择2—5个适合作为个案进行研究的传统体育项目；同时，确定该地区了解少数民族传统体育情况的联络人，建立合作关系，为后期研究工作开展奠定基础。第二，个案深入考察。此阶段以一般性考察为基础，根据考察了解到的情况进行筛选，选择该地区具有民族特色和典型性的传统体育项目作为考察的个案，进行更为详尽的资料搜集，同时加强与联络人的沟通和联系，进一步了解研究个案的最新动态。

　　通过初步筛选，在西南地区的五个研究范围内选择了部分考察点，具体如下。

　　四川省：一般性考察主要选取的是藏族、羌族、彝族三个代表性民族。藏族传统体育的考察主要在阿坝藏族羌族自治州体育局（马尔康）、甘孜州（理塘县），羌族传统体育的考察主要在绵阳（北川羌族自治县）、阿坝藏族羌族自治州（理县、茂县），彝族传统体育的考察主要在凉山彝族自治州（西昌、拖觉、美姑）。个案考察方面，经过一般性考察资料汇总整理后，课题组最终在阿坝州藏族赛马、凉山州彝族赛马和羌族推杆三个备选项目中选择了凉山州彝族赛马作为四川省少数民族传统体育文化生态的考察个案。2016年7月21—24日，凉山州火把节期间，课题组针对彝族赛马进行了深入考察，在火把节举办的五个片区——布拖片区（县火把广场）、衣某片区（俄里坪乡火沙毕火把场）、交际河片区（龙潭镇火史孜火把场）、西溪河片区（补洛乡麻卡博火把场）和拖觉片区（拖觉镇火把）进行分组考察，其中，选取了历史悠久且形式特别的拖觉片区进行重点考察，以赛马考察为主，同时对举办的斗牛、斗羊、爬天杆、摔跤等活动进行了调研。在考察赛马的过程中，访谈赛马手了解马的类型、喂养方法、驯马情况、马匹选择标准、比赛情况等，观看了赛马比赛，跟比赛组织管理部门人员了解了该项比赛的历史、赛制、竞赛方式、奖励等情况。在调研过程中进行了图片、录音、视频等材料的收集，考察结束后对各片区的赛马进行了对比，总结了关于彝族赛马的历史、比赛形式、竞赛办法、奖励措施、参赛选手等方面的信息。在考察过程中，还在火把节现场访谈了部分年长的彝族群众和就读于成都师范学院的彝族大学生，了解到了火把节的历史文化、赛马、斗牛、摔跤等方面的重要信息。此外，还在西昌学院访谈了彝族传统文化研究专家洛边木果副教授，获得了彝族传统文化方面的研究资料。

贵州省：贵州省是一个少数民族众多的地区，为了更好地确定考察点，特意于 2016 年 8 月 20 日在贵州师范大学体育学院教学楼访谈了贵州少数民族传统体育研究专家冯胜刚教授，了解了贵州省少数民族传统体育的基本情况，确定了考察点和考察线路，同时获赠冯胜刚教授撰写的专著《贵州少数民族传统体育理论与方法》（贵州民族出版社 2011 年 4 月），为研究开展提供了重要的参考。在得知仡佬族传统体育项目——打篾鸡蛋和推屎爬原生态保持良好后，课题组特意前往遵义，对遵义学院仡佬族传统体育研究专家罗正琴教授进行了访谈，了解收集了仡佬族传统体育的相关情况，并获赠罗正琴教授的《仡佬族"打篾鸡蛋"源承模式研究》（中国原子能出版社），同时，罗教授协助课题组联系到了务川仡佬族苗族自治县县庆中学的体育教师邹太红（后来确定为课题组在务川的联络人）作为陪同，在大坪镇龙潭村调研。为了更好地了解旅游与少数民族传统体育的互动关系，于 2017 年 8 月前往贵州凯里的西江千户苗寨调研，观看景区展演活动中的传统体育内容，并与管理人员交谈了解相关情况。贵州水族传统体育的考察主要在三都水族自治县，2016 年 7 月，在联络人潘永大（三都县公安局九阡派出所民警）的陪同下，考察水族卯节的主会场——卯坡，了解卯节中开展的传统体育活动，对水族居民进行了访谈；同时考察了九阡中学、祥寨小学、姑鲁寨和石板大寨。个案考察方面，将遵义市作为考察点，确定了遵义学院体育系的高岩博士（"独

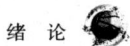

竹漂"项目的运动队教练）为联络人，在2016年8月的考察过程中，在赤水市重点围绕"独竹漂"项目原生地的自然环境（交通状况、竹子类型、参与人群、开展水域等）、社会环境（非物质文化遗产申报情况、在中小学的开展情况、竞技化过程及参赛情况、传承机制、政策制度情况、与旅游等行业的融合情况等）、"独竹漂"项目自身特质（特点、器材、规则、开展情况、原始资料、发展困境等）以及族群（传承人、参与群体、运动队队员、体育局与民委管理人员等）进行。在具体调研过程中通过走访、观察、访谈、座谈会等形式获取文字、图片、录音、小视频、器材实物等相关研究资料，并通过联络人进行后期研究资料的收集和补充。

云南省：云南是一个少数民族众多的省份，调研过程中访谈了部分高校的专家，具体包括云南大学从事社会发展研究的彭多毅教授（2016年7月30日），大理大学体育学院白族传统体育研究专家李云清（2016年7月27日），德宏师范高等专科学校体育系常杰副教授（2016年7月28日）。一般性考察主要在大理考察了白族的传统体育（2016年7月28日），考察点选择了大理大学、三月街、古生村；傣族和景颇族传统体育相关情况考察主要在德宏傣族景颇族自治州，在课题组成员李斗才的带领下访谈了就职于州文化馆的杨四，并观看了其现场展示的"孔雀拳"；景颇族传统体育的考察选择了芒市西山乡弄丙村，在联络人李干翁的带领下驱车前往，路途回旋曲折近20公里，在村支部与退休老干部、驻村干部和部分村民进行了座谈，考察了"目瑙纵歌"的主场地，收集了西山乡非物质文化遗产项目代表性传承人的情况；此外，在德宏州调研期间，还收集到了《德宏世居少数民族传统体育概览》（刘云，云南大学出版社2012年）和《阿昌族传统体育文化》（刘云，云南大学出版社2015年）等重要参考资料。为了了解云南各少数民族的传统文化，于2016年7月31日考察了云南民族村和云南民族博物馆，集中了解了云南少数民族传统文化和各民族传统文化遗存，收集到了《云南少数民族社会历史调查资料汇编》系列丛书等重要参考资料。个案"吹枪"考察方面，课题组成员于2018年1月31日至2月5日在云南文山壮族苗族自治州董干镇马林村进行考察，查阅了当地的县志、乡志和村志，了解了当地的"耍龙、磨秋、鸡毛毽、打陀螺、射弩、虎棋、花棋"等传统体育项目的历史、演变和现状，重点对"吹枪"项目进行了考察，收集了视频、照片、文字等材料，观看了"吹枪"实物并大致了解了制作过程。通过就职于文山学院的周山彦副教授联系到了"吹枪"的传承人——罗洪明，在访谈中了解传统"吹枪"的制作、原材料、射程等情况，以及传统"吹枪"在现代化转型方面发生的变化情况，同时对"吹枪"比赛与传统"吹枪"的异同点进行了了解；访谈中向其了解了"吹枪"项目在成为"非遗"项目后的发展情况。在考察过程中，还对开设"吹枪"项目课程的文山学院进行了实地调研，从事"吹枪"教学和科研的周山彦副教授介绍了"课程设置、课时分配、师资力量、教学场地器材"等方面的情况。在考察过程中，课题组还在董干、马崩等地进行了走访，了解并感受了当地的自然环境、风土人情和社会发展情况。

西藏自治区：关于西藏传统体育的考察，首先跟西藏大学科研处研究藏族传统体育的专家丁玲辉教授取得联系，在多次访谈后确定调研考察点和联系人。藏族传统体育的一般性考察首站在拉萨，2016年8月6至12日课题组在拉萨联系到了西藏自治区体育局办公室主任王永振，在他的介绍和帮助下确定了考察路线和考察点，先后到达山南地区错那县贡日乡、洛扎县教育体育局、洛扎县扎日乡、色村等边境地区考察，在错那县访谈了体育局局长边巴，了解当地传统体育的发展、与全民健身的结合及竞赛情况。在错那县麻玛门巴民族乡走访门巴族居民，并访谈了山南县原副县长、人大常委会主任平措（门巴族）。在洛扎县教育体育局考察当地传统体育情况，体验了当地刚刚发掘整理出来的"打牛角"活动并收集了相关资料。在区山南地区贡日乡村民访谈，并与当地驻村干部索朗旦增建立联系，在综合文化站调查了解了当地传统体育的发展现状。随后，课题组又驱车翻越海拔5000多米的山峰前往西藏自治区山南洛扎县教育局、体育局调研，了解当地原生态传统体育活动的开展和演变情况，同时在洛扎县扎日完小考察传统体育活动融入体育课的相关情况。"响箭"个案的考察主要在西藏工布地区，2017年7月31日至8月5日，课题组在米林县考察，在米林县里龙乡堆米村、才巴村考察响箭的弓、靶子的制作情况。8月1日上午，在林芝县米林镇热嘎村考察当地响箭的开展情况和工布箭舞，同时考察了当地的地理环境、植被（林业）、宗教（寺庙）和社会经济发展情况。8月1日中午，到达林芝地区所在地林芝县"八一镇",在林芝县民宗局负责人的陪同下调研尼洋阁藏东南文化博览园,重点考察了其中的响箭射箭场;下午,又对住地附近的响箭射箭场进行考察,观看了射响箭比赛,与部分参与者进行了"响箭"器材、弓弦磅数(一般在42、44、46磅)、价格、生产国家(多为日本、韩国、美国制造)等方面的交流。接下来的几天,在工布地区民宗局、体育局走访,搜集"响箭"的相关文字、图片和视频等资料,同时对当地其他传统体育项目的开展情况进行了考察。

重庆市:重庆少数民族传统体育主要以土家族为主,访谈了长江师范学院的张世威教授,并在他的协助下考察了土家族的"摆手舞"。课题组成员分别于2017年7月和2018年1月,在重庆酉阳土家族自治县的后溪镇河湾村进行考察,重点对土家族"摆手舞"的历史、现状、演变情况,以及整理挖掘、创新改造情况进行了调查。访谈了"摆手舞"的传承人,走访了土家族群众,搜集了文字资料、图片、视频和录音等形式的研究素材。对于其他传统体育活动的相关情况进行了资料的收集和整理。

1. 观察。在调研过程中,研究者对与该地区少数民族传统体育相关的因素进行了有目的的观察,主要围绕"传统体育、自然环境、社会环境和少数民族居民"四个方面。具体包括该地区传统体育的开展情况,传统体育的开展方式方法、场所、器材等,还包括当地的地理环境类型、植被、居住环境、农作物、交通,以及当地学校中的体育场地、设施、器材、体育教学大纲、课程表等。除此之外,对当地少数民族居民的日常生活、体育行为、家庭成员等进行了目的性观察。

2. 座谈。座谈主要用在实地调研过程中,具体采用了随机性的小规模座谈和专门组织的十人及以上的座谈,座谈对象主要是所调研地区少数民族居民和当地文化、体育等部门的管理人员,与少数民族居民的座谈时主要了解其少数民族传统体育的认知、参与、看法等,在挖掘传统体育项目时重点了解了该项目的起源、发展、活动方式、规则、场地器材等相关信息;通过与体育局、文化局等政府部门管理人员的座谈,了解当地少数民族传统体育的总体情况、比赛情况、居民参与情况、代表性传统体育项目及其传承情况、关于少数民族传统体育与全民健身的结合情况、居民自发性和组织性活动的开展情况、相关制度性文件及执行情况、当地群众体育的开展情况、少数民族传统体育传承人的相关情况等。主要目的在于形成对某地区少数民族传统体育的综合认识，为相关研究环节提供资料支持。

（三）个案研究法

行政区划意义上的"西南地区"是本研究的地域范围，具体包括云南省、贵州省、四川省、西藏自治区和重庆市，研究的对象为西南地区各少数民族的传统体育，不仅地理范围宽广，研究对象的数量也相对庞大，考虑到上述实际情况和研究的可行性，本研究借鉴了开题论证过程中专家的建设性意见，即以"区域个案＋对象个案"的形式开展相关研究工作。具体而言，研究区域方面，在每个省、市（自治区）选取代表性的少数民族聚居区作为重点考察地点，同时，在研究对象方面，依据"是否世居、是否独有、是否典型和人口规模"四个标准，在每个地区选取至少符合以上标准中三条及以上的少数民族作为研究个案，进行相关的研究工作。

（四）专家访谈法

在研究过程中，从项目论证到研究思路，从考察点确定到研究框架完善都不同程度地征求了本研究领域的国内专家，采取面谈、电话访谈与咨询、QQ、微信等途径开展了专家访谈工作。专家涉及北京（国家体育总局、北京体育大学、中央民族大学）、江苏（苏州大学）、湖北（武汉体育学院）、浙江（温州大学）、四川（成都体育学院、西南民族大学、成都师范学院、西昌学院）、重庆（长江师范学院、西南大学）、云南（云南大学、云南师范大学、大理大学、德宏师范高等专科学校）、贵州（贵州师范大学、遵义学院、黔南民族师范学院、铜仁学院）和西藏（西藏大学、西藏自治区体育局）等地，凡三十余人。

第一章　云南省少数民族传统体育文化生态考察

云南省简称"云"或"滇",地处中国西南边陲,北回归线横贯南部,总面积39.4万平方公里,占全国总面积的4.1%,是一个多民族的边疆省份,是祖国多民族大家庭的缩影。第一,云南地处边疆,有8个边境州市,25个边境县(市),东与广西壮族自治区和贵州省毗邻,北以金沙江为界与四川省隔江相望,西北隅与西藏自治区相连,西部与缅甸唇齿相依,南部和东南部分别与缅甸、老挝接壤,边境线长达4060公里,占全国陆路边境线的五分之一。第二,云南民族众多。全省有56个民族成分,有16个少数民族跨境,少数民族人口达1415.9万,占全省总人口的33.4%,人口在5000以上的世居少数民族有25个,其中白族、哈尼族、傣族、傈僳族、佤族、拉祜族、纳西族、布朗族、景颇族、普米族、阿昌族、基诺族、怒族、德昂族和独龙族15个民族为云南特有少数民族。第三,云南民族自治地方多。有8个自治州,29个自治县,民族自治地方共78个县(市),自治地方面积占全省总面积的70.2%,人口占全省总人口的49.2%,是全国民族自治地方最多的省份。作为民族自治的补充,在散杂居民族地区还建立了175个民族乡。各民族分布为"大杂居,小聚居",全省没有一个县为单一民族县(市)。第四,云南省多宗教并存。佛教、道教、伊斯兰教、基督教、天主教俱全,其中,佛教有三大派(汉传佛教、藏传佛教、南传上座部佛教),有的一个民族信仰多种宗教,有的几个民族信仰一种宗教。傣、藏、回等少数民族群众有多种信仰,少数民族信教群众达300多万人。第五,云南总体发展不平衡。由于特殊的社会历史原因，云南各民族在解放初期还处于不同的社会发展阶段，被称为一部活的社会发展史。中华人民共和国成立后，云南各民族从不同的社会"母体"过渡到社会主义社会，经济社会发生了翻天覆地的变化，但各民族之间乃至一个民族内部发展极不平衡。这种特殊性构成了云南民族问题的复杂性和民族工作的特殊性。

第一节　云南省少数民族简述

就少数民族的数量多少而言，云南省在全国同级省份中居首位，少数民族人口占总人口数量的近1/3，其中4000人以上的少数民族有25个，分别是：彝族、景颇族、德昂族、白族、纳西族、独龙族、哈尼族、怒族、基诺族、壮族、布朗族、阿昌族、傣族、苗族、瑶族、傈僳族、回族、拉祜族、布依族、普米族、藏族、水族、蒙古族、佤族和满族。远在氏族社会，"羌、濮、越"三大族群就在云南生活，可谓云南最早的先民，秦汉时期总称为"西南夷"，之后历经迁徙、分化、演变和融合，直到明、清中期，其分布和特点才趋于稳定。从分布的方位来看，苗族主要分布在滇东和滇东南地区，彝族主要分布于滇东北，在滇西、滇南、滇西北的广大地区分布着拉祜、佤、景颇、怒、独龙、哈尼、傈僳、傣、布朗、纳西、藏、阿昌和德昂族等少数民族。同时，各少数民族居住的区域呈立体状分布，各民族居住的立体分布也较明显。藏族和普米族居于滇西北高原；彝、哈尼、拉祜、佤、景颇、布朗、瑶、德昂等民族多居于半山区或边远山区；阿昌族和傣族居于低热河谷；傈僳族、怒族和独龙族则分布在怒江、独龙江两侧的山区；白、壮、回、纳西等族多居于平坝；苗族多居于高寒山区。

表1-1　　　　　　　云南省少数民族人口及分布情况

民族	人口数量(万)	聚居地
彝族	471	云南东部和中部各州市,主要包括红河哈尼族彝族自治州、楚雄彝族自治州

续　表

民族	人口数量(万)	聚居地
白族	151	大理白族自治州
哈尼族	142	红河哈尼族彝族自治州
傣族	114	德宏傣族景颇族自治州和西双版纳傣族自治州
壮族	114	文山壮族苗族自治州
苗族	104	文山壮族苗族自治州、红河哈尼族彝族自治州、昭通市
回族	64	遍布云南
傈僳族	61	怒江傈僳族自治州、丽江市、迪庆藏族自治州
拉祜族	45	普洱市、临沧市
佤族	38	临沧市、西盟佤族自治县
纳西族	30	丽江市以及迪庆藏族自治州
瑶族	19	红河哈尼族彝族自治州、文山壮族苗族自治州
景颇族	13	德宏傣族景颇族自治州
藏族	13	迪庆藏族自治州
布朗族	9	西双版纳傣族自治州
布依族	5.5	罗平县鲁布革乡、长底乡、富源县古敢乡、河口瑶族自治县桥头乡
阿昌族	3.4	德宏傣族景颇族自治州
普米族	3.2	丽江市、怒江傈僳族自治州
蒙古族	2.8	玉溪市通海县兴蒙蒙古族自治乡

续 表

民族	人口数量(万)	聚居地
怒族	2.8	怒江傈僳族自治州
基诺族	2.1	西双版纳傣族自治州
德昂族	1.8	德宏傣族景颇族自治州芒市三台山德昂族乡和临沧市镇康县军赛乡
水族	1.3	曲靖市富源县
满族	1.2	玉溪市通海县
独龙族	0.59	怒江傈僳族自治州贡山独龙族怒族自治县

资料来源：人口数据引自2010年全国第六次人口普查数据。

一　彝族

彝族，是云南少数民族中人口最多的一个民族，主要集中在楚雄彝族自治州、红河哈尼族彝族自治州的哀牢山区、乌蒙山区和滇西北大凉山一带。云南彝族的自称、他称有很多种，主要的有撒尼拨、阿细拨等。彝族历史悠久，民间文化艺术丰富多彩，有本族语言和文字，其《太阳历》和《十二兽历法》独具奥妙，诗歌、神话、童话、寓言、谚语、谜语等更是广泛流传于彝族民间。彝族人民信仰原始宗教，自然崇拜、图腾崇拜、祖先崇拜和万物有灵的观念根植于彝族人民心中，族中的祭司"毕摩"、巫师"苏尼"在彝族地区有着重要的地位，一系列的宗教仪式都是在毕摩的主持下举行的。彝族支系繁多，居住地域的环境，经济发展不平衡，其服饰在质地、款式、纹络上形成了明显的地域特征。彝族的传统节日主要：①火把节——彝族的狂欢节，在每年的农六月二十四至二十六日晚上举行，是彝族盛大的节日。届时除祭献祖先外，大家还一起相互宴饮，吃坨坨肉，共祝五谷丰登。火把节的第一天全家欢聚，后两天举办摔跤、赛马、斗牛、竞舟、拔河等丰富多彩的传统体育活动，最后举行盛大的篝火晚会，热闹非凡。②彝族年，彝语称为"库斯",在每年农历十月,庄稼收割完毕的时候会举行为期三天的祭祀兼庆贺性活动。③赛装节,在云南永仁等地的彝族,还会举行一年一度的赛装节。届时,各个年龄段的女子,身着最漂亮的绣花衣裳,进行赛装,评比谁的服装最美,谁的手艺最高。

二 白族

白族,自称"白子""白尼""白伙",是我国第 15 大少数民族,主要居住在云南西北部的大理白族自治州。白族历史悠久,经济文化发达,主要由民家、勒墨、那马三大支系构成,是一个聚居程度极高的民族。白族和汉族自古以来联系密切,汉文一直为白族通用,但他们使用本民族的语言作为主要交际工具。白族人崇尚白色,所着服饰款式多样,各地不一,但皆以白色服饰为尊贵。白族的建筑、雕刻、绘画艺术独具特色,名声远播海外,如优美动人的民间传说《望夫云》、音乐舞蹈"白族调""霸王鞭"等。受汉文化的影响,白族现今大部分习俗与汉族相同,除汉源节日外,白族特有的民俗传统节日主要有:①三月街,又名"观音市",每年农历三月十五至二十日在大理城西的点苍山脚下举行;千年赶一街,是白族盛大的节日和佳期。②火把节,是见于白族三大支系的白族内部唯一共同的节日,更被称作"东方的狂欢节",因除白族外,火把节也是彝族、纳西族、基诺族、拉祜族等少数民族重要的传统节日,有着深厚的民俗文化底蕴。各民族举行火把节的时间不尽相同,大多是在农历的六月二十四日,主要活动有斗羊、斗牛、斗鸡、摔跤、赛马、歌舞表演、选美等。③绕三灵,每年农历四月下旬的农闲季节白族人民都会举行为期三四天的自娱性迎神赛会,延续至今已经 1000 多年了。④蝴蝶会,民间称为"蝴蝶会",云南大理地区每年农历四月十五日前后举行,是白族民间的娱乐形式。

三 哈尼族

哈尼族有"哈尼、碧约、雅尼、卡多、和尼"等多种自称,主要居住在红河和澜沧江的中间地带的哀牢山区,是云南第二大少数民族。哈尼族支系繁多,统称为哈尼族。哈尼族历史悠久,早期与彝族、拉祜族等同源于古代的羌族，因此，哈尼族的语言和彝语、拉祜族、纳西语近似。哈尼族在1949年前没有本民族的文字，后在中国科学院民族语言研究所的帮助下制定了一套属于本民族的文字。哈尼族人民信仰多神崇拜和祖先崇拜，认为存在着天神、地神、龙树神、山神、寨神和家神等，定期祭祀，祈求保佑，可以祛病除邪。哈尼族有着丰富多彩的民间传统口头文学，世代口耳相传，不断充实，如《创世记》《祭龙春规矩歌》《哈尼阿培聪坡坡》《老人安葬歌》《讨媳妇的歌》等神话传说或史诗极富民族色彩。哈尼族人民喜爱音乐，能歌善舞，民族舞蹈"三弦舞""拍手舞""扇子舞"以及摔跤、磨秋、射弩、打陀螺、撑杆跳高等传统体育项目在哈尼族盛大的传统节日里都很常见，热闹异常。哈尼族的传统节日非常多，主要有：①六月年，又称"苦扎扎"，是哈尼族传统的农业生产节日，每年五六月杀牛祭祀，祭祀完毕开展各种文体活动。②耶苦扎，每年农历六月的第一个属牛日开始举行为期3—5天的赛马、打陀螺、跳竹筒舞等活动。③扎勒特，每年农历十月间举行前后六天的庆祝活动，是哈尼族最大的节日。④嘎汤帕节，每年一月的二日到四日举行，是西双版纳哈尼族的主要节日。

四 傣族

傣族分水傣、旱傣和花腰傣，是云南特有的民族，主要分布在西双版纳、德宏两州和耿马、孟连、新平、元江的河谷坝区。傣族历史悠久，文化丰富多彩，音乐、舞蹈、民歌、民间传说故事等富有民族特色，且有本族语言及文字。傣族村寨多临江河湖泊而建，一座座竹楼屹立在水面上，环境优美。傣族人民普遍信仰小乘佛教，不少节日与佛教活动有关，主要有：①泼水节，又称"浴佛节"，是傣族新年，在傣历六月二十四日至二十六日（夏历四月中旬）举行为期3—5天的庆祝活动。②开门节：傣语称作"出洼"，意为佛祖出寺，每年傣历十二月二十五日举行。③关门节：傣语叫"进洼"，意为佛祖入寺，每年傣历九年十五日举行，历时3个月。④巡田坝节：每年农历正月十三日举行为期1天的传统迎春歌集会，广泛流传于云南省绿春县骑马坝一带。⑤花街节，又叫"热水塘花街节"，每年农历正月初七举行，为期一天，在云南省元江一带傣族开展甚广。

五　壮族

壮族，在云南有114万多人，主要居住在云南省文山州，有"布壮、布曼、布侬"等20余种自称和他称，信仰原始宗教，民间信仰多神，祭祀祖先。壮族有南北两大方言，云南壮族使用南部方言交流，使用汉文和壮文记载。壮族融民间文学、音乐、舞蹈、技艺于一体的综合性艺术——壮剧，具有浓厚的壮族色彩，富宁壮剧、广南壮剧、乐西土戏在云南省十分盛行。壮族还有着许多诸如《布洛陀》长诗、《美丽的南宁》《长夜》《布伯》等丰富多彩的文学作品。壮族的服装，大部分和汉族相同，妇女的服饰色彩斑斓，鞋子、帽子、胸兜上还用五色丝线绣上花纹、鸟兽、人物等。壮族还以唱山歌闻名，山歌言词婉转、句句押韵、极富感染力。山歌的种类繁多，有讲述历史的古歌，有盘歌，有女子出嫁时的哭嫁歌、贺新居歌、生产歌、酒歌、情歌等。壮族还善舞，"铜鼓舞""舂堂舞""捞虾舞"等历史悠久，舞步雄健、节奏鲜明，别具特色。壮族的节日除春节、元宵、清明等汉源节日外，比较具有本民族特色的节日还有：①"三月三"歌节，壮族素来以能歌著称，每年都会举行数次定期的民歌集会，其中，"三月三"最为盛大。②"牛魂节"，又称"牛王节"，每年农历四月初八进行，相传这一天是牛王的诞辰，在其诞辰祭祀牛魂以示感谢。③"中元节"，又称"鬼节""敬祖节"，每年农历七月十四日进行，主要是祭祖和祀鬼。

六　苗族

苗族，主要居住在云南文山壮族苗族自治州、屏边苗族自治县、禄劝彝族苗族自治县、金平苗族瑶族傣族自治县等地。苗族有本民族的语言和文字。苗族支系较多，有青苗、花苗、白苗、独角苗之分。苗族人民信仰原始宗教，包括自然崇拜、图腾崇拜、鬼神崇拜、祖先崇拜。苗族服饰各地不一，样式多样，色彩艳丽，堪称中国民族服装之最。男子穿着简单，多身穿短衣裤，用布包头，但苗族妇女的穿戴就比较讲究，节日盛装，十分精美，花饰多样，有的"百褶裙"有四十多层，上面还绣制着各种各样的图案。苗族妇女的纺织、刺绣、蜡染技艺也十分精湛。苗族一般居住在山区，山区药物资源丰富，种类繁多，产量大，质量好，是优良药材的种植生产地，苗族民间的方剂也十分有效，目前已得到了保护性的发掘整理。苗族人民历来能歌善舞，苗族的歌曲调较多，有庄重的古歌，高亢嘹亮的飞歌，缠绵动听的情歌，还有酒歌、丧歌、儿歌等，韵味无穷；舞蹈有芦笙舞、板凳舞、铜鼓舞等，以芦笙舞最为普遍。苗族的传统节日较多，一年12个月，每个月几乎都有一个，主要有传统年节，祭祀节日，纪念性、庆祝性的节日，农事活动类的节日，男女社交的节日几类。芦笙舞常见于各个传统节日当中，届时2—5名男子吹芦笙领舞，其他人围成一圈踏着音乐节点跳舞，场面十分壮观。还有竞赛性的芦笙舞，由具有超高技术和技巧的参赛者进行表演，一般2—4人，动作幅度大、难度高，很受群众欢迎。

七 景颇族

景颇族，有景颇、载瓦、勒赤、浪峨、波拉五个支系，主要分布在德宏傣族景颇族自治州，少数散居在腾冲、耿马、澜沧等县。景颇族主要使用景颇和载佤2种方言交流，有本民族的文字。目瑙节，是景颇族最隆重的传统节日，"目瑙纵歌"，景颇语意为"大伙跳舞"，每年农历正月十五以后的九天内择日举行，节期3—5天不等。"目瑙"是景颇族在漫长的社会历史进程中形成的反映自己民族的历史、文化和宗教等习俗的文化现象。竖立在目瑙广场上的"诗栋"（标牌）分阴阳（雌雄），当中所绘制的是反映景颇族的迁徙路线和其他生产、生活的图案。

八 傈僳族

傈僳族，云南有73.3万多人，主要聚居在怒江傈僳族自治州。云南各地的傈僳族都可以使用傈僳语交流，语言比较统一，所使用的文字分新老傈僳文。傈僳族人民信仰原始宗教，他们以自然崇拜和灵魂观念为主要内容，患疾病或遇灾害时，常杀牲口祭祀，祭祀活动主要由巫师主持，族中巫师分"尼扒"和"尼古扒"两种，除主持祭祀外，他们还会为人们占卜、卜卦等。傈僳族的服饰非常美观，独具特色，一般由白傈僳、黑傈僳、花傈僳三种颜色构成，妇女一般着绣花上衣，麻布裙，戴红白料珠、珊瑚、贝壳等饰物；

男子一般穿短衣，外着麻布大褂，左腰佩带刀，右腰挂箭包，因为狩猎是傈僳族日常生活中很重要的一部分。傈僳族能歌善舞，每逢农闲、收获、婚嫁、出猎、盖房和传统节日时，他们都要尽情地歌舞。民歌主要有古歌、情歌、赛歌、祭歌、葬歌、颂歌等六大类，几乎成了傈僳族的"第二语言"，如《创业纪》《我们的祖先》《开天辟地的故事》等都从不同层面展现傈僳族的社会面貌，内容丰富，广为流传。舞蹈主要是模仿动物动作或表现日常生活的动作，舞姿生动形象，变幻莫测，淋漓尽致地展现傈僳族人民豁达的精神面貌。傈僳族还借助山花开放、山鸟鸣啼、大雪纷飞等自然现象的变化创造出来判断生产节令的自然历法，极富民族和地区特色，为日常的生产生活提供了很大的指导。傈僳族的传统节日主要有：①阔时节（过年），每年公历12月20日举行，节日期间会有祭祀、射弩、跳舞、对歌、春浴等活动，好不热闹。②刀杆节，每年农历二月十七日举行为期两天的活动，第一天"下火海"，第二天"上刀山"。③收获节，每年农历九月至十月期间举行，家家户户煮酒尝新，载歌载舞庆祝收获。

九　拉祜族

拉祜族，又被称为"猎虎的民族"，主要居住在云南澜沧、孟连、耿马，没有本民族的文字，使用汉文；由于长期与汉族、傣族杂居，兼用汉语和傣语。拉祜族十分注重葬礼，凡成年人去世，都要请"磨八"给死者治丧，最后火葬。拉祜族是典型的游猎民族，人民喜爱歌舞，每逢佳节，欢聚到一起载歌载舞，通宵达旦。歌曲和舞曲的调子大多来源于生活，较为丰富，舞蹈全是用足踏的动作，很具有感染力。拉祜族的传统节日有：扩塔节，每年农历正月初一举行，为期九天，是拉祜族民间最隆重、最热闹、最欢乐的传统年节。火把节，每年农历的六月二十四日开始，是拉祜族人民一年一度的大型传统节日。此外还有新米节、祭祖节、卡腊节、搭桥节、葫芦节等。

十　纳西族

纳西族，人口总数30.8万余，云南占总数的95.5%，主要居住在丽江纳西族自治县、宁蒗、永胜、香格里拉县三坝乡等地。纳西族有着"纳""纳西""摩梭"等多种自称和他称。纳西族使用本民族的语言交流，有东西部两种方言。纳西族信仰神灵，崇拜大自然，认为万物皆有神灵主宰。纳西族融合其他民族的先进文化，在建筑、音乐、壁画、诗文、绘画、雕塑、乐舞等方面独树一帜，名扬古今中外。宁蒗县泸沽湖畔的纳西族，仍然实行走婚这种独特的婚俗，吸引着很多游客前来探究其中的秘密。纳西族每逢节日都要举行盛大的物资交流会和内容丰富多彩的民族体育竞赛。纳西族受汉文化影响较深，所过的节日大多是汉源节日，此外，"正月农具会""火把节""三月龙王庙会""七月骡马会"等是纳西族重要的传统节日。

十一　佤族

佤族，在云南有34.7万多人，主要分布在云南省西南部，与汉、傣、布朗、德昂、傈僳族、拉祜族等民族交错杂居。佤族拥有自己的语言和文字，有四种方言，崇尚红色和黑色。佤族人善于雕刻，沧源崖画即为典型。佤族人喜爱歌舞，"圆圈舞""甩发舞""舂米舞"等是代表性舞蹈。佤族的传统民俗节日主要有：①新米节，每年农历七八月份（佤历九至十月间）举行，是佤族最隆重的节日，主要是围绕农业生产而产生的一系列敬神祈福的祭祀性活动。②"拉木鼓"，多于每年农历十一月（佤历一月）进行，是佤族盛大的宗教祭祀活动。

十二　怒族

怒族，是人口较少的民族，现有人口2.7万，其中云南就有2.6万人。云南省的怒族居民主要分布在泸水县、贡山独龙族怒族自治县和福贡县匹河怒族乡，少数居住在迪庆藏族自治州。按来源不同，怒族大体可分为两支，一支自称"阿怒"和"阿龙"，居住在贡山、福贡两县，是当地最早的土著居民和独龙族有亲属关系；另一支自称"怒苏"，居住在原碧江县，被认为是唐代"庐鹿蛮"的生裔。虽然两支怒族先民来源不同，但长期生活在一起，相互交往通婚，逐渐形成为一个民族，统称为"怒族"。怒族人民使用怒语交流，习用汉文记载。怒族人民善于演奏乐器，青年男女还靠"达变"和"拟力"两种怒族乐器来"弹"恋爱。怒族的传统节日主要有：①鲜花节，每年的农历三月十五日至十七日举行，是云南省贡山一带怒族人民最为隆重的传统节日。②怒族年节，又称"炉瑟"，每年农历正月举行，节日期间，男子赛射弩，女子荡秋千，老人则聚在一起喝酒唱民歌。③祭山林节，每年正月初四、初五举行，此活动仅限于男性参加。④祭谷神，又称"汝为"，是每年农历十二月二十九日举行的祭祀活动。

第二节 云南省少数民族传统体育的挖掘与整理

民族的多样性和分布地域广泛、居住环境多样，使云南省少数民族传统体育种类繁多、形态各异。少数民族传统体育与各民族的生产、生活、宗教、风俗习惯等融为一体，在各民族的传统文化中占有重要的地位。少数民族传统体育作为一种文化载体，体现着特定种族人们的生活方式、行为模式和文化心理结构，具有鲜明的民族特色和地域特色。随着社会文明进程和现代化进程的发展，新的时代赋予民族传统体育更新、更丰富的内涵，使其社会功能更加完善，外延更为扩展。① 由此，发展少数民族传统体育已成为弘扬民族文化的重要组成部分。

云南各族人民在长期的生产生活实践中创造了多姿多彩的传统体育活动，并且各具特色。据调查，流传在云南各少数民族中的传统体育多达 300 余项，占《中华民族传统体育志》所列的少数民族传统体育项目的 40% 以上。② 这些项目既有竞技性、对抗性，又有观赏性和趣味性，其中有的项目已经逐步发展，形成了独具特色的民族传统体育表演项目，譬如射弩、打陀螺两个项目已成为全国少数民族传统体育运动会竞赛项目，此外，参加全国、全省民族运动会表演的项目有 100 多项。

一 哈尼族传统体育概览

哈尼族主要分布于半山地区，生产方式以农耕为主，受此影响，哈尼族

---

① 饶远、赵玲玲、沈阳：《民族体育在云南民族文化大省建设中的作用》，《云南民族学院学报》（哲学社会科学版）2000 年第 5 期。
② 陈辉、饶远等：《云南少数民族体育资源产业化的 SWOT 分析与策略》，《山西师大体育学院学报》2008 年第 1 期。

的传统体育活动主要以打陀螺、摔跤、跳猴子、秋千（磨秋、荡秋、车秋）等活动范围较小、场地尺寸较小的项目为主。哈尼族的传统体育中竞技性的项目较多，如摔跤、打陀螺等，这些都以其传统的生产方式有关，同时结合其聚居地的地理环境，一些适应于山区开展的体育项目在民族中有较高的流传性，如打陀螺等。受周边彝族等民族传统活动的影响，磨秋等活动内容在哈尼族中也有开展，而哈尼武术中许多内容与汉族武术有较多的相通之处。哈尼族的摔跤与彝族的摔跤基本一致，另一竞技类项目打陀螺也基本与彝族打陀螺相似，而有一项活动极具民族特色——"斗牛"。哈尼族在娱乐体育方面较喜爱打磨秋，时间在传统节日进行，特别是六月"苦扎扎"节的到来，打磨秋遍及整个哈尼山寨。这些项目的开展，体现着彝语各民族体育活动的相似性。

二 普米族传统体育概览

普米族的生产方式以游牧为主，生活在深山密林之中，与此相适应的传统体育活动在劳动实践中被创造出来，如：射箭、射弩，起初是用于狩猎和日常生活中的防身，后来逐渐演变成传统体育活动，并经常举行群众性比赛。在普米族的传统体育活动中，摔跤历史悠久，没有年龄、体重、时间等限制，比赛中不能使绊、不能抱腿，可以使用腰带，比赛双方互握腰带或抱腰，以肩、臂和腰发力将对方摔倒，以背部是否着地为胜负判定标准，采用三局两胜制，双方同时着地为"平肩"，平肩为平分，不分胜负，假若出现三次"平肩"，即停止比赛，由其他对手上场。此外，普米族传统体育项目还有"秋千（磨秋）、赛跑、板羽球、跳高、转山转海、划猪槽船"等。

三 独龙族传统体育概览

独龙族的居住地山高路险，河流湍急，在此环境中形成了独特的传统体育活动，如溜索、独木天梯、撑竿跳高、标枪、摔跤、跳高、射弩、老熊抢石头、投石器等。其中溜索最具代表性，特色居住环境和不便的交通孕育了溜索这种特殊的传统体育活动，起初作为渡河工具，后来逐渐演变为一种具有民族特色的传体育活动。溜索的产生和演变，充分说明了自然环境对于传统体育的重要影响。

四　纳西族传统体育概览

纳西族的传统体育主要有"内窝扑（射箭）、占占夺（摔跤）、丽江球、赛马、荡秋千、东巴跳和东巴武术"[①] 等。除此之外，纳西族传统体育还有：木球、摔跤、布球、草球、登刀梯、拔河、投石器、母鸡棋、踢毽子、掷坑等。其中，东巴跳[②]是源于宗教祭祀的传统体育活动，其特色鲜明，形式多样，内容丰富，是纳西族典型的舞蹈类传统体育活动。

五　景颇族传统体育概览

景颇族居住在高山地区，代表性的传统体育项目有"打汤跌（火枪射击）、拉拉、扭杠、顶杠、荡秋千、爬滑竿、目瑙纵歌、刀术和走子棋"[③]等。其中，打汤跌（火枪射击）、拉拉（罗浪浪）[④]、扭杠[⑤]、顶杠[⑥]具有一定

---

① 崔乐泉：《中国少数民族传统体育》，贵州民族出版社2011年版，第200—206页。

② 东巴跳为纳西族原始宗教东巴教文武二道场中的武道场，原为一种跳神的舞蹈。这种舞蹈多在祭礼、婚丧或节日中由东巴集体演练，并保留了较完整的原始形态。随着社会的发展，演化至当代的东巴跳已经成为一种具有体育娱乐特点的舞蹈。东巴跳的表演形式，包括了耍刀跳、弓箭跳以及磨刀跳等技巧。其中所体现出的有益于身心健康的古典练操武功部分更是其特色。东巴跳中使用的武器有刀、盾、弓箭、矛、叉、剑、棍等。由东巴跳整个舞蹈的连续动作和其所表现的主题来看，展现的是纳西人出征前的操练祈祷和胜利后的祝捷。在东巴跳表演中，首先是由跳者身着战装，手执刀、矛、叉等兵器，伴随着雄浑的战鼓声分两队入场。在接下来的实战性的操练中，两队左砍右杀，不断变化阵法，其中还穿插有投叉和飞矛表演。参与东巴跳的表演者，均为刀法攻防意识很强的能手。其技术动作有劈、砍、扎、刺、缠等；而步法则有弓步、跪步、磋步、虚步、蹲步和跳跃等。整个舞蹈过程所展现的动作，古朴实用，包含了武术的基本特征，但在循序渐进的套路体系中又有着某些较随意的特点。——中国体育博物馆、国家体委文史委员会：《中华民族传统体育志》，广西民族出版社1990年版。

③ 崔乐泉：《中国少数民族传统体育》，贵州民族出版社2011年版，第221—227页。

④ 拉拉（罗浪浪）是一种由两人之间进行的对抗性体育活动。比赛时，男女青年混杂分为两队，并在地上画出两条间隔两尺左右的平行界线或以物为界。然后每边各出一人，对抗双方一男一女。以单手对拉，看谁能把对方拉过线。如女子被拉过线则换一男子上阵，如男子输了则换一女子再拉，反复进行。

⑤ 扭杠是流行于景颇族民间的一种力量对抗游戏。扭杠比赛多以男性为主，其形式分为站立式和蹲式两种。比赛时，较力双方各自用手握住一根长2米、粗如碗口的竹竿两头，以骑马式站好或蹲好后各自向相反的方向扭动。如一方的脚移动或手滑动，则对方胜。这类比赛一般采取三局两胜制。时间地点不限，多在工余、闲暇和假日举行。

⑥ 顶杠主要见于景颇族聚居区，是一项较力型的体育娱乐活动。景颇族的顶杠比赛一般在已画定的赛区举行。赛区的中间画一中线，竞技双方身后各画一端线为界。比赛时，较力双方各将一根2米长、碗口粗的竹竿或木棒一端紧顶于腹部。以弓箭步的姿势式用力，以将对手顶出界为胜。参加者以男子为主，采用三局两胜制。——中国体育博物馆、国家体委文史委员会：《中华民族传统体育志》，广西民族出版社1990年版。

的代表性。另外,景颇族是一个爱长刀的民族,男孩出生时外公、外婆就为其准备一把长刀(景颇刀一般长 80 厘米,上宽下窄,没有刀尖),五六岁时开始佩带,并且长辈会传授刀术。景颇刀有单刀、双刀、"五步跳""十字跳"及"三步砍豹"等刀法,主要是模仿生产劳动中的收、种、砍等动作,充分体现了生产方式对于传统体育的重要影响。

六 怒族传统体育概览

怒族居住环境较为封闭,狩猎在日常生活中扮演重要角色。受居住环境影响,怒族传统体育活动对场地要求不高,主要以小范围活动的体育项目为主,如怒球、爬绳、老鹰捉小鸡、滑草、摔跤、跳竹、前么那、特拉拉、秋千(荡秋、磨秋、车秋)、射弩等。其中,射弩和跳竹具有典型性。怒族盛行射弩,弩弓是他们生活和生产中必不可少的工具,多用于自卫、保护庄稼和猎获野兽。怒族男子弓弩不离身,妇女也有射弩的习俗。怒族的跳竹活动类似于跳高,一般在节日和农闲季节进行。这种跳高不用跳高架,就地取材,用一根本地较多的新鲜龙竹片或很细的竹子,长四五米,弯成弓形,将其两端分别插入土地,或用大土地等顶住,其高度按插入地下竹片两端的距离调整,距离越近,弓背越高,高度也越高。以上两个传统体育项目充分体现了生产生活方式、自然环境对传统体育形成和发展的影响。

七 拉祜族传统体育概览

拉祜族主要居住于云南南部山区,长期以来生产方式都以狩猎和采集为主,特殊的生活环境和生产方式孕育了独具特色的传统体育活动。从狩猎演化而来的传统体育活动有武术、射箭、投矛、爬藤、摔跤、游泳、掰手力等,此外还有娱乐性的传统体育活动,如打陀螺、丢包、蜡河毕、踢鸡毛球、荡秋千、瓦逮、跳绳、打马桩、踢脚架等。

八 傣族传统体育概览

傣族主要分布在云南西双版纳等雨林地区,特殊的自然环境对傣族传统体育产生了重要影响,主要的传统体育项目有白跌(打陀螺)、打篾弹弓、打藤球、独木舟、打水枪、跳竹竿、象脚鼓、堆沙、傣族武术等。其中有些传统体育项目的器材制作也取自当地的植物，如藤球、跳竹竿和打篾弹弓等；此外也有与水有关的传统体育活动，都很大程度上是自然环境所孕育。

九　基诺族的传统体育概览

基诺族主要聚居山区，其传统体育项目也体现出了特殊居住环境的特征，大都是一些活动范围较小且突出娱乐性的体育活动，如"丢包、泥弹弓、丢石头、独绳秋、羊打架、打毛毛球"等；此外，基诺族的传统体育活动也体现出了制作材料的"就地取材"特点，基诺族聚居区竹子较多，竹子除用来制作生产工具和生活用具外，也常用作文体活动的器材，因此也产生了一些以竹子为主题的传统体育项目，如"顶竹竿、爬竹竿、翻竹竿、扭竹竿、跳竹竿、筒弩"等，充分体现了自然环境对传统体育的深远影响。其中，基诺族传统的顶竹竿、扭竹竿以及翻竹竿等活动具有典型性。顶竹竿是用一根2米多长、粗细适度的竹竿，中间拴上一条红布，放在场地中线上，参加顶竹竿比赛的两人站于竹竿两头，将竹竿两端顶住各自的腹部做好准备。比赛开始双手放开竹竿两脚前后弓箭步，以腹部用力向前顶，谁的脚超过中线为胜利一次，可以三局两胜也可一次定胜负。

基诺族的踩高跷很有特点，高跷不是绑在脚上，而是在一根长2米的小竹竿上镶一块踏脚板，踏脚板距地面60厘米左右。踩高跷时，两手扶住竹竿上端，两脚踩在脚踏板上即可行走，高跷踢架就是两人踩在高跷上，互相踢脚架的一种比赛，比赛时双方看准时机，互踢对方高跷的杆部，使之失去重心跌下高跷为输，基诺族高跷的技巧很高，常出现精彩场面，受到观众欢迎。

十　阿昌族传统体育概览

阿昌族的生产方式以农耕为主，因此，其传统体育活动主要以秋千、赛马、射弩、泼花水、武术和蹬窝乐等偏重娱乐的项目为主。其中武术具有地方特色和民族特色，阿昌族的传统武术类别较多，具体可分为"刀、枪、棍、拳、矛"等，且特色鲜明，拳术有十字拳、四方拳、大蟒翻身拳、猴拳、公鸡拳等；棍术除猴棍外还有二节棍、三节棍、合棍、十四门棍等；刀术有单刀、双刀、大刀、朴刀、关刀、三十六刀半等。此外，秋千是阿昌族的主要娱乐性项目，主要有荡秋千和车秋两种。

十一 布朗族传统体育概览

布朗族长期与其他民族杂居，其民族文化丰富多彩，因此创造了类型多样的传统体育活动，常见的传统体育项目有斗鸡、布朗球（打竹球）、打陀螺、藤球、亚嘟嘟、武术、荡秋千、爬杆等。其中斗鸡和布朗球（打竹球）是代表性传统体育项目。这些传统体育项目从器材的原材料体现出了自然环境的因素，多为集体性项目的开展形式充分反映出因分散居住而更加注重集体力量的特征。

第三节 云南省苗族"吹枪"文化生态考察与分析

考察点：云南省文山州麻栗坡县董干镇马林村

选取缘由："吹枪"是一项起源于中越边境一带的苗族传统体育项目，起源地相对偏远，"原生态"保持得相对较好，而且是源于当地居民生产、生活，通过"吹枪"可以窥见苗族居民生活的全貌。同时该项目是一项从民间走向竞技赛场较为成功的项目，现在是云南省少数民族运动会的正式比赛项目，其转型的整个过程恰恰能够反映出文化生态变化的大致情况。加之该项目在当地具有深厚的群众基础，在学校建立了训练基地，还是云南省的非物质文化遗产项目。鉴于此，本研究试图通过"吹枪"这项苗族典型的传统体育活动的文化生态考察，来了解苗族传统体育文化生态的基本样貌。考察点的选择是基于文山州麻栗坡县董干镇马林村是"吹枪"的发源地，云南省"非遗"传承人——罗洪明就是该村村民，此人见证了"吹枪"从一项民间驱赶鸟兽的工具转型为具有民族特色的传统体育活动，创造了"吹枪"竞技比赛的三种姿势，获得过多项比赛的冠军。

考察时间：2016年12月，2017年1、8月。

考察人员：韦晓康、王洪珅等。

"吹枪"，俗称"盏炮"，具有几百年的历史，发源于云南省文山壮族苗族自治州麻栗坡县董干镇，主要流传在我国云南、贵州和湖南的苗族民间，如今，在文山州董干镇的马林、马崩，麻栗堡的黑洞、大园子、水井湾、凹塘、田湾、上弄等村寨广泛流行。"吹枪"最早是作为一种生产劳动的辅助器械而出现的，主要用于守护庄稼时驱赶和击打鸟类、老鼠、昆虫等。"吹枪"的结构相对简单，制作工艺也不复杂，主要部件有木质枪套、竹质枪筒和泥制弹丸，制作成本低，携带方便，结构功能实用合理，具体操作相对简单，将泥制弹丸放入枪筒，用嘴对着枪筒吹气即可完成击发。随着社会的不断发展，传统"吹枪"逐渐转型，经过改良和完善规则之后，成为云南省少数民族运动会的正式比赛项目和全国少数民族运动会的表演项目；同时，作为一项源于民间的特殊技艺，被列入文山州和云南省非物质文化遗产名录。"吹枪"的产生、演变和转型，与其所处的自然环境、社会环境密切相关，此外，"吹枪"所具有的自身特质是其历时长久流传至今的主要原因，当然，这与苗族居民也是关联绵密的。具体内容试述如下。

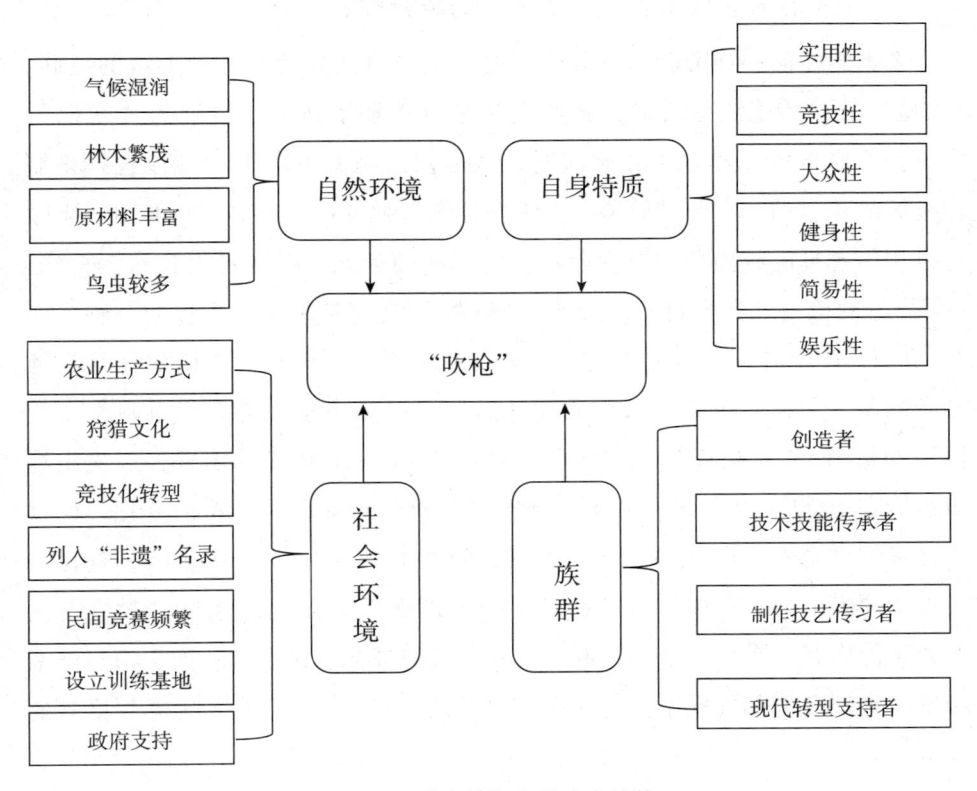

图1-1 "吹枪"文化生态结构

一 "吹枪"与自然环境

(一) 亚热带、温带气候赋予丰富的植物资源

文山壮族苗族自治州,位于云南东南部,北回归线横贯文山州而过。全州亚热带地区占70%,以亚热带气候为主,冬无严寒,夏无酷暑。干凉和雨热同季,年温差小,日温差大,全年多为偏东南风。低海拔地区炎热,高海拔地区凉爽。高低悬殊的海拔形成了"山高一丈,大不一样"和"十里不同天"的立体气候特征[1]。由于地理位置和气候特征的特殊性,当地植物资源丰富,多种树木在此生长,树种达76科355种,是全国重要的杉木产地之一。此外,文山州的竹资源丰富,文山州竹类有金竹、刚竹、甜竹、刺竹等15属37种。上述气候特征为"吹枪"的产生和发展提供了自然环境条件。

(二) 大自然提供了制作"吹枪"的原材料

人类的任何一项劳动工具都或多或少地与自然环境有千丝万缕的关联,"吹枪"这项传统体育活动,其产生就是自然环境所赐。传统的"吹枪",在制作的原材料上发生了几次演变,从最初发明者罗咩平尝试性选择来制作枪筒的草本植物——"通花",到当时作为弹丸的"红果",再到后来改进过程中选择的越南薄竹枪筒以及黏土制成的弹丸,都取自大自然。首先,"吹枪"的枪筒取自大自然。最初,"吹枪"枪筒是用文山当地的一种名叫"通花杆"(学名:中华旌节花)制成,通花杆外壳较硬,茎内的纤维管柱是海绵质,用细木条捅出海绵质物体后即可成为中空,可以用来制作"吹枪"的枪筒。"通花杆"一般生长于海拔1500—2900米的山谷,而文山海拔恰恰在1000—2991米;后来,制作"吹枪"枪筒的材料有所变化,内壁不光滑的"通花杆"被越南薄竹取代,这种竹子主要生长在越南,直径一般在2厘米以内,但单节竹节很长,一般都在1米以上,这与"吹枪"枪筒要求的内径1厘米左右、长度1.2米左右的规格非常吻合;而文山与越南接壤,地理环境和气候条件适合越南薄竹的生长。可以说,"吹枪"枪筒的

---

[1] 360百科:《文山》(https://baike.so.com/doc/4400312—4607145.html)。

两种原材料，都是大自然的赐予。其次，"吹枪"的枪托为木质，文山当地林木种类繁多，可以提供多种原材料；此外，制作枪管套的材料也取自当地的恩桃树，这种树的树皮韧性较好，干燥后会自然收缩，可以更好地规范枪筒和枪托，而这种恩桃树在文山有大量分布。再者就是弹丸，最初的"吹枪"弹丸是用"红果"的种子，这种植物在文山到处都有生长，但种子大小不一、形状不规则，影响准确性；后来改用当地黏性很好的黄泥或酸白泥来制作弹丸，这种泥制的弹丸可以很容易做成大小与枪筒内径相符的球形，规则的形状增加了准确性，并且因为这种泥黏性好，可以直接粘在枪托上，方便携带，同时，在野外使用"吹枪"时可以随时随地制作，极为方便。总之，"吹枪"各个部件都取自大自然，可以说是一种大自然的原生态赐予（见图1-2、图1-3）。

图1-2 "吹枪"（课题组成员摄于马林村）

图1-3 制作"吹枪"枪筒的越南薄竹（课题组成员摄于马林村）

（三）林木繁盛、鸟虫较多的自然环境催生了"吹枪"

如上文所述，文山州的气候条件适合各种林木生长，植物品类繁多，而这一自然环境也为各种动物创造了适宜的生活条件，各种鸟类、鼠类和虫类动物在此大量繁殖。同时，适宜的气候条件也为生活于此的苗族居民创造了良好的发展农业的条件，玉米、高粱、水稻等农作物都有种植，这些农作物也在一定程度上成了麻雀、老鼠等动物的食物。"吹枪"正是当地苗族居民为了防止庄稼被动物偷吃而发明的，根据文山州体育志、麻栗坡县地方志、体育志、民族志的记载：远古时候，苗族都居住在深山老林里，鸟类众多，鼠害成灾。一个叫罗咩平的苗族老人，因庄稼被麻雀和老鼠糟蹋而没有好的办法防止，他在焦急中睡去，梦见一根长管，从管口飞出一个物体打中了小鸟，醒来后他反复琢磨寻找，后来找到了"通花杆"和"红果"植物的种子，制成了"吹枪"的雏形——盏炮，以后加以改进，成为当地老百姓驱赶鸟类和鼠类的工具。由此可见，当地的自然环境在一定程度上催生了"吹枪"这种实用性工具。

二 "吹枪"与社会环境

（一）农业生产方式提供了起源条件

文山州位于云南省东南部，特殊的地理位置和气候条件孕育了丰富的自然资源。文山州的植物种类繁多，农作物以玉米、稻谷和各种豆类为主，此外，三七、油桐、辣椒、八角、草果烟叶、茶叶、花生等农特产品也产量颇丰，其中名贵药材三七的产量和质量均为全国之冠，文山州也因此具有"三七之乡"的美誉。通过上述内容可以看出，农村生产在文山州具有重要的地位，各种农作物的生长也吸引了大量的鸟类和虫类动物，"吹枪"就是当地居民为了防止鸟虫对于农作物的侵害而发明，由此可见，"吹枪"产生的动因是防护庄稼，其根源性的环境在于当地的农业生产方式，"地理、气候条件→农业生产→农作物鸟虫害→防治工具（吹枪）"，通过这一源起和演进路线可以看出，农业生产方式是"吹枪"起源的重要条件，当然，与当地的地理环境和气候条件也是密不可分的。

（二）狩猎文化丰富了"吹枪"的文化内涵

"吹枪"自产生之后，在社会功能方面呈现出多元化的特征，首先是一种劳动工具的辅助，后来又作为狩猎工具，在竞技化转型后又成为传统体育活动。其中，前两种功能在某种程度上是无明显界限的。文山州地处西南边陲，以山地地形为主，鸟兽较多的生活环境使当地居民逐渐将"吹枪"作为狩猎工具使用，而狩猎在生产力和经济发展水平不高的年代是人们生活的重要组成部分，其可以在很大程度上补充人们的日常物质生活所需，平衡膳食结构。作为狩猎工具的"吹枪"，直到近些年国家加强对植物、动物等的保护才逐渐退出历史舞台。因此，从某种意义上讲，"吹枪"在很长一段时期内都作为一种狩猎工具伴随文山州居民的生活，并逐渐赋予"吹枪"狩猎文化的内涵，可以说，"吹枪"在传统文化方面的价值是以狩猎的形式与当地居民生活密切关联的，当地居民所创造的民族传统文化，在一定程度上可以通过"吹枪"来承载和窥见。

（三）竞技化转型拓宽了发展空间

"吹枪"的竞技性特征比较突出，先后被列为各级运动会的比赛项目：早在1992年，"吹枪"就被列为文山第六届少数民族传统体育运动会的比赛项目，于1998年成为云南省第六届少数民族传统体育运动会的比赛项目，同年，云南省各市州的运动会都把"吹枪"列为少数民族运动会的比赛项目；1999年，中华人民共和国第六届少数民族传统体育运动会上，"吹枪"被列为表演项目；2002年和2006年，云南省第七、八届少数民族运动会上，"吹枪"作为正式比赛项目，被列为少数民族传统体育运动会的比赛项目，是"吹枪"发展过程中的竞技化转型，这种转型使"吹枪"从偏远的苗族民间走上更为宽广的竞技平台，发展场域和发展路径的拓展在很大程度上使"吹枪"的发展空间大大拓宽。竞技化转型一方面使"吹枪"有了更为规范的规则，有了专门的技术技能训练者群体；另一方面使"吹枪"得到更大范围的传播和更多对外交流的机会。

（四）列入"非遗"名录，提升了发展层次

文山州是一个多民族聚居的地区，约有11个民族在此居住，因此形成了多种形式的民族传统文化。文山州对于各民族的非物质文化遗产非常重视，随着近年来国家实施中华优秀传统文化传承发展工程，文山州着力开展非物质文化遗产的摸底调查、挖掘整理和保护，挖掘整理出了400多个"非遗"项目，确定了各级传承人500多个，建立了"非遗"项目的保护区和传承示范点，开展"非遗"工作任何和传承人的业务培训，大力扶持吹枪等"非遗"项目的代表性传承人，各项"非遗"项目的保护和传承得以重视。在此社会背景之下，苗族"吹枪"于2010年被列入"云南省省级非物质文化遗产保护名录"，马林苗族村民罗洪明被认定为传承人。作为一项民族传统体育项目，能够列入省级"非遗"名录，一方面说明该项目具有一定的民族特色和代表性，具有多方面的价值；另一方面使"吹枪"的发展层次，从普通的民俗活动提升到了传统文化方面。"吹枪"价值的认定和列入各级"非遗"名录，较大程度地提升了其发展层次，从而获得了更多的发展机遇和发展空间。

（五）民间竞赛频繁，提高了技术水平

随着社会生产力水平的不断提高，文山州广大农村地区的经济状况大为改观，农业生产过程中产生的"吹枪"逐渐失去了实用功能，转而成为一种民间的娱乐竞技活动，后来逐渐发展为正式的比赛项目。在其存在形式和社会功能转变的过程中，民间举行的各种竞赛日益频繁，通过竞赛形式的交流，当地居民"吹枪"的整体技术水平得到一定程度的提高。同时，各种形式的民间竞赛频繁开展，也为"吹枪"走向竞技舞台提供了前提条件和基础，培养锻炼了一批具有较高技术水平的村民，为"吹枪"运动技术的传承和发扬提供了人才保障，也成为"吹枪"运动员后备人才的重要来源。可以说，频繁开展的民间竞赛，在很大程度上为"吹枪"提供了技术交流、能力提高的机会和平台，同时为技术的传承提供了保障。

（六）设立训练基地，搭建了传承平台

据有关资料显示，文山州董干镇的麻栗堡、马林、马崩等地已经组建形成了多个"吹枪"民间组织，并聘请了专门的技术指导人员；在文山学院、文山州第二中学和麻栗坡董干镇的中学也建立了"吹枪"的专门训练基地，学校传承路径和发展模式已初步建立。上述民间组织和学校训练基地使"吹枪"运动的开展有了可以依托的"实体"，各种活动的开展和组织也具有了组织保障，在很大程度上改变了以往开展时间不固定、人员不固定、地点不固定的状况。可见，民间组织和训练基地的建立为"吹枪"运动的开展和传承搭建了良好平台，尤其是各级学校中设立的训练基地，不仅解决了少数民族传统体育普遍面临的"代际传承"受阻这一关键问题，也在很大程度上形成了"吹枪"运动的有效传承机制，实现了技术和项目文化的传承和发扬。

（七）政府支持有力，促进了"吹枪"的发展

通过梳理"吹枪"的发展历程可以看出，云南省、文山州各级政府及相关部门在其发展过程中给予了大力支持。1988年，麻栗坡县民族事务委员会和体育运动委员会就开始重视"吹枪"项目，并多次深入马林村等地进行挖掘和整理，使这项藏于苗族民间的民俗活动逐步展现风采。后来关于"吹枪"的比赛组织、规则整理与完善、器材的改进与统一、项目的推广与传播、民间组织的组建、学校训练基地的设立、裁判员教练员的培训、成为运动会的表演项目和比赛项目、非物质文化遗产申报、传承人认定及扶持、进入学校体育课堂、竞技人才培养等方面，当地各级政府都给予了政策、经费、人员、管理等方面的大力支持，创设了有利于"吹枪"持续发展的良好环境。可以说，"吹枪"之所以能够从民间走出，转型成为一项具有鲜明苗族文化特色的传统体育项目，并成功走向竞技舞台，成为多个民族参与的传统体育竞赛项目，很大程度上依赖于当地政府的有力支持。

三 "吹枪"的自身特质

（一）实用性

传统"吹枪"之所以能够在文山州大部分地区广泛流传，很重要的一点就是其作为劳动生产辅助工具所具有的"实用性"。"吹枪"的制作相对简单，使用时也容易学会，并且具有携带方便、结实耐用、射程远、杀伤力大、快速多次射击、"子弹"易制等特点，在驱赶鸟虫或狩猎时能够达到预期的效果。

（二）竞技性

"吹枪"之所以能够走上竞技赛场，最主要的原因就是这项传统体育活动所具有的"竞技性"。从竞技特征上来分类，"吹枪"跟射击、射箭等项目一样，属于"竞准"的一类。不论是在日常生活中作为工具使用，还是在赛场上进行比赛，命中率都是判断技能水平高低的主要依据。在少数民族运动会的规则中，"吹枪"项目的比赛分为两种姿势：立姿和跪姿，比赛以 10 分钟为时间限制，规定时间内吹射出 10 颗箭矢，依据固定靶上环数的高低来角逐胜负。射程距离有男、女之别（男子比赛射程 15 米、女子 10 米）；箭靶高度根据姿势确定（立姿 1.3 米、跪姿 1.1 米）。"吹枪"的竞技性特征也在某种程度上成为人们喜好此项目的主要原因。

（三）大众性

"吹枪"构造相对简单，原理也不复杂，在使用过程中没有性别、年龄大小之分，虽然在准确度方面需要长期练习才能提高，但就一般情况下的使用而言，绝大多数人经过几次尝试后能基本掌握。因此，"吹枪"有时被孩子当作玩具，有时候也成为成年人劳作之余的消遣方式。"吹枪"的大众性特质也在很大程度上促进了人们的使用，同时为其大范围传播提供了有利条件。

（四）简易性

从制作材料和基本构造来看，"吹枪"的三个主要部件：竹质枪筒、木质枪托、泥做的弹丸都相对简易，作为一种工具或传统体育器材，这种简易性的特征会在一定程度上提高人民的接受度，从而更好地普及。

（五）健身性

有关研究表明，"吹枪"具有一定的健身性，"吹枪是一项很好的健身类体育运动，合理地利用正确的呼吸方法，具有提高人的呼吸系统功能、活化人体内脏功能、改善便秘、治疗哮喘等功效，有较高的健身价值。通过锻炼还可以提高人们保持注意力集中、稳定的心理素质和肢体的平衡能力等"[1]。另据中、日专家研究，"如果结合正确的腹式呼吸方法，可以活化人脑内部的延髓，调节睡眠，改善体能，治疗多种疾病、排除身体异常，对解除便秘、克服食欲不振，缓解精神压力有很好的效果"[2]。

（六）娱乐性

随着社会的不断发展，文山州之前使用"吹枪"较多的村寨，现在已经有了新的驱赶鸟兽的方法，并且近年来狩猎也被禁止，"吹枪"作为工具的功能逐渐淡化，在当地居民的日常生活中，开始作为一种娱乐方式存在。人们在茶余饭后，包括孩子和大人一起进行吹枪的非正式比赛，以此娱乐。

四 "吹枪"与族群

（一）创造者

人是文化的创造主体，在文化的产生过程中也起到不可替代的作用。"吹枪"，不论作为一种生产劳动工具，还是作为一种民族传统体育活动，当地的苗族居民都是其创造者，居民的创造一方面体现在"从无到有"的发明或发现及日常使用中的每一次改进；另一方面体现在苗族居民对于"吹枪"这项传统与活动的文化内涵赋予上。可以说，"吹枪"从起源到流传至今的整个过程中，都是苗族居民在主导。

（二）技术技能传承者

作为一项讲求准确度的传统体育项目，"吹枪"在使用或比赛过程中对于技术的要求还是挺高的，在平时作为工具使用的过程中，"吹枪"的使用者需

---

[1] 丁先琼等：《云南苗族"吹枪"的历史渊源和现代传承》，《军事体育进修学院学报》2009年第3期。
[2] 王萍、周山彦：《云南苗族吹枪发展探析》，《文山学院学报》2012年第3期。

要根据不同的情况对技术环节进行调整，如打鸟时多数情况下需要仰视，枪口朝上，而打击老鼠类的动物时，多数情况下是俯视，枪口向下，并且面对的都是动态的事物，这对于技术的考量就有了更高的要求。在比赛过程中，目前所使用的都是固定靶，比在大自然中使用时要简单。但是，"吹枪"的子弹射出，其动力来源于人的呼吸肌，"在紧张的赛场氛围下，运动员任何身体体位的改变、视觉、听觉上的冲击、心理的微妙变化都会导致人体心跳速度改变，进而影响呼吸深度与频率。而呼吸深度与频率一旦改变，吹气发力力度大小就会随之变化，使子弹抛物线发生改变，最终影响比赛成绩"①。由此可见，不论是平时作为工具使用还是在赛场比赛，对于技术都有较高的要求，而这些技术技能，都是苗族居民在日常生活中不断积累经验后总结形成的，并且在使用过程中将相关的技术一代代传承下去，所以说，苗族居民还担任了一个技术、技能传承者的角色。

图1-4 "吹枪"村民（课题组成员摄于马林村）

---

① 周山彦：《文化生态视野下苗族吹枪的活态传承》，《体育研究与教育》2015年第5期。

图 1-5 "吹枪"村民（课题组成员摄于马林村）

（三）制作技艺传习者

"吹枪"虽然结构简单，但在具体制作的过程中还是有一系列工序的，如枪管的制作就包括去竹节、打通、打磨几个步骤，枪托的制作也需要净面、锯形、削形和开枪管槽几个环节；当然还有一个部件——枪管套的制作，虽说是小部件，但却是技术含量最讲究的。传统"吹枪"的枪管套是恩桃树的树皮，取树皮时对技术有所讲究，需要选树皮相对平整的地方，用小刀纵向切口，再横向划出 2 厘米宽的平行线，与纵向切口两端相交，入刀的深度须控制在 1—2 毫米，形成长方形的带状区域，从树皮纵向切口处挑开厚约 2 毫米的一条，将其轻轻剥离树干，同样的方法取 3—4 条。这种树的外表皮不可再生，所以同一区域只能割取一次，不能入刀太深，否则就会伤及树木内表皮而影响其生长，具体见图 1-6。

此外，枪管套的制作还需要在削好的树皮上做卡头和卡孔，使其更好地把枪筒和枪托固定好。同时，还需要制作两个枪管口套在枪管的口上，否则枪管口容易炸裂，具体见图 1-7。从上述内容来看，"吹枪"的各个部件都是手工制作，其中也有些技术含量较高的环节，而这种传统的制作技艺，是苗族居民在长期使用和制作过程中的经验总结，在这一过程中，苗族居民将这种制作技艺通过传习流传下来。

图 1-6 "吹枪"制作程序之剥树皮

图片来源:《少数民族传统体育用品》。

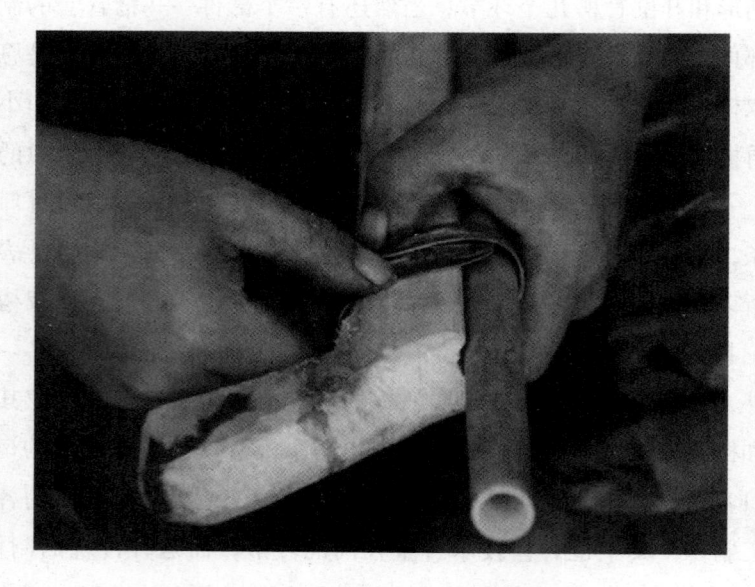

图 1-7 "吹枪"制作程序之固定枪筒

图片来源:《少数民族传统体育用品》。

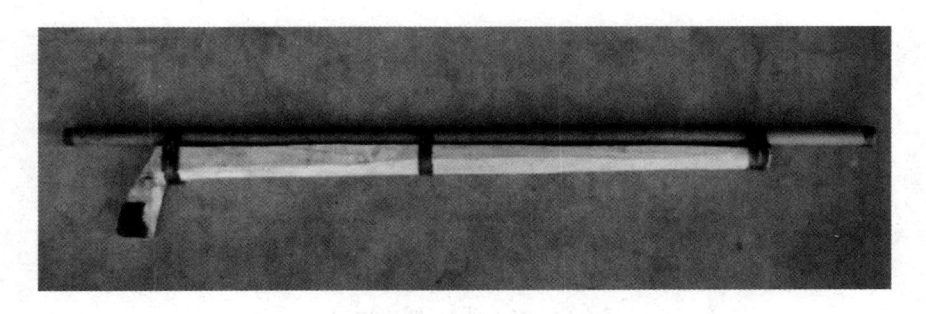

图 1-8 制作好的传统"吹枪"

图片来源：《少数民族传统体育用品》。

（四）现代转型支持者

"吹枪"，这项源于苗族生产生活的辅助劳动工具，在发展历程中经历了几次演变，包括材质上由"通花杆"到"越南薄竹"、子弹从"红花"种子到黏土泥丸，但这些演变从本质上来讲是一种自然进化，并未改变其"传统"的特性。然而，在近年来逐步实现了从"劳动工具"向"传统体育"的转型，整个过程涉及形制上从有枪托到无枪托的单管式改进，子弹从泥丸改为"赵氏弓弩 M60A×2 型，再到面粉制作的弹丸"，比赛形式从单一的"打靶"到增加"打人靶"比赛，还包括规则的从无到有，以及列入"非遗"名录。上述所有的转型，虽然有不同的政府部门来主导和推动，但作为"吹枪"创造者和主要参与群体的苗族居民，在整个过程中都积极配合，很大程度上支持了"吹枪"从传统到现代的转型。

第二章　贵州省少数民族传统体育文化生态考察

贵州省，简称"贵"或"黔"，下辖6个地级市（贵阳、六盘水、遵义、安顺、毕节、铜仁），3个自治州（黔东南、黔南、黔西南），1个国家级新区（贵安新区），7个县级市和79个县（区、特区），其中少数民族自治县11个[①]。贵州地势西高东低，平均海拔1100米左右，地貌以山地和丘陵为主，是全国唯一一个没有平原支撑的省份，因高原山地居多，素有"八山一水一分田"之说。贵州岩溶地貌发育非常典型，境内岩溶分布范围广泛，形态类型齐全，地域分布明显，构成一种特殊的岩溶生态系统，喀斯特地貌面积109084平方公里，占全省国土总面积的61.9%[②]。"特殊的地理条件造就了贵州得天独厚的气候资源，冬无严寒、夏无酷暑、雨量充沛、热量丰富、雨热同季，立体气候特点较为明显，总体生态环境良好，山色葱茏、满目苍翠、空气清新，被誉为'天然氧吧'，有利于各种生物繁衍生长，而且适宜人居住，因此，贵州被列为国家生态文明试验区"[③]。

贵州是一个多民族共居的省份，全省共有民族成分56个，其中苗族、布依族、水族、回族、侗族、土家族、彝族、仡佬族、白族、毛南族、满族、瑶族、壮族、畲族、蒙古族、仫佬族、羌族等民族长期在此居住。"据全国第五次人口普查，全省人口超过10万的有汉族（2191.17万人，占62.2%）、

[①] 《贵州概况》，贵州省人民政府网（http://www.gzgov.gov.cn/）。

[②] 《贵州》，中国政府网（http://www.gov.cn/guoqing/2016-11/21/content_5135215.htm 2005-08-10）。

[③] 《贵州概况》，贵州百科信息网（http://gz.zwbk.org/ 2011.10.30）。

苗族（429.99万人，占12.2%）、布依族（279.82万人，占7.9%）、侗族（162.86万人，占4.6%）、土家族（143.03万人，占4.1%）、彝族（84.36万人，占2.4%）、仡佬族（55.9万人，占1.6%）、水族（36.97万人，占1.0%）、白族（18.74万人，占0.53%）和回族（16.87万人，占0.5%）"①。据2009年末的统计数据，贵州少数民族人口占全省总人口的39%。全省有3个民族自治州、11个民族自治县和253个民族乡。

贵州主要有佛教、道教、伊斯兰教、天主教、基督教等五种宗教，信徒群众有60余万人。贵州的各少数民族基本都有传统的民间宗教，并且宗教信仰习惯渗透到社会生活的各个方面，表现出强烈的世俗化和民族全民性特点，但因为经济、社会、文化等方面的发展不均衡，各少数民族的民间宗教具有一定的差异性，总体保留着原始宗教的基本特点。从民间宗教的内容和形式来看，主要有祖先崇拜、自然崇拜和鬼神崇拜，并且与其他社会活动融为一体②。

贵州在长期的发展过程中，形成了多元文化共荣的基本格局，贵州文化以民族文化为主体，以中国西部为方位，以高原文化、森林文化、原生态文化为基本特色，"多彩贵州"也是贵州文化多姿多彩的总体概括。具体而言，贵州文化包括"以汉、苗、布依等为代表的系列民族文化；包括以贵烟、贵酒、贵药、黔味为代表的系列酒文化、食文化或饮食文化，包括以蜡染、织锦、民族服饰为代表的系列服饰文化；包括以山寨、鼓楼、栈桥为代表的系列建筑文化；包括以遵义文化、岩画文化、夜郎文化为代表的系列历史文化；包括以二月二、三月三、四月八、六月六、七月七等为代表的系列节日文化；包括以芦笙舞、踩木鼓、古瓢舞等为代表的系列舞台文化；包括东线民族风情、西线自然景观、北线历史文物为代表的系列旅游文化；包括以玉屏箫笛、思州石砚、民族花边、金瓜盆桶、大方漆器、平塘陶器为代表的系列工艺美术文化；包括以傩、《彝族古歌》、各民族歌谣为代表的系列文学艺术和宗教哲学文化；包括以民族风情、风俗、时尚为代表的系列民俗文化"③。

---

① 《多民族的大家庭》，贵州省人民政府网（http://www.gzgov.gov.cn/）。
② 坦龙：《贵州少数民族的宗教信仰》，《贵州文史丛刊》1986年第3期。
③ 田原：《贵州文化浅论》，《贵州民族研究》2004年第2期。

第一节　贵州省少数民族简述

贵州是一个多民族的省份，我国55个少数民族在贵州几乎都有分布，全省有三个民族自治州、11个民族自治县和253个民族乡，贵州常住人口中少数民族比例为36.11%。据2010年的人口统计数据，人口数量前五位的分别是苗族（397万人）、布依族（251万人）、土家族（144万人）、侗族（143万人）、彝族（83万人）。贵州大多数少数民族有自己的特色，我国绝大多数的苗族、侗族、布依族、仡佬族分布在此，设有全国唯一的三都水族自治县等。各少数民族在贵州广泛分布，犹如颗颗明珠，在辽阔的贵州大地上熠熠生辉，各族人民和睦相处了千百年，共同创造了源远流长、风格各异、形式多元、内涵丰富的民族文化。

长期以来，贵州特殊的自然地理环境、社会环境和人文环境孕育了个性突出的民族文化，各民族大杂居小聚居的分布格局促进了民族文化的传播和演变，纵横交错的山川促进了民族文化的积淀与传承，"以家庭为单元、以血缘为纽带、以民族为标志、以社区为范围、以自然经济为基础的山地农耕文化"逐渐形成并留存延续。各少数民族在长期的生产生活中创造了各具特色的传统文化，具体表现在服饰、建筑、饮食、民俗、节日、音乐、舞蹈等方面，其中，节日文化的丰富程度令人惊叹，如苗族的"吃鼓藏、踩花山、吃姊妹饭、杀鱼节"，仡佬族的"祭山、吃新"，侗族的"祭萨"，瑶族的"祭盘王"，水族的"过端、过卯"，彝族的"火把节"，布依族的"三月三、六月六"等，在这些节日期间，诸多民族传统文化会集中亮相，是各民族传统文化展现的重要平台和生存空间。

一　苗族

苗族是贵州各少数民族中人口数量最多、分布区域最广的民族，全国60%的苗族分布在贵州，苗族族源和族称皆十分古老，不同地区的苗族有各自的称谓，如"蒙、模、髦、雄、毛"等，在古代典籍中有5000多年前苗族先民的相关记载，其先祖可上溯至原始社会时期的蚩尤部落。苗族族称早在甲骨文时期就有记载，"三苗""五陵蛮""荆蛮""南蛮"等称呼在唐代、宋代以前都是对苗族的称谓，宋代以后，"苗"逐步脱离各种混合称呼的"蛮"，成为单一的民族称谓。据有关专家考证，苗族历史上曾由于战争、生育频繁、疾病流行、饥馑、农田荒芜等原因而经历过五次大迁徙，大致从黄河流域迁至今天的贵州、湖南和云南省，这三个省也是现在苗族人口最多的地区。

在宗教信仰方面，苗族信仰万物有灵、崇拜自然、祀奉祖先。"牯藏节"（于农历十月至十一月的乙亥日进行）是苗族民间最大的祭祀活动，一般是七年一小祭，十三年一大祭。苗族的主要信仰有图腾崇拜、自然崇拜、祖先崇拜等原始宗教形式，在传统社会迷信鬼神、盛行巫术，在日常生活中有"产忌、农事忌、丧葬忌、生活习俗忌"等禁忌。苗族的民族岁时节庆较多，独特而又鲜明的传统节庆按功能含义分为农事活动类、物质交流类、男女社交、恋爱、择偶类、祭祀类以及纪念性、庆贺类节庆，一年的12个月中每月都有1个以上的节庆日，主要有"苗年、四月八、吃新节、端午节、芦笙节、龙船节"等，其中规模最为宏大、场面最为隆重、影响最为深远者是苗族的"四月八"（农历四月八日）庆祝活动，活动内容丰富多彩，主要有"傩戏、狮子舞、赛歌、打花鼓、吹唢呐、上刀梯、下火海、吹木叶、打秋千、武术、茶灯"等。

贵州黔东南苗族侗族自治州是苗族最集中的地区，苗族多为聚族而居，形成大小不同的村寨，住房以木结构为主，多数为两层，少数为三层，居于山腰的苗族建筑多为吊脚楼式，成为苗族的代表性建筑。苗族人口较多的代表性村寨有全世界最大的苗寨——西江千户苗寨、位于贵州凯里市三棵树镇的南花苗寨、位于贵州省雷山县西南的独南苗寨、位于黔东南州丹寨县境内的麻鸟苗寨和大簸箕苗寨，另外还有格多苗寨、坡脚苗寨和苗王城等。

二　布依族

布依族是贵州的第二大少数民族，绝大多数布依族都聚居在贵州省，主要居住在黔南和黔西南布依族苗族自治州，铜仁、安顺、毕节、遵义、六盘水等地也有部分散居。布依族与古代的"僚""百越""百濮"有渊源关系。布依族大部分以"布依"或"布越"自称,"布"是"人、民族"之意,"依"即"越",是布依族族名专称,"布依"就是"依人(越人)"之意。布依族居所的显著特点是依山傍水,聚族而居,传统农业以水稻耕作为主,素有"水稻民族"之称。布依族有自己的语言,没有文字,1949年后创造了布依文。民间文学有神话、诗歌、寓言、谚语等,民间歌曲有山歌、浪哨歌、酒歌、大歌、小歌、叙事歌、礼俗歌等,舞蹈有铙钹舞、转场舞、花棍舞、织布舞、响篙舞等。布依族传统节日除大年(春节)、端阳节、中秋节基本与汉族相同外,还有"二月二、三月三、六月六"等民族节日。

三 侗族

侗族,民间多称"侗家",其名称最早见于宋代文献中的"仡伶",明、清时期有"峒蛮""峒苗""峒人""洞家"等他称,中华人民共和国成立后统称为侗族,侗族源于古百越族系,秦汉时期,百越西瓯中的一支从沅水迁至贵州、湖南、广西三省区毗邻地区,侗族有南侗和北侗之分。主要分布在黎平、镇远、三穗、剑河、从江、天柱、榕江、玉屏和锦屏一带。侗族的文化、艺术丰富多彩,有"诗的家乡,歌的海洋"的美称,侗族大歌是典型的代表,大歌——侗语称"嘎老"(Gal Laox),"嘎"就是歌,"老"乃宏大和古老之意,侗族大歌需要三人以上的歌班(队)才能演唱,参加演唱的人越多,效果越好。几乎每个侗寨都有歌队。对歌、赛歌一般在"侗年节""吃新节""春节"等节日中进行。侗族民间舞蹈也具有鲜明的民族特色,主要有"哆耶"、芦笙舞和舞龙、舞狮等。"哆耶"是群众性的集体歌舞,或男或女,彼此互相牵手搭肩,围成圆圈,边走边唱。芦笙舞是由舞者吹奏芦笙边吹边舞的集体舞蹈。

四 仡佬族

仡佬族是贵州的土著民族,在贵州各少数民族中属于历史最久远的民族。仡佬族人口总数约五万,散居与于黔西南和黔北等地。仡佬族有本族语言,没有本族文字,服饰与汉族及邻近的少数民族大体相同。主要节日有春节、吃新节、清明节、中秋节、六月六等。

五　水族

水族是古越人的分支，贵州主要生活在苗岭以南、都柳江上游，人口有32万多人，主要聚居于三都水族自治县，其余散居在荔波、独山、都匀、榕江、从江等地。水族有自己的语言，普遍通用汉文，水族饮食以大米为主，喜吃糯米、苞谷、麦类、薯类等；爱饮酒，有"无酒不成席"的习惯。水族多聚族而居，同村寨的成员大多有血缘关系。

六　瑶族

瑶族是贵州省的世居民族之一，小聚居、大杂居，点状分布于三州二市（黔东南苗族侗族自治州、黔南布依族苗族自治州、黔西南布依族苗族自治州和铜仁市、安顺市）的16个县。东起铜仁、石阡，南至黎平、榕江、从江、雷山、丹寨、麻江、剑河、三都、罗甸、望谟，西迄贞丰、紫云、关岭都有瑶族分布。瑶族按支系聚居，大的聚居点为一个瑶族乡。贵州瑶族支系多，大约是在明清两代分别从广西、广东迁入。瑶族传统节日有盘王节、陀螺节、六月卯节、糯考节。

七　毛南族

毛南族主要分布在黔南布依族苗族自治州的平塘、惠水、独山三县境内。毛南族居民多数住山间平坝，依山傍水而居。毛南族有自己的语言，称为"颂赞"或"颂吞"，但没有文字。毛南族主要从事农业，少数人经营手工业和商业。毛南族传统节日有火把节、迎春节、桥节、过小年。

八　仫佬族

仫佬族是贵州古老的世居民族之一，具有悠久的历史，由古僚族群中逐渐发展而来。人口有三万多人，多数分布在麻江县、凯里市、福泉市、黄平县，少量分布于都匀、贵定、瓮安等县、市。以麻江县的基东、下司、龙山、碧波、贤昌、杏山，凯里市的大风洞、炉山、龙场，福泉市的陆坪、兴隆，黄平县的岩头等地为主要聚居地。传统节目有仫佬年、跳屯、撵礼节、牛寿节。仫佬人主要从事农业生产，善制刀、善陶冶。传统工艺以刺绣、挑花、银饰品为主。

第二节 贵州省少数民族传统体育的挖掘与整理

考虑到研究的可行性和代表性，关于贵州省民族传统体育的介绍以七个世居贵州的民族为主。据《贵州省志·民族志》等文献的不完全统计，以下传统体育活动项目在世居的七个少数民族中较为常见和典型，"赛马、上刀梯、荡秋千、跳芦笙、射弩、打磨秋、打毽、打花鼓、打猴鼓、板凳舞、木鼓舞、粑棒舞、抱腰、较力、打花棍、花棍、传统武术"，此外，诸如"响节、踩火龙、爬竿、踩高跷、翻竿脚、爬树、独脚鸡、钓鱼、游泳、放风筝、打陀螺"等以典型的传统体育方式存在的传统体育项目和"踩月亮、芦笙芒筒舞、芦笙斗鸡舞、响篙舞、迁徙舞、个人芦笙舞"等以传统舞蹈方式存在的传统体育项目也现实存在。

表 2–1　　　　　贵州省常见少数民族传统体育一览

民族	传统体育活动
苗族	赛马、板凳舞、划龙舟、粑棒舞、抱腰、花棍、跳芦笙、荡秋千、打花鼓、射弩、上刀梯、打猴鼓、木鼓舞、打花棍、打磨秋、打毽较力、传统武术等
布依族	赛马、舞龙、舞拥、划龙舟、划三板船、划竹排、划独龙舟、丢花包、游水追鸭、打耗子、射弩、踢花毽、跳独脚、踩高跷、跳拱背、滚铁环、掰手劲、扭扁担、互推角力、互拉角力、抱花腰、举石锁、举石担、乌鸦护崽、跑木马、玩灯笼、斗牛、斗鸡、斗鸟、打水漂、打水枪、打竹枪、打秋千、打磨秋、打陀螺、打竹球（托球）、打花球、打花棍、登山、拔河、武术、滚钢板、穿口袋赛跳、水上漂石、爬山寻棕、舞麒麟
侗族	侗族勾林、抢花炮、摔跤、游泳、抛拍纱球、踩歌堂、芦笙舞、传统武术、舞龙、舞狮、龙喘、荡秋千、踢毽、掰手劲、单指顶棍、骑马架、打陀螺、打"地老鼠"、跳拱背、放风筝等

续 表

民族	传统体育活动
土家族	打飞棒、舞龙、舞狮、狮子灯、龙灯、放炮根、扭扁担、掰手劲、提手磴、打沙包、射箭、踢毽子、板凳龙、磨磨秋、抵牛角、抵腰杆、肉莲花、金钱竿、传统武术、游泳、放风筝、打陀螺、划龙舟、射箭等
彝族	铃铛舞、荡秋千、打鸡、赛马、摔跤、火把节舞、彝族武术、打火药枪、蹲斗、爬油杆、跳火绳、跳花鼓、打鸡毛毽、磨磨秋、游泳、射箭、射弩、斗牛、抱鹅蛋、跳拱背、打陀螺、放风筝、扳手劲、扭扁担等
仡佬族	游泳、抱鹅蛋、抱腰（仡佬族摔跤）、射弩、打陀螺、放风筝、跳拱背、扭扁担、掰手劲、踩高跷、跳竹竿、磨磨秋、打鸡、高脚跳竹竿、仡佬族高台舞狮、传统武术、箥鸡蛋、地牯牛、跳皮筋、筛子舞、推屎耙、狗舂碓、高台舞狮、高脚竹竿舞、打洋战、苞谷毽、四方拔河、斗鸡、护蛋、仡佬河畔选情郎、上刀梯等
水族	赛马（麻都哥）、打陀螺（挽梧）、跳子门（丢子门）、点帕子（朵麻板）、扯萝卜（定骂八）、老鹰抓小鸡（乌要改）、丢石子（朵麻类）、羊吃麦子（法借傲抹）、卷晒席（领田）、摇摆（孔格铃麻）、猫捉老鼠（苗行反难）、骑颈马（挤麻哥）、打斗（挤麻）、掰手劲（岜罢）、扭扁担（丙梅干）、板腰（都别）、踩高跷（挤麻甲）、捡子（麻到）、打地老鼠（梅暖反难）、狮子登高、翻桌子、抢花灯、打鞋、舞龙耍狮、铜鼓舞、斗角舞、芦笙舞、环刀舞（幂灵）、打手毽、杂耍、游泳、传统武术等

一 苗族代表性传统体育概览

（一）射弩

弓弩是苗族先民的生产工具和御敌的武器，随着生产力水平的提高和生存环境的改变，弓弩的实用功能逐渐弱化，随着传统的"玩弩"习俗而逐步发展为一种传统体育活动。苗族射弩在贵州苗族聚居区广为流行，在黔西北的毕节地区和六盘水市的苗族聚居区尤为盛行，位于毕节市与安顺市交界处的织金县实兴乡有"射弩之乡"的称号，此地的海马冲居住着2000多苗族群众，属典型的黔西北系大花背苗族，这里家家都有弩，男女老少都练习。多年来曾多次组队参加县、地、省直至国家举办的少数民族民间传统体育运动会，并多次获奖。1992年贵州省第八届少数民族传统体育运动会授予实兴乡"传统民族体育先进乡"称号。射弩作为苗族传统体育，其活动方式有非竞赛对抗的自由活动和竞赛对抗两种方式。非竞赛对抗的自由活动中，既可多人一起活动，也可单人独自活动；而在对抗性的射弩比赛中，以"射中率"判别胜负，比赛"靶样"的选定因比赛规模而共同商定，"靶样"形式多样，无特殊要求，静止和移动的"靶样"皆可。1982年，贵州省第一届少数民族传统体育运动会上开展了射弩比赛。

（二）划龙舟

苗族划龙舟，又称"划龙船、龙舟竞渡"，历史悠久，是一项文化内涵十分丰富，影响面大，受关注度极强的传统活动。据乾隆时期的《苗疆闻江见录》载："苗民好斗龙舟，多以五月廿日为端午竞渡于清水江宽深之处。其舟以大整木刮成五六丈，前安龙头，后置凤尾，中能容纳二三十人，短桡激，行走如飞。""划龙舟是居住于清水江、乌江沿岸镇远、松江等地苗族祖辈所喜爱和传承的重要的传统体育活动。不同的区域举行对抗比赛的日期不同，但多在端午节或五月下旬举行。历史上尤以黄平石牛，施秉白洗，廖洞，台江施洞最为热闹。"[①] 如今，贵州省龙舟比赛多次在麻江下司进行。苗族划龙舟往往以村寨为单位展开比赛，每参赛单位按规则选出相同人数组成代表自己的龙舟队，以到达终点的先后为胜负和名次判别依据。

（三）板凳舞

板凳舞，也称"板凳操"，是贵州苗族有着悠久传承历史的群体性传统体育活动。板凳舞所用板凳是被人们称为"小板凳"的坐具，长、宽、高度分别在30厘米、20厘米、25厘米以内，活动过程中，参与者每人一手拿一个小板凳，双手使两凳面撞击而发出有节奏又整齐的响声，以此为节奏指挥多人边击边舞，上下肢协调配合，上肢舞动或碰撞板凳的同时，下肢完成各式各样的舞步。流行于安顺市苗族群众的板凳舞主要动作有：横走三步，击板凳三次，脚踢一次；走一步，踢一次脚，用力击一次板凳；退两步，横一步，

[①] 编写组：《贵州省志·民族志》，贵州民族出版社2002年版，第91页。

在头顶用力击板凳三次等。另一种是在酒席后多人手持板凳起舞，不论参与者多少，都是两两相对，全体围成一个圆圈，相对的两人在与全体参与者共同转大圈或改变队形成排的同时，又两人相向转小圈。每转一圈，两人手中板凳左右各碰击对方板凳一次，方式有下蹲击凳、转身反手击凳、高位翻身击凳等。板凳舞大多在本民族节日和民俗活动时开展，尤以办酒席时最为常见，主要流行区域为凯里、麻江、黄平、安顺、兴仁、贞丰等地。板凳舞作为传统体育项目参加少数民族传统体育运动会，也改编为"板凳操"引入了学校体育。

二　布依族代表性传统体育概览

（一）赛马

据《元史》载："仲家（布依族）牧马有术，骑术上乘。"[1] 反映的是布依族养马和赛马历史的悠久。布依族赛马有民间赛马和正规赛马两种。民间赛马多在节日和民俗活动中开展，是养马并喜爱骑马的布依族青年自发的比赛，比赛场地、路线、距离等都自由协商中议定，骑手不区分体重级别，马匹自备，不备马鞍马镫（俗称"骑滑马"），比赛既不丈量距离，也不测算时间，只是凭眼睛看谁的马跑得快、跑得好，赛马选手不要求同时同地出发，但须在赛前议定出发先后顺序，比赛在赛后也不宣布胜负，不记排名次，也无任何物质奖励。正规的赛马是有组织性的比赛，需在专门的跑马场举行，画定跑道，并在马道两旁插上各色小旗。选手自备马匹，马背上配有马鞍和马镫，马头则自由装饰。比赛要求选手必须在规定的时间内跑完全程，并且在马背上完成各种表演性和显示骑术的高难动作，同时要不失时机地从马背上俯身向下抢抓马道旁的小旗，比赛胜负依据马背上的表现和抓到小旗的数量多少来判定，名列前茅者会得到一定的奖励。

（二）托篾球

据（南宋）孟元老《东京梦华录》卷之九及周密《武林旧事》卷之四

---

[1] 编写组：《贵州省志·民族志》，贵州民族出版社2002年版，第248页。

载:"仲夏日,僚人……编竹为球,以手托之,前后交击为胜。因僚人住地山高水寒,手足疫冻,故其男子常托弄之。"[①] 可见,托篾球是布依族的一项历史悠久的传统体育活动。此项活动的起源也与当地的自然环境有关,竹子在贵州生长范围较广,布依族聚居区的竹子较多,具备了制作篾球的条件。篾球是用竹篾条多层交叉编制而成,直径10—15厘米。托篾球是集体活动,人数不限,所有参与者合围成一个圆圈,先由一人将球向圆圈上的任何人抛托,离球近者随即也用手将球推托给距离自己最近的选手,如此持续而行,各种原因未成功者视为失败。另外一种玩法是两人或两队对抗,相互推托,未能将篾球推托至对方或未触球者为失败。布依族托篾球对负方的处罚方式是唱歌、跳舞或在地上打滚,以此逗乐。

(三) 板凳龙

布依族的"板凳龙",是由布依族传统武术——板凳拳改造而来的一项传统体育活动。布依族板凳拳在传统武术步型和步法的基础上,利用板凳的特殊结构与形态,完成具有攻击或防守效果或具有攻防含义的动作,并按攻守进退、动静疾速、快慢相间、刚柔相济的规律,编排而成的拳术演练活动。后来,将其打斗功能逐步弱化,将动作进行适度的抽象和艺术夸张,适度改变动作结构,把个人练习的方式改变为群体共同参与的练习方式,使大众乐于接受和便于推广,就成为"板凳龙"。"板凳龙"活动中,所有参与者手提一条双人座的条形板凳,多数情况下双手分握板凳两端的两腿之间横木,偶也一手抓握凳面或凳腿,在不断变换的队形中,完成着各种具有鲜明的攻防含义的动作,间或也出现两两相对以演示攻防对抗含义的配合性动作。"板凳龙"深受布依族群众的喜爱,是布依族节日和民俗活动中的一项重要活动内容,现主要流行于黔西南布依族苗族自治州的安龙、册亨、望谟一带的布依族聚居山寨。2006年贵州省第六届少数民族传统体育运动会期间,黔西南布依族苗族自治州代表团挖掘整理了该项目传统的活动方式,以"布依族板凳龙"命名了其项目名称,代表黔西南布依族苗族自治州参加了表演项目类的比赛。

---

① 编写组:《贵州省志·民族志》,贵州民族出版社2002年版,第250页。

三 侗族代表性传统体育概览

（一）抢花炮

"抢花炮"是侗族有较大影响和悠久历史的传统体育项目，于1986年被列为全国少数民族传统体育运动会的竞赛类项目。侗族传统的抢花炮活动场地一般不分大小，没有界线的限制，往往选择在田坝或河滩上，在场地的边上用石灰画一个方框或用木料搭一个临时平台，用作评判台。在传统的抢花炮活动中，用置于场地中央的"送炮器"（铁炮，火铳）将"花炮"① 送上20米左右的高空，比赛时间没有具体规定，快则10余分钟，慢则可能需1个小时。"抢花炮"以村寨为单位组队参赛，每队人数在1—20名，上场比赛人数相等，比赛过程中有一系列的规则和规定。②

（二）摔跤

侗族文化长期传承尚武精神，摔跤这项传统体育活动在侗族男性中倍受青睐，侗族摔跤历史悠久，有关资料显示，侗族摔跤已有400余年的传承历史。侗族摔跤选手在比赛时不着上衣，只拿一条侗族常用的布质腰带，整个摔跤的技法通过腰带进行。在侗族摔跤中，双方需用腰带做好控制对方的准备动作，然后才开始对摔，具体有两种控制方式③和四种基本

---

① 所谓"花炮"是一个直径约6厘米的圆形硬木环或铁环，用五色花线缠绕，色泽艳丽，故称"花炮"，每次比赛使用三枚，称为头炮、二炮和三炮。

② "抢花炮"的规则和规定：不允许使用打、踢等伤人动作，双方队员彼此用挤、扳、钻、护、拉、拦等动作完成自己的进攻或防守，在队友的配合下，通过空中传递、近距交接等方式转换持炮人，或多人以握有花炮的假象同时进攻以迷惑对方，或以其他掩护本方持炮者的方式，将花炮在全队参赛者的共同努力下送交评判台，以决胜负。未抢到花炮或在双方争夺中丢失花炮的一方为防守方，防守方在场上全力抢夺花炮，争取改变为进攻方，或是尽可能防止对方将花炮送交评判台，以延缓比赛，为本方迎得夺回花炮的时间。当有一方经过艰苦对抗而成功地将花炮送交评判台，并经验证确认为比赛花炮后，即告获胜，之后再进行第二炮和第三炮的角逐。比赛结束后，东道主全体队员敲锣打鼓、燃放鞭炮，将盛放"花炮"的"花炮龛"抬送到获胜的村寨，而获胜的村寨将是来年的东道主。

③ 侗族传统摔跤的两种控制方式：第一种方式，是彼此用腰带从对方的左肩往右肋下套牢，双方交臂相拥；第二种方式，是用腰带横向套牢对方后腰。双方均将臀部向后抬起，使身体前俯至所需位置，并开始施展技法与力量而进入对决过程。

技法①。侗族摔跤具有鲜明的礼仪文化的色彩，有组织的侗族摔跤比赛活动，多由相邻而居的数个侗族村寨集体组织，各村寨轮流做东，比赛两队在开赛前都要组织庄重肃穆的入场仪式，正式比赛开始前，两位选手也要行抱拳礼或以鞠躬方式以示对对手的尊重。此外，在日常生活中侗族青年也会进行自发的摔跤比赛，类似于古代擂台赛，两人之间的对抗，采用三局二胜制，胜者成为擂主，迎接挑战，直至战败下台为止。

（三）芦笙舞

侗族"芦笙舞"是依托侗族传统乐器芦笙产生的传统舞蹈，也具有典型的体育活动性质。其开展形式多种多样，既有个人边吹奏芦笙边完成各种身体活动的动作的"独舞"形式，又有多人一起边吹奏芦笙边跳的"群舞"形式。在大众参与的群舞活动中，有时参与者为十来人，有时达百余人，甚而还有上千人一起群舞的壮观场面。侗族芦笙舞在同一侗寨中就有多种跳法、多种套路组合方式，不同侗寨之间更会有不相同的跳法和套路组合方式。尤其是个人独舞时，其动作的随意性更大，往往在此充分发挥个人的创造性，使得个人芦笙舞更是多种多样。从总体上来说，侗族芦笙舞类别多达数十甚至上百种，风格淳朴，生活气息浓郁，民族特色淳厚②。侗族芦笙舞的身体动作多是模仿各种生产劳动的动作或动物的动作，并将这些动作经一定程度的抽象化、艺术化处理而成。比如常见的动作有鱼跃、采花、斗鸡、猫旋柱、鹰翔、伴草、滚车、盘龙等。侗族芦笙舞既可在节日和民俗活动中开展，也可在其他聚会时开展，甚至会在个人高兴时即兴开展③。

四 土家族代表性传统体育概览

（一）龙舟竞渡

贵州土家族主要聚居于黔东北地区的乌江流域和锦江流域一带，近水

---

① 侗族传统摔跤的四种基本技法：一是提摔，使劲通过腰带将对方提起，使对方腾空并失去平衡与支撑而被摔倒；二是绊脚，在双方对抗中，趁对方移动脚步之机，用脚勾绊对方的脚，使之失去重心而摔倒；三是拉摔，双手紧紧夹住对方身体，使劲左右扳动，使对方倒地；四是扳摔，就是直接用力或在腿的配合下将对方扳倒。摔跤比赛的胜负判别相对简单，能使对方除双脚以外的任何一点着地者为胜方，若双方倒地，则先倒地者为负，同时倒地则为"和"，即平局。

② 编写组：《贵州省志·民族志》，贵州民族出版社2002年版，第337页。

③ 冯胜刚：《贵州少数民族传统体育理论与方法》，贵州民族出版社2011年版，第145页。

而居的地理环境使龙舟竞渡成为土家族传统文化中的重要内容。乌江和锦江江面较宽、水流较缓，为龙舟竞渡的开展创造了条件。土家族的龙舟活动与其他民族的龙舟活动大致相同，其结构有两种主要类型：一种是用可以拆卸而保存的独立雕塑的木质龙头和龙尾，在将要举行龙舟竞渡时安装于船首和船尾，使狭窄而长的木船成为比赛用的龙舟；另一种是在选定的船首和船尾临时用某些材料扎制龙头和龙尾，使之成为比赛所用的龙船。土家族的龙舟竞渡活动，往往是在每年农历五月初五端午节前后举行，比赛要求各船参赛人数相等，每船为 10—20 人，有时也会有超过 20 人的大型船的比赛。比赛以先划完设定的距离，先到达终点者为胜。土家族龙舟竞渡活动的参与者都是相邻的土家山寨，仅仅参赛者就会多达百人以上，加之各村寨的观众，每次龙舟竞渡活动就成了土家族民众的大聚会，使龙舟竞渡在土家族民族的生活中具有重大而深刻的影响，成了土家族文化中十分重要的传统文化活动。

（二）金钱竿

金钱竿是土家族的传统体育活动，流传于黔东北地区。金钱竿用一根长 1 米左右、两端附有铜钱并扎有彩绸的竹竿做成，可就地取材，制作工艺简单，此项活动不仅所用器材简便，场地也无特殊要求，仅需一个相对平整的场地，大小视参加人数多少而定。流行于黔东北地区的金钱竿常见的活动方式是：参与者一手握竿的中部，通过前背的旋内、旋外，腕部的内收、外展等活动，配以下肢步伐，使竿的两端按一定节奏分别击打左右两肩、左右两腿及腾空跳起之后脚，或是身体与器械协调、有节奏地完成其他难度不高的多种动作。

（三）摆手舞

摆手舞，土家语称为"社巴巴"，是土家族独有的一种全身活动性舞蹈，历史悠久，其动作最为典型的特征是双手不断摆动，也因此而得其名。动作规律是出左脚摆左手，出右脚摆右手，在不断行进和变化的步伐中，双手自始至终不停摆动。动作内容是在遵从摆手舞活动规律的条件下，模仿或反映战场搏杀、生产劳动及各类生活活动的动作，这些战场搏杀、生产生活中的基本动作，是形成摆手舞动作的原型。土家族的摆手舞多在春节前后的农闲时节举行，一般从腊月二十九开始。相邻而居的土家族民众按土家族习俗相约而至土家摆手堂,族中长者或组织者指挥大家围着场地站立,待指挥节奏的鼓点一起,众人便随之而舞之蹈之,并放声合唱同一首歌。摆手舞是众人共同参与的群体活动,人数无限制,只要场地可以容纳即可。摆手舞不仅在农村土家族山寨广泛流行,得到了良好的传承与发展,而且经整理已经走进了城镇,成了城镇居民广泛参与的体育锻炼方式。沿河土家族自治县县城的乌江岸边,每到傍晚就会有千余人在音乐伴奏下一起跳摆手舞①。

五 仡佬族代表性传统体育概览

(一)打篾鸡蛋

打篾鸡蛋是一项仡佬族的代表性传统体育活动。所谓"篾鸡蛋",是用细薄的竹篾片反复交叉编织而成圆形或微椭圆形的篾球,大小如鸡蛋或鸭蛋,内部用棉花、碎布、碎石、响铃或铜钱填充。仡佬族打篾鸡蛋有"个人争抢""分组对抗""打呆子"三种玩法。其中,"个人争抢"是仡佬族中流行较早、较为传统的一种玩法,所有参与者以个人身份参赛,一般使用"花龙"(内含响铃或铜钱等能发出响声的篾球)比赛,当所有参与者在场地做好准备后,场外一人向场内空中抛"花龙",参与者力图通过挤、撞、推、跳等动作,争抢花龙,抢到花龙者一边喊"我抢到花龙了",一边再次向空中抛出花龙,以提示参与者花龙的具体位置,以便于下一球的公平争抢,待花龙下落,参与者又蜂拥而上再次争抢,比赛到规定时间后由场外裁判清点和宣布比赛结果,抢到花龙次数最多者为优胜。"打篾鸡蛋"有多种玩法,最常见的活动方式是分组对抗②。在务川仡佬族苗族自治县民族宗教事务局的支持和鼓励下,对另一种对抗方式的仡佬族打篾鸡蛋进行了整理和归纳,不仅把篾鸡蛋攻入对方

---

① 冯胜刚:《贵州少数民族传统体育理论与方法》,贵州民族出版社2011年版,第156—157页。
② "打篾鸡蛋"的分组对抗玩法:一是选择一块较为平坦的草地或泥地,将其画成一长方形,并在两长边的中间处画一连接线为中线,将场地分为两个半场。场地的大小无具体规定,视场地面积的大小、参加对抗比赛人数的多少而定,多数情况下与篮球场大小相似。对抗的两队通过抽签或协商,选择和确定所属半场,入场做好准备后,比赛即可开始。比赛开始时由先发球一方(甲方)用手把篾鸡蛋拍击飞向另一方(乙方)场地,乙方可选择用手打或用脚踢的方式将球送回甲方场地,如此往返。对抗中,双方展开各种战术,在将球击向对方的场地时,或击近或击远,或击斜或击直,使球在场地空中穿梭往返。任何一方因接球失误,或使球飞出场外,或被球击中除可以触球的手和脚以外的其他身体部位,都判为失败,使对方得1分,打到规定时间后,以得分多少决定胜负。

的"板斗"(打稻谷时使用的接谷容器)的方式改进为在场上设"公主"运动员,并允许"公主"配合本方进攻队员,用小背篓接球以示进攻成功的方式,而且整理出了新的规则。当前,这一规则已进入务川民族中学体育课程教材,并在该校较为广泛地开展。改进后的打篾鸡蛋于2006年代表遵义市参加贵州省第六届少数民族运动会并获得金奖,2007年代表贵州省参加第八届全国少数民族传统体育运动会,获一等奖。[①]

（二）高台舞狮

道真仡佬族苗族自治县的高台舞狮,是一项具有久远的历史传统,难度较高、观赏性很强的民族体育项目。仡佬族高台舞狮,在运动项目的类别划分上,属表演类少数民族传统体育项目中的"技巧"类项目。高台舞狮最为主要的特征是表演一些不可思议和十分危险的技术动作,这些高难度动作与"目连和尚拜请孙猴一同救母"的神话故事相连,以故事发展为主线进行展示。仡佬族高台舞狮所用的高台与其他少数民族所用的高台有所不同。其他少数民族所用的高台往往是用"8至12张大方桌一层层叠垒而成"[②],而仡佬族所用的高台是9张称为"八仙桌"的方形饭桌叠垒而成,象征所要表现的故事情节中的"九重天"。最高处的一张桌四条腿向上直指蓝天,以备表演猴、单人狮、双人狮的演员在上到最高处时,在四条腿上完成各种惊险的动作。

仡佬族高台舞狮表演分为两个部分:第一部分为上高台前的序幕式表演,多以各种手翻、空翻、打斗或某些描述故事情节的表演或滑稽动作为主要内容。第二部分是扮演猴、双人狮、单人狮的演员,通过各种不同方式,或穿行翻转,或倒挂卷腹,或绕空穿插,或倒向反爬等,充分显示其出众的灵巧和敏捷,并造成环环相扣的惊险环节。这些动作按仡佬族的称谓有翻筋斗上桌、过金桥、天外探天、鳌鱼吃水、倒上桫椤、断桥插柳、节外生枝、碰头设计、蜘蛛吊线、倒挂金钩、遥视苦海等。当以这些方式上到高台的最顶端处后,表演者将在锣鼓的指挥下,单脚独立于一条朝天桌腿,表演多种平衡动作甚而是俯身前探动作。在最高桌腿之间的连接木

---

① 冯胜刚:《贵州少数民族传统体育理论与方法》,贵州民族出版社2011年版,第169页。
② 周伟良:《中华民族传统体育概论高级教程》,高等教育出版社2003年版,第286页。

上，表演者还表演肩肘倒立并将腿伸向桌外等十分惊险刺激的动作。高台舞狮中，在上高台及在台顶端完成的各种动作，都是在无保险装置的条件下进行的。①

六　彝族代表性传统体育概览

（一）赛马

赛马，彝语称为"姆乍"，是贵州彝族历史久远、普遍流行并开展范围很广的传统体育活动，彝族赛马活动的影响力一直辐射至周边的其他民族，彝文文献所载"骑士们到来，跨上这骏马，跑到广场上，威势如破竹，行动如飞仙。像云里的奔月，如天上的流星，戴斗笠的汉，着披毡的彝，云集着跑马，大家都夸奖，彝给汉增荣，汉给彝助威"②，所反映的就是彝汉共同赛马的盛况。贵州彝族赛马活动大小规模均有，涉及全体族人的大规模赛马的赛场有两个：一个是在织金县三塘镇大的桧地；另一个是在威宁彝族回族苗族自治县盐仓镇的百草坪，历史最为悠久，规模最大，最为壮观。其他如水城县的彝区赛马，规模也逐步扩大。彝族赛马为"骑滑马"，且马匹大部分为自己所饲养，传统赛马活动对胜负不太看重，更加注重参与和娱乐，而且比赛有较大的随意性，不限定参赛人数，遵循自愿参加的原则，甚至未报名也可以现场参赛，比赛按性别分组而不按年龄分组。彝族经久不衰的赛马活动，虽然并不太在意胜负的争夺，却有效地促进了彝族骑马技艺的提高，在彝族中涌现出一批优秀的骑手，并在各种级别的少数民族传统体育运动会上取得了优异成绩。近年来的赛马活动在赛制、规则、规范性等方面都有所改进，赛马活动的影响力越来越大，且具有了多种社会功能③。

（二）铃铛舞

彝族铃铛舞，又称"跳脚"，彝语为"啃荷呗"，是从彝族传统舞蹈逐步向传统体育演变而来的一项彝族传统体育项目。彝族铃铛舞，参与人数不限

---

① 冯胜刚：《贵州少数民族传统体育理论与方法》，贵州民族出版社2011年版，第177页。
② 编写组：《贵州省志·民族志》，贵州民族出版社2002年版，第488页。
③ 冯胜刚：《贵州少数民族传统体育理论与方法》，贵州民族出版社2011年版，第163—164页。

制，场地大小依人数而定，且一般不配音乐，而是用鼓点指挥。跳舞时每位参加者都手握一副用彩带扎成的 10 厘米长、两端固定有铜质马铃铛的铜铃，并于每人的脚踝上各挂一串小铃铛，活动中无论是腿上的铃还是手中的铃，所发出的铃声必须与鼓点一致。彝族铃铛舞的动作或是模仿战场拼杀，或是与猛兽搏斗，或是丛林开路，或是各种生产生活活动，因而不仅是全身性动作，而且大都粗犷刚劲，讲求力度，运动量较大。在赫章县珠市彝族乡，铃铛舞不仅具有良好的群众基础，而且已经作为乡土体育课程资源，进入了学校体育课程。此外也组建了较为稳定的表演队伍。近年来，有关部门对彝族铃铛舞进行了以传统为基础的改造，创造出了"叠罗汉、抱腰舞铃、摇铃翻背、前后滚翻、倒挂金钩、雄鹰展翅"等动作，一定程度上增加了彝族铃铛舞的难度、运动量、趣味性和观赏性，经整理和重新创编后参加了少数民族传统体育运动会表演项目类比赛，1998 年，在第四届全省少数民族传统体育运动会上获得特等奖，2007 年 11 月，在广州第八届全国少数民族传统体育运动会上获得一等奖。

（三）摔跤

摔跤在贵州彝族聚居区广泛普及，在彝族节庆活动、民俗活动中经常开展，参加者为彝族男性。彝族摔跤无严格的场地规定，在较为平整、柔软的泥草地上都可进行，摔跤比赛活动一般采用"三战二胜制"，也不按体重分级，大都没有裁判，参与活动的双方自己判断胜负。比赛前，双方必须四手相互交叉相对抱好，开始后各自凭借自己的力量与技巧，在破解对方进攻的同时，寻找合适的机会，选择合适有效的技法，尽力将对方摔翻在地，或是使其失去重心，除两脚之外的其他身体部位着地。彝族节庆活动、民俗活动和聚会活动中开展的摔跤，会组织各彝族村寨代表队之间的友谊对抗赛。[1]

---

[1] 冯胜刚：《贵州少数民族传统体育理论与方法》，贵州民族出版社 2011 年版，第 165 页。

七 水族代表性传统体育概览

（一）赛马

水族大型的传统赛马活动多在"端节"和"卯节"举行，悠久的历史使赛马活动成了水族端节不可或缺的活动内容，这一活动的盛行与当地水族居民日常生活中经常使用马匹有密切的关系。水族端节赛马在"端坡"和"卯坡"进行，因此端坡和卯坡又称为"跑马坡"，赛马的跑道是一条由平地向山坡延伸的不规则道路。跑道的起点有一段几十米长的平直跑道，道面也相对较宽，此后跑道变窄，最窄处只能容两匹马并行，且多为上山的山道，斜度大的可达 50 度左右。赛马跑道的长度没有统一的规定，大多以地形而定，一般仅为两三百米。水族传统的端节赛马活动开赛前，都要在赛马起点举行"开道"仪式。先摆酒席供奉祖先，并在地上插"竹标"，由族中长者祭祀开道，众骑手立马云集其后。长者身着崭新的青绸长衫、青绸马褂，头戴新的毡帽，跨上骏马，先拔地上的"竹标"，沿马道纵马"开道"。长者"开道"跑完一段路停住，以示此段为赛道全程，众骑手方可进入比赛。水族赛马活动，骑手既不按年龄分组，也不按体重分级，而是自由组合分批进入起点。水族赛马为"骑滑马"，只配缰绳以便控制马，不执马鞭，仅用口哨指挥，赛马活动的优胜者将获得红绸冠马首以示嘉奖。

（二）斗角舞

斗角舞是水族居民从水牛相斗的场景中获取灵感而创造出的一种身体活动方式，具有水族古老传统文化特征。水族"斗角舞"的开展方式[①]比较复杂，并且动作的变化多样，参与身体活动者尤其是手持"牛头"的两位舞者，要根据场上情况及时调整自己的动作方式，所以真正是"打无定式"。

[①] 水族"斗角舞"的开展，至少要有 5 支芦笙和 5 支共鸣的芒筒伴奏，并以节奏指挥全场舞者活动。两名男子各手持一个用竹篾编制、用纸或布蒙罩、勾画有牛头形状的"牛头"，双脚大幅分开，脚尖向外成"外八字"，膝部弯曲成半蹲状，随着芦笙和芒筒奏出的音乐节拍，模仿水牛用角相斗状，边斗边舞。在斗角之后，跟着有 5 位头插雉尾羽毛、腰栓沿边着白鸡毛、着水族文化特征衣裙的水族姑娘伴舞。伴舞者在芦笙和芒筒音乐伴奏下完成的动作，既有作为背景而不必与斗角者相配合的独立动作，也有根据斗角者的动作而完成的配合性动作。总之，所有舞者的动作与头牛都有关联，都有表现主题的义务和作用。

第三节　贵州省"独竹漂"文化生态考察与分析

考察点：贵州赤水市、遵义市

选取缘由："独竹漂"是贵州少数民族传统体育中具有鲜明地域特色和民族特色的传统体育项目，为2011年第九届全国少数民族运动会竞赛项目，是近60年来贵州民族体育中首个以竞赛项目列入全国少数民族运动会的项目。并且，"赤水独竹漂"被列入贵州省第三批省级非物质文化遗产保护名录。贵州赤水河流域是"独竹漂"的发源地，而赤水市和遵义市是赤水河流域中人口相对集中的城市，"独竹漂"在此有良好的群众基础和较为宽广的发展平台，可在很大程度上反映该地域少数民族传统体育的相关情况，通过对这一项目的历史梳理和发展演变分析，并通过对这一项目的文化生态考察和分析，可以窥见该地域少数民族传统体育文化生态的大致样貌。

考察时间：2016年7月。

考察人员：王洪坤等。

古诗"茅台斜阳映赤水，残阳几页贩酒船，独竹飞流飘然过，纤夫逆行步步难。"是贵州赤水河流域特有传统体育项目的描绘，诗句中的"茅台、赤水、独竹、飞流、飘然"等关键词为人们了解"独竹漂"提供了地域、场地、工具、存在形式等方面的重要信息。的确如诗句中所描述的，"独竹漂"是一种流行于黔北赤水河流域的民间技艺，人站立于漂浮在水面上的单株竹子之上，手持细竹竿划水前行，原本是当地居民渡河的工具，后来逐渐发展成为一项水上传统体育活动项目，具有较强的技巧性、竞技性和观赏娱乐性，对参与者的身体平衡能力要求较高，主要有竞速比赛和技艺表演两种形式。"独竹漂"这项特色鲜明的传统体育活动，从其产生至今的发展演变过程中，受所处文化生态的影响发生了多次转变，试从自然环境、社会环境、自身特质和当地居民四个方面予以分析和陈述。

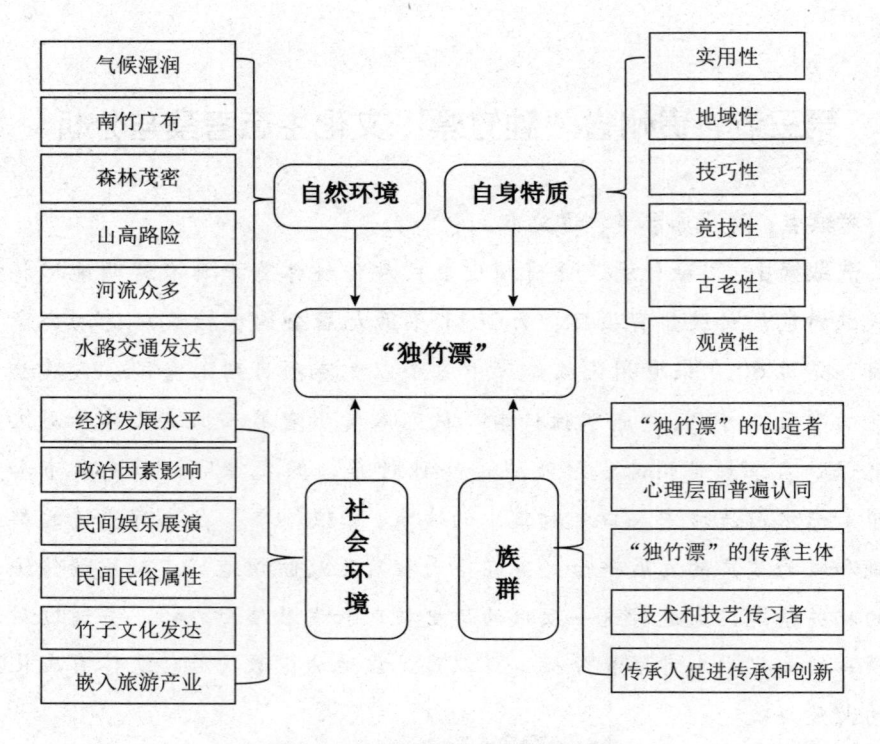

图 2-1 "独竹漂"文化生态结构

一 "独竹漂"与自然环境

(一) 气候湿润，南竹广布

赤水市位于黔西北，地处东经 105°36′35″、北纬 28°17′02″，赤水河中下游，有"黔北边城"和"川黔锁钥"之称。特殊的地理位置使当地全年气候湿润，适宜多种植物生长，自古以来就有茂密的原始森林分布，赤水有同纬度保存最完好的中亚热带常绿阔叶原生林，面积达 43 万亩，赤水市森林覆盖率也达 80.3%，是贵州省森林覆盖率最高的地区。需要特别指出的是，赤水一代的气候条件非常适宜竹子生长，据 2013 年 4 月的统计数据，赤水市的竹林面积达 129 万亩，总面积和人均面积均位居全国第一，是名副其实的"竹子之乡"，建有竹海国家森林公园（AAAA 级旅游景区）。除了竹林面积大以外，竹子的种类也较多，另据不完全统计，赤水市的竹子种类在 36 种左右，竹子产量较大，仅南竹就年产 400 多万根。南竹是制作"独竹漂"最重要的原材料。南竹是毛竹的一种，属于实用竹，生长速度快、材质好、用途广，且栽培面积广、适应性强，其竿型粗大，竿高达20米，粗者直径可达20厘米以上，因此，南竹为"独竹漂"的产生和起源提供了早期的物质基础，加之南竹竿型粗大和长度长以及广泛分布而导致的经济成本较低等因素，在很大程度上促进了"独竹漂"的广泛开展和进一步发展。

图2-2 贵州赤水的南竹

图片来源：互联网。

（二）山高路险，河流众多

"独竹漂"分布较为普遍的贵州赤水一带是典型的丹霞地貌，赤水市境内有1000多平方公里。丹霞地貌的典型特征是"丹霞赤壁、孤峰窄脊、奇山异

图2-3 贵州赤水的南竹

图片来源：互联网。

石、岩廊洞穴和丹霞峡谷"，大自然的鬼斧神工造就了丹霞地貌的美丽自然景观，但从交通的角度来看，此地可谓山高路险，陆路交通极为不便。在这样的情况之下，当地居民不得不依靠河流发展水路交通，在赤水河一带，赤水河①是主要的河流，作为长江的支流，具有充足的水量，自古就是主要的运输方式，尤其是下游，河面宽阔，水深势稳，水运便利，自古以来就是四川、贵州的盐运要道，直到现在还可通行120吨机轮。正是由于这种特殊的生存环境，当地居民在长期的生产生活中开始寻求适宜的出行和运输方式。有资料记载，"独竹漂"源于"独木漂"，相传秦汉时期的赤水、习水一带的原始森林盛产楠木，楠木作为上好的建筑木材而被朝廷所用，朝廷遣派的采木官在当时航运不通的情况下，为了保证珍贵楠木的运送，想出了每棵木料委派一人或多人运送的方法，在长期的水上运木过程中，人站在独木上撑竿运送楠木逐渐演变成一种水上游戏。后来，这项活动逐渐发展成为民间的一项水上游戏娱乐活动，称为"独木漂"，随着楠木的减少，人们逐渐用当地盛产的

---

① 赤水河，古称安乐水，在贵州、四川两省边境，源出云南省镇雄县，长500公里，流域面积2万平方公里，干流全长523公里，二郎镇以上为上游，复兴场则为中、下游分界。主要支流有二道河、桐梓河、习水河等，流域面积2.044万平方公里，因水赤红故名赤水河。

直径粗大、浮力更强的南竹替代"楠木",逐渐发展演变为"独竹漂"。由此可见,不论是"独木漂"还是"独竹漂",其产生和演变都与当地特殊的自然环境关联紧密,山高路险的陆路交通条件不适宜当地居民日常生活中的出行,河流众多的现实迫使当地居民采用水上交通方式,在此不利和便利条件之下,"独竹漂"成为当地居民出行的首选交通工具,可以说,是当地特殊的自然环境孕育并催生了"独竹漂"的出现和进一步的发展演变。

二 "独竹漂"与社会环境

（一）经济发展水平与"独竹漂"的发展关联绵密

"独竹漂"缘起和分布的黔北地区自古以来就属于相对偏远的地区,多年以来,由于交通和区位等原因,经济发展处于相对落后的水平。落后的经济很大程度上影响着人们的生活,具体表现在衣食住行等方面,面对山高路险、河网密布的特殊生活环境,此地居民的出行受到较大影响,在长期的生活中慢慢积累经验,逐步将原本用来运输木材的"独木漂"改造成"独竹漂",一方面可以较大程度地解决出行方面的困难,另一方面,这种交通方式极为切合当地的实际情况,且所用的原材料漫山遍野,随地随时可取,极大减少了造价,在成本上使广大居民容易接受。由此可推知,"独竹漂"是为了适应特殊地理环境在经济相对落后的情况之下,由当地居民发挥聪明才智而创造出来的一种交通方式,后来随着功能分化而演变为一种民族传统体育活动。其起源和普遍使用,在很大程度上受经济发展水平的影响。

改革开放以来,经济发展水平也逐年提高。随着国家投入力度的加大,黔北地区的交通状况得到很大程度的改善,如赤水区建成了贵州最大的通江港口,赤水河变成了"黄金水道",赤水港作为贵州第一大港,年货运吞吐量350万吨以上,客货船可直达长江沿岸的重庆、上海等各大港口或码头;公路方面快速发展,建成的公路实现了黔、川、渝的连接（距遵义300公里、距贵阳450公里、距重庆240公里、距成都340公里）,隆（昌）泸（州）铁路及高速公路建成并投入使用。泸州蓝田机场开通了至北京、上海、成都等多个大中城市的航线。交通状况的改善极大带动了当地经济的发展,赤水市的"干鲜竹笋、竹工艺品、竹乡乌骨鸡、竹乡腊肉制品、赤水晒醋、赤水三宝（石斛茶、杜仲茶、虫茶）"等特色农副产品开始走向全国市场。交通状况的巨大改善和经济发展水平的提高对"独竹漂"的发展产生了较大程度的影响，首先，交通状况改善后的出行方式多元化，使作为出行工具的"独竹漂"在实用层面的功能被取代，其存在的场域也从之前的"日常生活"逐步过渡到"民俗节庆"；其次，在经济发展的大潮中，人们对于包括"独竹漂"在内的传统文化开始无意识地"遗忘"，在存在样态上从之前的"必不可少"到现在的"可有可无"。因此，从"独竹漂"发展历程的纵向来看，其起源、存续、发展、演变、转型的每一个环节，都不同程度地受经济发展水平的影响。

（二）"独竹漂"发展和转型受政治因素的影响较大

很长一段历史时期内，"独竹漂"作为黔北少数民族日常生活中的交通工具存在，其价值和功能主要表现在实用层面，与广大居民的生活紧密关联，可以说与政治长期保持无关联的状态。这种状态从其起源一直持续到解放初期，在当时的政治环境之下，为响应党中央和毛主席"解放台湾"的号召，赤水河流域多次开展"独竹漂"的军事演习，"独竹漂"第一次具有了政治用途；此外，为了纪念1966年7月16日毛泽东主席畅游长江而确定每年的7月16日为毛泽东畅游长江纪念日之后，赤水河流域连续几年举办包括"独竹漂"在内的一系列水上表演和竞赛活动，被称为"赤水7·16活动"，受此影响，"独竹漂"引发了众多当地人的参与热情，一度盛行。直到1977年，地方政府出于安全考虑，为避免大型水上活动举办过程中的意外事故，包括"独竹漂"在内的水上活动被禁止，"水上禁令"的实施使参与人数骤减，技术和技能水平也在持续下降，对"独竹漂"的开展影响重大，其发展也进入停滞不前的状态。在此期间，经济快速发展，陆路交通状况大为改观，人们的出行方式有了更好的选择，之前作为水上交通工具的"独竹漂"也逐渐与人们的日常生活脱离，甚至淡出人们的视线和记忆而销声匿迹。时至1998年，在贵州省民族事务委员和贵州省体育局的努力之下，"独竹漂"这项濒临消亡的传统民俗活动重新焕发生机和活力，经政府部门的多方努力和相关制度的支持，"独竹漂"开始转型为少数民族传统体育项目，1998年在贵州省第四届民运会上作为表演项目首次亮相，1999年在北京第六届全国民运会上作为表演项目首次全国亮相，2007年广州第八届全国少数民族传统体育运动会上获得"表演技术类"金牌，2008年"独竹漂"项目被列为贵州省民运会竞赛项目，并在遵义市举办了全省首届"独竹漂"大赛，2009年，遵义市获得"独竹漂"全国教练员培训班承办权，2009年"赤水独竹漂"被批准列入贵州省第三批省级非物质文化遗产保护名录，2010年6月5日，"独竹漂"最终被列为第九届全国民运会竞赛项目。其间贵州省民委和贵州省体育局出台了相关的政策，主导成立了多支"独竹漂"表演队，组织编写了《独竹漂竞赛规则（试行）》、《独竹漂裁判法》，研制成功"独竹漂"标准化器材，协助国家体育总局组织和举办全国14个省（自治区、直辖市）的"独竹漂"裁判员培训班，努力将"独竹漂"推向全国十余个省（自治区、直辖市）。"独竹漂"从濒临消亡到推向全国农运会、民运会，政府相关部门的大力支持起到了重要作用，可以说，是政治因素的作用，使"独竹漂"从渡河工具转变为传统体育项目，从之前的"穷山沟"走向运动会，实现了存续样态和发展模式的转型。通过上文分析可见，在"独竹漂"发展的整个过程中，政治因素在不同的历史时期对其发展产生过不同程度的影响。

（三）旅游业的发展促进了"独竹漂"的认知和传播

"独竹漂"原存在于赤水河流域的偏远地区，转型为少数民族传统体育项目以后获得了新的发展机遇和空间，但相比而言，在众多少数民族传统体育项目中，由于开展地域偏、条件受限、技能掌握情况差等各方面原因，"独竹漂"的认知和传播受到较大程度的限制，尤其是体育圈以外的广大民众对其知之甚少。然而，近年来，拥有"中国丹霞"世界自然遗产地、中国侏罗纪公园、中国优秀旅游城市、国际最佳休闲旅游城市等30余张亮丽名片的赤水，旅游业发展态势良好，自然景观旅游热兴，建成的4个国家AAAA级旅游景区——赤水大瀑布景区、燕子岩景区、竹海公园景区、佛光岩景区，每年都吸引大量游客前来观光。赤水走出了一条"旅游兴、经济活、百姓富"的全域旅游发展新路，据有关数据统计，"2016年赤水接待游客总量突破1200万人次，旅游综合收入达120亿元"[①]。随着旅游业的发展，赤水以及当

---

① 《贵州赤水走"旅游兴 经济活 百姓富"全域旅游发展新路》（http://www.sohu.com/a/158004121_120702）。

地的传统文化都逐渐被外人所知,"独竹漂"作为表演性和娱乐性较强的传统体育项目,在旅游业中以"民族风情"展演的形式不断呈现给来自全国乃至世界各地的游客,通过直观感受和亲身体验,"独竹漂"被越来越多的外地游客所认知。每年千万以上的游客前来旅游,对于"独竹漂"受众数量的增加是个巨大的促进,这也在很大程度上实现了"独竹漂"的更大范围传播。同时,当地居民通过表演"独竹漂"获得一定的收益,这也在很大程度上调动了作为传播主体的当地居民的积极性,参与者数量不断增加对于"独竹漂"的传播具有较大的促进作用,同时在很大程度上缓解了众多少数民族传统体育面临的"代际"传承危机,当地居民在传播和传承"独竹漂"方面主观能动性的发挥对于其可持续发展大有裨益。

(四)"独竹漂"的转型是对社会生态的适应性选择

社会的发展和转型,会对人及其行为方式、文化事项等产生不同程度的影响。"一个项目能够延绵数千年而不绝自有其背后的深层原因,主要在于它能满足不同历史时期人们的不同需求,而这种对人们需求的满足则与项目对环境的适应是分不开的"[1]。正如上文所述,在政府部门的作用之下,"独竹漂"在多方面的价值或功能被充分挖掘和展现,"娱乐功能主要通过文艺展演的方式呈现;文化功能主要通过展演和讲解相结合的方式呈现;健身功能主要通过训练和竞赛的方式呈现;竞技功能主要通过竞赛得以呈现;观赏功能主要通过文艺展演和竞赛两种方式呈现;经济功能则主要通过与民族旅游相结合的方式呈现"[2],"独竹漂"正逐渐成为贵州少数民族传统体育的文化名片。转型后的"独竹漂"在新的发展模式下出现了专门的民间表演团体,成立了官方协会组织,专业训练与竞赛也在有序进行,并且顺利成为全国民运会的正式比赛项目。一系列的变化是前所未有的,并且是在新的时代背景之下实现的,这一点,从生态适应的角度来看,"独竹漂"所发生的种种变化可归结为对所处社会生态的适应,可以看出当前社会环境的不同于以往,为"独竹漂"等民俗活动提供了转型的客观条件,在《国家级非物

---

[1] 刘转青、刘积德:《独竹漂项目衍变历程对我国民族传统体育发展的启示》,《哈尔滨体育学院学报》2017年第2期。

[2] 同上。

质文化遗产保护与管理暂行办法》（2006年10月25日）和各省、市、自治区级非物质文化遗产条例、《关于实施中华优秀传统文化传承发展工程的意见》等制度性文件颁布的背景之下，包括"独竹漂"在内的传统文化的发展环境大为改观，国家的倡导支持和地方政府的努力配合为传统文化提供了发展的机遇和空间。基于此，"独竹漂"融入当地旅游业，成为传统体育竞赛活动，列为非物质文化遗产等。通过纵向梳理不难发现，"独竹漂"从古至今，尤其是近些年来的发展，可以说都是对当前所处社会生态的适应性选择，在不断变化的社会生态中调整发展方式，通过调适来满足不同历史时期社会的各种需求。

（五）竹文化是"独竹漂"发展的重要依托

"独竹漂"源于赤水和习水两岸居民的生活，随着居民交往的频繁而在渡河、运输等方面发挥越来越重要的作用，这种独特技艺的形成与两岸的竹农生产生活密不可分。在适宜竹子生长的自然条件之下，赤水河和习水河两岸的竹子漫山遍野，长期生活于此的居民在衣、食、住、行等方面都离不开竹子，鲜嫩竹芽和竹笋可以作为菜肴食用，长成后的竹子被做成勺子、筷子、水桶等厨房用具及鸟笼、竹床、渔具等生活用品，甚至可以做成房子居住。在竹子加工生产的扎竹排、运毛竹、运输生活用品等过程中，"独竹漂"是最为便捷的方式，长此以往，熟练的"独竹漂"技能逐渐形成。"竹文化"是赤水一代的特色文化之一，此地建有"竹海国家森林公园"，拥有竹类12属40多种及2个竹变种的千万株各类竹子。随着竹文化产业的不断升级，在原先的竹编、竹笋等农副产品开发的基础上，竹子生态旅游、竹子造纸、竹子建材、竹子雕刻艺术等新兴产业不断出现，竹文化已经形成产业化发展的新模式。2010年11月，首届竹文化节暨中国竹业发展论坛在赤水举办，其间"独竹漂"作为竹文化的代表性活动项目展现给与会的专家和学者。"独竹漂"作为一项以竹子为主要器材的传统体育项目，所承载和展现的不仅是当地的民俗文化和风土人情，当地居民依托可利用和可开发的自然资源而创造出来的竹文化，也在一定程度上为"独竹漂"提供了发展的文化依托。

图 2-4 "独竹漂"

图片来源：互联网。

三 "独竹漂"的自身特质

（一）实用性

"独竹漂"之所以产生，就是因为当地居民可以通过这种方式渡河，能够在交通方面提供助力。从赤水河流域的交通情况来看，山高、河多的地理情况给人们的出行带来一定程度的不便，从"独木漂"演变而来的"独竹漂"，在器材原材料类型上的变化是其适应自然生态和社会生态的重要体现，赤水河流域的自然生态除却上述的山高、河多以外，当地盛产的南竹在长期的历史过程中逐渐替代了原来的"楠木"，体现了作为交通出行工具的便捷性和经济实用性；再者，"独竹"替代"独木"还是一种当地人的社会性选择，作为较为偏远、经济发展水平相对落后的地区，在日常生活中的多种选择都会首先考虑经济性和实用性，从"木"到"竹"，实现了制作成本的降低，同时，竹子质量相对较轻且浮力更好的特征在很大程度上提高了其实用性。因此，"独竹漂"的发展和演成过程中，经济适用是其首要的特质。

（二）技巧性

"独竹漂"是一项技巧性很强的传统体育项目，因为所用的南竹是一根仅作简单处理的"原竹"，并未做任何有助于稳定的处理，其参与者对"原竹"的驾驭仅凭双脚和手中的竹竿。就动作而言，简单的就是站在南竹上通过手中的竹竿划水行进，在长期的发展和演变过程中，人们在前行的基础上创造了"倒退、转身、绕弯、换竿"等高难动作，这些动作要求参与者熟练掌握各种技巧，并具有较强的身体控制能力和保持平衡的能力。近年来，随着"独竹漂"的不断发展，在各种表演活动中新的动作和姿势不断出现，如"弓步漂、倒挂金钩、转身平衡、翘竿漂、劈腿漂、金鸡独立"等，有的表演者还可以在表演过程中转呼啦圈。各种高难度的动作和姿势，对参与者或表演者的技能要求日益提高，各种新动作的创新也在不同程度地增强其难度和技巧性。

（三）古老性

有资料记载，"独竹漂"约起源于秦汉时期，赤水复兴马鞍山于1998年挖掘出了汉晋时期的古崖墓群，其中一座墓穴的石棺壁上有一幅石刻图案，呈现的是一个人双手持竿立于独木上，表明赤水河流域的"独竹漂"已有1700—2000年的历史。作为一种民族传统文化事项，"独竹漂"悠久的历史至少可以说明三个问题：①"独竹漂"具有深厚的群众基础。千百年来的使用和流传充分说明，"独竹漂"与群众的日常生活是密不可分的，能够作为石棺上的装饰图案也从侧面反映出这项活动对于群众生活的重要程度。②"独竹漂"具有较强的生命力。"独竹漂"流传千年，得益于深厚的群众基础，但从反面来看，也正是因为其所具有的"实用性、便利性、经济性"等特征能够为居民的生活带来诸多便利，才成为日常生活中不可或缺的重要组成部分，充分折射出这一活动所具有的强大生命力。③"独竹漂"实现了有序传承。历经千百年而流传至今，离不开其创造主体的努力，离不开特殊自然环境和社会环境的滋养，这一活动能够在一代代人的繁衍中始终存在并延续，是一种具有特殊意义的文化现象，从传承的角度来看，能够在不同历史时期的族民中广泛使用而未曾中断或退出历史舞台，并且始终具有较高的民族认同度，这充分说明"独竹漂"这项传统体育活动实现了不同历史时期内代际间的有序传承。

（四）地域性

"独竹漂"产生并存在于山高、河密、多竹的赤水河流域，多种条件促成了这项活动，可以说，地域性是"独竹漂"的最典型特征。虽然每年的端午节前后在重庆、广西、河南等地的龙舟节上都有"独竹漂"的表演,但表演者都非本地人,大都是赤水一带展演团的演员。"独竹漂"的地域性特征,一方面反映了其产生条件的特殊性,即有竹、有河、有历史,此处所列三个条件并非全部,且得同时满足;另外一方面体现出其独有性,即在开展的诸多条件中,除去器材、场地等以外,"独竹漂"的历史、文化、技能等方面的条件是无法复制的,这种独有性在本质上讲也源于地域性。从文化生态的几个方面来讲,其地域性体现在自然生态的特殊性和社会生态、掌握技能的人无法模仿、复制方面。

(五) 竞技性

"独竹漂"在从渡河交通工具向传统体育项目转型过程中,其基本特征也随之发生改变,之前的"实用性"逐渐淡出,作为一项传统体育项目所必备的"竞技性"逐渐增强。"独竹漂"的竞技性主要表现在"竞速"和"竞艺"两方面,"竞速"主要是"独竹漂"参赛者在规定距离所用时间的长短(如男子、女子60米直道竞速),而"竞艺"则是参加者技术或技艺展演,以难度判定高下(如跳漂、换漂和极限挑战等)。总之,"竞技性"在很大程度上规约了其体育属性,同时,竞技性也在很大程度上促进了"独竹漂"的转型,拓展了其在体育领域的发展空间。

图2-5 "独竹漂"比赛

图片来源:互联网。

（六）观赏性

"独竹漂"在体育属性上体现在两个方面，其一是竞技性，其二是观赏性。其中，较强的观赏性在其存在和发展的过程中为其争取了更多的空间和时间，毕竟竞技性特征的展现仅依靠正式或非正式的运动会竞技比赛，而观赏性则不同。随着近年来"独竹漂"的发展，有多种表演性的高难度动作被创造出来，"跳竿、换竿、飞燕凌空上竿、卧漂、俯卧撑、劈叉、竹漂舞、呼啦圈、金鸡独立、燕子探海、犀牛望月、正划、倒划、转身划"等动作技巧已增至十多个，使其观赏性逐渐增强，尤其是在端午节等节日和某些水上项目比赛的开幕式上，"独竹漂"表演成为一道亮丽的风景，吸引了众多的观众。近年来，"独竹漂"作为民间文艺表演形式在赤水、习水一带已成为常规，并且打造了部分精品剧目：如将"独竹漂"与少数民族婚礼习俗结合节目——"美轮美奂、水上婚礼"，将中华民族5000年龙图腾完整展现在水面上、有效地将"独竹漂"与龙文化结合的"借你两小时，还你五千年"等。从社会生态的角度来看，观赏性的增强是"独竹漂"基于社会需求的一种适应性改变，可以说，社会生态的改变促进了"独竹漂"观赏性的增强。

图2-6 "独竹漂"表演

图片来源：互联网。

图 2-7 "独竹漂"表演

图片来源：互联网。

四 "独竹漂"与族群

（一）当地居民乃"独竹漂"的创造者

人是文化的创造者，无论何种地区、何种民族、哪个历史时期，人在文化的起源和发展演变中都扮演着不可替代的角色。"独竹漂"及其前身"独木漂"，均是赤水河流域广大民众的集体智慧结晶，能够依据当时的自然生态、社会生态和人的主体需要，创造出符合当地实际情况的运木方式，是客观环境影响之下的主观选择。演变至后来的用当地盛产的楠木代替独木也是如此，当然，这一过程比较漫长。但无论"独竹漂"如何演变，当地居民作为创造者的角色是不容改变的，当地居民在日常生活中慢慢积累经验，具体到原材料的选择、器材的制作和技术技能的使用与传授等任何一个环节都是当地居民的主观选择；还包括近年来"独竹漂"从民俗项目向传统体育项目的转型，其中的每一个环节都离不开当地居民的作用。当地居民作为"独竹漂"的创造者，总是在不同的发展阶段赋予其符合时代特点的特质，从物质层面器材的演变到制度层面开展规则的规范化，再到价值层面的居民的认知和态度转变，无不是当地居民促成的。因此，"独竹漂"在发展过程中时刻没有脱离当地居民的作用，是当地居民实现了"独竹漂"从无到有的创造。

图 2-8 "独竹漂"习练者

图片来源：互联网。

(二) 当地居民是"独竹漂"的传承者

文化的产生是人创造的结果，而文化的延续和传承也离不开人。可以说，人是文化的创造主体，同样是文化的传承主体，只是此处的人是一个集合性的抽象概念，主要是指与某一文化有关的人，而人既包括了男女老幼，也包括了不同历史时期、在不同地区间流动的人。"独竹漂"这种特殊地域的民族传统文化事项，其传承人就是生活在赤水河流域等地，与"独竹漂"相关的人，既包括了此地居民的先祖，也包括现居于此地的居民，还包括将来生于斯长于斯的后辈。"独竹漂"作为一项典型的区域性少数民族传统体育项目，其历经千年而延续至今的整个过程，基本是通过代际传承这种模式流传至今的，祖辈教会父辈，父辈教给子辈，一代代传承了器材的制作技艺和水上滑行的动作与技巧。随着社会的不断发展，"独竹漂"近些年的转型在一定程度上拓宽了传承路径，打破了"祖→父→子→孙"这种传统的传承方式，为了进行展演而出现了集体教学、共同学习、集中培训等技能传授方式，相关的组织者和管理者也间接成了"独竹漂"的传承者。综上可见，无论哪种形式和方式的传承，其中最为核心的元素都是人，也就是当地的居民，而且当地居民在传承"独竹漂"的过程中有着文化认同、技能传统、认知容易等方面的先天优势，并且在"独竹漂"的演变、改革和创新中扮演着举足轻重的角色，使其传统得到一定的保存和流传，同时不断融入新的元素，以便在不断适应社会生态变化的过程中发展。因此而言，当地居民在"独竹漂"的传承过程中发挥了重要的作用，是当然的传承主体。

（三）当地居民是"独竹漂"发展的推动者

任何一种文化，其发展都会不同程度地受到所处自然生态、社会生态和文化生态的影响，都是在不断地调适中实现传统元素与新近元素的整合，在这种整合的过程中，文化的创造主体——人，所发挥的作用既特殊又不可替代。"独竹漂"也是如此，纵观其发展历程中的每一个阶段，不论是发展缓慢时期还是快速发展时期，都是当地居民及相关人员发挥了推动作用，过去如此，将来也是如此。从"独竹漂"的基本特征和主要功能来看，其所具有的"观赏性、娱乐性、技巧性、竞技性"等特征都是以"人"为依托而衍生出来的，而其所体现在"娱乐、健身、竞技、经济和教育"等方面的功能也是围绕"人"而拓展开发出来的。由此可以看出，"独竹漂"从起源到发展方式转变，从发展模式转型到功能开发与利用，其中的每一步都是以当地居民为主体的人所推动的。至于将来，"独竹漂"能否在"体育"和"非遗"的场域中获取更大的发展空间则不可预测，无论如何都是一种历史的选择，而这种选择也是赤水、习水流域居民为"独竹漂"所做出的。

第三章 四川省少数民族传统体育文化生态考察

四川省地处长江上游，位于中国西南腹地，简称"川"或"蜀"，被誉为"天府之国"，四川省为中国西部门户，辖21个市（州），183个县（市、区），是我国的资源大省、人口大省、经济大省，与重庆市、云南省、贵州省、青海省、甘肃省和西藏自治区等省市交界。四川地貌多样，以山地为主，具有山地、丘陵、平原和高原四种地貌类型，其东部为川东平行岭谷和川中丘陵，中部为成都平原，西部为川西高原，全省可分为四川盆地、川西高山高原区、川西北丘状高原山地区、川西南山地区、米仓山大巴山中山区五大部分。四川省地域广袤，东西长1075公里，南北宽921公里，东西地理跨度较大，气候的区域差异明显，东部冬暖、春旱、夏热、秋雨、多云雾、少日照、生长季长，西部则寒冷、冬长、基本无夏、日照充足、降水集中、干雨季分明。

四川省具有悠久的历史，地域文化特色鲜明，自然风光多姿多彩，有九寨沟、黄龙、都江堰、青城山、乐山大佛、峨眉山、三星堆、金沙遗址等多处世界知名的旅游景区。同时，四川省是多个民族世居的地区，境内分布着我国第二大藏区（甘孜州、阿坝州）、中国最大彝区（凉山州）和中国唯一羌族自治县（北川县），其中甘孜州是康藏文化的核心区。从文化总体情况来看，四川省具体分为巴文化区、蜀文化区、攀西文化区和川西高原文化区，是一个特色鲜明的文化分布区。

第一节 四川省少数民族简述

四川是一个多民族的聚居地,世居少数民族有14个,分别是"藏族、彝族、羌族、苗族、回族、傈僳族、蒙古族、满族、纳西族、土家族、白族、布依族、壮族和傣族"。四川省内有全国最大的彝族聚居区、全国唯一的羌族聚居区和全国第二大藏族聚居区,彝族是四川省境内少数民族人口数量最多的少数民族,主要聚居于凉山彝族自治州的大小凉山与安宁河流域(马边彝族自治县、峨边彝族自治县);四川省境内的阿坝藏族羌族自治州、甘孜藏族自治州及木里藏族自治县、北川羌族自治县是藏族、羌族的主要聚居区,羌族是我国历史最悠久的民族之一,主要居住在岷江上游的汶川、茂县、理县、黑水和松潘等地,另外一部分居住在绵阳市的北川。本研究从人口数量、是否世居、代表性等方面考虑,选取四川省的藏族、羌族和彝族作为考察对象,相关研究工作也围绕这3个民族展开。

一 藏族

四川境内的藏族主要分布在甘孜藏族自治州、阿坝藏族羌族自治州和凉山彝族自治州木里藏族自治县,人口总计142万多,占全国藏族总人口的四分之一。其中,甘孜藏族自治州(简称甘孜州),全州行政面积15.26万平方公里,辖康定、泸定、丹巴、九龙、雅江、道孚、炉霍、甘孜、新龙、德格、白玉、石渠、色达、理塘、巴塘、乡城、稻城、得荣18个县(市),325个乡(镇),2679个行政村;2014年,全州户籍人口为111.30万,境内有彝族、藏族、羌族等25个民族,藏族人口占95%以上。阿坝藏族羌族自治州是藏族和羌族集中聚居的市州,辖马尔康、金川、小金、阿坝、若尔盖、红原、壤塘、汶川、理县、茂县、松潘、九寨沟、黑水等13县、市,219个乡镇(镇51个,乡168个),1354个行政村。据2015年末统计,户籍总人口914106人,其中藏族占58.1%,羌族占18.6%,回族占3.2%,汉族占20.6%,其他民族占0.2%,是四川省第二大藏区和我国羌族的主要聚居区。

凉山彝族自治州木里藏族自治县位于四川省西南边缘，全境辖区面积为13246.38平方公里，境内有藏、彝、汉等22个民族，超过千人的民族有藏、彝、汉、蒙古、苗、纳西、布依七个；据2013年统计，藏族有45056人，占32.82%。四川藏区经济以畜牧业和农业为主，近年来旅游业也得到了较大的发展。四川藏族大多数节日与宗教相关，主要有"藏历年、转山会、燃灯节、萨噶达瓦节、雪顿节、花灯节和望果节"等。

二 羌族

羌族（古羌和现代羌族）是中国最古老的民族之一，自称"尔玛""尔麦""日玛""日麦"等，现居茂县南部的羌族自称"日麦"，北部赤不苏地区自称"日玛"，理县羌族则多自称"玛"。四川的羌族主要聚居于阿坝藏族羌族自治州的茂县、汶川、理县，北川羌族自治县，其余散居在阿坝州松潘、黑水、九寨沟等县。羌族聚居区处于青藏高原的东部山脉，地势陡峭，羌寨一般建在高半山，故而羌族被称为"云朵中的民族"。据中国民族文化网－羌族的数据，羌族现有人口32万左右。

羌族是信奉"万物有灵"的多神教，崇拜的神有30种，大致可分为自然界诸神、家神、劳动工艺之神和寨神及地方神四类。羌族重视祭祀，且祭祀礼仪名目繁多，"祭山会"是一年中最隆重，规模最大，礼仪最为完整的祭祀活动。羌族建筑以碉楼、石砌房、索桥、栈道和水利筑堰等最为著名，羌语称碉楼为"邓笼"。碉楼有四角、六角、八角等形式，有的高达十三四层。建筑材料是石片和黄泥土，以石片砌成。羌族人能歌善舞，音乐舞蹈风格独特，主要有自娱性舞蹈、祭祀性舞蹈、礼仪性舞蹈、集合性舞蹈几大类。羌族的节日较多，其中羌历年是最为隆重的节日，每年农历十月初一举行，一般5—10天。此外还有祭山会、妇女节（传歌节）、传统祭天会、羌族端午节、春节、三月三、七月七、山王会、川主会等传统节日。

三 彝族

彝族是我国第六大少数民族，分布在云南、四川、贵州等省市，主要聚居于楚雄、红河、凉山、毕节、六盘水和安顺等地，其中，四川省西南部的凉山彝族自治州是全国最大的彝族聚居区。凉山州辖西昌市、普格、昭觉、美姑、越西、木里藏族自治县等 17 个县（市），据 2010 年第六次全国人口普查统计，全州人口为 4532809 人，彝族人口为 2226755 人，占 49.13%。

中华人民共和国成立前，彝族支系繁多，几千年前，有"武、乍、糯、恒、布、慕"六个分支，后来分别迁徙到云南、四川、贵州等地，目前较大的几个支系是："阿细、撒尼、阿哲、罗婆、土苏、诺苏、聂苏、改苏、车苏、阿罗、阿扎、阿武、撒马、腊鲁、腊米、腊罗、里泼、葛泼、纳若等。"①彝族有许多不同的他称和自称，主要的他称有"夷、黑彝、白彝、红彝、甘彝、花腰、密岔"等；不同地区的自称也有所不同，云南昭通、武定、禄劝、弥勒、石屏，四川大、小凉山的彝族自称"诺苏、纳苏、聂苏"，云南哀牢山、无量山及开远、文山、马关一带的彝族自称"密撒（泼）、腊苏（泼）、濮拉泼、尼濮"等，贵州的彝族自称"糯苏、纳、诺、聂"等。中华人民共和国成立后，经过民族识别，以"彝"作为统一的民族名称。

彝族创造了自己的语言文字，彝语分北部、东部、南部、东南部、西部和中部六大方言。彝族音乐舞蹈艺术种类繁多，风格各异。彝族有许多传统的民族节日，按其传统的社会功用，彝族传统的节日可分"祭祀性节日、庆贺性节日、纪念性节日、社交性节日、农事性节日"五大类。有"火把节、彝历年、密枝节、插花节、赛装节"等传统节日，其中火把节最为盛行和隆重。在彝族社会中普遍存在着本民族的祭司——"毕摩"和实施巫术的巫师"苏尼"，"毕摩和苏尼是信仰活动中心人物，毕摩通晓彝族文字，是彝族知识分子、经史学者，又是彝族文化的代表者、传承者"②。

第二节　四川省少数民族传统体育的挖掘与整理

四川省是一个多民族共居的地区，有藏族、羌族、彝族、苗族、回族等十余个世居民族，分布着我国唯一的羌族聚居区、最大的彝族聚居区和全国

---

① 彝族人网（http://www.yizuren.com/survey/gyyz/32226.html#a10）。
② 同上。

第二大藏族聚居区。从人口数量上而言，彝族、藏族和羌族是前三位的民族，出于世居、代表性和人口数量考虑，选择此三个民族作为研究对象，相关内容的呈现也基于此展开。

四川省的彝族、藏族和羌族都创造出了具有民族特点、地方特色、风格各异的传统体育活动，其中既包括藏族独有的赛牦牛、大象拔河、响箭，也包括具有彝族特色的赛马、斗牛，还包括羌族特色的推杆、抱蛋、跳莎朗等，具体（见表3-1）。

表3-1　　　　　　　　四川省常见少数民族传统体育一览

民族	传统体育活动
藏族	赛马、格吞、射箭、摔跤、登山、赛牦牛、射击、跳绳、乘马点火枪、大象拔河、响箭、抱石头、下藏棋、放风筝、跳锅庄、角力、投掷、拔河等
羌族	推杆、顶杠、斗鸡、羌族摔跤、扭棍子、掰手劲、提石墩、羊皮舞、跳莎朗、铠（盔）甲舞、耍狮灯、舞龙灯、跳麻龙、牦牛愿、哈日、巴戎、抱蛋、丢窝窝、秋格拉萨、秋千、甩皮封、射击、明火枪打靶、抓石子、骑射、爬天杆、溜索、拍球、打板儿、开宝、牛耳、翻杠子、柄下翻身、羌族武术、气功、羌族特技等
彝族	赛马、斗牛、摔跤、斗牛勇士、顶牛、甩套石、拔树根、掰手劲、扳木棒、倒立、翻背、打秋千、爬杆、荡绳、劈圆根、射箭、赛枪法、投石打靶、竹枪、水枪、跑山赛、跛子赛跑、跳高竹、跳人、跳远、跳沟、弹石球、弹鸡毛球、打松球、蹲斗、跳火绳、打陀螺、抢羊、抢羊仔游行、斗鸡、打火把仗、彝族达体舞等

资料来源：王昌富：《凉山彝族礼俗》，四川民族出版社1994年版。

一　藏族代表性传统体育概览

（一）赛马

赛马，藏语称"达久"，是康定县民间最为古老、最为流行的娱乐方式，也是最具影响力的传统体育活动，集军事、民俗、宗教、生活、娱乐、文化于一体，是藏族人民物质文化、精神文化的真实写照，是藏族传统体育的重要组成部分。马在康定县藏族人民的生产、生活中扮演重要角色，放牧、交通、运输、宗教祭祀等社会活动都离不开马。藏族人民通过赛马活动，可以增强体质，强身祛病，培养勇猛顽强的意志，丰富文化生活。所以，赛马竞技活动时常开展，每年7月上旬在四川阿坝举行的"草原赛马会"，每年农历五月十三日举行的"康定跑马山赛马大会"等，都是传统的赛马大会，也可以说成是马的节日。赛马，一是比马的健壮、速度、耐力；二是比马的骨骼清奇、步伐平稳；三是比骑手的骑技。比赛的场地简单，山坡、场院、沙滩、草地等都可作为表演和比赛场地。比赛的方式多样，主要有：速度赛马、小跑赛马、马上拾哈达、快马折腰、迅跑中拔旗、挥刀斩旗杆、马上打靶射击等。

（二）押加

押加又称"大象拔河"和"藏式拔河"，藏语叫作"浪波聂孜"，在四川藏区，又被称作"格吞"①，在不同地区称谓不同，是藏族民间一项传统的较力型竞技运动。押加不仅是藏族节日庆典的重要项目之一，也是藏民们茶余饭后、农牧闲暇时，在牧场上、在田间的主要游戏内容和力量宣泄方式，体现了藏区特殊的自然环境和独特的民族风俗习惯，以及藏民朴实、乐观、真诚、勇敢的生活态度。押加作为表演项目参加了前五届全国民族运动会，在1999年第六届全国民族运动会上被正式确定为竞赛项目。押加的活动形式有大象拔河、颈力比赛、腰力比赛和手力比赛等，比赛方式可采用面对面、背对背、站式、跪式、卧式等多种方法。

（三）赛牦牛

赛牦牛是藏族民间一项充满竞技性和娱乐性的传统体育项目，是藏族人民在生产、生活过程中，为了增强体质、获得技能、丰富闲暇生活而产生的一种特殊文化形态。通常在藏族望果节（秋收前）和响浪节（农历六月中旬）进行。比赛往往是由一个部落或地区发起，邀请邻近部落参加，受到邀

---

① "格吞"，甘孜州对"押甲"的称呼，比赛主要就有以下三种方式：（1）"也吞"，即仰身拔河。两人相对而立，绳带套在脖子后面；得令后，两人奋力仰脖后退，以将标记拉到自己一侧者为胜。（2）"抵脚格吞"，两人面对面席地而坐，双脚伸直相抵，绳带套于脖子后面；得令后，以颈部发力，奋力后拉，将对方身体拉离地面者为胜。（3）"背向格吞"，两人背向四肢着地，绳带经腋、胯下，套于脖子后面，将对方拉过标记线者为胜。

请的部落都会精心准备。也有闻讯来参加的参赛者。比赛方式是：由经验丰富的牧民驾驭精心洗刷和装扮一新的牦牛疾奔2000米，以时间来计算名次。比赛形式分：预赛、决赛。从预赛中选拔出参加决赛的骑手和牦牛都不能更换，否则比赛成绩无效或取消比赛资格。决赛中获胜的选手和牦牛都将被观众热情相待，并获得奖励。参赛的选手亦可获得纪念品，无一空手而归。此外，在平时劳动之余或喜庆佳节，三两个牧人也会聚在一起，以牧场为赛场，以乘牛为赛牛，即兴而赛，驾驭牦牛疾驰一定米数，以先到者为胜，获胜者获得观众的祝贺和酒肉奖励。比赛中性情暴躁的牦牛往往"不守规矩"，给节庆活动添加了许多欢乐。所以，人们常说："赛马看技巧，赛牛看笑话。"实际上，不少藏区的牦牛比赛，正是为了娱乐。

（四）藏式摔跤

藏式摔跤，藏语称为"北嘎""加哲"或"有日"，康定地区藏人叫"写泽"。藏式摔跤是藏族民间一项历史悠久的竞技体育运动，是藏族人民风俗习惯、宗教信仰、军事斗争、生产劳动、爱情婚姻、精神面貌等民族文化的重要体现。藏式摔跤在藏族地区十分流行，每年的国庆节、藏历新年等大型节日，当地的体育行政部门都会领导各地举行大型的摔跤比赛；藏族人民，在酥油花灯节、雪顿节和望果节等节日上，在集会或丰收后的庆祝活动上也都会进行摔跤比赛；甚至在日常劳动闲暇之余摔跤比赛也随处可见，儿童更是以摔跤为日常功课。此外，在各大藏传佛教寺院的祭祀仪式或宗教大会上，摔跤也是其中一项重要的内容。如在每年的元旦、正月十五的释迦牟尼降生节、正月二十三的魔难木大会、七月的说法会等，甘孜州的德格寺、阿坝的纳木寺、拉卜楞寺等寺院都要举行盛会，当地寺院喇嘛培养的专业摔跤选手这时都会登场进行摔跤比赛。四川平武地区的白马藏人在正月十五日至十七日进行的"驱鬼"仪式和一年一度的"禁火节"中，也都要进行大规模的摔跤比赛。藏族摔跤的规则简单，两人必须先抓着对方的腰或腰带，采用抛、甩、绊、勾等技术将对方摔倒，膝关节以上着地者即为负。比赛方法有："三摔定胜负"的单淘汰制、双淘汰制、团体赛、大小循环赛、三人轮赛等。

二　羌族代表性传统体育概览

羌族在日常生产生活中不断积累、创造了大量独具民族风情的传统体育活动,兼具竞技性、表演性、娱乐性、观赏性和健身性,表现出羌族文化的灿烂和悠久。在考察黑虎羌寨、萝卜羌寨、桃坪羌寨等特色羌族聚居点的过程中进行了相关情况的记录和图像、资料的收集,并进行了分类整理(见表3-2),同时,将能够充分体现羌族传统文化特色的典型传统体育活动做简要叙述。

表3-2　　　　　　　　　四川羌族传统体育活动一览

类别	活动名称
竞力类	推杆、顶杠、斗鸡、羌族摔跤、扭棍子、掰手劲、提石磴
舞蹈类	羊皮鼓舞、跳莎朗、铠(盔)甲舞、耍狮灯、舞龙灯、跳麻龙、牦牛愿、哈日、巴戎
竞技类	抱蛋、丢窝窝、秋格拉萨、秋千、甩皮封、射击、明火枪打靶、抓石子、骑射、爬天杆、溜索、拍球、打板儿、开宝、牛耳、翻杠子、柄下翻身
武术类	羌族武术、气功、羌族特技
其他	拳下翻身、仰卧抱杆起、五马跑四角、梭杠、开当铺、跳船、犟筋、叼鸡、逗瓜、金骨牌、举石(耍石磴)、呹牛牛、踢毽、翻五抬三、跳格(跳屋)、跷经跷蛋(跷跷板)、跳绳(葛藤)、抛鱼、跳拱(山羊)、麻尾、跳背篓、罗子棋、筛糠、飘石、点痘、抹金、定钉、埋桩、斗牛、拉下马、裤裆棋、五马飞、扎水马、闯箭水、踩假水、抽丁

(一) 推杆

"推杆",羌语称为"无勒泽泽",是羌族地区流行的最具特色的一项活动,分为"推杆"和"顶杆"两种,其中,"推杆"分为"双人推杆"和"多人推杆"等形式,1985年首次参加全国民族体育运动会表演,2008年,作为羌族典型的传统体育活动参加了北京奥运会开幕式的表演。如今已成为一项较为成熟的体育活动,被列为两年一度的州民族运动会的传统比赛项目。[①]

(二) 羊皮鼓舞

羊皮鼓舞,羌语也称为"莫恩纳莎、莫尔达沙、跳经",是羌族祭祀活动中

---

① 王洪珅、霍红:《羌族传统体育挖掘研究》,《体育文化导刊》2010年第8期。

主要的舞蹈形式，最初是由"释比"在法事活动中跳，是羌族"释比"文化的重要载体之一，也是羌族居民的生活状况、宗教信仰和内心世界的生动的反映，羌族文化特色鲜明。按照羌族习俗，一般在每年二月的还愿、四月的祭山会、十月初一的羌历年和请神、送神、祛病去灾等宗教活动和人生病或死后举行葬礼时跳羊皮鼓舞，有独舞、双人舞、集体舞三种。2006年12月，"羌族羊皮鼓舞"被列为第一批四川省非物质文化遗产名录，于2009年8月被列为国家级非物质文化遗产，确定朱金龙为代表性传承人。

（三）跳莎朗

"跳莎朗"，源于古羌舞，现为四川省省级非物质文化遗产，有苏成秀、王川两位省级代表性传承人。"跳莎朗"分为礼仪舞蹈、集会舞蹈、祭祀舞蹈、自娱型舞蹈四类。"跳莎朗"的脚步动作有顿、踢、跳、提等，手部动作只有提起放下和前后摆动，队形基本呈圆圈状，有封口与不封口、男女分段站位和间隔站位的区别。羌族凡事都可以"跳莎朗"，喜庆"莎朗"在节日、婚礼上跳；忧事"莎朗"是送葬时在火葬场边跳，以慰藉亡灵。[①]

三 彝族代表性传统体育概览

（一）赛马

赛马，彝语称"木子"，是伴随着彝族民众生产、生活实践而发展起来的一项赛马力、跑速和赛骑技、姿势、技巧等的综合性竞技体育项目。彝族赛马不分时间季节，集会、祭祀活动、婚丧、节日庆典、亲友相聚时经常开展非正式的比赛活动，赛马一般在坝子上的平地举行。像火把节等比较隆重的大型赛马活动则要在正规的圆形赛马跑道上进行。正式比赛活动则多在火把节盛会和隆重的葬礼仪式上举行。正规的赛马跑道，彝语叫"觉呷"[②]。

[①] 徐学书：《嘉绒藏族"锅庄"与羌族"锅庄"关系初探》，《西藏艺术研究》1994年第3期。
[②] "觉呷"，一般设在各自房前屋后的圆形小山包上，先用锄头绕着山腰开一条便道，并将两头路连接起来形成一个大圆圈，然后将马匹用绳牵着绕道行走数圈，让马熟悉便道并会主动绕道而行时，便飞身上马，策马扬鞭，绕着山包飞驰。比赛形式，一般分为若干组进行淘汰赛。"木子"，分为鞭西（伟）、都西（国）和马术表演。鞭西追求"伟"，即"快"字，比赛时要求的跑道上，跑得最快者获胜。都西追求"国"即"匀"字，比赛时，在装饰美观的前提下，要求马四蹄交叉平步、快而匀速，平而稳，姿态姿势优美，人马配合默契者为佳。马术表演，追求一个"灵"字，要求有规范的拟人化表演动作，有作秀作美的姿态。

（二）摔跤

摔跤，彝语称为"杏格"，是彝族人民在长期的生产生活中形成的一项典型的人与人之间力量、技巧抗衡的竞技体育项目。"杏格"也是彝族年轻人之间进行思想交流、情感沟通的重要形式。特别是在火把节、春节和彝年期间，摔跤是必不可少的内容，可以说，摔跤是彝族传统体育运动中最重要、最普遍的体育活动。目前，彝族摔跤已成为国家民族运动会指定的中国少数民族传统体育运动会项目。2013年，彝族摔跤"杏格"技艺被列入凉山州第四批州级非物质文化遗产名录。2017年12月28日，李有贵入选第五批国家级非物质文化遗产代表性项目（彝族摔跤）代表性传承人推荐名单。四川凉山美姑县彝区更是享有"摔跤之乡"的美名。凉山彝族的摔跤法多种多样，归纳起来有：一是"缅依"，意为"抱摔"法；二是"我尔"，意为胸摔法；三是"堵刚"，意为"抱腰摔法"。但不论何种摔法，都不能使用绊脚或用脚缠绕对方的脚而使之倒地，不能抓扯对方衣裤；不能用力将对方推倒在地或从上往下压倒对方等。比赛一般采用三赛两胜制，以被摔在地下或先倒地者为输，同时并列倒地为平，败者退下，换另外运动员上场。胜者直至无人与其较量，将被誉为"大力士"，并奖红布数丈。

（三）斗牛

斗牛，凉山彝语"牛顶"，是凉山彝族民间最喜爱的，集竞技性、娱乐性和观赏性于一体的一项传统体育运动。彝族的斗牛，给彝族人民带来了诸多欢乐，丰富了彝族人民的精神文化生活，激发了彝族人民昂扬向上、不畏强暴、坚韧不拔的意志，是彝族人民质朴善良、对牛的尊重和敢于追求、创造美好生活的民族精神的重要体现，更是彝族传统的生活习俗与宗教信仰结合的产物。彝族每年农历六月二十四的火把节、农历十月的彝族年或遇重要喜庆活动和农闲时节便会以村或乡为单位举行斗牛比赛。每年农历六月初一，更是彝族专门的斗牛节，届时热闹非凡，观者云集。彝族的斗牛是牛与牛之间的角斗，人不参与其中，是欣赏者。参赛的牛必须是公牛，牛的犄角不能太长、太锋利，牛按体重分成若干级别，比赛在同级别间进行。比赛场地是：四周为山岳，中间有一宽敞的圆形或椭圆形的草坝上。开赛前，由彝族大毕摩率毕摩队伍，踏着巫步举行祭畜神仪式。祭毕，把按抽签决出的两头参赛牛牵入比赛场内，进行顶力和耐力较量，直至一方体力不支夺路而逃。最后，以淘汰的方式决出"冠军"。获胜的牛披红挂彩，由主人牵着绕场一周，接受场上观众的热烈祝贺。

第三节　四川省彝族"赛马"文化生态考察与分析

"赛马"是一项源于彝族日常生产生活的传统体育活动，倍受彝族同胞喜爱，具有良好的群众基础，且具有久远的"养马、用马和赛马"历史。"赛马"在四川彝族聚居区已经成为一项民族节日中不可或缺的活动，一年一度的"火把节"[①]使"赛马"成为一项承载民族传统文化的代表性活动。通过"赛马"这项传统体育活动，可以更好地了解四川彝族传统体育文化生态的基本样貌。

考察点：凉山彝族自治州布拖县

选取缘由："火把节"是四川凉山彝族自治州彝族众多传统节日中规模最大、内容最丰富、场面最壮观、参与人数最多、民族特色最为浓郁的盛大节日，而布拖[②]彝族阿都的聚居县，是彝族火把节的发源地，素有"中国彝族火把节之乡、中国彝族火把文化之乡、火把节的圣地"等美称。而在"火把节"这一具有千百年历史的重大节日开展的过程中，"赛马"是其中最受欢迎的活动之一。彝族赛马源于该民族居民日常生活中的"爱马"情结，可以说，马在凉山彝族居民生产生活中具有不可替代的重要作用，通过"赛马"，可以窥见彝族传统体育文化生态的基本样貌，还可以了解彝族传统体育与彝族历史、文化、生产、生活的关系。选取"火把节之乡"——布拖县来考察节日中的

[①] 凉山彝族火把节是中国首批公布的非物质文化遗产之一，是中国十大民俗节日和四川十大名节，已被联合国教科文组织列入"2010年世界非物质文化遗产审批项目"。火把节保留着彝族起源发展的古老信息，具有重要的历史和科学价值；火把节是彝族传统文化中最具有标志性的象征符号之一，也是彝族传统音乐、舞蹈、饮食、服饰、天文等文化要素的载体。

[②] 布拖，又称吉拉补特，是彝语"补特"的音译，"补"指刺猬，"特"指松树，意思是"有刺猬和松树的地方"。

赛马，可以在很大程度上了解传统性保持最好的节日文化和赛马文化。

考察时间：2016年7月。

考察人员：王洪坤等。

凉山彝族赛马①，是一项伴随彝族历史发展演变和文化传承延续的传统体育活动，该项目与彝族最盛大的民族节日——"火把节"相融相生，逐渐成为彰显彝族民族文化、节日文化、民俗文化的"名片"。位于四川省西南部川滇交界处的凉山彝族自治州，是我国最大的彝族聚居区，地域面积约6万平方公里。凉山州彝族居民在长期的发展演变过程中，创造了丰富多彩的民族文化，其中最具代表性的是节日文化，每年的农历六月二十四日，凉山州彝族居民都会定期举办"火把节"，"火把节"庆祝共三天：第一天为"祭火"，第二天为"传火"，第三天为"送火"。该节日在历史文献中有"以火色占农""持火照田以祈年""携照田塍，云可避虫"等含意。节日期间开展声势浩大的选美活动以及服饰、赛马、摔跤和射箭比赛，并在夜晚点燃火把游行，以此纪念和欢度民族节日。其中，赛马是诸多活动中最具观赏性、最为激烈、最具吸引力的比赛，赛马即是竞赛马力和跑速，同时也是骑技、姿势、技巧等的综合竞技。近年来，赛马活动进一步规范，根据竞赛方式不同可分为"竞速赛""追逐赛"两种形式："竞速赛"是在不犯规的前提下率先跑完规定距离者为优胜；"追逐赛"则是在直径50米左右的圆形跑道上，参赛选手分别从事先设定的点起跑，直到其中一方追上另一方为比赛结束。上述两种比赛方式分别在不同的地区采用，竞速是常用的竞赛方式，追逐赛通常在拖觉镇的民间古老赛马场采用（见图3-1）。

---

① 凉山彝族赛马内容别具一格，不仅要赛马力、赛跑速，而且还要赛骑术、赛姿势、赛智慧等，因而竞争相当激烈。比赛时，一般两匹马为一组，分甲乙双方比赛，马多则分为若干组，进行淘汰赛。赛马的方法有两种：一是赛跑速，以最先到达终点者为胜。此种赛法称为"大踪"赛。赛前两匹马齐站于同一起跑线上，闻令举蹄，像箭一般冲出，骑手倾俯马背，手持缰绳，轻轻抖动，不断为马鼓劲，马得到主人的鼓励暗示后，更加扬蹄奔驰直取终点。比赛方法无特殊规定，不论何种骑术，第一个到达终点者为胜。二是赛小踪，这是凉山彝族最为传统的赛法，被称为真正的彝人赛马。它主要是赛骑术、姿势和基本功，难度较大，因而骑手的骑术不达到一定水平者不能取胜。比赛要求骏马起跑时不能扬蹄狂奔，而是用碎步有节奏地缓缓前行，观者只见马蹄频频翻飞而不见马身有大幅度摆动，使骑手稳坐马背而不受颠簸，其跑速则保持在一定的水准上，被视为高水平、高层次的比赛法，故在此项目中获胜者倍受敬重。

图 3 – 1　布拖县拖觉镇火把节赛马场 – 1（课题组摄于拖觉）

图 3 – 2　布拖县拖觉镇火把节赛马场 – 2

图片来源：黄雪梅：《生产生活方式变迁与少数民族传统体育传承研究》，硕士学位论文，西南大学，2016 年。

一　"赛马"与自然环境

（一）凉山州特殊的山地环境孕育了品种优良的"建昌马"

凉山彝族自治州位于四川省西南部，自然生态环境多样，以山地为主的地理环境在很大程度上影响着当地居民的生产生活方式，因地理环境复杂多变，气候垂直、水平差异比较明显，当地的农作物种植是主要的生产方式；同时，这种气候和地理环境为发展畜牧养殖提供了便利条件，牛、养、马等家畜成为凉山彝族聚居区重要的生产方式之一。为了便于在山地环境中运输农作物，当地居民在长期的生产生活过程中养成了养马和用马的习惯，马成为彝族居民重要的生产工具。在山地环境这种特殊的生态环境之中，当地彝族居民在长期的生产生活中对于马匹进行了认真的拣选，经过自然环境的长期影响和人为培育,"建昌马"这种耐力好、身体灵巧、适应性强的优良马种就被培育出来,成为凉山彝族地区普遍使用的马种。同理,"建昌马"这种特别能适应山地生态环境的马匹,就理所当然地成为彝族赛马的首选马匹。由此可见,凉山彝族赛马的马匹,是一种自然生态适应的结果。

(二)山地种植业为"彝族赛马"的产生创造了条件

凉山州内各地都明显呈现出立体气候,种植业比较发达,所辖 17 个县市都具有代表性的农作物。地处凉山州北部的甘洛县、越西县、喜德县农作物以玉米、高粱和荞麦为主;东部的金阳县、美姑县、布拖县和雷波县以种植荞麦、土豆、苹果为主;西部的冕宁县主要种植玉米、水稻;南部的会理县、会东县则主要种植水稻、甘蔗、烟叶和石榴。各种类型的农作物种植,山地环境不便使用现代化的耕作和运输工具,马匹成为驮运农作物的首选。由此可见,凉山州较为发达的山地种植业,在很大程度上为马匹作为驮运工具的使用创造了条件,使马匹成为每家每户都拥有的劳作工具;马匹的普及养殖和使用,为"赛马"活动的产生提供了可能和先决条件。不得不说,"彝族赛马"的产生、开展和发展是以山地种植这种农耕文化为背景和基础的。

图 3-3 凉山彝族作为运输工具的马匹

图片来源:黄雪梅:《生产生活方式变迁与少数民族传统体育传承研究》,硕士学位论文,西南大学,2016 年。

二 "赛马"与社会环境

(一)"彝族赛马"与彝族居民的爱马民俗关联绵密

但凡一项传统体育活动,其起源、演变、发展都与该民族的民俗关联绵密。民俗是"一个国家或民族中广大民众所创造、享用和传承的生活文化"[①]。不同类型的民俗,根植于人类社会的生活需要,在不同的地域、民族和时代背景中形成、传散和演变,逐步成为一种规范和制度,使人们的行为方式、语言及心理得到规范,即所谓"习俗移人,贤智者不免"。"彝族赛马"是彝族的一项民俗活动,与彝族居民的爱马习俗关联绵密。自古以来,凉山的彝族人就爱马如命、爱马如痴,不论家贫家富,都有养马之习,有俗语云:"一个人只值一匹骏马。"可见马匹之于彝族人的重要性。凉山地区原属宁远府,据民国《宁属调查报告汇编》记载:"宁属之马约有15万匹,每年外销6—7千匹,出入宁属均以马锅头(赶马帮的人)是赖,入市交易无不乘马,民家可无一牛,但必有一马……"此外,彝族人从小就在养马、用马的过程中学会了骑马,好骑技会令人艳羡,在大规模的比赛中取得好成绩,会备受敬重。此外,彝族人培育出"建昌马"这种良种马,并将跑马分为"骏马、跑马、骑马、驮马"等类型,以及总结形成了彝族独特的"相马"理论和方法,彝族对于马匹的热爱可见一斑。爱马这种民俗,会在一定程度上形成一种影响彝族居民行为方式的力量,产生心理层面的趋同,进而成为一种具有同化力的民族文化,使根植其中的各种活动拥有持续发展的动力。

(二)发达的畜牧业推动了"彝族赛马"的发展

凉山州地理位置特殊,自然环境也具有特殊性,山地环境不仅催生了较为发达的种植业,也孕育了发达的畜牧业。在凉山州,牛、马、驴、骡、羊、猪、鸡、鸭、鹅等畜类都有养殖,据有关资料显示:"2013年全州实现畜牧业产值154.3亿元,占农业总产值的比重达39.8%,人均肉类占有量94.16千克,目前,建成种畜禽场(站)30个,猪人工授精站64个,牛人工授精站

---

① 百度知道 (https://zhidao.baidu.com/question/2206238362500026068.html)。

图 3-4 凉山彝族儿童骑马代步

图片来源：黄雪梅：《生产生活方式变迁与少数民族传统体育传承研究》，硕士学位论文，西南大学，2016年。

106个，家禽良种面达到88.0%，全州年销售收入过百万元的畜牧企业达43家，带动农户9.62万户，畜牧专业合作组织162个，带动农户9.64万户；2013年，全州猪、牛、羊、蛋鸡和肉鸡适度规模养殖场（户）已达44 349家"[1]。2015年8月，凉山州政府出台了《凉山州人民政府关于深化现代畜牧业发展的实施意见》，为凉山州畜牧业的发展指明了方向，同时提供了制度性保障。通过以上数据可以看出，凉山州畜牧业已经逐步实现了从传统养殖到现代养殖的过渡，发达的畜牧业为马的养殖和培育提供了良好环境。养马，一方面为了方便日常生产生活，另一方面可以通过买卖产生经济效益。由此可见，包括养马在内的畜牧业，在凉山州已经成为重要的经济来源，畜牧业在某种程度上为"彝族赛马"的开展提供了良好环境，在畜牧文化发达的环境之下，当地彝族居民会更加重视马匹的养殖和培育，关于养马、用马、驯马、相马的知识经验也会不断积累并流传，从而为"赛马"的发展提供良好的环境保障和良好的马匹保障。

---

[1] 付茂忠等：《凉山州现代畜牧业发展探讨》，《四川畜牧兽医杂志》2014年第12期。

第三章 四川省少数民族传统体育文化生态考察

（三）"火把节"与"彝族赛马"双向成就

与其他民族传统体育项目类似，"彝族赛马"的开展时间集中在一年一度的"火把节"上。众所周知，彝族先民认为火是生命的起点，火也是生命的终结，因此崇尚火，彝族也被称为"火的民族、火的子孙"。彝族"火把节"是彝族重大祭祀性节传统节日，自汉唐起，已沿袭1000多年，一般于每年农历六月二十四日举行，历时三天，节日期间开展的传统项目有"斗牛、赛马、斗羊、摔跤、斗鸡、爬杆、抢羊、射击、赛歌、选美、赛衣、老鹰捉小鸡、跳'朵乐荷'舞、耍火把、打情火等"。"火把节"民俗在凉山州的布拖、普格保持得最完整、最具特色，是火把节的中心，被誉为"火把之乡"。随着时代的发展，古老的"火把节"不断融入现代化元素，开始与国际接轨，三年一届的"凉山国际火把节"逐渐称为一个对外开放、促进经贸交流的重要平台。从"火把节"和"彝族赛马"的关系来看，两者是相互成就的，一方面，"火把节"为包括"彝族赛马"在内的传统民俗活动提供了开展的时间和空间，同时提供了一个展示赛马活动风采的平台，通过盛大的"火把节"，赛马活动才能更加引起彝族居民的重视，从而激发人们积极而又持久的参与；另一方面，"彝族赛马"在一定程度上丰富了"火把节"的活动内容，竞争激烈的赛马活动不仅吸引了数量众多的参与者，也吸引了大量当地及全国各地的观众，通过赛马活动，"火把节"更加具有吸引力和影响力。因此而言，"火把节"与"彝族赛马"两者是一种双向互动、相互促进的关系。

（四）不断发展的旅游业间接促进了"彝族赛马"的发展

早年以来，凉山彝族"火把节"是一项以民间自发组织为主的活动，包括赛马在内的各种活动都在一定的小区域内进行。随着交通状况的不断改善，旅游业在近年来得以快速发展，凉山丰富的旅游资源得到开发利用，泸沽湖、雷波马湖风景区、西昌古城、邛海大风顶自然保护区、螺髻山、会理古城等旅游景点的游客量逐年增加，加之西昌作为通往云南和东南亚的"南方丝绸之路"的重镇这一独特的地理位置，以及西昌冬无严寒、夏无酷暑、四季如春的气候条件，旅游业得到长足发展。据数据显示，2017年凉山州共接待游客4366.8万人次，同比增长6%，实现旅游收入362亿元，同比增长19%。此外，"火把节"在旅游业勃兴的背景下被打造成为一个凉山的地方文化名片，政府的重视和支持使这一民族节日逐渐与国际接轨，近几年的"火把节"以独特的彝族文化和民风民俗为主题，吸引了大量的外国友人前来观光。可以看出，旅游业的发展在很大程度上扩大了"火把节"的影响力，而借此节日平台，"彝族赛马、斗牛、摔跤"等民俗活动都被更多的人所熟悉，其发展空间也因"火把节"影响力的提高而得到进一步扩展。

三 "赛马"的自身特质

（一）历史悠久

"彝族赛马"具有悠久的历史，主要从赛马活动和"建昌马"的历史记载得以体现。关于"彝族赛马"活动的历史记载，成书于康熙三年（1664年）至雍正七年（1729年）间的《西南彝志》[①]中就有关于跑马活动的记载："骑士到来，如天上流星。戴斗笠的汉，着披毡的彝，云集看跑马，大家都夸奖，彝给汉增荣，汉与彝助威"。由此记载可见，"彝族赛马"活动至今已有近400年的历史了。此外，关于"建昌马"早在汉代就有记载，《史记》："巴蜀民或窃出商贾，取其筰马、僰僮、髦牛，以此巴蜀殷富。""筰"当时指凉山东北部的甘洛、汉源一带；"筰马"是汉代对"建昌马"的别称。另据唐代《蛮书》记载："乌蛮，……邑落相望，牛马被于野。""土多牛马，无布帛，男女悉披牛羊皮。"由此可见彝族养马、赛马历史的久远。

（二）参与者众

"彝族赛马"是一项深受凉山彝族居民喜爱的活动项目，由于绝大多数彝族居民家庭养马，因此直接参与赛马的选手众多。在凉山彝族"火把节"开始之前，往往需要逐级开展村、乡、片区、县级的选拔淘汰赛，最终晋级县级比赛的马匹和选手都是各片区的优胜者。随着近年来"火把节"影响力的不断增强，加之政府对于各种活动的支持和奖励力度的不断增大，赛马活动的吸引力也不断增大，参赛选手越来越多，普格县、布拖县的"火把节"上，参加比赛的赛

[①] 《西南彝志》：其编纂者传说是贵州古代水西地区阿哲土司辖区内，热卧土目家的一位"摩史"（司宣诵及外交事务的官员），人称"热卧摩史"，据考证，他的名字叫"益果那埃拔"。从《西南彝志》的内容来分析，这部史书成书在康熙三年（1664年）吴三桂剿水西之后至雍正七年（1729年）黔西北地区全部改土归流之前。

马数量超过千匹。以上是赛马活动的直接参与者，在各地区不同期举行的"火把节"赛马活动中，往往会聚集成千上万的当地居民前往观看比赛，"赛马"活动的观众，其实是作为间接参与者参与了赛马活动。如此算来，从各村直到县的直接参与者，还有各级选拔赛中的间接参与者，其数量之众可谓难以计算。

（三）观赏性强

"彝族赛马"跟大多数赛马活动一样，是以竞速为主的活动，骑马跑完规定距离用时最短的参赛选手为优胜。比赛过程中，既能看到骑术高超的选手夺取优胜时的欢欣雀跃，也可以看到"人仰马翻"的遗憾与失意退出；体型优美、体格健硕的马匹在赛道上扬蹄飞奔时的场景本身就是一种壮美，比赛过程的跌宕起伏和最终结果的不确定性为这项古老的活动增添了无限魅力。总之，在赛马的整个过程中，观众可以欣赏到不同类型马匹的体型美，可以感受到比赛现场激烈的紧张气氛，可以欣赏到策马扬鞭时风一般的速度，可以惊叹于骑手精湛的骑马技艺，可以在观看比赛的过程中获得一种美妙的体验。因此而言，"彝族赛马"是一项具有较强观赏性的比赛活动，也正是由于这一特点，每年举行的赛马活动都会吸引成千上万的观众前来观赛。

图 3-5 彝族赛马

图片来源：课题组摄于凉山州。

图 3-6　彝族赛马

图片来源：课题组摄于凉山州。

（四）竞技性强

竞技性是所有体育比赛项目的基本特征，"彝族赛马"的整个比赛过程中，竞技性也得到突出的表现。首先，"彝族赛马"比拼的是骑手的骑技，精湛的骑技需要赛前长期的练习，如何在比赛过程中根据马匹的性格特点和体能状况进行速度的把控，如何根据直道和弯道的区别来调整比赛节奏，如何依据马匹的生理表现来调动其最大潜力等都是骑手在比赛过程中需要掌握的基本技术。其次，"彝族赛马"的竞技性也体现在场下。比赛用马的选择、平时的喂养和赛前的补给、骑手的选择与技术训练（一般选择体重较轻且性格坚韧的青少年男孩）、人与马的沟通与配合、战术的选择与运用等都是决定赛马比赛成绩的重要因素。再者，"彝族赛马"的竞技性还直接表现为赛场上的激烈竞争。参赛选手往往会根据比赛的具体情况选择合适的战术，赛马不仅比拼骑技，也是智慧的较量，尤其在不分伯仲的较量中，你追我赶的激烈场面体现出强烈的竞技性（见图 3-7）。总之，"彝族赛马"是一项融合了相马、养马、驯马、训练、竞赛等环节的强竞技性传统体育活动。

图 3-7 彝族赛马

图片来源：课题组摄于凉山州。

四 "赛马"与彝族族群

（一）彝族居民培育出了良种赛马

长期以来，凉山州彝族居民就有养马、用马的生活习俗，几乎每家每户都养马，马在凉山彝族居民日常生活中，既是劳动生产工具，也是交通工具，在"火把节"上，日常生活中的马又成为"赛马"。可以说，"马"在凉山州彝族居民的生产生活中具有重要地位，甚至当地有"一个人只值一匹骏马"的俗语。凉山彝族居民在长期的养马、用马实践过程中，培育出了一种适合当地自然条件的品种优良的马种——建昌马①（见图3-8、图3-9），该马种

---

① 建昌马：为四川山地的优良品种，体格短小、精悍，机巧灵活，善于登山涉水，能耐劳苦，并可长途驮运，为山区重要役畜。成年公马平均体高、体长、胸围、管围和体重分别为：116.0±5.6cm，118.2±7.2cm，131.5±7.0cm，15.7±1.2cm，215.9±29.5kg，成年母马分别为：114.1±4.6cm，115.5±6.5cm，129.5±6.9cm，14.6±0.9cm，205.3±27.5kg。建昌马体质结实干燥，体格较小。头稍重，多直头，眼明亮有神，耳小灵活。颈略成水平或斜颈。鬐甲较尻略低，亦有鬐甲与尻同高或稍高者。胸稍窄，背平直，腰短有力，背腰结合良好，尻略短微斜。四肢较细，肩短面立，肌腱明显，蹄小质坚，肢势一般正常，前肢间有外向，后肢多有刀状。全身被毛短密，鬃、鬣、尾毛较多而长。毛色以骝毛较多，其次为黑毛等色。

体质结实、体格相对短小、性情温顺、灵活机巧、适应性强，善于负载，尤其善于在崎岖的山路上行走和驮运，在"火把节"上的赛马，大都是建昌马。从建昌马的培育历史可以看出，其符合当地实际的各种生理特征，其实是一代代彝族居民在长期养马、用马的过程中不断人为选择的结果，可以说是彝族居民培育出了"彝族赛马"的最主要元素——马匹（建昌马）。

图 3-8　建昌马

图片来源：课题组摄于凉山。

图 3-9　"火把节"赛马选手和赛马

图片来源：课题组摄于拖觉。

（二）彝族居民是赛马活动的主导者

"彝族赛马"是凉山州彝族聚居区一项具有悠久历史的社会文化活动，借助于"火把节"这一平台传承至今，成为彝族传统文化的代表性项目。起初作为生产用畜的马匹，在彝族居民的主导下分化演变成为一项传统体育比赛，其中的规则制定和完善、场地大小规格的确定、赛制竞赛方法的拟定修改、奖项奖励方式的商定、马匹的培育驯养挑选买卖等相关事宜，都是由不同时代的彝族居民所主导完成的。在赛马比赛的所有环节中，彝族居民都不同程度地参与，也正是由于彝族居民的参与，才使得彝族赛马成为彝族传统文化的重要载体，成为彝族生产、生活、历史、民俗、宗教的集中承载。

（三）彝族居民是赛马文化的创造者和传承者

如前所述，"彝族赛马"具有悠久的历史，在彝族的民族发展与演变过程中，彝族居民将生产生活中所用的马，进行骑乘功能上的延展，从而创造出彝族赛马文化并将其传承至今。彝族居民创造了丰富多彩、内涵丰富的赛马文化，培育出了良种的"建昌马"，创造了以"赛跑速和赛小踪"为主的赛马方法，不断总结经验形成了独到的"相马"理论和方法[①]，创造了关于骏马的故事，形成了一套驯马和训练骑手的有效方法，制定了关于赛马的竞赛规则……总之，是彝族居民创造形成了赛马文化，并将其融入本民族最为盛大的节日——火把节，实现了一代一代的传承。在彝族赛马文化的发展演变过程中，彝族居民作为创造主体和传承主体发挥了重要作用，不仅在赛马文化内涵不断丰富的过程中发挥作用，同时在传承创新的过程中扮演重要角色。

（四）赛马丰富了彝族居民的节日文化生活

"赛马"在彝族居民的日常生活中以多种方式呈现，其中最为正规的比赛是在一年一度的"火把节"上进行。"火把节"作为彝族最为盛大的民族节

---

① 彝族"相马"标准：马的头要大，耳朵要向上且有力，眼睛要大而鼓，马的鼻孔也要大，利于呼吸；马的嘴也要大，在赛跑时必须张开嘴，跑时应该是埋头和嘴，以快触到地面者为佳。马的颔颊要大，这样才能够多吃东西。马鬃不能太厚，马腰肢不能太长，马肚不能大，马后腿不能太直，马蹄不能大，马旋不能长在马脖子上和马嘴上，认为长在脖子上是上吊旋，长在嘴上是吃人旋。马毛最好是纯黑色或纯绛红色。白斑点长在背两侧者被喻为翅膀很好，白斑点长在两前肢或后肢者也很好，额头上的白斑点也很好，但白斑点从额头长到嘴角上的不好。

日，为包括"赛马"在内的彝族传统民俗活动提供了展演平台。以农业种植和畜牧养殖为主要经济来源的凉山州彝族居民，生活水平虽有大幅改善，但总体发展水平偏低，我国最为贫穷的地区就在大凉山地区。在一年的劳作之中，彝族居民的文化生活相对贫乏，而"火把节"上开展的选美、斗牛、爬天杆、赛马等活动当中，赛马是其中最具观赏性的活动。"赛马"为观众所呈现的是一个策马扬鞭、风驰电掣、群马争先的激烈活动场面，精湛的骑术强调和讲究的是"人马合一"。由于参赛人数众多，每年的火把节赛马都举行多次选拔和多轮比赛，或上千万的观众在"火把节"这个以节日为载体所构建起来的仪式中感受节日文化，获得特殊的情感体验。可以说，"火把节"期间，包括赛马在内的各种活动，共同构筑了彝族的节日文化，彝族居民的节日文化生活也因此得以丰富。

(五) 赛马增强了彝族居民的族群认同

"族群认同（Ethnic identity），即族群的身份确认，是指成员对自己所属族群的认知和情感依附"[①]。"彝族赛马"这项深受欢迎的传统体育活动，之所以有庞大的参与群体和高昂的参与热情，与族群的利益和名声不无关系。赛马，看似一匹马一个骑手在赛场上跑一跑，但其背后所隐含的内容并非这般简单。赛马首先代表的是一个家族，家族成员会围绕赛马进行各种分工，养马、驯马、训练、喂养、看护等环节都分工明确，骑手需要精心挑选，体格健壮、体重较轻、勇敢顽强的青少年男性会被选中，赛前还需要各种形式的人－马训练，目的就是为了在赛马比赛中夺魁。比赛的结果直接与该家族、村寨的名誉相关联，优胜者会有"光宗耀祖"的满足感。因此而言，赛马首先会在很大程度上增强彝族居民内部家族的族群认同。从另外一个层面来看，"彝族赛马"的参与者，仅限于彝族内部，外族人几乎不能参与其中，这一现象从另一个角度反映出赛马与彝族居民族群认同的必然关联。基于以上分析不难看出，"彝族赛马"是一项以"族群认同"为基点和维系的民族传统体育活动。

(六) 赛马是彝族民族精神的折射

"赛马"源于彝族居民的生产生活，这一活动所呈现的顽强拼搏、勇于争

---

① 360百科：《族群认同》（https：//baike.so.com/doc/7899848—8173943.html）。

先、坚韧不拔的精神状态，恰恰是彝族居民精神面貌的反映。众所周知，彝族是一个历史悠久的民族，也是中国第六大少数民族，创造了本民族的语言。从地理分布来看，彝族主要分布在滇、川、黔、桂四省（区）的高原与沿海丘陵之间，凉山、楚雄、红河、凉山、毕节、六盘水和安顺等地是主要的聚居地；彝族聚居的地区大多为山区，土地相对贫瘠，可利用资源相对匮乏，正是在这种相对艰苦的生活条件中，彝族居民铸就了吃苦耐劳、坚韧不拔的民族精神品格。从赛马这项传统体育活动来看，"建昌马"的短小精悍、吃苦耐劳、适应性强等特征，赛马过程中的奋勇向前、努力拼搏、敢于争先等品质，都在一定程度上与彝族居民的精神状态相吻合，也正是由于赛马精神和彝族民族精神的契合，赛马才能被彝族居民喜爱，才能传承千百年。

第四章 西藏自治区少数民族传统体育文化生态考察

西藏自治区是我国五个民族自治区之一，1951年5月23日和平解放，1965年9月1日正式成立。位于中国西南边陲，地处世界上面积最大、海拔最高的高原——青藏高原，平均海拔4500米，土地面积122万多平方公里，约占全国总面积的12.8%。西藏自治区群山环绕、江河密布、地理位置特殊，北邻新疆维吾尔自治区和青海省，东接四川省，东南与云南省毗邻，西边和南边与印度、尼泊尔、缅甸、不丹、锡金、克什米尔等国家和地区接壤，边境线近4000公里。西藏自治区因地形地貌复杂多样而形成了独特的高原气候，西北严寒干燥，东南温暖湿润，此外，区域气候和垂直气候带也较为常见，"十里不同天""一天有四季"等谚语所反映的就是这种气候状况。西藏自治区地域辽阔、地貌壮观、空气稀薄、日照充足、气温较低、降水较少、资源丰富。

1960年1月7日，国务院批准设立西藏自治区（筹），设立拉萨市（地级），设立那曲专区、昌都专区、山南专区、江孜专区、日喀则专区、阿里专区、林芝专区；1970年，西藏自治区各专区更名为地区，辖1地级市、5地区、71县。2015年4月，西藏自治区下辖拉萨市、昌都市、日喀则市和林芝市4个地级市，山南地区、那曲地区、阿里地区3个地区和73个县（市、区）。西藏自治区统计局发布的《西藏自治区第六次全国人口普查主要数据公报》（2010年）显示，西藏自治区全区常住人口为3002166人，常住人口中共有家庭户670835户，常住人口中，男性人口为1542633人，占51.38%；

第四章　西藏自治区少数民族传统体育文化生态考察

女性人口为 1459533 人，占 48.62%；全区常住人口中，0—14 岁人口为 731683 人，占 24.37%；15—64 岁人口为 2117576 人，占 70.53%；65 岁及以上人口为 152907 人，占 5.09%；全区常住人口中，藏族人口为 2716389 人，汉族人口为 245263 人，其他少数民族人口为 40514 人，藏族和其他少数民族人口占 91.83%（其中：藏族人口占 90.48%，其他少数民族人口占 1.35%），汉族人口占 8.17%；全区常住人口中，具有大学（指大专以上）文化程度的人口为 165332 人；具有高中（含中专）文化程度的人口为 131024 人；具有初中文化程度的人口为 385788 人；具有小学文化程度的人口为 1098474 人；全区常住人口的地区分布为：拉萨市 559423 人，昌都地区 657505 人，山南地区 328990 人，日喀则地区 703292 人，那曲地区 462382 人，阿里地区 95465 人，林芝地区 195109 人。

西藏自治区是一个宗教文化发达的地区，当地藏族居民几乎全民信教，多数人信仰藏传佛教，少数人信奉伊斯兰教和天主教。其中，藏传佛教即藏语系佛教，通称藏传佛教，俗称喇嘛教，是中国佛教的一个分支。佛教在松赞干布时期（公元 7 世纪中叶）开始传入吐蕃（当时西藏的称谓），以时断时续的状态传播延续，受当时吐蕃原始宗教——苯波教的影响而未能占据任何地位，这种状况从松赞干布一直持续到赤德祖赞（705—755 年）时期。总体而言，藏传佛教的传播过程分为"前弘期"（7—9 世纪，相当于吐蕃时期）和"后弘期"（10—20 世纪中叶）[1]。在"后弘期"的漫长过程中，藏传佛教经历了"上路复兴"和"下路复兴"，西藏原有宗教苯波教的部分内容也逐渐被吸收和融汇，逐步形成了属于大乘佛教的藏语系佛教——藏传佛教。藏传佛教特点鲜明，有自己独有的制度——活佛转世制度，同时形成了诸多教派，如布鲁派、觉域派、希解派、格鲁派（俗称黄教）、觉囊派、噶举派、萨迦派（俗称花教）、噶当派（俗称白教）和宁玛派（俗称红教），其中，15 世纪初宗喀巴对宗教进行改革后创立的格鲁派影响最大，后来形成达赖、班禅两大活佛系统。此外，西藏自治区的宗教还有伊斯兰教，有关资料表明，早在公元 8 世纪，当时的吐蕃人就同阿拉伯的穆斯林商人进行商业活动，11 世纪，伊斯兰教在西藏西部的克什米尔地区兴盛，至 14 世纪，在西藏拉萨城内

---

[1] 《西藏的宗教》（http://news.xinhuanet.com/ziliao/2003-12/01/content_1207579.htm）。

做生意的克什米尔穆斯林商人,开始定居落户,并逐步形成一群新兴的民族群体,同时有了自己的族名——"卡切"(kha-che)。因藏传佛教的盛行,伊斯兰教在拉萨未能获得发展空间,尤其是第五世达赖喇嘛(1617—1682)执政时期,藏传佛教格鲁派在西藏蓬勃发展,使西藏的伊斯兰教只是在穆斯林商人和屠夫中传播,其信仰范围十分狭小单一,教徒数量也相对较少,现西藏自治区内伊斯兰教徒约有4000人,主要集中在拉萨。在西藏,除了苯波教、藏传佛教和伊斯兰教外,还有天主教,天主教最初经过印度传入西藏的阿里地区,由于天主教的一些言行同藏传佛教格格不入,1745年西藏地方政府将天主教传教士从拉萨驱逐出境,天主教教堂也被推倒,之后经过辗转曲折,在靠近四川巴塘和云南德钦的偏僻地区——西藏昌都地区芒康县盐井纳西族乡里立稳脚跟,建立了一座教堂,发展了560名藏族天主教信徒。①

  西藏自治区的历史可以大致分为吐蕃王朝时期、分裂割据时期和统一解放时期三个时期。吐蕃王朝始于公元7世纪之初,松赞干布作为当时藏族的民族英雄兼并10余个部落(族)统一了西藏高原,松赞干布在位时有意与当时强大的统一政权——唐朝修好,学习唐朝先进的生产技术和文化,曾两次派遣大臣赴唐求婚,最终于公元641年迎娶了唐太宗的宗女文成公主,松赞干布被唐高宗封为"驸马都尉""西海郡王",后又晋封为"宾王"。公元822年,唐朝与吐蕃结盟于拉萨东郊,史称"长庆会盟"。分裂割据时期始于公元842年,吐蕃王朝因王室内讧和部族混战而瓦解,地方势力各占一方,相互讨伐征战,这一状况持续了400多年。统一解放时期是指西藏统一于中国直至解放,13世纪初,蒙古族领袖成吉思汗在中国北部建立蒙古汗国,1271年定国号为元,并于1279年统一全中国,建立统一的中央政权,西藏成为中国元朝中央政府直接治理下的一个行政区域;1368年明朝建立,而此时,达赖喇嘛和班禅喇嘛两大活佛系统所属的格鲁派兴起,在普遍封赐的政策之下,三世达赖喇嘛索南嘉措向明廷入贡,获得明朝中央封赐的"朵儿只唱"名号,明朝中央沿袭元朝的办法对西藏地方进行治理。清朝取代明朝以后,中央政府对西藏进行严格治理,使在西藏行使主权管辖的施政进一步制度化、法律化。1713年,康熙皇帝册封五世班禅罗桑益西为"班禅额尔德尼",正式确

---

  ① 尕藏加:《西藏宗教》,五洲传播出版社2004年版。

定了班禅喇嘛的名号。自此，达赖喇嘛在拉萨统治西藏的大部分地区，班禅额尔德尼在日喀则统治西藏的另一部分地区。1721年，清朝中央政府在西藏建立噶伦制度；1727年，清朝设立驻藏大臣，代表中央监督西藏地方行政；1750年，再次调整管理西藏的行政体制，废除郡王制度，建立西藏地方政府（"噶厦"），规定了驻藏大臣与达赖喇嘛共同掌握西藏事务的体制；1793年颁布的《钦定藏内善后章程》对清朝政府就驻藏大臣的职权、达赖与班禅及其他大活佛转世、边界军事防务、对外交涉、财政税收、货币铸造与管理，以及寺院的供养和管理等进行了规范，章程共二十九条，为此后100余年西藏地方行政体制和法规建立了规范。1911年，辛亥革命爆发，建立了合汉、满、蒙、回、藏等民族为一体的共和国——中华民国，依然对西藏进行治理，1912年中央政府设蒙藏事务局（1914年改称蒙藏院），主管西藏地方事务，并任命了中央驻藏办事长官。1940年，国民政府在拉萨设立蒙藏委员会驻藏办事处，作为中央政府在西藏的常设机构。1949年，中华人民共和国成立，1951年4月，西藏地方政府派代表团抵达北京，5月23日，正式签署《中央人民政府和西藏地方政府关于和平解放西藏办法的协议》（简称"十七条协议"）。1951年10月24日，第十四世达赖喇嘛致电毛泽东主席，表示拥护协议。1954年，达赖喇嘛、班禅额尔德尼联袂赴北京参加中华人民共和国第一届全国人民代表大会，达赖喇嘛当选为全国人民代表大会常务委员会副委员长，班禅额尔德尼当选为全国人民代表大会常务委员会委员。1956年，西藏自治区筹备委员会成立，达赖喇嘛就任西藏自治区筹备委员会主任委员。1965年9月西藏自治区正式成立。

　　西藏的文化艺术民族和地域特色兼具，历史悠久，以藏传佛教文化艺术为主体。西藏文化艺术的历史有5000年之久，其发生、形成和发展大致划分为"七世纪前的史前文明、吐蕃时期的文化定型、元明时期的高度发展和清代的繁荣鼎盛四个历史阶段"。其中，史前文明包括公元7世纪吐蕃王朝统一前的古代文明，其主要特征是以原始宗教苯波教为主体文化艺术的形成与发展，上限最早可以追溯到五千年前的新石器时代；吐蕃王朝时期为西藏文化艺术的重要历史时期。此时期杰出的文化艺术成就是藏文的创制和佛教文化艺术体系分别从印度和唐朝的传入，文化艺术的碰撞和相互吸收是此时期的一大特色。大昭寺、小昭寺、昌珠寺和桑耶寺等寺院完美体现出这一时期的艺术成就。元朝时，以藏传佛教为主体的文化艺术得到了高度的发展。佛教经典系统化，编纂出了第一部百科全书式的藏文大藏经《甘珠尔》和《丹珠尔》目录，诞生了在西藏文化艺术上具有重大影响的佛学大师萨迦班智达贡噶坚、布顿仁钦朱和宗喀巴等一批著名人物。史学方面涌现出《布顿佛教史》《青史》《红史》《新红史》《西藏五经记》等一批力著。文学领域欣欣向荣，格言诗、道歌、寓言故事等文学体裁与形式得以大备，出现了《未拉日巴道歌》《萨迦格言》等名噪一时的文学经典作品。天文历算也得到了发展，从1027年开始形成了以胜生周纪年的新纪元。医学在继承传统的基础上形成了南北两大流派。建筑、绘画、雕塑等艺术形式日臻完美，产生了萨迦寺、古格遗址、托林寺、夏鲁寺、纳塘寺和白居寺等一大批古代艺术杰作，开始形成门塘、噶玛噶智画派和门塘新画派等具有鲜明特点和风格的艺术流派。因相对稳定的社会经济环境和中央及地方政府对藏传佛教文化为主的各项文化事业的大力提倡，西藏文化艺术在清代走向了繁荣。人文、自然各个学科在继承传统文化和吸收其他民族优秀文化精华的基础上，不断推陈出新。文学艺术的发展集中代表了此时期文化繁荣的轨迹及其光辉灿烂的成就。文学领域内诞生了抒情诗和小说两种具有重大影响的文学体裁。此时期雕塑、绘画和建筑等艺术领域成就卓著，布达拉宫的扩建完美体现了雕塑、绘画和建筑领域中的巨大成就。宫殿、城堡和寺院建筑形式被有机地融为一体，光影、线条、色彩及时空的构架完美无缺，使建筑形式和内容浑然天成，表现出精湛的建筑技巧和独特的文化寓韵。西藏自治区成立以来，涌现了许多卓越的藏族艺术家和优秀的文学艺术作品，藏学研究成绩斐然，藏医藏药研究取得了长足的进步。西藏文化艺术这颗中华民族文化艺术宝库中的明珠更加璀璨夺目。①

西藏的传统民居历史久远、特点鲜明、多种多样，藏南谷地以碉房为主，藏北牧区则以帐房居多，雅鲁藏布江流域林区则是木构建筑，其中最具代表性的是碉房，"碉房多为石木结构，外形端庄稳固，风格古朴粗犷；外墙向上收缩，依山而建，内坡垂直。碉房一般分两层，以柱计算房间数。底层为牧

---

① 资料来源：http://zt.tibet.cn/zt/jbqk/。

畜圈和贮藏室，层高较低；二层为居住层，大间作堂屋、卧室、厨房、小间为储藏室或楼梯间。碉房具有坚实稳固、结构严密、楼角整齐的特点，既利于防风避寒，又便于御敌防盗"。帐房是牧区藏民为适应逐水草而居的流动性生活方式而采用的一种特殊性建筑形式。普通的帐房较为矮小，平面呈正方形或长方形，用木棍支撑高约 2 米的框架；上覆黑色牦牛毡毯，中留一个宽 15 厘米左右、长 1.5 米的缝隙，作通风采光之用；四周用牦牛绳牵引，固定在地上；帐房内部周围用草泥块、土坯或卵石垒成高约 50 厘米的矮墙，帐房内陈设简单，正中稍外设火灶，灶后供佛，四周地上铺以羊皮，供坐卧休憩之用，帐房具有结构简单、支架容易、拆装灵活、易于搬迁等特点。西藏民居在注意防寒、防风、防震的同时，也用开辟风门，设置天井、天窗等方法，较好地解决了气候、地理等自然环境不利因素对生产、生活的影响，达到通风、采暖的效果。西藏传统民居还有一个特点，就是宗教意义的装饰较多，常见的有在室内墙壁上方绘以吉祥图案，客厅的内壁则画蓝、绿、红三条色带，寓意蓝天、土地和大海。在外墙门窗上挑出的小檐下悬红、蓝、白三色条形布幔，四周窗套为黑色，屋顶女儿墙的脚线及其转角部位则是红、白、蓝、黄、绿五色布条形成的"幢"。在藏族的宗教色彩观中，此五色分别寓示火、云、天、土、水，以此来表达吉祥的愿望。还有以墙体装饰表达藏传佛教派别的。如萨迦民居的墙上涂有白色条带，在条带上再涂以相同宽度的土红色和深蓝灰色色带，中空为白色，在建筑主体或院墙直角转弯处及较宽的墙面上，还自上而下地用土红色和白色画出色带，以标示该地区信仰的是萨迦派。另外，宗教聚落是西藏特有的聚落方式，即民居群以寺院为中心，自由布置、彼此错落，形成不相联属的格局，拉萨的八廓街即是围绕大昭寺发展起来的，是城镇宗教聚落的典型代表。西藏自治区成立后，居民住房条件改善，人均住房面积在城市和农村都大幅提高，建筑材料也由原来的块石加黏土改为钢筋水泥等，高层建筑越来越多。

西藏的民族节日较多，几乎每个月都有节庆活动，而且节日多伴以浓厚的宗教色彩和娱乐活动，在一年当中，1、2 月是节日较多的月份。藏族最隆重的传统节日莫过于藏历年，相当于汉族的春节，藏历年是根据藏历推算而来，因此，藏历年没有一个固定的时间，每一年的过年时间都不太一样，但藏历年从藏历元月一日开始,到十五日结束,持续十五天,是一个娱神和娱人、庆祝和祈祷兼具的民族节日。春节之后的藏历正月十五是莫朗钦波节,也称为传昭大法会,是西藏最大的宗教节日,由格鲁派创始人、宗教改革家宗喀巴于 1409 年在拉萨发起的一次祈祷大会延续而来。届时,拉萨三大寺(哲蚌寺、色拉寺、甘丹寺)的僧人都集中在拉萨大昭寺,向释迦牟尼的佛像祈祷,并举行格西学位的考试。春播节又叫播种节、试种节,是按照藏族历法所定播种吉日,本是试套的意思,给第一次学耕地的小牛套上轭木试耕土地,每年正月的某一个吉祥日举行。春播节包括两个内容:在地里安放白石头,围绕白石犁五条子,分别播种五谷。同时还在开耕之处烧香、竖经幡、高唱颂词、祭祀神灵,敬神仪式之后,还要举行跑步、角力等娱乐活动。萨嘎达瓦节是藏传佛教的传统节日,因为历来沿袭着富人接济穷人的传统,萨嘎达瓦节也被称为"穷人节"。相传佛祖释迦牟尼降生、成道、圆寂都是在藏历四月十五日,此节日正是为表达对释迦牟尼的纪念而形成的,因此也是佛教信众的神圣日子,举行的活动逐渐会集成了规模盛大的转经,即按一定的线路作环形行走,进行祈祷。此外还有烧香、吃斋饭、放生等形式的纪念活动。经过长时间的发展,萨嘎达瓦节逐渐演变为藏族人民春夏游园和预祝农牧业生产丰收的群众性节日。江孜达玛节,也可称为达玛节,藏历四月十日至二十八日举行,是后藏江孜人民的传统节日,已有 500 多年的历史。达玛节,藏语意为跑马射箭。源于贡桑绕帕纪念其父江孜法王帕巴桑布的祭祀活动,内容主要有展佛、跳神等宗教活动和角力、负重等娱乐活动。公元 1447 年,扎西绕丹任江孜法王时增添了骑射、藏戏、歌舞等娱乐活动,江孜达玛节由此形成并延续至今。林卡节藏语称"藏木林吉桑",意为世界焚香日,世界快乐日,藏历五月十五日举行。过"林卡"是藏族人最普遍的休闲娱乐方式,拉萨过林卡的主要地方是罗布林卡、人民公园、龙王潭公园以及哲蚌寺和色拉寺附近的林地里,过林卡以家族和朋友为主,活动内容非常丰富,主要是敬神和娱乐,具体包括唱歌、跳舞、打藏牌、讲故事、玩游戏等和表演藏戏、射箭、骑马等竞技,有些地方还会有宗教活动。藏族的另一个传统节日是雪顿节,藏历每年六月十五日至七月三十日举行,是西藏自治区的法定节日。雪顿节的名称源于藏语中的"雪和顿","雪"是酸奶子的意思,"顿"

是宴的意思,"雪顿"节就是吃酸奶的节日,因节日期间有晒佛仪式和藏戏演出,故也称为晒佛节、藏戏节。沐浴节,藏语叫"嘎玛日吉"(洗澡),是藏族人民特有的节日,每年藏历七月六日至十二日举行,历时7天,又名"沐浴周",已有700—800年的历史。沐浴节是一次西藏群众性的洗澡活动。当雄赛马会,每年藏历七月十日开始,历时3天,藏语称"中仁从读",意为请喇嘛念经。赛马会原是庆祝丰收、开展农牧业产品互市、进行文化娱乐的活动,后来才渗入了宗教色彩。当雄赛马的活动内容丰富多彩,其中主要有赛马、射箭、歌舞表演等。另外一个与赛马有关的节日是那曲赛马会,藏语叫"达穷",是藏北草原规模盛大的传统节日,每年公历8月1日举行,为期5—15天不等。赛马节赛程长短不一,多在10公里左右。按选手年龄还分有儿童、成人等种类,按比赛内容则分为马上射箭、打靶、竞技、短道冲刺、马上拾哈达、献青稞酒等,有时还包括类似于盛装舞步的走马赛。这一传统节日近年来得到了进一步发展,除赛马、射箭和马术表演等传统项目外,又增加了举重、拔河、说唱格萨尔等活动,还举行大型物资交流会。望果节也是藏族的重要节日,时间在每年的藏历七八月份,具体日期随各地农事季节的变化而变化,一般在青稞黄熟以后、开镰收割的前两三天举行,历时1—3天,意在预祝丰收,流行于拉萨、日喀则、山南等地,已有1500多年历史。"望果"是藏语译音,"望"藏语意为"田地","果"意为"转圈","望果"意为"转田垄"。燃灯节是为了纪念格鲁派创始人宗喀巴大师的逝世而举行的活动,于每年藏历十月二十五日举行,为期一天,这一天凡属该教派的各大小寺庙、各村寨牧民,都要在寺院内外的神坛上,家中的经堂里,点酥油灯,昼夜不灭。

第一节 西藏自治区少数民族简述

比较而言,西藏是少数民族数量较少的自治区,但却是藏族分布最集中的区域,另外,在青海、甘肃、四川、云南等地也有分布。西藏的藏族居民遍布各个地区,拉萨、阿里、林芝、山南、日喀则、昌都等地都有世居的藏族居民。历经几千年的发展,藏族从远古走来,在特殊的地理和气候环境中生存繁衍,勤劳朴实的藏族人民创造了灿烂的藏族文化,宗教文化、民俗节庆文化、建筑文化、服饰文化、饮食文化、传统艺术、传统体育文化等都特色鲜明,多姿多彩。西藏自治区主要的少数民族还有门巴族,门巴族历史悠久,主要分布在西藏自治区门隅和上珞渝的墨脱及与之毗邻的东北边缘,该地区面积约1万平方公里;据2010年第六次人口普查数据,门巴族共有10561人。门巴族有本民族的门巴语,没有自己的文字,通用藏文,主要的宗教信仰是苯波教和喇嘛教,主要从事农业,兼营畜牧业和狩猎,擅长竹藤器的编织和制作各种木碗。门巴族通用藏历,藏历元旦是门巴族人民最重要的节日,其民间文学丰富,民歌独具特色,因长期与藏族人民一起生活,在政治、经济、文化、生活习俗方面两个民族有诸多共通之处。西藏的少数民族除了藏族和门巴族以外还有珞巴族,主要分布在西藏东起察隅、西至门隅之间的珞渝地区,以米林、墨脱、察隅、隆子、朗县等最为集中。在中国实际控制区内的人口数量有3000人左右,2010年第六次人口普查时的具体人数为3682人。珞巴族有自己的语言,没有本民族文字,长期保留着刻木结绳记数记事的原始方法。珞巴族的宗教信仰以崇拜鬼神为主,相信万物有灵。珞巴族依靠祖辈相传的口头传说延续文化传统,在长期的生产生活中也创造了独具民族特色的音乐、舞蹈和建筑文化。资料显示,西藏境内也零星居住着怒族、独龙族、纳西族、白族等少数民族。

一 藏族

藏族是西藏自治区人口数量最多、分布最广的民族,藏族自称"蕃巴"(bod – pa),汉语的名称"藏"来自藏语 gtsang "后藏","gtsang"这个名称的原来意义可能是"雅鲁藏布江(yar – klungs gtsang – po)流经之地"。藏族在全国的31个省、自治区、直辖市中均有分布,主要集中聚居在西藏自治区,共有242.72万人。据2000年人口普查数据,"我国境内藏族人口约541.60万,其中:男性269.78万人,女性271.82万人;城镇人口有69.48万人,占总人口的12.83%;乡村人口472.12万人,占总人口的87.17%"[①]。

---

① 《藏族人口》,中国网(http://www.china.com.cn/)。

2010年第六次人口普查数据显示，藏族总人口数量为6282187人。藏族在西藏遍布各个区域，有着不同的生活、生产方式，拉萨河谷地带的藏族居民以农业为主，兼营畜牧业；东部三江流域的藏族居民主要从事农业、畜牧业和林业，兼营采集业；而藏北高原的藏族则以畜牧业为主。

（一）历史沿革

藏族历史悠久，是中国最古老的民族之一。关于藏族的起源可谓众说纷纭，有说藏族是释迦牟尼的后裔，因此藏族来自印度；有人根据相貌比对认为藏族人来自马来西亚半岛；而在藏族民间广为流传的，则是记载在藏文史书《西藏王统记》中的一段"猕猴变人"的传说。[1] 藏族起源问题的确切依据还是来自考古学的材料证明，考古发现，早在几万年以前的旧石器时代晚期，西藏高原就有了人类活动，此外，"1978年和1985年，昌都卡若遗址、拉萨曲贡遗址的发掘也说明，距今5000年前，西藏高原已有人类生息、繁衍，藏族先民已过上了定居的生活"[2]。近几十年来，通过历史学、人类学、考古学、语言学、民族学、人类遗传学等众多科学工作者的辛勤努力，藏学研究逐步深入，围绕西藏地方早期历史及西藏古代先民的许多谜团被逐渐破

---

[1] 据传说，那普陀山上的观世音菩萨，给一只神变来的猕猴，授了戒律，命它从南海到雪域高原修行。这只猕猴来到雅砻河谷的洞中，潜修慈悲菩提心。正在猴子认真修行的时候，山中来了一个女魔，施尽淫欲之计，并且直截了当地提出来："我们两个结合吧！"起初，那猕猴答道："我乃观世音菩萨的徒弟，受命来此修行，如果与你结合，岂不破了我的戒行！"那女魔便娇滴滴地又说道："你如果不和我结合，那我只好自尽了。我乃前生注定，降为妖魔；因和你有缘，今日专门找你作为恩爱的人。如果我们成不了亲，那日后我必定成为妖魔的老婆，将要杀害千万生灵，并生下无数魔子魔孙。到那时，整个雪域高原，都是魔鬼的世界，更要残害许多生灵。所以希望你答应我的要求。"那猕猴因为是菩萨降世，听了这番话，心中自念道："我若与她结成夫妻，就得破戒；我若不与她结合，又会造成大的罪恶。"想到这里，猴子一个跟头，便到普陀山找那观世音菩萨，请示自己该怎么办。那观世音想了想，开口说道：这是上天之意，是个吉祥之兆。你能与她结合，在此雪域繁衍人类，是莫大的善事。作为一个菩萨，理当见善而勇为，你可速去与魔女结成夫妻。这样，猕猴便与魔女结成伴侣，后来，这对夫妻生下6只小猴，这6只小猴的性情与爱好各不相同。那菩萨化身的猕猴，将这6只小猴送到果树林中，让他们各自寻食生活。3年后，那猴父前去探视子女，发觉他们已生殖到500只了。这个时候，树林的果子也愈来愈少，即将枯竭。众小猴见老猴来了，便纷纷嚷道："我们将来吃什么呢！"他们个个摊着双手，模样十分凄惨。那猕猴见此情景，自言自语道：我生下这么多后裔是遵照观世音菩萨的旨意，今日之事，使我伤透了脑筋，我不如再去请示观世音。想到这里，他旋即来到普陀山向圣者请示。菩萨道："你的后代，我能够抚养他们。"于是，猕猴便遵命于须弥山中，取了天生五谷种子，撒向大地，大地不经耕作便长满各种谷物，父猴这才别了众小猴回到洞里去。众猴子因得到充足的食物，尾巴慢慢地变短了，也开始说话，逐渐变成了人，这就雪域上的先民。

[2] 丁玲辉：《西藏的民族传统体育》，西藏人民出版社2006年版，第1—2页。

解。其中通过研究血型、蛋白质等多种遗传标记,人类遗传学家得出结论:汉族和藏族同出于共同的远祖①。据汉文史籍记载,藏族属于两汉时西羌人的一支。当时甘青一带西羌诸部已与汉朝发生密切的政治经济联系,而西藏有"发羌"(发,古音读 bod)、"唐牦"等部,与甘青诸部已有往来。据藏文史籍记载,吐蕃王室的始祖崛起于西藏山南地区的雅隆河谷,为"六牦牛"部的首领,在松赞干布以前已传 20 余世。公元 7 世纪初,第三十二代赞普松赞干布统一整个西藏地区,定都逻娑(今拉萨),建立了吐蕃王朝。始制藏文、藏历,创定法律、度量衡,分设文武各级官职。划分全境为四大军政区域,在西藏建成自称为"蕃",汉籍称作"吐蕃"的奴隶王朝②。历经唐、宋、元、明、清、民国的朝代更迭和历史长河洗礼,藏族不断发展,在中华人民共和国成立后进入了发展的新时代。

(二)语言文字

藏族的藏语和藏文都属于成熟的语言和文字,藏语分为卫藏方言(拉萨话)、康方言(德格话、昌多话)、安多方言三种,属汉藏语系藏缅语族藏语支;现行藏文是 7 世纪初根据古梵文和西域文字制定的拼音文字,历史悠久,在国内仅次于汉文,藏文是一种拼音文字,属辅音文字型,分辅音字母、元音符号和标点符号三个部分。其中有 30 个辅音字母,四个元音符号,以及五个反写字母(用以拼外来语),字母有上加字、下加字等垂直拼写法。

(三)文化艺术

10—16 世纪是藏族文化兴盛的时期,文学、雕塑、歌舞、唐卡、藏戏、建筑、面具、民间工艺等都大放异彩、繁荣发展。文学方面,创造了世界最长史诗——《格萨尔王传》和举世闻名的《甘珠尔》《丹珠尔》两大佛学丛书,另外还有诸多关于哲理、史地、天文、历算、医药等方面的专著。藏戏,源于 8 世纪藏族的宗教艺术,17 世纪时,从寺院宗教仪式中分离出来,逐渐形成以唱为主,唱、诵、舞、表、白和技等基本程式相结合的生活化的表演,

---

① 西藏信息港(http://www.tibetculture.net/lsmy/xzls/zzqy/200712/t20071212_298121.htm,2007-03-29)。

② 好搜百科:《藏族》(http://baike.haosou.com/doc/2621436-2767967.html#2621436-2767967-14)。

2006年5月20日，藏戏经国务院批准列入第一批国家级非物质文化遗产名录，《文成公主》《诺桑王子》《卓娃桑姆》等为代表的藏戏富有鲜明的民族特色，体现出了较高的艺术水准。唐卡（Thangka）是富有藏族文化特色的一个画种，也叫唐嘎、唐喀，是刺绣或绘画在布、绸或纸上的彩色卷轴画，构图严谨、均衡、丰满、多变，画法主要以工笔重彩与白描为主，是藏族特有的艺术形式。藏族雕塑艺术表现形式多样，从用料上看，有铜铸、石雕、泥塑、木雕、酥油塑等；从形式上看，有雕刻、浮雕、圆雕、镂雕等。藏族木刻印刷和雕版工艺堪称一绝。西藏面具艺术也风格独特，在古老的傩文化的滋养下产生，多种多样的面具使西藏的文化特色得到彰显。

（四）风俗习惯

藏族人民的风俗习惯具有鲜明的历史传统和文化特征，藏族是一个在政教合一、封建农奴制度统治下的社会，在风俗习惯的诸多方面都可以看出这两种制度的深远影响。就拿姓名来讲，藏族人的姓名多取自佛教经典，习惯有名无姓，名字有男女性别之分，通常是两个字或四个字；藏族男女多蓄辫，喜戴首饰。男子头发编成独辫盘在顶上，也有的剪短如盖。女子成年后开始蓄辫，有的梳成双辫，有的梳成许多小辫披在背上，并在辫梢或特制的发架上挂上饰物，男女都喜欢戴呢帽或细皮帽。在服装方面，藏族的衣着通常上身穿绸、布长袖短褂，外着宽肥的长袍，右襟系带，农区妇女穿无袖长袍，牧民男女多不穿短褂，只穿无布面的羊皮长袍，男女均穿氆氇长靴或牛皮长靴。男子腰间系长带。农区女子多在腰间系一条图案瑰丽的围裙，藏语称"邦单"，藏族服装常袒出右肩，便于活动，或袒出双臂而以两袖将袍系在腰间。袍长及脚，睡觉时宽舒腰带，全身可以蜷伏于长袍之中，以代垫被。喇嘛的袈裟通用紫红色氆氇制成，用长幅缠身，下穿围裙，足蹬长靴，头戴僧帽。哈达是一种特制的丝织长巾，在拜访客人时，双手捧上，表示敬意。在饮食方面，农区的藏族人民主食是糌粑，牧区的主食为牛羊肉，藏族不吃奇蹄类兽肉，大部分地区没有吃飞禽和鱼的习惯，藏族人民喜欢酥油茶和奶茶。在住房方面，农区多垒石建屋，牧区则用帐篷，寺院建筑别具风格，层楼重叠，整齐壮观，主殿经堂宽敞，寺门前砌修大小佛塔供煨松柏枝用，周围多置转经筒，由人顺时针方向转动，借以祈福禳灾。藏族使用本民族的历

· 149 ·

法——藏历，以五行、阴阳与十二生肖纪年。一年分四季、十二个月。每个月大建30日，小建29日，一般3年置一个闰月，推算精确，可预测日月食。西藏人死后有塔葬、火葬、水葬、土葬、天葬五种葬法，最隆重的塔葬用于圆寂的达赖喇嘛死后，火葬一般用于活佛和领主的葬礼，水葬（把尸体丢进河里喂鱼）一般用于孩子夭折或因其他病疾死亡的人，土葬一般用于生前做过坏事的人，藏族有些地方通行的是天葬（鸟葬），即将尸体送到山间天葬场加以肢解切割喂秃鹫。此外，还有许多深受宗教影响的禁忌和活动，因佛戒杀生，藏族一般不准捕杀野生动物，法器、火盆等不得跨越，经筒、经轮等不得逆转。

（五）宗教信仰

藏族信仰大乘佛教。大乘佛教吸收了藏族土著信仰本教的某些仪式和内容，形成具有藏族色彩的"藏传佛教"。藏族对活佛高僧尊为上人，藏语称为喇嘛，故藏传佛教又被称为喇嘛教。公元7世纪佛教从印度传入西藏，至今已有1300多年的历史。公元13—16世纪中叶，佛教日益盛行，佛事活动频繁，佛教寺庙遍及西藏各地。著名的寺庙有甘丹寺、哲蚌寺、色拉寺、扎什伦布寺和布达拉宫。公元10世纪后，随着藏传佛教"后弘期"的开始，陆续出现了许多教派，早期的有宁瑞派（俗称"红教"），萨迦派（俗称"花教"），噶当派，噶举派（俗称"白教"）等。15世纪初，宗喀巴实施宗教改革，创建格鲁派（俗称"黄教"）。此外藏传佛教还有息学派、希解派、觉宇派、觉囊派、廓扎派、夏鲁派等独立的教派。

二 门巴族

门巴族是中国具有悠久历史文化的民族之一，"门巴"既是自称，也是藏族和其他民族对他们的称呼，还有"主巴""勒波"等称呼。1964年被正式确认为单一民族，主要分布在西藏自治区门隅和墨脱及其东北边缘，此地北接错那县和隆孜县，东接珞渝，南与印度阿萨姆平原接壤，西同不丹毗邻，面积约1万平方公里。据第六次全国人口普查数据显示，门巴族有人口10561人。门巴族有自己的语言——门巴语，没有本民族的文字，通用藏文。门巴族人主要信仰苯波教和喇嘛教。门巴族有丰富的民间文学，民歌曲调优美、流传久远。门巴族人主要从事农业，种植水稻，也兼营畜牧业和狩猎。

（一）历史沿革

门巴族的历史源起说法众多，综合藏文文献、考古资料和神话传说来看，其族源是门隅的土著群体与来自西藏高原北部的群体融合而来的，经历了漫长的发展历程，大约形成于吐蕃王朝统一西藏诸部以前。门巴族的形成是一个漫长的过程，其迁徙过程也同样漫长，18世纪时，封建农奴制在门隅的统治已较为完备，西藏三大领主——官家、寺院和贵族的剥削和掠夺使门巴族人民不堪忍受，沉重的"乌拉差役"① 和自然灾害使许多人家破人亡、流离失所，此时的一个传说使人们看到了希望，开始向东部的"莲花圣地"——白玛岗（墨脱）迁徙，最早迁往墨脱的已有10代人，最晚的距今也有6代人，在现在的墨脱还能看到与他们东迁历史有关的许多遗迹，也因此形成了门巴族东西分布的居住格局。

（二）风俗习惯

门巴族村寨相对分散，十几户、几十户的村落，往往分几个居民点。房屋结构因气候差别而略有不同。门隅一带的住房用石头砌墙，"人"字形屋顶上覆盖木板，加压石板。房屋一般分三层：上层放草和秸秆；下层关牲畜；中层则是一家人的居所。墨脱地区的门巴族人的住房以干栏结构为主，房屋与地面相距1米左右，人字形房顶，用蕉叶或木板覆盖，再用石板压顶。所有建筑门都朝东，因为他们认为太阳出来就照进家门，是吉祥如意的象征。门巴族的饮食结构因地而异，既有吃玉米、稻米、鸡爪谷的，也有吃荞麦、小麦和青稞的。在经济生活中，门巴族人享誉四方的是他们的家庭手工业，特别是加工木碗和编织竹织、竹器的技艺，更是长盛不衰。狩猎活动一年四季都在进行。男子出门多随身携带弓箭长刀。门巴人利用弓箭、弓和下绳套等方法捕获野兽。获得的兽皮、兽角、兽骨是与外民族进行交换和向领主交纳的实物。兽肉将割成肉条烤干，分给参加的狩猎者和同村的好友亲邻。

门巴族的节日较多，年节礼俗民族特色鲜明。门巴族的节日主要有两大

---

① 乌拉差役是指赋税、差役、地租等内容的统称，"乌拉"一词是无偿劳役的意思，种类繁多，包括各种劳役、捐税、地租等。

类型，一类是宗教节日，另一类是岁时年节。宗教节日主要在曲科节、萨嘎达瓦节、主巴大法会、达旺大法会，岁时年节主要有门巴族新年。①曲科节：在每年的6月庄稼成熟时举行。过节时人们举行隆重的朝拜仪式，在喇嘛和扎巴的带领下背经书举经幡，围绕村庄和庄稼地转一周，祈求神灵保佑，人丁兴旺，庄稼丰收，在地头田间载歌载舞，整个活动进行2—3天。②萨嘎达瓦节：相传藏传佛教的佛祖释迦牟尼诞生和圆寂的日子是藏历四月十五日，为了纪念这一天，门巴族地区的所有寺庙念经祈祷，举行各种宗教活动以示庆祝，并把这一天作为进入农时的标志。③主巴大法会：是墨脱宗全宗性的大法会，在丰收年的十一月至十二月间举行，历时3—18天不等，歉收之年不举行。主要活动有念经、跳神、演出宗教戏剧等。④达旺大法会：在每年的藏历十一月二十九日举行，历时3天。节日里，人们除了观看跳神表演、传统戏剧《卓娃桑姆》、跳牦牛舞外，还要举行赛马、拔河、射箭等传统体育活动。⑤新年：藏历元旦是门巴族最重要的节日，门巴语称为"洛萨"，错那门巴族过新年是从藏历的元月一日开始，到元月十五日结束，与藏族人过新年基本上没什么区别，而墨脱地区门巴族的新年则不同，他们一年中有两个新年，一个是元月新年，从藏历的元月一日开始，历时2—3天；另一个是十二月新年。节日期间人们穿着盛装，互相拜访庆贺，载歌载舞，饮酒狂欢。另外还要举行各种游艺活动，如拔河、角力、抱石头、射箭等。

（三）文化艺术

门巴族的文化艺术形式多样、风格各异、特色明显。在音乐方面，门巴族的音乐歌体有"萨玛体、卓鲁体、加鲁体和喜歌体"等，萨玛歌体多用于节庆、婚礼、亲朋欢聚等场合；卓鲁意为牧歌，相传是由门巴族的牧业始祖太波嘎列创作的，流行于门隅地区。卓鲁体曲调舒缓宽广、高亢而绵长，除牧人在生产劳作时歌唱外，还用于叙事诗的演唱。加鲁意为情歌，曲调细腻而流畅。喜歌体以卡萨喜扎为代表，曲调活泼欢快。门巴族的音乐是融歌、舞、戏剧为一体的艺术形式，有"里令"（双音笛）、"塔阿让布龙"（五音笛）、"基斯岗"（竹口琴）和牛角琴等传统乐器。在舞蹈方面，最有特点的是"巴羌""颇章拉堆巴"和牦牛舞等。"巴羌"意为跳神舞。舞蹈多模拟鸟兽形象，有牛舞、猪舞、鸟舞、犬舞、大鹏舞等，主要在宗教祭典和仪式上表演。"颇章拉堆巴"意为贺新房，这是门隅门巴族在新房竣工时跳的一种欢快的舞蹈。牦牛舞表演时模拟牦牛的各种动作，形象逼真，富于情趣。人们在农闲、节日和喜庆时节还跳圆圈舞、嬉戏舞等。门巴族戏剧可以谓之民族艺术之花，俗称门巴戏，是在门巴族丰厚的民族文化土壤中孕育、萌生、成长起来的。门巴戏保留了戏剧的早期形态，表演时，戴不同的动物形象假面具，还要身披不同的饰品，多以动物的皮革、羽毛披挂在身，表演中模拟各种动物的姿态和动作，人物道白很少，跳时不唱，唱时不跳。使用的乐器是巫师跳神时的鼓和钹，只有一人击打乐器，没有固定的戏班和专职演员。戏剧的表演形式十分粗犷和古朴，保留着早期戏剧的古老面貌。门巴戏的传统剧目还有《卓娃桑姆》和《诺桑王子》等。2006年5月20日，"山南门巴戏"经国务院批准列入第一批国家级非物质文化遗产名录。此外，门巴族的文学艺术也十分丰富，主要有神话、传说、故事和诗歌等门类。

（四）宗教信仰

门巴族宗教信仰的显著特征是多教杂糅共生，原始宗教信仰、苯波教和藏传佛教在门巴族的宗教信仰中都现实存在。其中，崇尚万物有灵的原始宗教和苯波教是门巴族的古老信仰，门巴族对神山圣水十分崇拜，每年在夏季和冬季都要转神山和神湖。在门巴族的宗教观念中，把宇宙分为三层境界，即天上、地上和地下。与此相应的神鬼是"拉""赞"和"鲁"。宇宙的最高层是"天"，是天神"拉"的住地。天界的"拉"们为保护人类可以离开天界来到人间，住于山巅，称作"格拉"。宇宙的中间层是空间和大地，是"赞"居住的地方。"赞"是对游神厉鬼和精怪的总称，在门巴族的信仰观念中，空间充斥着"赞"。山川、峡谷、草木等也都附着"赞"。"赞"有善、恶之分。地下是宇宙的最底层，是"鲁"神居住的地方。人们认为，江河、泉水、湖泊等是"鲁"神栖身的处所，在水中生活的鱼类，地下穴居的动物如蛇、蛙、虫等都是"鲁"神的化身[①]。为了祈福免灾，门巴族人还经常举办各种形式的巫术活动，主持活动的巫师分为驱鬼巫师和请神巫师。驱鬼巫师有"顿龙肯"和"巴窝"，由男性充任；请神巫师有"巴莫"和"觉母"，

---

① 《门巴族》（http://www.seac.gov.cn/index.html）。

由女性充任。门巴族在信仰原始宗教和苯波教的同时还信仰藏传佛教,其中宁玛派、噶举派和格鲁派在门巴族地区都有影响,现在以格鲁派影响为最大,是门巴族信奉的主要教派。

三 珞巴族

珞巴族是西藏自治区的另一个少数民族,"珞",在藏文里有"附近、智慧、南方、没有开化"等几种意思;"巴",意为"人"。"珞巴",是藏族对居住在这一地区古老居民的习惯称呼。"墨脱珞巴族分属米古巴、米辛巴两部落,主要居住在达木珞巴族乡,另有部分与门巴族、藏族杂居在一起;米林县珞巴族主要属博嘎尔部落,居住在南伊珞巴族乡、羌纳乡、米林镇等乡镇;隆子县珞巴人,主要居住该县斗玉乡,包括纳、姆热、巴依、布瑞等部落;察隅县的珞巴族,主要是原属义都部落的一部分,居住在该县西巴村"[①]。直到20世纪中期,珞巴族社会仍处于原始社会末期阶段,刀耕火种兼营狩猎,中华人民共和国成立后,根据实际情况和本民族意愿,正式定名为"珞巴族"。

(一) 历史沿革

由于珞巴族没有自己的文字,所以关于该民族的历史文献记载较为鲜少,关于珞巴族族源,只能在流传于喜马拉雅山区的一些民族传说中去的探寻。有观点认为,"珞巴族大概是由青藏高原东南部一带的古老群体中的一支或数支繁衍而来",并且珞巴族曾经发生过一次由北向南的迁徙。珞巴族所聚居的珞渝地区自古就是中国西藏的一部分,因此,其族源与藏族有密切关系,根据神话传说和古代藏族的文献记载推知,珞巴族是珞渝地区古老的土著群体与西藏高原东部数支古老的群体融合繁衍而来。

在古代,珞巴族受治于吐蕃王朝,藏文典籍《红史》在记述松赞干布时代吐蕃疆域时讲到的"南自珞与门,西自香雄,北至霍尔,东自咱米兴米等均置于吐蕃统治之下"即为力证;明清时期,珞渝地区皆为藏族地方政府所辖区域;19世纪末,英国侵略者肆意破坏珞巴人对阿萨姆边缘地区的收税旧制并武力入侵珞渝地区,珞巴族人民利用优越的地理条件和巧妙的战术,取

---

① 《珞巴族》(http://www.seac.gov.cn/col/col451/index.html)。

得了武装反抗斗争的胜利。1959 年，珞巴族封建农奴制被打破，实行人民民主专政，先后成立了民族自治乡和自治村。1965 年 8 月，珞巴族被正式确认为单一民族。

(二) 风俗习惯

1. 日常生活：珞巴族大部分居住在雅鲁藏布江大拐弯处以西的高山峡谷地带，山高林密，人烟稀少，交通十分不便，因此，架栈桥、过独木、爬"天梯"、飞溜索、穿藤网是珞巴族主要的交通方式。珞巴族热情好客，有一套招待客人的古老习俗：主人给客人端出吃食时，客人必须吃完，主人才高兴；客人吃以前，主人还要先喝一口酒，先吃一口饭，以示酒饭无毒和对客人的款待真诚。

2. 服饰：珞巴族男子与女子有较大的差别，珞巴族男子的服饰以自制的羊皮上衣或藏式氆氇长袍为主，配以黑色套头大坎肩，戴熊皮有沿盔帽，帽檐套有熊皮圈，帽后缀一块梯形带眼窝的熊皮；珞巴族妇女则喜欢穿麻布织的对襟无领短袖上衣，下身穿过膝的紧身筒裙，小腿裹上裹腿。珞巴族男女都喜欢佩带装饰品，男子戴手镯、竹管耳环、项链、腰间挂弓箭、长刀等物；妇女特别喜欢佩戴五颜六色的项珠，另外喜欢佩戴手镯、耳环、铜铃、银币、铁链、小刀、火镰、海贝等饰物。珞巴族男女都喜爱系腰带，腰带有藤编、皮革制作或羊毛编织的，饰有各种图案。珞巴人喜欢在腰带上悬挂小刀、火镰和其他铜、贝壳制作的饰物。男子好佩带长刀和弓箭。长刀不单是显示阳刚之气的装饰品，而且是日常生活中的常用工具和重要武器，可用来防止野兽、毒虫的袭击。弓箭是珞巴族狩猎的主要武器，是男子的随身之物。

3. 节日习俗：珞巴族的年节是根据本族的历法推定的，过节时间不一，珞渝西部的珞巴人约于藏历年二月过"旭独龙节"，珞渝东部的珞巴人在藏历十二月十五日过"洞更谷乳木"节，希蒙的珞巴族称年节为"调更谷乳术"节，届时要把宰杀的猪、牛、羊肉连皮切成块，分送给同族的人。不少地方还保留有"氏族集合"的古老习惯，一些珞巴地区有在年节举办婚事，欢度节日时婚筵喜庆的习俗。"昂德林节"，是珞巴族传统农祀节日，珞巴语意丰收节。每年收割时择日举行，自称为"阿帕塔尼"的珞巴族，民间流传着一个珞巴语叫作"莫朗"的节日，意在预示丰收，具体时间由巫师择定，一般在农历腊月或正月。

(三) 文化艺术

1. 民歌：珞巴族民歌有以下几种：第一种为舞蹈歌曲"夹依"，常在节日、婚礼、喜庆的场合集体演唱，边歌边舞；第二种为反映生活习俗的民歌，有"勃力"，有"酒歌""哭嫁歌"等；第三种也是最具代表性的是"加金"，这一民间最古老的曲调，流行于各部落，以叙述民族来源和迁徙历史为主要内容；另外还有"亚里"（巫师念经的曲调）和"月"（战士出征前唱的歌）。

2. 舞蹈：珞巴族舞蹈有多种，大多表现与生产、生活相关的内容，跳祭祀舞、征战舞时，无音乐伴奏，舞蹈动作原始古朴，豪迈奔放。如，男子集体舞"刀舞"，舞者身穿猎装，手持弓箭、长刀，表现激烈的狩猎场面；"驯牛"舞，表现珞巴人追赶、抓获、驯牛的过程；"巴纠"，是珞巴族婚庆时表演的舞蹈，有模拟鸟兽动作；"纽布衣"和"哈日巴"舞，反映原始宗教仪式的内容。舞蹈时，没有乐器伴奏，由巫师领唱，姑娘们跟着巫师所唱歌曲的末句，重复合唱，并按着歌曲的节拍起舞。歌词大多叙述创世纪的传说、动植物的起源、生产工具的发明创造等[①]。

3. 文学：珞巴族文学主要有神话、民间传说和民间故事3类，原始色彩浓郁，其中，神话是珞巴族文学中发展充分且保留完整的门类，主要包括"开天辟地神话、万物起源神话、人类诞生神话、祖先神话和英雄神话"等系列，较有代表性的有《九个太阳》《三头神牛》《阿宾肯日》《普苏达东和罗马达当》等，珞巴族创世纪史诗《斯金金巴巴娜达盟》，从天地起源、日月星辰、自然万物和人类的诞生讲起，直到珞巴族的来源和发展；《阿巴达尼》是著名的珞巴族祖先神话，由几十个彼此相关而又有一定差异的故事组成，全面又十分生动地展示了珞巴族父系氏族社会发展阶段的婚姻形式、家庭形态、社会关系、生产水平、宗教崇拜等情况；珞巴族的民间传说与神话联系密切，关于民族历史的传说《阿巴达尼的四个儿子》和关于民族间交往的传说《宾鸟追马》，都在民间有着广泛的流传；在珞巴族的民间故事中，动物故事占有较大的比重，如《蝙蝠》《白头翁》《猴子的屁股为什么红》等。

---

① 资料来源：http://www.seac.gov.cn/col/col453/index.html。

（四）宗教信仰

珞巴族的宗教信仰以崇拜鬼神为主，相信万物有灵，认为人世间一切自然物都是由一种超自然的鬼怪精灵主宰，人的生老病死和灾祸发生都是由鬼怪作祟。他们要祈求鬼神的庇佑，常常要杀牲祭鬼或请巫师念经，施展巫术对鬼怪加以约束。① 珞巴族把"鬼怪""精灵""神灵""鬼魂"统称为"乌佑"，即"精灵"或"鬼"。他们认为"乌佑"可以凭附在任何自然物和人的身上，使自然物和人有了"精灵"和"鬼"的属性。"乌佑"种类很多，万物皆有，无处不在，左右着人们生产生活的一切领域。

1. 自然崇拜：从珞巴族原始宗教的历史发展看，大自然崇拜，是珞巴族先民最早的信仰和崇拜。在人们的观念中，大自然中的日月星辰、风雨雷电、山川树木等众多的自然物和自然现象都有神灵。这种神灵各有分工，各守其职，互不隶属，都成为珞巴人的崇拜对象。

2. 图腾崇拜：珞巴族由于不了解自身的生殖规律，把人类的繁衍与自然界的某种动物、植物甚至使用的工具联系在一起，并把其中的一种视作与自身有着特殊、神秘的血缘关系，视作自己的祖先，因而便出现了图腾崇拜。珞巴族各部落信仰和崇拜的图腾各不相同，其中主要有虎、豹、野牛、野熊、熊、猴、水獭、猪、牛、羊、狗、老鹰、乌鸦、布谷鸟、鸽子、蛇、太阳、月亮、刀等 30 余种。

3. 山石崇拜：山石崇拜是指对山、石、土地、树、水和火等自然物的崇拜。珞巴人生活的地方高山环抱，他们认为山神是山的主人，因此，崇拜山神的仪式，多与狩猎有关；崇拜岩石的仪式，与战争和结盟有关②。

此外，西藏的少数民族还有回族，于 17 世纪中叶以后，从甘肃、陕西、青海、四川、云南迁入，主要分布在拉萨、日喀则、昌都、泽当等市镇，主要从事商业、手工业和屠宰业；纳西族、怒族、独龙族、白族、僜人和夏尔巴人等少数民族也在西藏境内零星散居。

---

① 《珞巴族》，中国民族宗教网（http://www.mzb.com.cn/html/report/240176-1.htm2011-09-26）。
② http://www.seac.gov.cn/col/col453/index.html.

第二节 西藏自治区少数民族传统体育的挖掘与整理

西藏民族传统体育丰富多彩、形式多种多样、文化内涵厚重，具有鲜明的地域文化色彩，是西藏民族传统文化的重要组成部分，具有悠久的历史和优良的传统，西藏民族传统体育作为一种民俗活动广泛流传和赓续，在长期的发展演变过程中逐渐形成了"民族性、地域性、共通性、传承性、竞争性、生产性、娱乐性、审美性、大众性、健身性、季节性和形式多样性"[1] 的基本特性，同时，具有"教育功能和增强民族集体意识、提高民族凝聚力的作用，以及弘扬藏族文化的功能"[2]。具体而言，西藏少数民族传统体育主要由藏族传统体育、门巴族传统体育和珞巴族传统体育构成。

一 藏族代表性传统体育项目概览

（一）"达久"（赛马）

藏族赛马历史悠久，既是藏族传统节日中的重要内容，也是古时军队练武强体的重要手段之一。藏族赛马一般在某个重要节日时进行，因此藏区出现了各种各样的赛马节，如"藏北赛马节、江孜达玛节、羌塘恰青赛马会、定日赛马节、松宗赛马节、当雄赛马会、定日赛马节"等。古代的藏族赛马有两种比赛方式：一种是长距离赛马，即以最短的时间从起点到达终点者为胜；另一种方式也是比试速度，只不过是事先选好一个中心点，从不同的方向设定等距离的出发点，参赛者相向而行，最先到达中心点者为优胜。相比而言，草原上的赛马形式更为多样，具体分为长跑（大跑、小跑、走步，距离大约 310 公里）、短跑、跑马射击、马上技巧等项目，此外，还有快马折腰，迅跑中拔旗、捡哈达、挥刀斩旗杆、马上打靶射击等

---

[1] 丁玲辉：《西藏民族传统体育的特性》，《西藏体育》2003 年第 4 期。
[2] 丁玲辉：《略论西藏民族传统体育的社会特性和功能》，《中国藏学》1999 年第 3 期。

第四章　西藏自治区少数民族传统体育文化生态考察

与马匹有关的项目。马上技巧是赛马中一个比拼骑术的项目，有骑射①、骑马拾哈达②、骑马敬献青稞酒③等活动形式，参赛者一般是头戴大红帽，身着民族盛装，在飞驰的马背上做仰卧起坐、行礼、左右弯腰、左右转身、倒骑马背等各种惊险动作。骑射和骑马拾哈达已经成为全国民运会上的比赛项目。

（二）"押加"（大象拔河）

"押加"也称为"浪波聂孜""格腾"，即"大象拔河"，是一项藏族的特色传统体育活动，相传已经有400多年的历史，因比赛时参赛选手的身体姿态模拟大象，故得名。比赛一般是两人之间对抗，基本规则与汉族的拔河相似，赛前在相对平整的地上画两条相距1米的平行线作为"河界"，中间画一条中界，用一条4.5米长的布带两段打结系好，参赛双方将布带套在脖子上，并将布带经腹部从裆下穿过，在布带中间系一红布为标记，垂直"河界"中间，参赛双方背向趴在地下并两膝着地，用颈部和四肢的力量背向前爬，将红布标记拉过河界者为胜。

（三）"碧秀"（响箭）

"碧秀"即"响箭"，流行于西藏地区，林芝地区工布江达的"响箭"更为普遍，也是一项历史悠久的藏族传统体育活动。"碧秀"在形质上与普通弓箭类似，箭杆用竹子制成，箭尾插有天鹅羽毛，箭头部有木制椭圆形装置，四侧有小孔，射出后，因空气进入小孔而发出"哗——秀——"的声响，故得名"碧秀"，比赛射程一般为30米，靶场空中悬吊20平方厘米的靶子，靶心为"活靶"，射中后可以脱落，以命中率高低判别胜负。其比赛分为远射和近射，近射主要比准确性，远射同时比试远度和准确度。

（四）"古尔朵"

"古尔朵"是藏族牧区普遍流行的代表性传统体育活动之一，是将黑白牦牛毛搓成毛线后编制而成，长约2米，一端编有可套在中指上的环，中间有一块

---

① 骑射：骑射是在相距50米处各放置一个红底黑心的射靶，由射手高举火枪飞速射向第一靶，然后迅速将火枪背起，左手取弓，右手抽箭射向第二靶。
② 骑马拾哈达：是骑手身跨在马背的一侧，在马飞奔中将跑道上的哈达拾起。
③ 骑马敬献青稞酒：由三名骑手共同配合完成，第一名骑手擎着空杯飞马驰过跑道，把酒杯放在跑道上；第二名骑手擎着酒壶飞马从酒杯旁驰过，将酒杯斟满酒；第三名骑手驰马端起酒杯，不得将杯中酒洒泼。

· 159 ·

梭形的用来包裹石块的"乌梯",在末梢缀有羊毛做成的梢子,可在挥动过程中发出声响。"古尔朵"在实用层面是一种"抛石器",使用时将环套在中指上,"乌梯"中包上近似卵形或圆形石块,通过挥动手臂使其旋转,利用离心力将石块甩出,一般可抛至150米远。"古尔朵"起初作为武器抵御野兽和坏人侵袭,后来逐步用于放牧。"根据藏文史书中记载,旧时牧民比赛俄尔多,主要有两种形式:一是把四五个牛角叠放起来,上边再放上一个石块,'俄尔多'(古尔朵)打出的石头要把上边的石块打掉在地上,而牛角堆不垮掉为胜;二是打染成红色的牛尾巴,在规定的距离内看谁打得准"[①]。"古尔朵"在藏族居民的生产和生活中有"放牧工具、法器、玩具、传统体育项目"等多种用途。

(五)"朵加"(抱石头)

"抱石头"是一项起源于藏族日常生产劳动的、力量和技巧结合的传统体育活动,在农牧区较为流行,一般在节庆或集会时举行。据考证,"抱石头"源于松赞干布时期,大昭寺、桑耶寺、布达拉宫等寺庙壁画中有"抱石头"的场景。中华人民共和国成立以前,拉萨多次于藏历正月十八日在大昭寺松曲绕瓦(广场)举办抱石头比赛,经过挑选的椭圆形石头重量达300斤左右,并涂上油脂增加难度,比赛时,选手抱起石头走约10米后将石头放回原处就算成功。后来,比赛有了统一规定:原地双手抱起石头至腹前,再将石头从左腋或右腋下放于后背上,走完规定的圆圈后将石头放回原地。"抱石头"在1982年的第四届西藏自治区体育运动会上被列为表演赛项目,比赛方法较之以往略有革新,比赛石头重量分成了150斤、200斤、250斤、300斤四个量级,采取先抱轻、后抱重,从易到难的办法,四个量级必抱。牧区的"抱石头"比赛用酥油涂抹石头以增大难度,比赛时裁判员根据重量打分评定成绩、列出名次。比赛分为两轮,第一轮为原地抱大石,选手们要将重达230斤的大石头抱起,再从肩上翻过,每人两次机会;第二轮为直线搬大石,选手们要将259斤重的大石头抱起,看谁走得远,每人有3次机会。

(六)射箭

射箭,藏语称之为"达喷",是一项伴随藏文化历史发展的传统体育活

---

① 丹珠昂奔:《试说藏民族的形成》,《中央民族大学学报》1999年第5期。

动，源于原始社会时期的狩猎，弓箭在当时作为生产工具和战争中的武器。17世纪中叶，五世达赖所规定的男子必备"九术"中，射箭也位列其中。可见，藏族是一个比较喜欢射箭的民族，在民间也较为普及，现今西藏工布地区的林芝县、米林县、工布江达县一带的藏族居民酷爱射箭，凡传统节庆都会举行射箭比赛，藏族射箭比赛一般在上半年进行，大多以村寨为单位。

（七）藏式摔跤

藏式摔跤，藏语谓之"北嘎""加哲"，在古代则称之为"角力"。藏式摔跤类似"柔道"，比赛双方互抱腰身，以臂力和气力相互角逐，比赛中禁用腿脚，以"摔、跌、掼和扑"等动作战胜对方，先将对方摔倒者为胜。摔跤是藏族最为古老的竞技项目之一，源于原始社会时期与自然界的斗争，为了生存而逐步产生的生活技能，后来作为徒手搏斗的形式用于军事作战，后来其功能又发生演变，逐渐成为重大节庆、祭祀祖先、宗教活动、庆祝丰收活动中的娱乐性活动，其普及面也因此更广。藏族传统摔跤有固定式、自由式、背抵背式和马上摔跤四种形式。其中，固定式也叫"死跤"，摔跤手双方互相交叉抓住对方的腰带或搂抱对方腰部以上的部位，用摔、拉、掀、提等方法将对方摔倒，并使对手背部着地，连续三次将对手摔倒者为胜，不得使用脚踢或勾绊等动作。自由式也称"活跤"，没有过多的规则，摔跤手互相抓住对方肩膀，用脚勾、踢对方的脚，斗智角力，将对方绊倒即为胜利；自由式的另一种是在固定式基础上加入脚勾、绊动作。背抵背式是一种纯粹比力量的摔跤形式，摔跤手双方背抵背站立，双手相挽，同时发力，先将对方背起并使其双脚离地者为胜方。马上摔跤是在奔跑的马上互摔，将对方摔下马者为胜者[1]。

（八）"亚久"（赛牦牛）

"亚久"，藏语是赛牦牛的意思，也是青藏高原特有的传统体育活动，"赛牦牛"一般在每年的藏历七月至八月举行。牦牛有"高原之舟"的美誉，是高原上特有的畜种，喜高寒、体壮力大，藏族牧民最初将其作为运输工具，以此为基础逐步演变成为一项传统体育活动。"赛牦牛"是一项观赏性和娱乐性很强的传统体育项目，有"赛马看技巧，赛牛看笑话"的俗语，具体比赛有两种

---

[1] 丁玲辉：《西藏的民族传统体育》，西藏人民出版社2006年版，第105—109页。

形式：一是单牛速跑，是骑手骑在牦牛背上驾驭，使其以最快的速度完成200—500米的赛程，先到达终点者为胜，比赛过程中，天生性野的牦牛很难驾驭，对骑手的技术和体力都是极大的考验；二是双牛并跑，这种比赛形式源于藏族农区的"启耕节"，即开始犁地的仪式，双牛并跑是用两头牦牛共同拉一个耙地用的"耢"，参赛者站立在"耢"上用鞭子催牛奔跑，在直线或直线曲线都有的宽3米的赛道上比赛，直线赛道100—150米，直线和曲线组成的赛道一般是绕田地一圈或折返跑，除比赛开始时参赛选手可以脚蹬地3—4步帮助起跑以外，比赛过程中参赛者的双脚不许触地，比赛中"耢"碰到跑道两边的标志物或牛跑出赛道都算犯规，比赛优胜以跑速和控制能力来判别。

二 门巴族代表性传统体育项目概览

在吐蕃统一青藏高原之前，门巴族先民已经在西藏南部生活，如今主要居住在墨脱、林芝、米林、错那、乃东和拉萨等地，在长期的生产生活中创造了具有门巴族特色的传统体育活动。

（一）"巴加惹比或江姜巴"（拔河）

"巴加惹比或江姜巴"意思是"拉藤索"，是墨脱地区的门巴族对拔河的叫法，一般在过节或举办婚礼等喜庆场合开展，是一项深受门巴族男女老幼喜欢的娱乐性体育活动。"巴加惹比或江姜巴"一般是在相对平整的坝子（场地）进行，所用藤（绳）索有两个大拇指粗，长约50米，参赛者自由组队，每队20—30人，无严格限制，既可以男女混合编队，也可以分男队、女队对抗。比赛时，以事先放置好的竹棍或石头作为中线，比赛中被拖过中线的一方为负方，一场过后交换场地再赛，两轮定输赢，若双方各胜一场则握手言和结束比赛，裁判由不参赛的观众担任。比赛重在娱乐，胜负往往不被看重。

（二）"米嘎巴"（射箭）

门巴族把射箭称为"米嘎巴"，一般是男子参加，分为集体和个体两种比赛形式，以集体为主；比赛一般在较为平坦的地方进行，参赛者自愿组合为5—8人的两队，将两个箭靶间隔3米左右平行立放在离比赛者30米处，每一轮比赛，参赛队各派人数（一般派5人左右）相等的队员参赛，每人射两箭，两队参赛者轮流出场，双方均完成射箭后，裁判根据射中率来判别胜负，若双方射中率相同，则依据射中位置与靶心之间的距离大小判别高下，命中靶心和距离靶心近的数量多者为胜方，负方则集体向胜方敬酒献歌，之后再进行下一轮比赛。

门巴族的"米嘎巴"比赛，队员需自备弓箭，所用的弓一般是平时打猎所用的弓，所用的箭多为"梨欣"竹制作的竹箭，不用铁箭镞；而比赛所用箭靶是由芭蕉树的主干做成，一般选较粗的主茎，长度80厘米左右，剥去外层后把一面削成宽度约为25厘米的平面，在正中用黑炭画上同心圆和靶心。

（三）"龙普勒"（抱石）

门巴族的"龙普勒"即为抱石，因为是一种竞力活动，所以一般是青年男子参加，在节日和劳作之余均有开展，节日期间比赛所用的石头为大的"圆石"，劳作之余比赛所用石头多为就地取材，形状无严格限制，只需参赛选手认可。

门巴族的"龙普勒"比赛的规则相对简单，比赛中参赛者将石头举至胸口即达到要求，胜负判定以石头大小和举起高度为依据，因此冠军会有多个，都会作为赢家被他人尊重，接受他人敬酒并享受大力士的殊荣；选手在抱石的过程中可以将石头放在双膝上休息，也可以贴着身体往上挪动，但石头一旦抱起就不能随便放下，否则即为犯规而判输。

（四）"若安布"（攀藤索）

门巴族的"若安布"即为攀藤索，是一项在节日期间举行的传统体育活动，参加者多为青年男女和少年儿童，儿童参加需要大人保护；比赛一般选50—100米长的粗藤索，将其拴在距离合适的大树上，或者拴在事先挖坑栽立的两根高1.8—2米的木桩上；比赛时，选手需手脚并用，从藤索的一端攀爬至另一端，以速度和平稳性判别胜负。

关于藤索，墨脱门巴族有另外一种玩法：在两根木桩上平行搭拉数根（最少两根）粗藤索，参加者脚踩藤索从一端行至另一端，有的还在藤索上跳跃或做出各种滑稽动作，技术不佳者会从藤索上跌落。此项传统体育活动源于日常生活中的过溜索和过藤网桥，可锻炼人的体能、技能、智力和意志品质。

（五）"德过尔"（投石）

门巴语中的"德过尔"是投石比赛的意思，是一项男女老幼都可参加的活动，其比赛方式有两种，一种是将一个直径5厘米左右的圆石，投至一个

10—12 米开外的直径约 40 厘米的圆圈内,以投进次数多少判别胜负;另一种是用石头击打 10 米开外插立的 6—8 根竹棍,以投石击倒竹棍数量多者为胜方。

(六)"旁玛夏让白"(顶牛)

顶牛,门巴语称"旁玛夏让白",意思是"额肩相顶",是一项竞力的活动,深受门巴族青年男子和男性儿童喜爱,儿童的顶牛有单人对顶和四人一组两两对阵两种玩法,单人对顶是指参赛的双发双膝、双手着地,头顶头或肩对肩,要求左肩对左肩,右肩对右肩,双方用尽全力往前顶,手不能碰到对方身体,以其中一方被顶出规定的界线为胜负判定标准;四人一组两两对阵是指两人中的一人作为"背负者",另一人作为"被背者","背负者"十指交叉紧握,双臂前伸,头放在两臂之间,"被背者"趴在"背负者"肩上,双臂向前伸直,十指交叉叠摞在"背负者"的双手上,两人向前伸出的双臂形如犀牛角,比赛时,双方两两相对前冲,用"牛角"相互撞击一次,同时后退一步再次撞击"牛角",如此循环多次,先倒地者为败。而青年人多数情况下是一对一地较量,十分激烈。

三 珞巴族代表性传统体育项目概览

(一)射箭

珞巴族自古善射,精于狩猎,健康男子一生用于狩猎的时间为 40 年左右,狩猎工具主要为弓箭,同时也用弓箭防身,弓箭不离身;珞巴族有从小习练弓箭的传统,每个男子都是优秀射手,因此,射箭比赛在珞巴族民间经常举行,用平时狩猎所用的弓,箭头为竹箭头,靶子为随意选定的树干、树叶、竹竿等,有时也用中央画了圆圈的木板,一般靶距 80 米左右,比赛时每人射 3—5 箭,命中多者为优胜。

(二)跳竿

跳竿是珞巴族男女均可参加的传统体育活动,跳竿所用竹竿有三根,其中有两根需在一端留有 5 厘米长的支杈,间隔一定距离插立在地上,另一根竹竿作为横杆放置在竖立竹竿的支杈上,跳竿时可以在 10 步远之内助跑,越竿和落地时双脚并拢,越竿时只能腾空不能跨越,以高度判别优胜。

（三）摔跤

摔跤是珞巴族男性参加的一项传统体育活动，比赛时，双方互相抱住对方腰部，将对方摔倒并使其背部着地者为优胜。

（四）举重石

举重石是一项男子体育项目，根据各自体力选石头，参加者须两腿直立，躬身，双手举石，与肩部平，之后将重石向身后推出，要求参加者原地站立不动，否则就算违规，以举起石头最重者为优胜。

（五）攀高

攀高源于日常生活中的过溜索桥，攀高比赛男女均可参加，比赛前需在地上间隔10米埋牢两根大树干，分别高8米和2米，将粗绳索或藤索拴在树干顶端，比赛时，参赛者依次上场，在低的一端双手抓住绳索，双手离地，用腿勾挂绳索，双手交替上攀，在攀援过程中必须五次将勾挂的脚从绳索上放下，使身体处于悬空状态，然后在勾脚上攀，以到达最高点为胜；女性参赛者攀援时不需要做身体悬空动作，但需要在腹部拴上一根保险绳。

（六）射竹箭

射竹箭是男性少年喜欢的游戏活动，随意性较强，随时随地可以开展；射竹箭所用的弓为特制的竹弓，竹弓用竹条弯成，用细绳或皮条崩弦，弦长45厘米左右，所用的箭为细竹竿，无箭头，所用的靶子也是随意选定，通常以树干、竹枝、石头作靶，以命中率高低区分胜负。

第三节　西藏自治区藏族"响箭"文化生态考察与分析

考察点：林芝工布地区米林县里龙乡堆米村、才巴村

选取缘由：林芝地区历史可以追溯到藏族史前时期，是藏文化的重要阵地，此地有尼洋河流过，自然生态良好，再者，该地区除了藏族以外，门巴族、珞巴族、怒族等也有分布，选择此地考察还可以了解不同少数民族文化的融合情况。选取林芝为考察点的最直接原因是此地的"响箭"开展最为普遍，成立了林芝地区响箭协会，工布地区的山民酷爱并擅长射箭，传统节日都有射箭比赛，从藏族传统体育文化生态的角度而言，林芝地区的"响箭"

具有较强的代表性。

考察时间：2015年8月、2016年7月。

考察人员：韦晓康、王洪坤等。

"响箭"是藏族传统体育活动的典型，是藏族传统文化、民族风俗习惯、宗教信仰和文化心理的良好载体，较大程度上反映了藏族传统体育的区域性特征，其演变和发展也是藏族传统文化和藏族社会发展的良好映射。通过对这一传统体育活动的考察和分析，可以较为全面和深入地了解藏族传统体育文化生态。

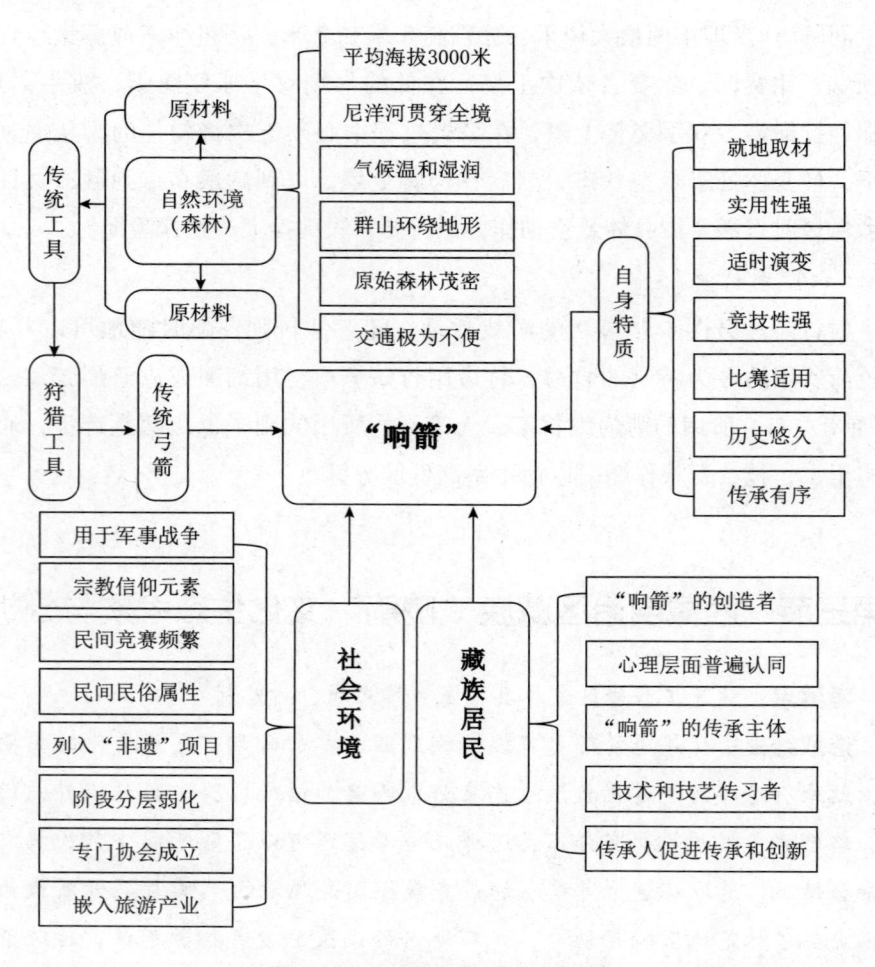

图4-1　"响箭"文化生态结构

一 "响箭"项目与自然环境

林芝有"西藏的江南"的美称，地处西藏的东南部，下辖林芝、米林、墨脱、工布江达、察隅、波密和朗县，是一个以藏族为主体的民族聚居地，其中，"响箭"普遍流行并最具特色的是工布地区（林芝县、米林县和工布江达县）。"响箭"在林芝地区产生并普遍开展，与林芝地区独有的自然环境有着密切的关系，详述如下：林芝平均海拔3100米，最低处900米，是世界陆地垂直地貌落差最大的地带。雅鲁藏布江在其西行之中切开喜马拉雅山脉，从南迦巴瓦峰和加拉白垒峰之间穿过，从朗县进入林芝地区，在米林县因喜马拉雅山阻挡而折流北上，绕过南迦巴瓦峰，在墨脱县境内向南奔流，经印度注入印度洋。长期以来，印度洋暖流顺江而上，与北方寒流在念青唐古拉山脉东段一带汇合，使林芝地区逐渐形成了热带、亚热带、温带及寒带气候并存的多种气候带，由于两大洋暖流的常年影响，林芝的气候长期以热带湿润和半湿润气候为主，年降雨量650毫米左右，年均温度8.7℃，年均日照2022.2小时。高海拔且群山环绕的地形和常年温和湿润的气候使得林芝地区的植被繁茂，原始森林覆盖率达46.09%，已发现和证实的植物类型多达3500多种，西藏自治区森林的80%集中于此，是我国第三大林区。原始森林的繁茂为野生动物提供了繁衍场所，已发现的野生动物有虎、熊、豹、獐、猴、羚羊、鹿等8种。

林芝地区山高林密的自然环境，使生活于此的藏族居民不能仅仅依靠农业或单纯发展牧业的方式生存，所谓"靠山吃山、靠水吃水"，狩猎就成了此地居民重要的生活物资来源，为了猎杀更多的动物果腹，藏族先民开始用当地的竹子做成弓箭，作为狩猎工具，既可以远距离猎杀动物，又可以作为防卫野兽侵袭的工具。面对山高路远、林木繁茂的生存环境，藏族先民不得不集体外出打猎，成员之间的信号传递相对困难，在此情况下，藏族先民将打猎用的弓箭进行改造，用当地盛产的木头做成圆锥体，在上面钻四个小洞，用其代替传统的箭头，在箭射出后，空气穿过特制箭头上的小洞，发出悦耳的鸣响，故得名"响箭"，藏族先民狩猎即用此可以发出声响的箭传递信号。

通过上述分析可以看出，"响箭"的产生有其历史的必然性，具体概括为以下两个方面：

(一) 特殊自然环境提供了"响箭"制作的原材料

热带湿润和半湿润的气候适宜竹子和其他树种的生长，同时为鹿、牦牛、鸟类等动物提供了栖息地，为"响箭"的"弓架、箭杆、箭羽、弓弦、碧秀、靶围、靶心"等部件的制作[①]提供了可以"就地取材"的原材料。传统"响箭"各个部件的原材料都与林芝地区的自然环境有一定的关系，具体而言，制作弓所用的竹子为"西藏箭竹"，这种竹子主要生长在海拔2500米以上的高山松林下，在墨脱、波密、察隅一带多有分布，特殊的自然环境和气候条件，造就了"竹壁厚、内孔小、韧性好"的特点，是做弓的上好材料；而做箭杆的竹子则不同，据本课题组考证，制作"响箭"箭杆的竹子为"西藏梨藤竹"，这种竹子主要分布在西藏东南部（墨脱），海拔940—2000米的地带，具有极好的柔韧性且竹质坚硬，高度20米左右，直径1.5—3厘米，全株节数多（24节左右），最大的特点是节间距很长，40—120厘米不等，非常适合于"响箭"箭杆所需的0.8米长度，可以避免竹节过多导致的重量不均衡、飞行不稳定等弊端。再者，制作传统"响箭"弓弦所用的麻，也是当地所产，据调研和查阅相关资料，当地种植的麻应该是"栽培大麻"，因为这种麻类"主要分布于三江（金沙江、澜沧江、怒江）中、下游及察隅、波密河两岸海拔1500—3450米之间的谷地与河岸"[②]，并且当地居民有使用其韧皮纤维的习惯，林芝工布地区海拔和植被情况都间接证明了这一点。此外，在考察过程中了解到，早期"碧秀"的原材料是牛角，因制作成本较高、价格昂贵和形状不规则影响命中率而逐渐改为木制。木质"碧秀"的选材因制作方法不同而有所区别，掏空制作方法所选择的木头一般是西藏青冈木等有花纹的木头，花纹也是评价"碧秀"优劣的基本标准，而劈开制作方法所选择的木头一般

[①] 射响箭需要具备弓、箭、靶围、靶心、弓架等。"弓"的传统制造是用长约1.2米、宽约6厘米、厚0.7厘米的两条竹片胶合而成的。"靶子"要有靶围和靶心之分。靶围藏语叫作"夏巴"，意为鹿皮，一般用好的鹿皮制作，用来挡住箭向前飞行。"靶心"藏语称为"玛尔蒂"，是用皮革制作而成的环形，直径约18厘米，共由三圈组成。外两圈宽约5厘米，外圈白色部用于固定，第二圈为黑色，第三圈为红色。第二、三圈都是活动的，有外力作用时会从第一圈中脱落出来，整个靶心吊在靶围前半米的架子上，一旦射中靶心，靶心便自动脱落。

[②] 胡益阳：《西藏昌都地区麻类资源考察》，《作物品种资源》1984年第2期。

为有花纹的硬木，藏语谓之"新叉"，如桑木、青冈木和核桃木等，两种制作方法均适合的是青冈木，这种木头材质坚硬耐磨、结构密实、产量较大，是制作"碧秀"的首选，而且是"就地取材"。

（二）特殊自然环境使传统弓箭的功能得到延展，进而催生了"响箭"

特殊的自然环境之下，人们对某种工具的实用功能会有所区别，"响箭"是以传统弓箭为基础的，仅在"箭头"上有所不同，"响箭"之"响"就是传统弓箭在实用功能上的拓展和延伸。综上所言，"响箭"的产生和使用，在很大程度上是拜自然所赐。

二 "响箭"项目与社会环境

（一）与军事战争的绵密关联催生了"响箭"及其功能转型

就社会功能而言，"响箭"自产生之后经历了几次演变，在藏族社会早期，部落之间的战争较为频繁，有关考古资料证明："从雅碧悉补野部落兴起到囊日论赞征服各部落而成为盟主；从松赞干布统一吐蕃全境、建立强大的奴隶主政权到芒松芒赞、埠都松赞、挥德祖赞、坏松德赞等巩固吐蕃政权，古代藏族每个历史时期都经历过重大部落战争，……囊日论赞征服过苏毗，松赞干布也与羊同进行过战争，后来吐蕃王朝还与门国、勃律、泥婆罗、党项（饵药）、粟特、突厥、回鹘、南诏、卡切、大食等交战。"[①] 而各种战争中弓箭是使用最普遍的武器，在《格萨尔·霍岭大战》中描绘的战争场面中多次出现，交战双方一般是先进行对射，之后比刀，在尕藏才旦编著的《史前社会与格萨尔时代》中有相关记载，"岭国部队射了半天箭；到了下午，又用长矛刺杀；黄昏时，又用刀互相搏斗，直杀到天黑时分"，同时记载了一个神箭手的系统射箭理论。藏族几千年的发展历史，大小战争无数，弓箭作为重要兵器使用在很大程度上为响箭的产生和使用创造了条件。

（二）宗教信仰元素的附加促进了"响箭"的传承

在林芝工布地区的节日中，"响箭"是必不可少的活动之一，尤其是在工布新年时，举行"响箭"比赛已经成为一种民族习惯，因为重要节日中射

---

① 赵秉理：《从〈格萨尔〉看古代藏族部落战争的作用》，《青海社会科学》1996年第4期。

"响箭"有其特殊意义,当地的说法是只要参与其中,不论是否射中,都会在来年有好运,从中可以看出,"响箭"比赛已经在某种程度上超越了传统体育的意义本身。在工布,关于"响箭"的传说有很多,其中有一种说法是"桑耶寺是因为响箭才建成的"[①]。藏族把弓箭当作神物敬畏,"平常用时将弓箭放在家中最显要的地方,不敢亵渎;使用时更为敬重,需要煨桑祈福,在拉萨的色拉寺等寺院中至今仍供奉着弓箭"[②]。再者,"响箭"比赛所用的器械也被赋予了宗教文化的元素,如响箭的靶围,所选用的是白色的帆布,这与藏族崇尚白色有一定关系,白色有"神圣、崇高"之意;"靶围"周围装饰着红色、黄色和蓝色的香布(藏语叫"他加"),三种颜色分别代表"太阳、土地和天空",与藏传佛教教义有一定关系;"靶心"由"红、黑、白"三色构成,分别象征"鸽、蛇、猪",分别代表贪染、嗔恚、愚痴"三毒",此说法源于藏传佛教中的六道轮回图。由于藏族是一个全民信教的民族,所信仰的大都为藏传佛教,因此,附加了宗教信仰元素的"响箭",在藏族人民心目中的地位已经远超一项传统体育活动,而成为一项与其宗教信仰有关的活动,所反映的是一种宗教情结和心理。如此一来,人们参与"响箭"比赛或相关活动的积极主动性会大大增强,"响箭"也就被作为一种具有宗教含义的活动始终存在于藏族居民的生活之中,藏族居民会通过积极的行动来使之不断传承和发扬。

(三)频繁的民间竞技促进了"响箭"技艺的提高

"响箭"在林芝地区有着良好的群众基础,各种形式的民间竞技开展频繁,"林芝地区每年都要举行各种级别的响箭比赛,县与县、乡与乡、村与村、单位与单位之间经常组织响箭比赛,还有为游客和考察研究人员等专门组织的表演比赛。特别是在重大节日(工布新年、藏历新年、桃花文化旅游节、黄牡丹旅游文化节、巴松措工布民俗旅游文化节、雅鲁藏布大峡谷文化

---

① 传说在修建桑耶寺时,白天修的寺庙,到晚上受到恶魔的破坏,一直建不起来。后来人们用射响箭的方法来阻止恶魔破坏,恶魔听到响箭的声音,不知是何物,再也不敢来了,桑耶寺很快修建好了,成为藏族人民的福祉。

② 王兴怀:《藏族"工布响箭"的产生及发展演变初探》,《西藏民族学院学报》(哲学社会科学版)2013年第4期。

旅游节等），响箭比赛往往是重头戏、压轴戏"[1]。竞技在一定程度上促进了"响箭"技艺的提高，表现为"射箭技术"和"制作技艺"两个方面：一方面，但凡竞技都以争取优胜为主要目的，"响箭"参与者所比拼的主要是射箭技术，竞技为广大爱好者提供了展示机会和平台，通过竞技，"响箭"参赛者可以发现"山外之山和人外之人"，彼此的竞争和比拼在无形中促进了射箭技术整体水平的逐步提高。另一方面，以射箭技术比试为主要内容的"响箭"竞技，对于"响箭"制作技艺的提高也是一种促进，制作精美、飞行稳定、命中率高的弓和箭往往会在竞技场上备受青睐，凡是想取得优胜者，都想尽办法在弓和箭的制作工艺上下功夫，从原材料选择到工艺的改进，都围绕"命中率"而展开。可见，频繁开展的民间竞技很大程度上促进了射箭技术和制作技艺的提高，进而推动了"响箭"的技艺传承和创新发展。

（四）藏族民俗为"响箭"的发展提供平台保障

"响箭"在工布地区有着广泛的群众基础，是当地的一种民俗，各村各寨都有善射的能手，良好的群众基础使射"响箭"成为工布地区各种民俗活动中不可或缺的内容，工布地区的男性是"响箭"的主要群体，每逢节日都会不约而同地开展射箭，有时进行表演，有时则进行比赛，为了提高射艺，农闲时练习射箭成了当地的民风。工布地区"响箭"的民风经长期发展逐渐形成了一种民俗，为各种重大节日增添了气氛。与"响箭"在工布地区藏历十月一日的"工布节"中的角色类似，是藏族的传统体育活动，抑或依托于婚庆、祭祀、传统节日等民俗活动，传统体育与民俗相融共进的情况较为普遍。众所周知，民俗源于人类社会群体生活的需要，服务于人的日常生活，是"源于人、规范人、传承于人"，并且体现在人的语言、行为和心理等方面，在各民族、时代和地域中逐步形成、演变和扩大。民俗是一种群体的共同创造，为某个民族的族民所接受并共同遵守。可以说，"民俗促进了传统体育的深化和发展，传统体育丰富了民俗的内容"[2]，民俗为包括"响箭"在内的藏族传统体育的发展和延续提供了平台上的保障。

---

[1] 王兴怀、杨建军：《博弈论视角下藏族工布响箭文化遗产保护研究》，《西藏大学学报》（社会科学版）2014年第3期。

[2] 阎劲：《试论藏族传统体育形成及特征》，《青海民族研究》2006年第3期。

(五) 列入"非遗"项目使"响箭"有了发展依托

"非物质文化遗产"(intangible cultural heritage),在《保护非物质文化遗产公约》中是"指被各群体、团体、有时为个人所视为其文化遗产的各种实践、表演、表现形式、知识体系和技能及其有关的工具、实物、工艺品和文化场所"。在《中华人民共和国非物质文化遗产法》中,"非物质文化遗产是指各族人民世代相传并视为其文化遗产组成部分的各种传统文化表现形式,以及与传统文化表现形式相关的实物和场所"。"非物质"的属性是非物质文化遗产的典型特征,强调更多的是以人为核心的技艺、经验、精神等,具有活态流变的特点。非物质文化遗产,因其所具有的特殊意义、情感、思维方式、审美习惯而成为传统文化之"根",保存着一个民族文化的原生因素和原生信息,是一种活态的、以人为本的特殊文化类型,其传承的可持续性极易被打破,因此,"保护"是对待各种非物质文化遗产的基本和共同的态度。在中国,非物质文化遗产有国家级、省级、市级和县级四级保护体系,具体以"名录"的形式来体现对某一非物质文化遗产的价值认同,旨在使其能够尽可能多地受到"保护",尽可能完整和持久地传承下去。2007 年,"林芝工布响箭"被列入西藏自治区第二批非物质文化遗产名录。综合来看,此举具有几方面的解读:首先说明"林芝工布响箭"是西藏自治区范围内具有藏族特色并具有保护价值的文化遗产类型;其次,能够成为自治区(省级)的非物质文化遗产,说明"林芝工布响箭"的传承情况不容乐观;再次,说明"林芝工布响箭"是藏族传统体育文化的代表性项目。总之,从保护、传承和发展的角度而言,"林芝工布响箭"列入自治区(省级)的非物质文化遗产名录,会使其保护具有政策法规上的支持,也会通过传承人的指定促进其传承链继续保持完整,其发展的空间也会因此得以扩展,并有可能得到创新性的发展。

(六) 藏族居民阶级分层的弱化,使"响箭"发展空间大大拓展

阶级性,从奴隶社会开始就在人类社会发展的进程中扮演着重要的角色,以至体育也被附加上阶级性的色彩。农奴制在西藏历史上曾经长期存在,农奴制以封建土地所有制为基础,以农奴依附于农奴主为主要社会关系,是一种野蛮甚至黑暗的社会制度,于 10 世纪开始,13 世纪普遍确立,直到中华人民共和国成立以后才逐渐式微,废除于 1959 年的西藏民主改革运动。实行农

奴制时期的西藏，农奴作为奴隶阶层几乎没有什么基本权利，遭到严酷的剥削和压迫，其影响渗透至社会的各个方面，对"响箭"的影响也比较大，因为，在藏族历史上的吐蕃王朝时期，"响箭"是僧侣、官员、贵族等上层阶级的专属，据有关资料显示，当时"响箭"的制作成本较高，相当于一匹马或一头骡子的价格，普通百姓是无力承担这么高昂的费用的，更不用说处于社会底层的农奴阶层。因此，很长一段时期内，"响箭"的阶级性特征非常鲜明。直到中华人民共和国成立之后，西藏社会的阶层壁垒逐渐打破，普通百姓和原来的农奴开始有了土地耕作权和基本的人权，经济条件和生活水平大幅提高，而作为一项具有藏族传统的体育活动，"响箭"也随之从上层社会专属逐步普世化为大众体育娱乐项目，这一变化使"响箭"的参与群体增多、传播的范围更广、群众基础更好。可以说，普世化的"响箭"回归了群众，回归了本源，因此而获得了更多的发展机会，发展空间也大幅拓展。

（七）"响箭"协会的成立有利于"响箭"的持续发展

纵观我国为数众多的少数民族传统体育项目，其中有大量的项目因为缺乏组织而濒临消失，某些经济欠发达的少数民族地区的传统体育活动基本处于"自生自灭"状态，近年来社会发展和转型带来的一系列影响直接冲击着其生存，加之当地政府部门和体育管理部门未能引起足够重视，致使某些少数民族传统体育活动的生存率逐年降低。而反观林芝工布响箭，上述情况非但不存在，反而在各单位和各地区都成立了响箭协会，制定了协会章程，定期开展活动。这一举措使"响箭"的发展有了组织依托、制度保障和人员基础，不仅使"响箭"从之前的分散状态走向组织化的形态，也在较大程度上促进了"响箭"的官方认可，能够列入"非遗"名录与各级响箭协会的努力密不可分。此外，有了协会的组织性支撑，政府有关部门也会加大经费投入，关于"响箭"的传承创新也会逐步推进，上述情况可在很大程度上促进"响箭"的持续发展。

（八）作为民俗体验项目嵌入旅游业，有助于"响箭"的被认知和
　　　快速传播

如前所述，"响箭"已经逐步脱离了原来的生产工具形态和武器形态，成为藏族居民日常生活中的一项民俗活动。作为一项极具藏族文化特色，又能

够亲身体验和感受的传统体育活动，使"响箭"与旅游产业结合并嵌入其中产生经济效益，是一项实现"双赢"的举措。林芝地区旅游资源丰富，自然景观别具一格，每年都吸引大量的外地游客前来观光旅游，在各种旅游项目中，"林芝桃花节"的影响力较大，从 2002 年开始举办，截至 2016 年已经连续举办了 14 届，每年的三四月份，"雪域江南"林芝的桃花就会争奇斗妍，如同藏族姑娘脸上的高原红那般美丽，加上独特的高山雪景，旖旎多姿的美景可以持续 30 多天，成千上万的外地游客可以在此领略西藏浪漫而又美丽的春天，届时，诸多藏族的传统活动都会开展，体验射"响箭"就是其中一个令人难忘的活动，游客可以在盛开的桃花树下搭弓射箭，将一支支能够发出鸣笛声响的箭用力射出，在射中靶子的一刻体会难得的欢娱，为旅游者增添一种难忘的经历。此外，林芝地区每年 10 月份还会举行规模盛大、民族风情浓郁的"雅鲁藏布大峡谷文化旅游节"，同样会吸引大量外来游客。通过嵌入旅游，"响箭"一方面可以为藏族居民带来经济收益，另一方面也使这项古老的传统体育活动被更多的人所认知，在很大程度上增加了"受众"，间接传播了"响箭"以及蕴含其中的藏族传统文化。

三 "响箭"的自身特质

"响箭"之所以能够在林芝地区藏族聚居地普遍流行，除了上述的自然环境和社会环境因素之外，其本身所具有的特质也是这项传统体育活动能够不断演变、传承至今的重要原因。

（一）制作传统"响箭"的原材料多为就地取材

传统"响箭"的制作所需原材料以竹子、木头、牛皮为主，其他如做弓弦用的麻绳、黏合竹片用的牛胶、缝制射箭手套的獐子皮等辅料也比较容易找到，而且价格低廉。"就地取材"在很大程度上保证了"响箭"的大量制作和大范围使用，尤其是在藏族社会发展早期，藏族居民经济状况不佳的情况下，制作成本相对较低的特点使更多的藏族居民可以接受。同时，"响箭"的制作工艺相对简单，不需要精密的仪器或特殊工具，具体制作过程中所用到的工具都是日常生活中经常使用的。相对简单的制作工艺、相对较短的制作时间和经久耐用的特征，使"响箭"的普及面更广、使用率更高、传承延续性更强。

（二）"响箭"的实用性较强

"响箭"的实用性是其能够长期被使用的重要原因，无论是打猎还是战争，信号传递都极为重要，适应特殊自然环境而产生的"响箭"，很好地发挥了自身在特殊地理环境中的优势，作为生产工具能够使人们获取更多的生活资料，作为战争中的武器，可以有效传递讯息以取得胜利，两种形态的"响箭"都契合了藏族居民对于工具的"实用"和"适用"需求，进而保证了它能够从千百年前传承至今。

（三）"响箭"能够根据所处文化生态状况进行适时演变

从文化生态适应的角度而言，任何一种文化都不是也不能孤立存在，都会不同程度地与其所处的自然生态、社会生态等发生关系，只有不断适应所处的生态环境，文化才能有效传承和赓续。"响箭"也是如此，从演变历程可以看出，"响箭"经历了狩猎工具→战争工具→娱乐工具→体育器材的几次转型，每一次转型看似是人们的选择，其实是一种文化的选择性适应的结果。包括转变过程中在原材料改变、工艺改良、形质变化等，都是这项传统体育活动适应所处生态的结果。

（四）"响箭"比试准度的竞技性特点使其适用于比赛

竞技性是任何一项体育比赛的灵魂，没有竞争或竞技，体育比赛就会黯然失色。"响箭"在形质上与传统弓箭无本质差异，都是以"箭"的命中率高低来判别胜负，技能水平、比赛器械、参赛选手心理、比赛环境等因素都会对比赛的结果产生影响，最终结果的不确定性增加了比赛的悬念和魅力、吸引了更多的观众、考验了参赛选手的整体实力，使"响箭"更加适合在重大节日中进行竞赛，同时增加节日的欢快气氛。

（五）"响箭"历史悠久且传承有序

相传"响箭"的历史已经有近2000多年，不同的资料说法不一，有资料介绍其历史有1500年，无论哪种说法准确，都可以看出"响箭"的悠久历史。《齐天乐·昭君墓》所载："登高便觉金风劲，方信塞垣秋早。衰草横坡，乱碑剥蠹，寒云刷空如扫。鸣镝声杳，传宁胡阏氏琵琶斜抱，马上离情，冰

· 175 ·

弦拨尽怨中调……",其中的"鸣镝"就是指"响箭";再如,《马射行并序》中的诗句:"彩云坠天珠走盘,老蛟赴海驱狂澜。年年此日城南端,长安壮儿颜渥丹。春服粲粲绮与纨,雕弧肖月金梁鞍。青骊飒沓骄鸣銮,镝无虚发骇众观……",而其中的"镝"就是响箭。上文所述的相关历史记载一方面说明了响箭历史的久远,另一方面可以从中窥见其使用的情况。厚重的历史一定程度上使"响箭"比赛成为藏族的一种传统,而传统的形成会在很大程度上促进"响箭"的不断传承。当然,传统是以一定的内涵为基础的。在工布地区考察时了解到,"响箭"在此地的盛行与一场民族战争、一个民族英雄和一个藏族重要节日密切相关。相传公元7世纪,西藏吐蕃时期的某年秋季,林芝藏族遭到了北方霍尔人的侵犯,藏族领袖工布土阿吉杰布想率领工布男性征讨,但临近新年,士兵们担心出战过不上新年的心思被工布土阿吉杰布看穿,于是,他将藏历新年提前到十月一日过,士兵和将领皆大欢喜,过完年后,工布土阿吉杰布配上弓箭率兵出征,当时佩带的弓箭有两种,一种是铁锹竹箭,专为打仗用;另一种箭是"响箭",作为冲锋时鼓舞士气的信号,相传工布土阿吉杰布射出的第一支箭即为响箭。此后,工布地区的藏族出于纪念,一方面开始过"工布新年",即在十月份开始过年;另一方面在过年时佩带"响箭"并比试射艺。"响箭"因此在工布地区作为一种传统流传至今。可见,"响箭"的久远历史和独特的民族文化内涵是其传承有序的重要原因,同时是其流传千年至今的主要原因。

四 "响箭"与藏族族群

(一) 藏族居民是"响箭"的创造者

任何一种传统体育活动都是由人这一能动主体创造的,各种类型的传统体育活动虽然来源不同,但最终都是经由人进行整理、总结、提炼、综合而成的。林芝工布"响箭"也是如此,是藏族居民在千百年的发展历程中不断总结生产生活经验,并对其进行提炼和升华,使之从生产和军事战争中分离出来,转型成为一种具有娱乐性、竞技性、健身性和地域性的传统体育活动。同时,藏族居民作为响箭创造者的能动性具体体现在以下几个方面:其一,"响箭"从传统射箭中衍生出来,是藏族居民的智慧创造。

"响箭"以传统射箭为基础，两者除了箭头的区别以外，其他方面几乎没有任何差异，"响箭"的箭头——"碧秀"发出的声响为"边棱音"（当一股气流以一定速度射向一个带有尖锐边缘的管子入口时，气流就会被分为两股，形成上下两个分离的气体涡漩，涡漩之间产生空吸，导致相互碰撞。如果气流不断，涡漩之间的碰撞也就会持续下去，涡漩碰撞发出的声音称为边棱音），响箭之所以能"响"，是"箭速、气流和'碧秀'上的空洞"三者共同作用的结果，而边棱音的利用是藏族居民长期生产生活经验的总结。其二，"响箭"的形制、规格和选材等都是藏族居民的主动创造。传统"响箭"的弓、弦、箭竿、碧秀等部件的选材都是相对考究，且形制和规格上也并非无所依据，都是藏族居民长期生活经验的总结和凝练。其三，"响箭"功能的转变也是藏族居民经验和智慧的赋予。从狩猎工具到战争武器，再到体育器械，其功能的转变与不同历史时期的社会需求是契合的，而这种契合的促成者就是藏族居民。

（二）"响箭"得到工布藏族居民心理层面的广泛认同

"响箭"在工布地区的盛行有多方面原因，其中重要的一点是当地居民对于"响箭"的热爱。工布地区的"响箭"，作为一项历史悠久、传统保持良好的传统体育活动，科学地融入了体育健身、藏族文化、休闲娱乐等元素，使其始终保持着深厚的群众基础。据王兴怀等学者的描述："每当响箭比赛或者表演时，当地农牧民往往会全家甚至全村总动员，全员参与。男子射箭娱乐，一边射箭，一边跳舞唱歌，歌唱美好的生活和家园，缅怀英雄人物的事迹，或者赞美自己高超的箭术等。妇女们则在一旁唱着箭歌，跳着箭舞，还要给射中靶心的神箭手敬献哈达、唱敬酒歌、敬青稞酒，以表示对神箭手的尊敬和褒奖，比赛后要集体跳工布箭舞。"[①] 从中可以窥知，"响箭"在工布藏族居民的内心深处已经超越了传统体育，作为一种生活方式融入藏族居民的日常生活。心理层面的广泛认同一方面保证了"响箭"的群众基础，另一方面使"响箭"这一传统体育活动更加具有生命力。

[①] 王兴怀、杨建军：《博弈论视角下藏族工布响箭文化遗产保护研究》，《西藏大学学报》（社会科学版）2014年第3期。

图 4-2 "响箭"比赛

图片来源：互联网。

(三) 藏族居民是"响箭"文化的创造主体和传承主体

林芝工布地区的"响箭"文化是藏族佛教文化、地域文化、休闲文化、节庆文化和体育文化的融合。首先，"响箭"文化是工布地区藏族居民创造出来的一种传统体育文化，对优胜者的推崇和赞誉间接增强了其竞技性；其次，"响箭"文化作为工布地区发端并流传的传统文化类型，在原材料选材、制作、分布、群众认同等方面都体现出工布地区的地域文化特征；再次，"响箭"文化作为工布地区藏族传统节日文化的重要组成部分，已经达到了不可取代的地位，足见其分量之重；又次，射"响箭"是工布地区藏族居民日常生活中的休闲娱乐方式之一，"闲时练箭、比箭"已经作为一种生活方式嵌入了藏族居民的生活；最后，藏族居民将佛教文化赋予了"响箭"的方方面面，从靶心构成中对于数字"3"的看重，到颜色的"红、黑、白"的讲究，再到以"响箭"发出的声音为弘法之道的说法，都反映出"响箭"文化的宗教色彩和内涵。而上述文化元素都是由藏族居民在长期的生产生活中所创造的，藏族居民是"响箭文化"的创造主体，同时成为当然的传承主体，在某种程度上肩负着传播和发扬"响箭文化"的历史责任。

（四）藏族居民是"响箭"技术和技艺的传习者

藏族居民是"响箭"的创造者，从古至今的流传、演变和发展，其中的每一个环节都是由广大藏族居民所促成。具体而言，藏族居民是"响箭"技术的掌握者和改进者。在藏族历史上，尤其是工布地区藏族历史上，每个时期都有精于射艺者，擅射者会得到民众的广泛赞誉和尊重，工布地区的藏族男性因此而勤于练习射箭，并在练习中相互促进、相互学习、共同提高，成为"响箭"技术的传习者；再者，传统"响箭"所用的弓、箭、碧秀、靶心、靶围等都是纯手工制作，每个工具都有既定的选材要领、规格和制作要求，是一代代的藏族居民，将一道道工序通过口传、亲授等形式沿袭下来，并在不断的传承中融入新智慧和新元素，使"响箭"一步步走到今天。因此，藏族居民同时是"响箭"制作技艺的传习者。

图 4-3 "响箭"箭靶

图片来源：互联网。

（五）"非遗"传承人推动了"响箭"制作工艺的传承和创新

一项传统技艺留存与"关键人物"有密切的关系，所谓"关键人物"是指精于某项传统技艺的人，他不仅掌握着技艺的精华，同时承载着该传统技艺在某个历史阶段所呈现的文化，对于某项传统技艺的传承，起着承上启下的作用，也是传统技艺的创新发起者和推动者，随着我国非物质文化遗产保护工程的实施，其中有些传统技艺被认定为非物质文化遗产，指定了"传承人"。对于传统"响箭"而言，其每个部件的制作工艺都十分考究，为了使这项传统技艺能够保护式流传，"工布碧秀（响箭的箭头，也指响箭）制作技艺"被列入西藏自治区第二批非物质文化遗产名录，2010年，巴鲁①被正式指定为碧秀技艺制作的传承人；"工布碧秀竞赛"被列入西藏自治区第三批非物质文化遗产名录，平措②被指定为传承人。巴鲁和平措对工布响箭文化的传承和创新做出了重要贡献。巴鲁潜心学习碧秀制作技艺三年，使传统制作技艺得以再生，同时，他创新性地将碧秀的制作材料从之前的"牛角"改为"当地的硬杂木"（青冈木），降低了制作成本，使碧秀更加大众化，提高了普及率，总结形成了一套包括工具、技艺、程序的独特技艺，并在米林县创建了第一个"自治区级非物质文化遗产米林工布碧秀制作技艺保护基地"，巴鲁不断创新碧秀的样式、材质、大小等，收徒传艺，展示和销售碧秀、弓箭等器材，使响箭逐步走向产业化的发展道路；此外，巴鲁还搜集整理关于响箭的传说、故事、箭歌等历史文化，合编了工布响箭的箭歌手册和传说故事，在学校中教授学生，有力地促进了响箭文化的传承和发展。平措是射箭高手，同时是"工布箭舞"和"工布箭歌"③的掌握者，他于2014年在林芝市福建公园建成一个200平方米的响箭场地和一间碧秀制作工作室，收徒传授碧秀的制作、射箭、跳箭舞和唱箭歌，为"响箭"的综合发展做出了贡献。通过上述两例可以看出，"传承人"的认定架起了"响箭"传承的桥梁，促进了有效传承和制作技艺革新、发展模式等方面的创新。

---

① 巴鲁，工布碧秀制作技艺传承人，米林县退休教师，从事碧秀制作和射响箭20多年。早年在农村任教时开始跟老艺人学习碧秀的制作技术，不断思考、钻研，在反复试验的基础上，形成独特的制作工艺和技巧，制成的碧秀声音响亮，深受响箭爱好者青睐。

② 平措，工布碧秀竞赛传承人，巴宜区（原林芝县）农民，从小跟随大人一起射响箭，在耳濡目染中学习，不断钻研射箭技术，逐渐成为林芝一带的射箭高手。在射箭的同时，他跟老人们一起跳工布箭舞，唱工布箭歌，学了许多以前的老箭歌，平措对于工布响箭文化（射箭技艺、工布箭舞和工布箭歌）的传承做出了重要贡献。

③ 工布箭歌，反映了藏族群众对射箭的爱好，也反映了这种弓箭的构造、来源和功能。其歌词是：门隅山上的竹林，请借给我一根金竹；崖峰顶上的雄鹰，请借给我一片鹰羽；藏北旷野上的野牛，请借给我一条牛筋；中原汉地的线铺，请借给我一束丝线；库加地区的铁匹，请借给我一个箭铁；稚隆柳林的布谷，请借给我动听的歌喉。削尖门隅的金竹，粘上轻盈的鹰羽；绷紧野牛的牛筋，缠绕中原的丝线；嵌上库加的箭板，金箭带着布谷鸟的歌声；射中了目标，目标。

第五章　重庆市少数民族传统体育文化生态考察

重庆地处中国内地西南部，位于长江上游，东部、东南部与湖北、湖南接壤，南部接贵州，西部、北部临四川省，东北部与湖北、陕西相接。重庆地貌特征以山地、丘陵为主，大巴山、武陵山等多座山脉坐落其间，因此，重庆也被称为"山城"。由于重庆境内有长江、乌江、嘉陵江、綦江、涪江、大宁河、阿蓬江、酉水河等河流经过，加之多山地貌，导致重庆降水量丰富，相对湿度较高，形成多雾的气候状况，素有"雾重庆""雾都"之称。"四季分明、降水丰沛、夏热秋凉、空气湿润、多雾少霜"是重庆在气候方面的明显特点，从气候类型上划分，重庆属于亚热带季风性湿润气候。重庆是中国唯一辖有民族自治地方的直辖市，重庆人口以汉族为主体，下辖4个自治县、1个区（黔江区）和14个民族乡。重庆少数民族聚居区为渝东南，55个少数民族都有分布，以土家族和苗族为主，少数民族人口193万左右，其中土家族140万人左右，苗族48万人左右。

重庆特殊的地理环境和人文特征，孕育了具有鲜明地域特色的巴渝文化，逐渐成为长江上游个性鲜明的民族文化，巴文化（巴族和巴国在历史的发展中所形成的地域性文化）是巴渝文化的发端，生活在"大山大川"的古代巴族人在特殊生活环境的熏陶下形成了顽强坚韧的性格，并且能歌善舞，创造出了以"战舞"为源头的"巴渝舞"，巴渝舞是集体舞蹈，刚劲有力，富有气势，在汉代经常作为宫廷舞蹈在宫廷宴乐中表演。同时，重庆的山歌民谣也丰富多彩，"川江号子、石工号子、报路号子"等都具有鲜明的特色。在长期的发展过程中,重庆各族人民也创造了各具特色的"民间文学、民间舞蹈、民间音乐、传统戏剧、杂技与竞技"等非物质文化遗产,其中包括"龙舟竞渡、木洞龙舟、荣昌缠丝拳、摆手舞、傩舞、狮舞"等多项传统体育文化。

第一节 重庆市少数民族简述

重庆是多民族杂居的直辖市,有近50个少数民族在此居住,据不完全统计,重庆市的少数民族人口近200万,其中人口数量最多的是土家族(113万),其次是苗族(52万人)。重庆市的少数民族主要分布于东南部的武陵山区,设有酉阳、秀山、黔江、彭水、石柱五个土家族苗族自治县,居住着土家族、苗族、侗族、仡佬族和回族等少数民族。

一 土家族

土家族是重庆市人口数量最多,分布最广的少数民族,主要分布在渝东南黔江区和石柱、彭水、酉阳、秀山自治县,其他分布在渝东北有长安、龙桥、万州恒合、忠县磨子、巫山红椿等土家族乡。土家族居民有本族语言,没有本族文字,劳动生产以农业为主,在生产生活中积累经验,创造了织绣、剪纸、蜡染、山歌、舞蹈等风格独特的传统文化。

二 苗族

苗族是重庆的第二大少数民族,跟土家族共同聚居在酉阳、秀山、彭水土家族苗族自治县,据第五次全国人口普查统计,重庆苗族人口50万左右。重庆苗族所居住的地区以山地、丘陵为主,自然环境较好,生产方式以农业为主。特殊的居住条件和生产方式孕育了独具特色的苗族传统文化。

第二节 重庆市少数民族传统体育的挖掘与整理

重庆市少数民族众多,其中人口数量占优的是土家族和苗族,主要分布于江河流域和山区的特点,铸就了其民族传统体育独有的风格和特点。

一　土家族代表性传统体育概览

重庆土家族主要分布在乌江流域，在长期的民族发展过程中创造出多姿多彩的传统体育活动，其中既有与水域有关的"划龙舟、潜水游泳、脚踩独龙穿急流、漂滩"，也有陆地上开展的"滚坛子、滚环、捡子、踢毽、撒尔荷、骑竹马、踩脚马、地龙、打陀螺、摇旱船、打飞棒"等，此外，舞蹈类的传统体育活动有"摆手舞、舞草把龙、茅古斯、花灯舞、鹿子灯舞、铜铃舞、撒尔荷、跳红灯、板凳龙、花棍、舞花棍"等，竞力类的传统体育活动有"摔跤、斗角、石锁、石担、抱蛋、对顶木杠、掰手腕、担劲、抵扛、搭撑腰"等，技巧类的传统体育活动有"倒挂金钩、高脚马、跳马儿、撑杆跳远"等，也包括一些与生产生活有关联的其他形式的传统体育活动，如"扁耍陀、肉连响、跳红灯、抢贡鸡、抱磨盘赛跑、拉头巾、踏木桩、攀藤、拔地功、荡秋千、武术、玩抱姑、射箭、打粉枪、独木桥、人龙、打猎、打长鼓、滚龙莲萧"等。其中，代表性的传统体育活动有以下几种：

（一）摆手舞

摆手舞是土家居民独创的体育活动或舞蹈形式，通过"摆手"和其他身体部位的动作反映土家族的宗教、祭祀、生产、生活。摆手舞包括"祭祀、跳摆手舞、唱摆手歌、表演'毛谷斯'和游戏"等内容，有大摆手与小摆手之分。由于土家族分布地域比较分散，不同地区的土家族摆手舞在动作方面有一定的差异，重庆与贵州不同，甚至同处乌江流域的土家族摆手舞也有所不同。酉阳一带"摆手舞"的动作主要有"单摆、双摆、抖虼蚤、叫花子烤火、螃蟹上树、磨鹰闪翅、状元踢死府台官、播种、栽秧、薅秧、割谷、打谷、挑谷"等，与贵州沿河地区土家族摆手舞的"犀牛望月、回旋摆、亮肘同边摆、单手同边摆、擦背、打糍粑、撒种、纺棉花、打蚊子"等动作有较大的差别。

摆手舞是土家族的祭祀性舞蹈，其产生背景为图腾、土王、祖先崇拜，其内容在长期的生产生活中不断得以丰富，其起源有两种说法，其中得以考证和认可的说法是土家族摆手舞源于"巴渝舞"。《华阳国志·巴志》中有

"阆中有渝水賨民多居水左右,天性劲勇,初为汉冲锋陷阵,锐不可当,帝善之专曰:'此武王伐纣之歌也'。乃令乐人习学之,今所谓巴渝舞也"等记载。在汉高祖定三秦以后,"巴渝舞"成为宫廷乐舞,并用于日常交际和招待宾客。直至唐、宋时期,"巴渝舞"逐渐从宫廷的歌舞演奏中消失,但"巴渝舞"却在相对封闭的武陵山区被部分地保留了下来,并演化成为两套表演内容。其中一套以民族迁徙为题材,展现了土家先民在迁徙途中的苦难历程。另一套则是原始地摹仿了生产劳作的全过程。[①] 源于宗教祭祀是另外一种说法,据《蛮书校注》卷十所载:"巴氏祭祖,击鼓而祭",是土家族摆手舞源于祭祀的一个例证;如今,在酉阳后溪镇的爵主宫供奉着彭公爵主,是渝东南地区现存唯一的与宗祠为一体的土家摆手堂。土家族摆手舞以其"原生性、祭祀性、民族性、群众性、健身性和娱乐性"等特征,逐渐成为土家族居民祭祀、收获、节日和婚丧嫁娶等活动中传达感情、表达愿望和了解民族历史、学习生产生活技能的一种方式。

(二)磨磨秋

磨磨秋是秋千的一种,是土家族历史悠久的传统体育活动。磨磨秋方便开展,并且娱乐性和趣味性较强,且制作简单。磨磨秋是用横竖两根木桩制成,将高约1.5米的竖木桩一端做成锥形或木柄状,另一端在事先选好的较为平整的场地里埋稳固,选一根稍细、长约5米的木头作为横木("磨手"),将其中间凿孔套于竖木桩,或用绳子将其固定在竖木桩的木柄上,确保"磨手"能够凭借埋在坑里的木桩为支点进行上下翘动和旋转。土家族磨磨秋的玩法有两种,一种类似于跷跷板,要求参与双方的体重相当,具体过程与跷跷板极为相似,只是磨磨秋可以在旋转中上下翘动;另外一种玩法是参与者分别等距离伏在"磨手"的两端,通过蹬地使磨秋获得平移的动量并开始旋转,同时上下起伏地做圆周运动。

(三)抵牛角

抵牛角是一项身体对抗型传统体育活动,趣味性和娱乐性强,活动不需

[①] 张世威、张陵:《我国民族传统体育文化发展的安全审视——以重庆酉阳土家族摆手舞为个案研究》,《北京体育大学学报》2011年第12期。

要器材，只需要一块相对平整的场地，画一条线把场地分为两个半区，比赛双方在线两侧距离相等处双脚站立，俯身头顶相抵，双手下垂但不能触地，裁判立于中线，比赛开始后，参赛双方发力头顶相抵，力争使对方手或胸触地，或者使对方不断后退，直到其中一方的脚越过中线，裁判以此判别胜负。从形式上来看，此项活动与牛之间的抵角相斗类似，或者就是模仿牛的争斗而生，其真实性却无可考之据。

（四）划龙舟

重庆土家族多临水（主要是乌江和锦江）而居，其日常生活中舟楫的使用较为频繁，划龙船这项传统体育活动因缘而生，其影响力也逐步扩大，尤其是端午节时，土家族经常举行划龙船比赛，通常每个村寨选拔10—20人参赛。龙舟有两种形式，一种是临时在木船的两头分别用一些铁质、竹质或木质等材料装制成为龙头和龙尾进行比赛。另外一种是在比赛时，将事先单独做好的木质龙头和龙尾安装在一个木船上，比赛结束后将木质龙头和龙尾拆卸单独保存，而木船可以继续生产和作业。

二 苗族代表性传统体育概览

重庆苗族传统体育的相关研究较为鲜少，在调研过程中也发现，重庆苗族的"汉化"程度较深，诸多传统节日逐渐"遇冷"，包括传统体育在内的传统活动也在渐渐失去空间和平台。根据上述情况，本研究对重庆苗族聚居区有一定群众基础的少量传统体育活动（主要是舞蹈类）进行整理，具体如下：

（一）苗族鼓舞

鼓舞是一种击鼓时以舞蹈相和的古老传统舞蹈，在重庆苗族聚居区较为普遍和流行，并且种类繁多，具有鼓点激烈、节奏欢快、步伐矫健、动作优美的特点，表演形式有单人、双人、四人鼓舞等。重庆苗族鼓舞是用大鼓伴奏的一种舞蹈，舞蹈时需2人，1人双手拿鼓，1人敲鼓边击拍，边打鼓边舞，表演时，先将牛皮大鼓置于木架之上，表演者手拿小木棒，一个人在鼓的正面表演，一个人敲击鼓边伴奏，鼓点和伴奏者的敲边节奏须和谐一致。苗族鼓舞的传统动作较多，有"种地、梳头、煮饭、纺纱、织布、割谷、挑担"等动作套路。另外，苗族鼓舞还分为"庆年""庆神"两种。"庆年"俗称年鼓，从夏历正月初开始一直到正月半止。每晚餐后闲时无事，约好之后，抬着鼓到村寨的宽坪之中进行，用来愉悦和热闹新年。"庆神"俗称神鼓，是秋冬举行祭祀活动的时候进行的，但"年鼓"是属于公众游戏，"神鼓"却属于典祭庆祝。一场好的跳鼓表演能够完美再现生产、生活的各种场面，给人一种美的享受①。

（二）苗族接龙舞

苗族接龙舞是苗族人民世代相传的一种祈禳性集体舞蹈，源于苗族"接龙"宗教祭祀仪式。苗族接龙舞动作优美、生动别致，基本步伐以半圆步为主，动作有龙翻身、龙现爪、龙穿花、龙跳门、龙抢宝、龙护宝、龙进门、关龙门等。伴奏音乐由苗族打击乐、唢呐、苗歌组成。苗歌在接龙仪式中演唱多采用苗歌平腔，在接龙舞中多采用高腔及其他声腔。苗族先民认为，龙是吉祥的象征，接龙舞是在接龙活动中所跳之舞蹈，表达了苗族对龙的喜爱之情。重庆苗族接龙舞伴奏乐器为夹马号、唢呐、铜锣等②。

第三节 重庆市土家族"摆手舞"文化生态考察与分析

考察点：酉阳土家族苗族自治县

选取缘由：重庆是一个少数民族较多的直辖市，在众多少数民族中，人口数量最多、聚居更为集中的当属土家族，而且在重庆市设有多个土家族自治县。而在土家族的传统体育活动中，"摆手舞"是最具代表性和地方特色的，因为该舞蹈与土家族的形成、历史演变、生活方式、社会结构、宗教、风俗甚至居住环境和语言系属等都关联绵密，被称为土家族标志性的文化形态，于2008年6月列入第一批国家级非物质文化遗产名录。重庆市各土家族

---

① 王一波、陈廷亮、咏梅：《浅析苗族鼓舞的起源和发展》，《北京舞蹈学院学报》2008年第1期。

② 重庆市民族宗教事务委员会：《重庆民族志》，重庆出版社2002年版。第185、245页。

自治县都开展"摆手舞",但其中最具影响力和代表性的当属酉阳土家族苗族自治县(简称"酉阳县"),该县是重庆市主要的土家族聚居区之一,民族传统习俗保留较好,是"中国著名土家摆手舞之乡""中国土家文化发祥地",并于2002年被文化部授予"中国民间艺术之乡(摆手舞)"称号。此外,酉阳县位于重庆市东南部,素有"渝东南门户、湘黔咽喉"之称,处于湖北、湖南、贵州、重庆的交界地带,这一特殊地理位置可以更好地体现不同地域间文化的交流和交融,将酉阳县作为考察点,能够更好地窥见土家族"摆手舞"文化生态的总体情况,同时是反映重庆市少数民族传统体育文化生态的一面镜子。

考察时间: 2016年1月、8月;2018年7月。

考察人员: 张世威、王洪珅等。

"摆手舞",土家语称作"舍巴日",有"东方迪斯科"之称,是土家族的一种历史悠久的传统舞蹈,流传在湘、鄂、渝、黔四省市交界的酉水流域及沅水流域一带,尤以酉水流域最为集中。同时,土家族"摆手舞"也是重庆各少数民族传统体育活动中的代表性项目,特色鲜明,普及化程度高。"摆手舞"是土家族族民祭祀祖先和神灵的集体性舞蹈形式,以摆手为基本特征,表现内容较为广泛,主要包括"人类起源、神话传说、民族迁徙、古代战争、狩猎捕鱼、刀耕火种、生产劳动、饮食起居等",根据祭祀主体不同,其表现形式、内容、规模等都有所区别。"摆手舞"主要分为"大摆手"(土家语称为Yevtixhhex)和"小摆手"(土家语叫"Sevbax"或"Sevbaxbax")两种,身体动作主要取材于生产劳动、日常生活和战争,基本动作包括"单摆、双摆和回旋摆"三种,其基本动律为"手脚同边,下不过膝,上不过肩,身体下沉而微有颤抖",基本特点大致相同,即"顺拐、屈膝、颤动、下沉"[1]。舞蹈过程中的扭、转、屈、蹲等动作组合需要全身各部位肌肉的协调用力和上下肢的密切配合。

---

[1] "顺拐"是摆手舞最主要的特征,即甩同边手,要求手脚配合默契,动作一致,以身体的律动带动手的甩动,手的摆动幅度一般不超过双肩,摆动线条流畅、自然、大方;"屈膝"要求膝盖向下稍稍弯曲一下,上身保正,脚掌用力,显得敦实、稳健;"颤动"是脚部与双臂略带小幅度抖动,给人一种有弹性和韧劲的感觉;"下沉"是指在伴奏重拍时身体有一种向下的感觉,动作沉稳而坚实。

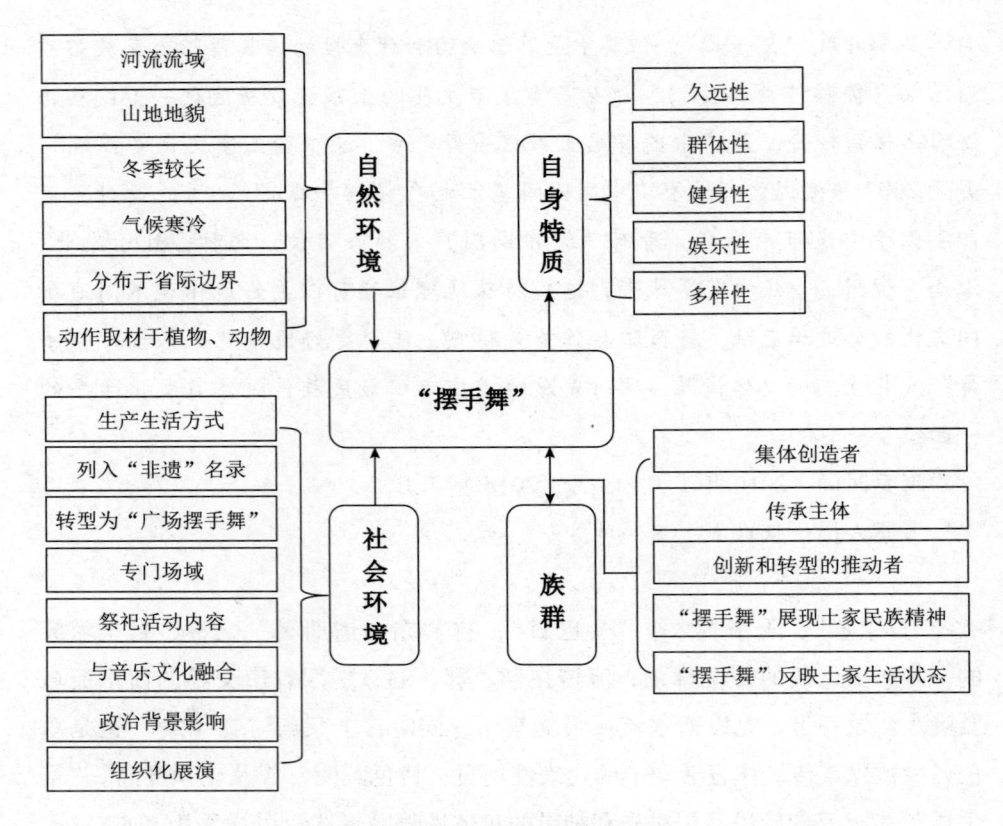

```
┌─────────────────┐
│   河流流域      │┐
├─────────────────┤│         ┌─────────┐
│   山地地貌      ││         │ 久远性  │┐
├─────────────────┤│ ┌────┐  ├─────────┤│ ┌────┐
│   冬季较长      │├→│自然│  │ 群体性  ││ │自身│
├─────────────────┤│ │环境│  ├─────────┤├←│特质│
│   气候寒冷      ││ └────┘  │ 健身性  ││ └────┘
├─────────────────┤│   ↓     ├─────────┤│
│ 分布于省际边界  ││         │ 娱乐性  ││
├─────────────────┤│         ├─────────┤│
│动作取材于植物、││         │ 多样性  │┘
│     动物        │┘         └─────────┘
└─────────────────┘      ┌─────────┐
                         │"摆手舞"│
┌─────────────────┐      └─────────┘
│  生产生活方式   │┐         ↑       ┌──────────────────┐
├─────────────────┤│                 │   集体创造者     │┐
│ 列入"非遗"名录 ││ ┌────┐          ├──────────────────┤│
├─────────────────┤│ │社会│  ┌────┐ │   传承主体       ││
│转型为"广场摆手舞"│├→│环境│  │族 │ ├──────────────────┤│ ┌────┐
├─────────────────┤│ └────┘  │   │←│创新和转型的推动者├←│族群│
│   专门场域      ││         │群 │ ├──────────────────┤│ └────┘
├─────────────────┤│         └────┘ │"摆手舞"展现土家民族精神││
│ 祭祀活动内容    ││                 ├──────────────────┤│
├─────────────────┤│                 │"摆手舞"反映土家生活状态│┘
│ 与音乐文化融合  ││                 └──────────────────┘
├─────────────────┤│
│ 政治背景影响    ││
├─────────────────┤│
│  组织化展演     │┘
└─────────────────┘
```

图 5-1 "摆手舞"文化生态结构

一 "摆手舞"与自然环境

(一) 自然环境孕育并型塑了"摆手舞"

"生活在特殊自然地理空间的人群可以在生产方式、生活方式、民族性格、思维特征和审美情趣等方面烙上地理特征的印记"①。"摆手舞"可以说是土家族的专属,不像其他传统体育项目一样在多个民族、多个地区均有开展,从这一点上来看,"摆手舞"的产生与土家族传统文化是有直接关系的,而土家传统文化所分布的酉水、沅水、澧水、乌江流域都存在自然环境上的共性,即"山地地貌为主,山峦重叠,河流纵横",这种特殊的自然环境孕育出了独具风格的土家传统文化,同时受古时交通条件的限制,民族和地区间

---

① 彭振坤:《来凤县舍米湖文化资源的调查报告》,《土家族研究》2004 年第 4 期。

的文化交流相对较少，某种程度上为"摆手舞"等民俗活动的成长提供了相对独立而又封闭的文化空间，久而久之便固定成为一种独特风格，进而演化为土家文化的特有风貌。因此而言，在特定地理环境之下形成的土家传统文化，在渐次进行的发展和演变过程中，不断地对根植于内的民俗活动进行型塑和文化内涵植入，最终形成一个以土家传统文化为根的传统文化体系。

（二）自然环境是"摆手舞"的取材园地

任何一种文化从根源上讲都是拜自然所赐。土家族"摆手舞"也是特殊自然环境中产生的文化事项，在其方方面面都能够寻见自然环境的影子，如"摆手舞"动作中的"撒种、薅秧、割草、打草鞋"等都是自然环境中"植物"方面的构成元素；而在其他动作中，还有些与"动物"有关的，如："雄鹰展翅、赶猴子、打蚊子、赶鱼、螃蟹上树、犀牛望月、拖野鸡尾巴"等；此外，关于生产劳作和日常生活的"割草、筛簸箕、挑担担、擦汗、抖灰尘、挑推磨、拜年、擦背、扫地"等动作都直接取材于自然。此外，资料显示，过去的"摆手舞"表演者是拿着"齐眉棍、弓箭、刀、戈、矛"等武器来表演的，因统治者担心土家人借机造反而责令改为徒手表演。其中的各种武器也都与自然环境关联绵密，或者原材料，或者现实功用都与自然和生产直接相关。由此可见，"摆手舞"不仅动作体系中有大部分是取材于自然环境，在其社会功能和文化内涵上也与自然环境有千丝万缕的关系。

（三）特殊生活环境提供了开展"摆手舞"的时间保障

早年的传统土家族大多居住于海拔800米左右的山地，这种特殊的环境使土家人的生活在某些地方有别于平原地区。相对较高的山地环境中，气温较低，气候较为寒冷，"居高山者，寒多暑少，盛夏被不脱棉，晨夕必烘于炕，故收获较迟，一切蔬菜皆过时始食"[①] 所描述的就是土家人的高山生活状况。受气候条件的限制，土家族居住的地区开春较晚，一般在农历三月才开始从事农业生产，而农历十一月就进入冬季，4个月左右的冬季息作，这为人们带来了大量的休闲时间，但相对寒冷的气候使土家人多选择烤火或能够取暖的身体活动御寒，

---

① 李勋：《来凤县志·风俗志（同治版）》，来凤县史志办在线资料（http://www.laifeng.gov.cn/szb）。

这为集体性的"摆手舞"开展创造了自然条件,同时提供了时间上的保障。

(四)特殊地理位置为"摆手舞"注入了"他"文化元素

地理位置能够对人们的生产生活方式和文化生成产生重要的影响,土家族"摆手舞"所流行的区域大多为省与省的交界地带,因此而形成的不同民族、不同地域、不同类型的文化交流就更为频繁。酉阳虽说在行政关系上隶属重庆市,但其所处的地理位置在湘、鄂、渝、黔的交界地区,正所谓"东邻南楚,西抵巴蜀,川湖肘腋,滇黔咽喉"①,为"全国地理中心地带、古代中原与西南之间的通道、长江经过之区"。摆手舞最早流行的可大、沙滩、老寨、酉酬、后溪等十多个乡也分散于酉阳县的各个方位,在日常生活中与汉族地区交流频繁,汉族文化和土家族文化的融汇自古至今都在发生发展,土家族传统文化中因此而遗存了大量汉族文化元素,为包括"摆手舞"在内的各种土家传统文化类型注入了汉族等"他"文化的元素。

二 "摆手舞"与社会环境

(一)"摆手舞"源于土家人的生产生活

土家族"摆手舞"虽说是一种舞蹈类的民俗活动,但从其内涵的丰富程度来看,它又是土家族文化的一个良好载体,通过"摆手舞",可以了解土家族传统文化的来龙去脉和基本样貌,因为,它根植并成长于土家人的日常生产和平常生活。从表现内容上来看,"摆手舞"所反映的不仅涉及人类起源、古代战争、民族迁徙、神话传说等宏观主题,也包括刀耕火种、生产劳动、捕鱼狩猎、饮食起居等生产活动和日常生活主题;从动作来源上看,有农业劳动方面的动作,如"插秧、打谷、挖土、踩田、割谷、砍火畲、摘苞谷、打草鞋、打猪草等";也有日常生活动作,如"喝豆浆、抖狗蚤、打蚊子、梳头等"。再者,"摆手舞"最初是因家族祭祀而起,而祭祀又是土家人生活中不可或缺的内容之一,跳"摆手舞"作为祭祀祖先活动中的一个重要环节,主要的目的即为祈求祖先保佑丰收和平安,而这种朴素的愿望,也正是出自

---

① 林翼池:《来凤县志(乾隆版)》,来凤县史志办在线资料(http://www.laifeng.gov.cn/szb/:63.)。

土家人的生产和生活。由此可知,"摆手舞"是以土家人的生产劳作和平日生活为根源,并扎根于此而不断发展演变,最终又以融入土家人生产生活的方式获得发展空间和延续动力而传承至今的。

(二) 列入"非遗"促进了"摆手舞"的发展

"非物质文化遗产"是根据联合国教科文组织《保护非物质文化遗产公约》而建立的一项保护人类以非物质形态存在的文化遗产的工程。某一项传统技艺能够列入"非遗"名录,在一定程度上能够反映出该项技艺的多方面价值及濒危性,也因此得到了保护、传承的制度性保障。"摆手舞"是土家人的优秀传统文化,承载了土家族起源、演变、发展的历史以及土家人生产、生活的各种文化创造,虽说是一个"舞蹈",但某种意义上是土家传统文化的集成。"酉阳摆手舞"先后列入重庆市和国家级非物质文化遗产名录,首先是对其文化价值、社会价值等的肯定,申报过程中的各项准备工作,其实是对该项目历史、文化、内容等的系统梳理和价值认定,本身就是一种积极主动的保护。成功列入"非遗"名录,能够较大幅度提高其知名度,获得政府部门的政策和资金等方面的支持,更重要的是会激发土家人的民族文化自豪感,从而产生本族传统文化的认同,这一系列的因素对于"摆手舞"的进一步发展具有重要的促进作用。

图 5-2 "酉阳摆手舞"国家级非物质文化遗产铭牌

图片来源:课题组摄于酉阳。

图 5-3　"酉阳摆手舞"市级非物质文化遗产铭牌

图片来源：课题组成员摄于酉阳。

（三）"广场摆手舞"使"摆手舞"更加大众化

从类型上来划分，"摆手舞"属于民间舞，受多种因素的影响，"摆手舞"开始向广场舞的方向发展。据有关资料显示，目前为止共创编了三套"广场摆手舞"，第一套广场摆手舞将原始摆手舞中的基本动作进行了整理和串联，并采用当地收集整理的民歌、山歌为伴奏形式，其串联过渡动作优美、简洁，易懂易学，适合各个年龄段的人群，深受喜爱；第二套广场摆手舞以第一套为基础，进行了适当简化而成；而第三套广场摆手舞主要参考了前两套的部分动作，并对部分动作进行了修改和提炼，配乐及风格保留，整体而言动作更为简练，从而更容易进行推广普及。散落于民间的"原始摆手舞"经过整理和编排，实现了向"广场摆手舞"的转型，这一过程和结果使"摆手舞"更加大众化。转型后的"摆手舞"一方面使参与者数量成倍增长，从而推动了其进一步普及和推广；另一方面，转型前后开展场域从祭祀场所转向休闲广场，使其存在和生长的空间大为扩展，同时，也使其从之前家族祭祀活动的相对封闭，转为广大民众都可参与的相对开放，无疑会大大增强其发展的活力。

（四）专门场域促进了"摆手舞"的开展

"摆手堂"是自古以来开展"摆手舞"的主要场所，清代《永顺府志》载："各寨有摆手堂，又名鬼堂，谓是已故土官阴署。每岁正月初三至十七日止，夜间鸣锣击鼓，男女聚集跳舞长歌，名曰摆手，此俗犹存。"① 其中不仅描述了"摆手舞"开展的时间及人群，同时指明了开展的地方——"摆手堂"；此外，据清《龙山县志》载："土民赛故土司神，旧有堂，曰摆手堂，供土司某神位，陈牲醴至期，即夕群男女并入酬毕，披五花被锦帕首，击鼓鸣钲，跳舞唱歌。竟数夕乃止，其间或正月或三月或五月不等，歌时，男女相携，翩跹进退，故谓之摆手。"② 也记载了"摆手舞"的专门开展场所——"摆手堂"。从上述资料中可以看出，"摆手堂"不仅是"摆手舞"开展的场所，其实也在某种程度上为"摆手堂"提供了发展的文化空间，因为"摆手堂"还有一个重要的作用就是祭祀，这一特殊的场所可以说是土家文化的聚集地，"摆手舞"等活动的开展其实更深层次的意义在于土家传统文化的传承和延续。这种超越"摆手舞"开展场所的专门场域，为"摆手舞"所提供的是物质实体和文化环境两方面的开展条件保障。

（五）与祭祀的关联促推了"摆手舞"的延续

众所周知，"祭祀"自古以来就是备受重视的仪式，不仅是儒教礼仪的重要内容，也是华夏礼典的重要组成部分。早在春秋时期，就有"国之大事，在祀与戎"的说法，祭祀之于一个国家的重要性可见一斑。"祭祀"是参与者对"天神、地祇、人鬼"表达情感的一种仪式性活动，其所营造的环境能够在某种程度上形成一种统摄力，具有促进族群认同和文化认同的重要作用。"摆手舞"是土家人祭祀活动的组成部分，并以祭祀为依托，这种关联在很大程度上使"摆手舞"具备了有效延续的各种条件，祭祀的周期性提供了时间保障，祭祀的唯一地点"摆手堂"提供了场地保障，祭祀的家族性参与提供了参与主体保障，祭祀的受重视促进了土家人的心理认同。可以说，"摆手舞"能够延续千年，与其所依托的"祭祀"有直接而必然的关系。

---

① 全国政协文史资料委员会：《土家族百年实录》，中国文史出版社 2002 年版。
② 萧洪恩：《摆手舞的起源及文化内涵初探》，《湖北民族学院学报》（社会科学版）1996 年第 1 期。

（六）与音乐文化的融合增强了"摆手舞"的内涵

土家族"摆手舞"是"舞蹈、民歌、民乐"的有机结合。据有关资料记载，"摆手舞"、《摆手歌》①在明清时盛行，其中，《摆手歌》因包含了大量的历史文化信息而被称为土家族民族的史诗。跳"摆手舞"的过程中有音乐相伴，其中，原始摆手舞开始之时，有《吆喝号子》作为开场音乐。如今，随着"摆手舞"的现代化转型，在"广场摆手舞"进行过程中，有《木叶情歌》②《麻杆点火》《溜溜歌》《送情郎》《打雀歌》等摆手舞曲作为伴奏。"摆手舞"的一大特色就是与音乐文化融为一体，这在一定程度上增强了其艺术价值，同时，作为一种民俗，能够与民歌（谣）、打击乐融合，成为一种展现民族特色的文化类型，无疑会使其文化内涵得以丰富。

（七）"摆手舞"的发展轨迹受政治影响较大

纵向梳理"摆手舞"的发展历程来看，其发展演变大致经历了3次波折：第一次出现在"改土归流"③初期，彼时为了消除土司制度的影响，各个地区均发布关于禁止摆手活动的告示，这一点在清嘉庆《龙山县志》中所记载

---

① 《摆手歌》：是土家族的长篇诗歌，它记录全面、描述细致，展示了土家族文化的博大精深与恢宏历史，主要有民族起源、历史迁徙、农作劳动和英雄故事四大部分，展示了土家族深厚的历史底蕴和宏大的历史文化。具体包括《制天制地》《雍尼补所》《洛蒙挫脱》《翁尼补所》《匠帅拔佩》《春帕妈妈》《日客额地客额》《白果姑娘》《砍草挖土》《泡种插秧》《打铁铸烨》等内容。《摆手歌》的演唱分为两种形式：一种由土老司演唱，歌词内容大多为祭祀先祖、民族历史和迁徙故事等，一般安排在摆手舞之前演唱。如流传在酉阳县下寨村一带的以反映民族迁徙为主要内容的原始摆手舞，最先就要演唱《古根歌》，歌中唱道："讲古根来唱古根，讲起土家有原因，想起土家过去事，土家人哟泪淋淋。……为了感谢先祖恩，土家人呀唱古根，山寨修建土王庙，摆脚摆手进庙庭……"。另一种是由表演者自己演唱，歌词大多反映生产生活情景，一般穿插在摆手舞中进行。如流传在酉阳县可大乡、后溪镇一带的以表现农事劳作为主要内容的原始摆手舞，就要用土家语演唱《农事歌》，歌中唱道："利古嘛写昔岔也，私里子姆结嘎也……"，其汉语意为："秧子嘛栽得好，大米饭吃得饱"，同时还要穿插土家语对白，其形态十分原始古朴。而原始摆手舞中的纯打击乐伴奏形式则是摆手舞的又一特色，伴奏乐器为大鼓和土制大锣，声音浑厚、低沉，气氛庄严、肃穆。

② 《木叶情歌》是源于重庆市酉阳土家族苗族自治县的一首民歌，也是土家摆手舞的伴奏。木叶情歌以歌传情，是千百年来酉阳土家小伙向心上姑娘求爱的独特方式，后来慢慢地演变成酉阳的一门民间绝技，由此，酉阳也曾经流传"以叶为媒"的神奇婚俗。木叶情歌歌词内容为："大山木叶烂成堆，只因小郎不会吹，几时吹得木叶叫，只用木叶不用媒。高山相荞不用灰，哥妹相爱不用媒，用得灰来荞要倒，用得媒来惹是非"。

③ 改土归流：明、清两代在云南、贵州、四川、广西等地少数民族地区废除土司，实行流官统治的一种政治措施，旨在加强中央对边疆地区的统一管理。明永乐十一年（1413年）平定思州、思南两宣慰使乱后，废土司，设贵州布政使司，置思州、思南等八府。清雍正时，采用云贵总督鄂尔泰改土归流建议推行于西南诸省，也称改土为流，亦省作"改流"。

的"屡出示，禁之不能①"，及清同治《龙山县志》"然桑濮风行，或至淫泆忘返。近土民读书讲礼教，惭为是者，其俗竟衰息"② 中可以窥知一二；第二次波折则出现在民国时期，当时酉水流域社会动荡不安，为了加强社会控制，国民党政府不准民众说土家语，不准开展摆手活动，摆手活动也因此趋于消沉。中华人民共和国成立以后，这一状况有所改变，摆手活动中的"摆手舞"得到一定程度的发掘和整理；改革开放以后，民族政策更加平等，酉水流域的社会经济得到快速发展，民族文化的发展也迎来了春天，"摆手舞"等活动也在新的环境中不断创新和繁荣发展。从上述内容来看，"摆手舞"这一民俗活动的发展受政治因素的影响较大，政治政策甚至可以在很长一段时期内影响其存在和生长，其发展空间的大小也在某种程度上受政治因素的影响。

（八）组织化展演促进了"摆手舞"的转型

在传统社会，土家族"摆手舞"是作为一种家族性的祭祀活动而存在的，但随着社会的不断发展，土家族的聚居区也逐渐走向开放，发展经济成为多数土家人的生活主要目标。旅游业的热兴催生了各种民俗活动展演，"摆手舞"也在此背景下被搬上舞台，一方面通过召集有技能的村民组建表演队，承接各种形式的展演活动来获取经济收益；另一方面，通过成立、注册各种协会性质的民间团体或组织，获得合法的身份或地位，进行规模更大、范围更广的商业性质演出。在各种形式的展演活动中，有部分是政府组织，如1999年全国少数民族运动会上，酉阳土家摆手舞获得表演项目铜牌奖；同年，重庆市组建酉阳土家摆手舞表演队前往香港参加国际旅游节，赴北京参加建国50周年庆典等大型活动；此外，更多的小型活动都是非官方组织。"摆手舞"随着社会的发展从"摆手堂"走向"舞台"，通过组织化的展演拓展了发展空间，同时实现了社会功能的延展，尽管过程中存在各种问题，但从长远来看，不失为一种现代化转型的尝试，对于其发展也会发挥一定的积极作用。

---

① 《龙山县志》卷七：《风俗》，1818年版（清嘉庆二十三年）。
② 《龙山县志》卷十一：《祁禳条》，1870年版（清同治九年）。

三 "摆手舞"的自身特质

(一) 久远性

酉阳土家族的历史可以溯至上古，佐证为五六千年之前（新石器时代母系氏族晚期至父系氏族萌芽阶段）的"大溪文化遗存"在重庆酉阳县大溪乡境内酉水河岸的深土中被发现（2007年4月），考古专家的这一发现证明了酉阳在上古时代就有巴人活动，"巴人"即现在土家人的祖先。"摆手舞"历史久远，虽然关于该舞蹈起源于何时有几种说法，但都从一个侧面反映出了其历史的久远。首先，有说法认为土家族"摆手舞"（此说法认为"摆手舞"源于"巴渝舞"）源于商代，当时流行的"巴渝舞"受到汉高祖刘邦的重视，对其在战争中的作用大为赞赏，并且还下令宫中乐人统一学习这种舞蹈。其次，有说法认为"摆手舞"早在公元940年就已存在。这一说法的依据在于现在永顺城郊存石刻古诗："千秋铜柱壮边陲，旧姓流传十八司，相约新年同摆手，春风先到土王祠。"所记载和描述的是土家族统治者彭士愁与楚王马希范在溪州（今湘西永顺）结盟并铸铜柱为记一事。其中的"摆手"和"土王祠"意指现在的"摆手舞"和土家族供奉神灵的"土王祠"（摆手堂）。由此可以窥知"摆手舞"历史的久远。

(二) 群体性

土家族"摆手舞"是由多人共同参与的集体性项目，一般情况下，在正月初九到正月十一开展，往往由各村寨按照形式组建多支队伍，每个队伍包括"祭祀队、乐队、舞队、龙凤旗队、炮仗队"等。由于以前的"摆手舞"都是与祭祀活动共同进行，所以全村寨的族人都会参与其中，虽然没有数量上的具体数字描述，但足以看出其群体性特征。另外，近年来，"摆手舞"在有关部门的主导下进行了现代化改造和转型，成为"广场摆手舞"，主要强调其健身性和群众性，不仅在开展时间和场地上突破了原始摆手舞，在社会功能上也更加偏重于广大群众的健身和日常休闲。2009年11月11日，酉阳26周年县庆活动中，20098名土家儿女齐跳"摆手舞"，规模创下了世界之最，成功申报了世界基尼斯纪录。

第五章 重庆市少数民族传统体育文化生态考察

图 5-4 酉阳县万人"摆手舞"

图片来源：互联网。

（三）健身性

从基本动作构成来看，土家族"摆手舞"在跳的过程中，以胯为动力，用头、手、肩、腰的扭、甩、转、端等构成大开大合的动作。从成套的动作来看，其中的动作有"翻犁坯子、撒种"等生产劳动的模拟，也有"梳头、打草鞋"等生活动作的模仿，还有"蛤蟆晒肚、鸡走路"等动物动作的模仿。可以看出，"摆手舞"所引发运动的身体部位很多，是一项全身运动。再者，在跳的过程中，会随着音乐的节奏有频率快慢、强度大小的变化，对于增大参与者的运动量、增强肌肉活动、促进心肺功能改善、促进体质健康等都有一定的积极作用。同时，"摆手舞"是在《木叶情歌》等本族音乐的伴奏下进行的，参与者在跳的过程中还可以放松身心、调节情绪，从而获得一种愉悦的美好体验，在一定程度上具有"健心"的作用。

（四）娱乐性

从土家族"摆手舞"的具体情况来看，其娱乐性特征具有两个方面的含义，其一是"娱神"，其二是"娱人"。所谓"娱神"是就"摆手舞"在祭祀方面的功能而言的。如前所述，"摆手舞"是祭祀历代土司和祖先活动中的重要环节，主要在祭祀场所"摆手堂"（土王庙）开展，而土家人祭祀的祖、

· 197 ·

神主要包括"创世祖先、拓业祖先、英雄祖先和家庭祖先"。此外还祭拜八部大王、土王（彭公爵主、向老官人、田好汉）等。从祭祀的目的来看，无非就是以特殊的方式使祖、神得到欢娱，从而佑护子孙平安和五谷丰登。"娱人"主要是从"摆手舞"现代转型后的功能考虑，有两个方面的具体指向，即"自娱"和"娱人"。"自娱"是针对亲身参与者而言的，"摆手舞动作优雅、健美，摆动姿势流畅、大方，简单一个'摆'，变化无穷，一百多种摆式，多而不乱。在动作造型上任意取舍，形式变化夸张，对比强烈，浑然一体，使生命充满了生机，体现了土家族人民勤劳、朴实、勇敢、向上的性格特征和精神风貌"[①]。亲身参与的土家人可以通过肢体动作和身体活动，体验"摆手舞"的丰富内涵，在参与的过程中获得一种美好的体验；"娱人"主要是对于观众而言，在独具特色的民族音乐中观赏舞者的表演，体会别样民族风情，通过视觉和听觉上的满足来获得愉悦的情感。

图 5-5　土家族"摆手舞"

图片来源：互联网。

（五）多样性

土家族"摆手舞"是一个内容丰富、内涵多样、功能多元的民俗体育活动，总体而言具有多样性的特征。首先，"摆手舞"具有丰富的内容。具体而

---

① 赵翔宇：《从娱神到娱人：土家族摆手舞的功能变迁研究》，《民族艺术研究》2012 年第 4 期。

言,"摆手舞"的动作从来源上讲有劳动生产、日常生活、军事战争、民族起源与迁徙等,具体动作的数量虽然有地域性差异,但也有十几种以上。其次,"摆手舞"具有多种文化内涵。从艺术的角度来看,"摆手舞"是民族舞蹈的类型,是土家人生产生活的艺术提炼和升华,同时,所相伴而生的土家族音乐,又是民歌的一种,具有鲜明的民族特色;而从体育的角度来看,"摆手舞"是少数民族传统体育文化的重要载体,反映了土家人传统文化的特点,同时具有一定的健身娱乐性,可以有效促进人的身心健康;从民俗的角度来看,"摆手舞"又是一种能够反映土家族民族风俗的重要活动,从中可以窥见土家风俗的演变和发展。因此,"摆手舞"具有文化内涵上的多样性。再者,"摆手舞"具有多元化的社会功能。起初,"摆手舞"是土家族先民创造出来的一种祭祀活动,可以在很大程度上促进族群的团结和族员的内部认同;后来,随着社会的不断发展,"摆手舞"又成为一种可以在舞台上表演,并以此实现群体性娱乐的目的,所发挥的是调节生活的社会作用;而"摆手舞"向"广场摆手舞"的转型所发挥的是其在健身娱乐方面的社会功能。鉴于以上分析,"摆手舞"多样性的特征不言而明。

四 "摆手舞"与土家族族群

(一)"摆手舞"由土家人集体创造

依据现有文献资料,关于土家族"摆手舞"的起源有多种说法,无论是"军事起源说、劳动起源说、生活取暖说",还是"巴渝舞说、纪念土王说",其指向都是一个"集体"而非某一"个人";同时,在各种起源说法的文本叙述中,大都没有出现某个人的姓名。由此推知,"摆手舞"自古以来就是以"集体"的名义存在的,是一种以"家族"为基本单位而进行的集体性活动,随着时间的推移历经波折传承至今。从民俗学的角度来看,土家族"摆手舞"的上述特征与"民俗事象"的一般特点(第一,民俗事象是社会的、集体的现象,不是个人有意或无意的创作;第二,与集体性密切相关;第三,在时间上是传承的,在空间上是扩布的)基本吻合,可以说,土家族"摆手舞"是一种民俗事象。而民俗事象的三个特点当中,有两个强调了"集体性",因此,结合"摆手舞"的特点和实际情况来看,该民俗事象是由历代的土家人在长期的生产生活中，不断积累、提炼、整理而创编出来的一种以身体活动为表现形式的传统民俗事象，是世代土家人集体智慧的结晶。

（二）土家人是"摆手舞"的传承主体

正如上文所言，土家族"摆手舞"是一种集体创造，从起源、成形到后来的演变、发展、创新这一过程中，土家人在其中扮演了创造主体和传承主体的角色。作为一种世代流传的民俗活动，其演变和发展的每一步都是由土家人来主导，具体到某个动作的取材和艺术加工、动作内涵的赋予、动作之间的连贯等，都是由土家人来完成和实现的。作为一项技艺类的民俗活动，其传承和发展在没有文字的情况下，就更加强调传承主体的主观能动性。起初的"摆手舞"作为一种祭祀性活动，所有族员都须参与并习得相关的技能，尽管传习的方式、方法、形式、场所会有所差异，但早年的土家人都得会跳"摆手舞"。正是通过这种民俗或民族文化的力量，所有的土家人既是"传者"，也是"承者"，通过代际间的言传身教，使"摆手舞"历经曲折传承千年。因此而言，土家人是"摆手舞"当然的传承者，所发挥的是传承主体的重要作用。

（三）"摆手舞"折射出土家人的生活状态

艺术源于生活，传统体育同样以生活为本源。"摆手舞"是土家人生活的艺术化展现，是土家人根据自己的生活创造出来并将其作为丰富生活的重要手段，所实现的目标紧紧围绕人们的身心健康和对美好生活的向往。世代居住在偏远山区的土家人，过着以农耕为主的生活，通过辛勤劳动获取收成，这种山居农作的场景在"摆手舞"中多有展现；同时，土家人不忘先祖和神灵，将民族迁徙、战事等民族历史融入"摆手舞"的动作体系。虽说"摆手舞"是土家族的民俗活动之一，但更多的是土家文化的重要载体，是以一种特殊的方式呈现土家族的历史轨迹和演变过程，同时将土家人传统的生活状态进行艺术化的展现。

（四）"摆手舞"是土家民族精神的集中展现

从基本表现形式上来看，"摆手舞"无疑是一种民族舞蹈，而舞蹈作为艺术表现形式之一，能够承载和传达某一民族的文化和基本精神。"摆手舞"作为根植于土家传统文化的舞蹈，在其价值核心层面所包含的是土家人的精神内涵。首先,"摆手舞"展现了土家人的勇敢刚强。自古以来,土家先民就尚武善战,据史料记载,明代湖广士兵抗倭,获"东南战功第一";清代长阳、巴东、来凤的白莲教起义,曾震撼当时的封建统治者;在"酉阳教案""施南教案"和长阳、五峰、巴东的反教会武装起义中,土家人民不畏强暴,坚持斗争,显示出强烈的爱国热忱;1927 年至 1937 年第二次国内革命期间,土家人民以无比的热情参加了创建湘鄂西和湘鄂黔革命根据地的伟大斗争,对中国革命做出了重大贡献。[①] 土家人的这种民族精神在"摆手舞"的"大摆手"中也有所体现,舞蹈过程中有大量关于人马厮杀、雄壮威武、不怕牺牲等的表现。此外,粗犷的动作线条和干脆有力的鼓点节奏,也都是土家人勇敢、刚强的有力侧证。其次,"摆手舞"呈现了土家人的积极乐观。"摆手舞中处处洋溢着土家人生命状态和生命韵律的跃动,小摆手中有模拟各种动物的动作,有模拟劳动生产的过程,有的表现劳动和生活,有的表现节日或丰收后的喜悦情绪,表达了他们对劳动的热爱和对美好理想生活的向往之情,展现他们喜歌善舞、乐天豁达的民族性格"[②]。最后,"摆手舞"体现了土家人的勤劳。就整体内容而言,"摆手舞"更多的叙事是围绕"农事"而展开的,舞蹈中的大摆手、小摆手都有大量以农事活动为根源的动作,散发出浓浓的劳动气息,这一现象反映出了土家人热爱劳动、勤俭朴素的民风。因此而言,土家人勇敢、乐观、勤劳的民族精神在"摆手舞"中得到了淋漓尽致的展现。

(五)土家人是"摆手舞"创新和转型的推动者

土家族"摆手舞"历史久远,在"发展—演变—发展"的循环中历经多次创新和转型,土家人以创造主体和传承主体的身份参与整个发展过程。纵向梳理来看,"摆手舞"经历了舞蹈、服饰、音乐方面的三大创新:1. 舞蹈创新。"摆手舞"在舞蹈形式方面进行了创新,将古原生态摆手舞的自由舞蹈形式进行改进,动作方面从九个提炼到五个,保留了最有代表性的同手同脚、顺边、老牛擦背等。2. 服饰创新。据资料记载:"土司时,男女服饰不分,皆为一式,头戴刺花巾帕,衣裙尽绣花边。"男女均穿安有铜扣的对襟上衣——琵琶襟,衣边上贴花边和"银钩",男衣花边较少,下身穿裙子,女裙

[①] 刘楠楠:《试论土家族摆手舞形态流传与发展研究》,硕士学位论文,中央民族大学,2006 年。
[②] 同上书,第 30 页。

较长，男裙较短①。改土归流后服饰有了变化，男子头缠青丝帕，包成人字形，穿琵琶襟上衣，便裤，麻草鞋或布鞋，均为青色，衣、裤镶有绿底粉红色花边，有的身披土花铺盖。女子梳一条辫子或盘头，或垂于脑后，戴耳环、项链，穿蓝色大襟上衣，系黑色土花围兜，蓝色中式裤，衣裤均有绿底粉红色的花边，脚穿绣花鞋②。"摆手舞"服饰通过创新实现了花色、样式上的多样化。3. 音乐创新。"摆手舞"原来的配乐以原生态的山歌、民歌为主，后来进行了提升，将号子、盘歌等结合，以"木叶情歌"为主体，展现土家人的风情③。此外，在近年来实现的"广场摆手舞"转型，是传统"摆手舞"迈出的最大一步，实现的是存在空间上的改变和社会功能上的巨大转向。综合来看，不论是创新还是转型，都是土家人在不同时代背景之下，对"摆手舞"这一传统民俗活动发展的推进。

---

① 中国民族民间舞蹈集成编辑部编：《中国民族民间舞蹈集成·湖南卷》，中国舞蹈出版社1991年版，第1375页。
② 同上书，第1376页。
③ 张世威、张陵：《我国民族传统体育文化发展的安全审视——以重庆酉阳土家族摆手舞为个案研究》，《北京体育大学学报》2011年第12期。

第六章 西南地区少数民族传统体育文化生态困境

文化生态,是窥知文化起源、生长、发展的一面镜子。文化生态的相关研究说明:"文化受自然环境的作用,也受人文社会环境因素的影响,其中自然环境包括地理环境、气候条件、生物植被状况等要素,人文社会环境包括历史渊源、生产方式、生活方式、宗教信仰、文化心理等因素。"① 少数民族传统体育文化既具有文化的一般性特征,也具有体育文化的特殊性,具体到某一类型或某一项传统体育项目上,又呈现出鲜明的文化个性。众所周知,西南地区是我国少数民族最为集中的聚居区,也是我国少数民族体育文化类型最为集中的区域,需要特别指出的是,西南地区文化生态的多样性也在很大程度上体现在各少数民族传统体育文化上。通过前期的研究和考察发现,西南地区少数民族传统体育文化生态的样貌可谓多姿多彩、各美其美,既有海拔千米之上青藏高原广袤草原孕育出的赛马文化,也有多彩贵州赤水河流域孕育的"独竹漂"文化;既有彩云之南边陲林地环境中产生的"陀螺"文化和"吹枪"绝技,也有四川彝族农耕文化孕育的赛马文化和川渝两地独具特色的民间体育舞蹈文化。然而,宽广的地域、差异化的地理环境、多样化的气候类型、独特的民风民俗、不均衡的经济发展水平、多类型的宗教信仰、政府重视程度的不一、族民观念的差异性等因素,都作为少数民族传统体育文化生态的构成部分,对各民族的传统体育文化生态产生不同程度的影响,形成少数民族传统体育文化发展的生态难题。本研究结合西南地区少数民族

---

① 范大平:《论中国农村文化生态环境建设》,《求索》2005年第2期。

传统体育文化生态考察的实际情况，对发现的文化生态层面的困境进行总结和概括，具体从自然环境、社会环境、传统体育、族群四个维度进行呈现。

第一节 自然环境维度：作为原生场域的影响力逐渐让渡

任何一种文化都有其原生场域，每一种文化都能找见与其所处自然环境相适应的特征。然而，从历史的纵向轴线梳理可见，自然环境并非一成不变，其在不同历史阶段发生变迁是一个必然规律，面对这种不可阻挡的趋势，源于斯、长于斯的各种传统文化，也在自然而然地接受种种"改变"的冲击和影响，少数民族传统体育文化也在其列。

一 自然环境的重要作用逐渐消弭

人类是在不断地改造自然和利用自然的过程中进化和繁衍的，而文化也正是人类在适应自然环境的过程中所创造的，一定意义上说，自然是滋生文化的土壤。各民族先祖在特定自然环境中，依据不同的自然条件和自然环境，集体创造出了地域特色鲜明的传统体育文化，所谓"北人善骑，南人善舟"蕴含的就是自然环境之于传统体育文化的影响。自然环境在某种程度上决定着一个地域范围内居民的生活方式和经济类型，进而导致传统体育项目类型和风格上的差异性。如草原环境孕育了游牧民族和放牧文化，"赛马、刁羊、赛牦牛、古尔朵"等项目就依托游牧文化而产生和发展；临水而居的环境则孕育出舟楫文化，"划龙舟、叉鱼、游泳、独竹漂"等传统体育项目就应运而生；居于山区的民族则发展狩猎文化，创造出"射弩、射箭、吹枪"等具有生产性的传统体育项目。在自然环境的大范畴之内，有一部分内容与传统体育文化关系密切，从文化生态的角度将其界定为"自然环境"——自然环境中与文化生态直接相关的元素的集合。本研究在调研过程中发现，经济社会快速发展所导致的少数民族地区生产生活方式变革，这种反作用在某种程度上削弱了自然环境对少数民族传统体育文化的影响，致使原本依赖于特定自然环境的传统体育活动出现了生态层面的不适应，进而形成了一种短期内无法改观的生态困境。具体以考察的三个实例来说明：

实例1："独木龙舟"在自然环境维度的生态困境。"独木龙舟"是贵州台江县特有的传统体育项目，因制作原材料以"原木"为主而成为"独木"，该项目所依存的自然环境主要是原材料，随着社会发展而出现的生态困境主要表现为符合要求的原材料日渐稀少。制作"独木龙舟"的原材料在规格上有特殊要求（长度二三十米以上、高大、轻便、耐朽），但是，由于前些年森林资源的过度开发导致木材量逐年减少，尤其是可以用来制作龙舟的树木越来越难找到。而近年来，保护森林资源又得到高度重视，林木不能像以前那样随意砍伐，由此导致"独木龙舟"的制作原材料短缺，从而对该项目的发展形成较大的限制。可以看出，因为自然环境改变所导致的生态变化，在某种程度上成为"独木龙舟"发展的阻碍。

实例2："吹枪"在自然环境维度的生态困境。"吹枪"是起源于云南省文山州的一项民间传统体育项目，由驱赶鸟虫的功能演化而来。该项目产生于文山州苗族居民的农耕文化，特殊自然环境适宜发展农业，同时为鸟虫提供了适宜生活条件，长期受鸟虫之害的居民发明了"吹枪"来驱赶，同时用以打猎。"吹枪"制作所需的原材料都直接来源于自然，其"枪筒"是用当地的"通花杆"植物制作，后来因内壁不够光滑而改用"越南薄竹"，虽然这种竹子主要生长在越南，但与越南接壤的文山也符合该竹子生长的气候条件和其他条件；再者，制作"吹枪"枪托所用的木头在林木繁多的文山可以有多种选择；用以固定枪管和枪托的"枪管套"是当地的一种恩桃树的树皮，这种树在文山大量分布。此外，"吹枪"所用的弹丸为当地的一种普通植物——"红果"的种子，后来出于准确性考虑而改为更为易取的材料——黄泥和酸白泥，黏性强的泥质弹丸容易控制大小和形状，同时可以直接粘在枪托上方便携带和使用。可以看出，是特殊的自然环境孕育了"吹枪"这种风格特殊的传统体育活动，然而，随着时间的推移和社会的不断发展，"吹枪"的自然环境不断变化，之前的山林植被、农业生产方式、鸟虫防治方法、狩猎等都发生了不同程度的改变。尤其是农业生产方式的现代化和狩猎的禁止，现代化的生产方式使当地的居民不再像以前一样通过农业种植和狩猎来获取

· 205 ·

生活所需的物质资料，原来可以随意砍伐的林木和随时进行的狩猎都在新的社会背景之下受到保护，种种自然环境因素的改变引发了"吹枪"社会功能的演变。可以说，在赖以生存的基础和环境已经发生变化的情况下，传统"吹枪"也将面临新的生态适应挑战。

实例3："响箭"所面临的自然环境维度的生态困境。"响箭"是西藏工布地区流行的一种传统体育活动，传统"响箭"某种程度上讲也是自然环境孕育出来的。首先，产生根源在自然环境方面。"响箭"在最初用于打猎过程中的信号传递，其产生以狩猎文化为基础，而狩猎文化又取决于当地的山地环境。本源上讲，是工布地区特殊的自然环境为"响箭"的产生提供了土壤和部分条件，为生活于此的藏族居民提供了激发智慧和潜能的前提。其次，原材料为就地取材。传统"响箭"的制作所需原材料以竹子、木头、牛皮为主，其他如做弓弦用的麻绳、粘合竹片用的牛胶、缝制射箭手套的獐子皮等辅料也比较容易找到，而且价格低廉。就地取材在很大程度上保证了"响箭"的大量制作和大范围使用，尤其是在藏族社会发展早期，藏族居民经济状况不佳的情况下，制作成本相对较低的特点使更多的藏族居民可以接受。然而，从现实的情况来看，如今的"响箭"已经逐渐脱离或剥离了"自然环境"的影响，之前制作弓、箭、箭羽、靶围等的原材料规格和要求现在已经被现代化的复合材料取代，仅仅箭头——"碧秀"还以当地的青冈木为原材料。而之前对响箭影响相对较小的"社会生态"因素日渐强势，对传统"响箭"的影响越来越大。从文化生态的角度来看这一现象，脱离自然环境可以说是一种历史的选择，但必须清醒客观地认识到，是自然环境赋予了"响箭"鲜明的特征和独特的文化价值，其所面临的自然环境维度的生态困境也在某种程度上影响了传统技艺的进一步传承和发扬。

二 传统体育文化与自然环境剥离

回望历史不难发现，人类文化的创造最初都与自然环境密不可分，可以说，任何文化的剖解都能寻见自然的影子。自然资源能够为人类的繁衍提供物质生活资料上的供给，由此形成相应的生产方式和生活方式，进而推动了不同文化个性的形成。西南地区的少数民族，多聚居于山野边陲，物质匮乏、交通不便、文化闭塞是早年少数民族地区的普遍情况，在此环境中孕育了多重功能指向的传统体育活动，为了获取更多食物而使用"弓箭（弩）、吹枪"猎杀动物，为了征服大江大河的阻隔而发明"独竹漂""独木龙舟"等水上交通工具，为了克服对于大自然的恐惧而创造各种用于宗教祭祀的舞蹈。然而，随着人类改造自然能力的加强，社会的发展和变革加速，各种社会活动受自然因素的制约越来越小，而文化与自然环境的关系也在日渐消释，少数民族传统体育文化也概莫能外。具体表现如下：

（一）少数民族传统体育文化与自然环境的日渐脱离

从本源上讲，是工布地区特殊的自然环境为"响箭"的产生提供了土壤和部分条件，为生活于此的藏族居民提供了激发智慧和潜能的前提。然而，从现实的情况来看，当前的"响箭"已经逐渐脱离或剥离了"自然生态"的影响，之前制作弓、箭、箭羽、靶围等的原材料规格和要求现在可以完全不用考虑。而之前对响箭影响相对较小的"社会生态"因素日渐强势，对传统"响箭"的影响越来越大并且表现在诸多方面。这一点从文化生态的角度来看，是较之以往最显著的生态方面的变化，脱离自然生态这种情况可以说是一种历史的选择，但必须清醒客观地认识到，是自然生态赋予了"响箭"诸多非物质文化遗产层面的特征和价值，其保持和传承依然面临艰难困境。

（二）少数民族传统体育文化依赖于自然的社会功能被替代

这方面的典型例子当属"独竹漂"，从其源起来看，最初是因为陆路交通的不便，人们不得已将水路作为出行的主要方式，这一背景催生了"独竹漂"。然而，社会的发展也导致了自然环境的改变，陆上交通的改善大大改变了原来的出行方式，作为水上交通方式的"独竹漂"优势不再，其基于自然环境而具有的实用功能被取代，自然环境对于传统体育的作用力和影响力日趋减弱。

（三）少数民族传统体育原生场域的挪移或转换

云南文山州的"吹枪"，其原生场域在农田，不论是其孕育场域、原材料还是生长空间，在很长一段时期内都是在自然环境之中。转型之后，虽然新型的"吹枪"在原生场域中也可以使用，但其作为比赛项目的场域挪移至室内，而且还有意地规避了"自然环境"方面的"风速、声音、遮挡物"等因素。再者，各种宗教祭祀类的舞蹈，之前是在某个野外的"祭祀场"或"祭堂"进行，通过特定的自然环境加强仪式感；然而，各种舞蹈在社会功能方面的转型，使其开展场域转换为"广场或操场"，离开了原生的自然环境，少数民族传统体育文化的存在则很难激发参与者在心理层面的那份群体归属感和文化认同。

总之，对少数民族传统体育受自然环境影响越来越小这一问题应当理性看待，自然环境之所以作为原生场域的影响力逐渐让渡，不能不说是一种历史选择。虽然诸多少数民族传统体育都是自然的孕育，自然元素已然作为其特质成为"传统性"的体现，但社会的变迁就是如此。当前，其"传统"该如何正视和保持是一个挑战，愚见认为，"传统"和"现代"是既相对又相辅相成的两个概念，即只有找准了"现代"的立场，"传统"的价值方能更好地体现和承扬。鉴于此，少数民族传统体育文化发展面临的原生场域变迁问题，应当置于"未来"视域来审视，毕竟传统文化依然会在自然环境中传承、发展和衍续。

第二节 社会环境维度：多因素的影响日趋明显

社会变迁是一股强大的力量，社会发展是一个难以改变的趋势。在社会发展速度增快、社会转型周期变短、社会因素变化加速的背景下，某些"传统文化"因发展节奏滞后于社会发展而出现了种种不协调、不一致，这种"传统"被遗落或遗忘的现象值得深思，但也需要理性看待和对待。毕竟，任何事物的存在都依赖于一定的社会环境，少数民族传统体育虽然是一种相对抽象的文化事项，但也概莫能外。从历史演进的纵向梳理可见，任何一项少数民族传统体育活动，其产生、演变和发展的每一环节都是一种基于人的需求的社会选择。可以说，少数民族传统体育是在一定历史时期为了满足某个族群的社会性需求而产生的，其间虽然利用了某些自然资源，但其最终的发展指向还是人的需求。观照现实来看，少数民族传统体育的发展受到多重因素的影响和制约而短期内难以改观，这一问题需要细究其实，本研究从文化生态角度的分析和探讨呈现如下：

一 民族节日平台的过度依赖

节日是一个民族传统文化的重要组成部分，也是各类民族传统文化事象的重要载体。"节"，古作"節"。《说文》中的解释是："節，竹约也，从竹即声。""日"是时间计算单位，"节日"一词意在强调其特殊性，即区别于平常日子的特殊日子。"节日"也因此具有了比平常日子更具内涵和意义的日子。就定义而言，"节日是各民族依据传统的宗教祭扫、农事生产、历法等因素而形成的有相对凝固的时间及地点、活动方式的社群活动日；它具有全民性、集体性、传统性"[①]。此定义言明了节日的要素（时间相对固定、有特定主题、以某种活动方式表现）、活动内容构成及基本特征，同时从侧面反映出节日之于一个民族的重要性。节日，对于某个民族而言，无疑是不可或缺的；而之于各种传统文化而言，节日起到的是集中和整合的作用，既提供了展示平台，也提供了存在、成长、演变、延续和发展的文化空间，同时是增强族群文化认同的重要途径。

我国西南地区各少数民族皆有不同类型和不同主题的传统节日，有些节日在重要程度上远超当前的全国性节日——春节，如藏族的"藏历年"、羌族的"羌历年"、彝族的"火把节"、傣族的"泼水节"、白族的"三月街"等都更加受到少数民族同胞的重视。西南地区各少数民族的传统节日分布在一年四季之中，大大小小的节日分别在不同的月份度过，虽然数量较多，但大多数节日都主题鲜明，抑或是庆祝丰收，抑或是宗教祭祀，总之都会围绕一个与该民族生产生活密切相关的主题进行，并通过某种或多种活动方式来表现。在节日期间的各种活动方式中，身体活动方式是重要的组成部分，其中，传统体育作为一种特殊身体活动方式，以其突出的表现力、参与性、普适性和娱乐性等特点，在大多数节日中都必不可少。

某种程度上而言，节日为少数民族传统体育活动提供了生存空间和展示平台。然而，在梳理文献和实地考察的过程中发现了一个较为普遍的现象，即少数民族传统体育文化的存在和发展对节日文化过度依赖。此观点主要有

[①] 徐万邦等：《中国少数民族节日与风情》，中央民族大学出版社1999年版。

两个方面的所指：

第一，少数民族传统体育活动的开展过度集中在节日之时。细数西南地区各少数民族的传统体育活动，绝大多数与节日关联绵密，如四川省凉山州彝族的"赛马""斗牛""摔跤"等传统体育活动，最为集中、影响最大、参与者数量最多的时候就是在一年一度的"火把节"上，其中赛马用的"马"、斗牛的"牛"在平时是作为生产劳作工具使用的，在临近火把节赛马比赛时开始训练。而有些其他民族的传统体育活动，其对节日的依赖现象更甚，一年之中仅仅在过某个节日的几天中开展，平时则极少进行或从不进行。诚然，部分少数民族传统体育活动是源起于民族节日，但从节日民俗活动中分化出来成为"体育活动"之后，体育所具有的"参与性"应当被重视，一年一度的参与频率显然不符合体育活动的基本要求。这一现象虽然不具有普遍性，但这种现象的客观存在可以折射出两方面的问题：其一，活动本身的体育属性不明显，把其列入少数民族传统体育项目之列是一个有待商榷的问题；其二，参与或从事者心态的趋利化，毕竟大多数情况下，只有节日期间的参与才有"回报"。

第二，传统体育节日的脆弱性和异化。通过梳理不难发现，西南地区部分少数民族会定期举办传统体育主题的节日，如西藏那曲和四川甘孜的"赛马节（会）"、云南景谷的"陀螺节"等，这类节日很好地利用了节日的平台作用，也在较大程度上促进了传统体育项目的发展和项目文化的传播。但此类节日的举办受多种因素的影响而时有中断，甚至出现了模式单一、缺乏特色、形式统一等种种"异化"现象，如贵州台江的苗族"独木龙舟节"就处于濒危状态，清水河沿岸村寨青壮年村民离乡务工，使得苗族村寨空心化，没有外出务工苗族青壮年的集体回乡，每年一度的"独木龙舟节"则难以为继，由于苗族青壮年村民对独木龙舟竞渡有着强烈的文化认同，加之当地政府较大的节日经费投入，才使"独木龙舟节"勉强维系，但参赛龙舟数量逐年递减。再如西藏的"藏北赛马节、江孜达玛节、盘坡赛马节、天祝赛马节、当雄赛马节、定日赛马节"，均以赛马为主题，但在节日之时，赛马的相关比赛并无大的区别，而赛马节（会）的主要目的在于物资交流，即以赛马为表现形式的综合性商业活动。节日之于少数民族传统体育发展的重要作用不可否认，但就长远来看，某项传统体育活动仅仅依赖于开展周期较长、时间较短、参与者大众化程度不够的节日来存续，显然会出现后期乏力的情况。体育，就该摒弃各种功利化，就该回归大众的日常生活。

二　制度安排上的缺失或乏力

制度是一个内涵和外延都相对宽泛的概念，广义上的制度是指"在特定社会范围内统一的、调节人与人之间社会关系的一系列习惯、道德、法律（包括宪法和各种具体法规）、戒律、规章（包括政府制定的条例）等的总和"①。一般而言，制度是由社会认可的非正式约束、国家规定的正式约束和实施机制三个部分构成的，具有指导性和约束性、鞭策性和激励性、规范性和程序性等特点。从文化发展的角度而言，制度的作用和影响是显而易见的，因为制度的存在和实施在某种程度上是一种社会选择，而这种社会选择所反映的是特定时期内的某种需求。回顾少数民族传统体育文化的发展历程不难看出，在不同的历史阶段内相关的制度安排是不一样的，"文化大革命"时期的社会背景之下，被当作"四旧"而遭到破坏的传统文化不计其数，而当时的"制度"无疑是不适宜少数民族传统体育文化等传统文化的存在和发展的，由此可以看出，文化的发展受制度的影响和制约是一种客观事实。

任何一种传统文化的保护、传承和发展都离不开制度的支撑。当前，制度对传统体育文化的影响依然明显，"响箭"和"独木龙舟"所面临的情况可以进一步说明。

实例1：制度缺失使传统"响箭"庙堂化搁置。 从调查的情况来看，工布地区关于"响箭"的支持性制度尚处于缺失状态，从而导致了传统"响箭"未能得到预期的发展，长此以往，在传统制作技艺的保护和传承方面将处于庙堂化搁置的状况。制度层面的缺失主要表现在以下几方面：1."响箭"作为自治区级的非物质文化遗产项目，未见相关的配套制度。中国的各种非物质文化遗产记录着中华民族生息繁衍的历史，凝结着中华民族的精神，为了更好地实施保护措施而不致流失，国家颁布了《中华人民共和国非物质文

---

① 360百科：《制度》（https：//baike.so.com/doc/3100265—3267739.html）。

化遗产法》，并于 2011 年 6 月 1 日起实施，这是国家层面对非物质文化遗产的立法保护，以"政府主导、社会参与、明确职责、形成合力；长远规划、分步实施、点面结合、讲求实效"为基本工作原则。"响箭"被列为西藏自治区级的非物质文化遗产项目，然而，未查到自治区级的具体配套制度，使"响箭"申报"非遗"项目成功之后又被置于"边缘"，传承人的待遇也未能按照相关规定如期兑现，致使传承人的积极性受挫。2. 传统"响箭"制作技艺的保护和传承缺乏制度保障。列入非物质文化遗产名录是保护"响箭"文化的重要措施，然而，在考察中发现，关于传统"响箭"各种制作技艺的保护方面未有实质性的具体措施，传统制作技艺依然像以前一样掌握在民间艺人手中，如何将这些珍贵技艺记录、记载和体系化，并未见具体的保障措施。再者，在技艺的传承方面，也缺乏技艺传授或教育的制度性支持，传承方式依然维持原有的样貌和民间师徒式传授方式，并未形成教育方面的制度化。3. 推广"响箭"的制度性措施缺失。"响箭"是一项藏族文化特色显著的传统体育活动，其推广和传播会在很大程度上促进藏族传统文化的发扬，其推广范围可以从工布地区逐步扩展，使之一步步在西藏自治区内普及，然而，到目前为止，"响箭"依然未能走出工布地区，这充分说明，之前通过全国民运会表演来推广的模式效果不明显，可以说，在推广方面的制度性缺失使"响箭"的进一步发展举步维艰。4. "响箭"的产业化开发缺少制度方面的引导。鉴于工布地区"响箭"的较好普及和"碧秀"的易损耗性，"响箭"相关的弓、碧秀、箭等部件的产业化在新的时代背景和社会需求中逐步萌生，然而，在旅游节中通过让外地游客体验射"响箭"而获得一部分经济收入、代理国外品牌弓和箭、举行比赛等形式的产业化开发因缺乏科学的指导和制度方面的引导，而长期处于较低层次的开发状态，"响箭"产业的结构较为粗放，未能形成升级型的产业化链条。总之，"响箭"发展过程中的制度性缺失较为严重，其部分内容的庙堂化搁置也在所难免。

  实例 2："独木龙舟"的发展缺乏制度性的规约和支撑。众所周知，任何一项文化活动的开展和推进都离不开制度的支撑。然而，从"独木龙舟"的发展历程来看，从古至今维系其存续和传承的仅仅是"民规风俗"这种相对较软的制度性因素，虽然这种形式在某种程度上促进了"独木龙舟"在过去相当长一段历史时期内的发展,但面对社会的发展和变革,以及由此引发的本族居民在价值观和行为方式上的改变,无形之中形成了一种不同于以往的对于"独木龙舟"的认识,从而导致行为层面的"疏远"甚至"抵触",成为"独木龙舟"发展过程中的现实困境。

少数民族传统体育文化作为我国传统文化的重要组成部分,具有特殊的社会价值,其中的"非物质文化"内容已处于濒危状态,在传承、保护和发展过程中需要制度的支持和引导。近年来,国家层面加强了非物质文化遗产的挖掘和保护,使一大批优秀传统文化获得了新的发展机遇和空间,2014年《国务院办公厅关于加强我国非物质文化遗产保护工作的意见》(国办发〔2005〕18号)发布,中共中央办公厅、国务院办公厅于2017年印发《关于实施中华优秀传统文化传承发展工程的意见》,为西部地区广大少数民族传统体育文化的发展提供了依据和制度空间,可以说是社会环境方面的巨大利好,今后少数民族传统体育文化的发展会有更多机会和空间。

三 嵌入旅游业的无奈与无助

随着人们生活水平的提高,旅游的需求日益呈多元化态势增长,且已经从传统的观光、饮食等物质方面的需求转向文化、艺术等精神层面,文化旅游产业就是在这样的背景之下产生的。文化与旅游的结合,在满足了游客需求的同时,也在某种程度上加速了旅游地传统文化与旅游业的融合,嵌入旅游业不仅催生了更具文化品位的旅游产品,也促进了文化资源的开发和利用,在某种程度上带动了当地文化的繁荣。然而,这种理想化的设计在经过多年实践之后诟病显现,出现了文化资源的盲目开发及"商品化"和"异化"的现象,不仅无助于文化的持续发展,反而造成了新的文化生态危机。关于这一问题,国内不少学者进行了实证性研究,如中山大学旅游人类学者孙九霞通过泼水节的研究认为,"在'旅游者凝视'支配下的移植,导致完整的族群文化被片段式展示、神圣性族群文化被娱乐化运作、多样性族群文化被集中性处理"[1]。也有学者在研究中发现,进行旅游开发以后,旅游地的人受经济利益的驱使而将文化过度

---

[1] 孙九霞:《族群文化的移植:"旅游者凝视"视角下的解读》,《思想战线》2009年第4期。

商品化置于不顾,致使某些文化的传承面临困境,甚至消亡。

上述的文化嵌入旅游业以及因此出现的问题,在西南少数民族地区也普遍存在,虽然传统体育文化是以"表演或展演"的形式出现在旅游景点,但存在的问题也基本类似,在某种程度上将少数民族传统体育文化置于新的生态困境之中。具体表现为以下几个方面:

(一)民族传统体育器材工艺化和商品化中传统文化内涵的流失

这方面典型的例子是藏族的"古尔朵"。西藏旅游业起步于20世纪80年代,观光旅游、民俗旅游、生态旅游、徒步、探险等旅游项目蓬勃发展,西藏旅游业逐渐实现了跨越式发展,逐渐成为推进西藏经济结构升级优化的优势产业,据统计,2015年西藏接待游客突破2000万人次,总收入达到280亿元,分别比"十一五"末增长1.9倍和2.9倍。在此背景下,各种形式的旅游纪念品被开发出来,"古尔朵"也在其列,西藏各景区的旅游门店经常会看到"古尔朵",但其形质、样式、大小、颜色等都与牧区经常使用的古尔朵有一定的差异,并且有"古尔朵"样式的钥匙链、首饰等。作为工艺品和商品出售的"古尔朵",其价值和功能已经发生了改变,而在此过程中,诸多藏族传统文化内涵也被人为地淡化,游客所感知的只是一种"古尔朵"的外在,对于其传统文化内涵却知之甚少。诚然,这种工艺品化和商品化是社会发展使然,在某种意义上是"古尔朵"适应社会环境改变的表现,但任何一种事物,其核心价值一定体现在其所承载的文化内涵层面,"古尔朵"的现代转型不容回避,但如若因此造成传统文化内涵的流失,则是最大的遗憾。

(二)文化融合中的文化同化危机

旅游是一种以人口的跨地域流动为特征的社会性活动。大量游客在某种意义上是作为"他族(异地)"文化的载体而进入的,这种情况的长期存在必然引起当地文化与"他族(异地)"的接触和碰撞,正如学者所言:"旅游者和旅游目的地居民直接和间接的相遇,必然会引来本土文化与外来文化的冲突与融合,从而引发旅游目的地社会文化的变迁。"[①] 虽然因外来文化引起

---

① 董学荣、罗维萍:《民族文化保护的悖论与超越——以基诺族文化保护为例》,《黑龙江民族丛刊》2009年第4期。

的当地文化变迁是一个渐进的缓慢过程，但却是以牺牲当地居民的传统观念为代价的，也就是说，外来文化会首先引起当地居民在行为方式和价值观念等方面的变化，在族群对外来文化表现为一种崇尚或趋同的情况下，作为本地居民所具有的那份文化自尊则被摧毁，进而形成当地传统文化被同化的情况。这一点是以麦克唐纳（Mac Cannell）的研究为依据的，他通过研究发现："在社区居民与来自更富裕的国家和地区的游客之间的文化差异非常明显时，社区文化和风俗就可能会用来满足游客的需求，甚至是以牺牲社区的自豪和尊严为代价。"[1]

（三）传统体育文化资源开发的失序

"开发少数民族体育旅游，不仅可以丰富民族地区的旅游资源，拓展旅游空间，而且可为振兴民族地区经济，安排剩余劳动力，促进精神文明建设提供新的途径，并可产生巨大的经济效益和社会效益。"[2] 诚然，传统体育因其观赏性强且可以参与式体验而备受青睐，如"骑马""射箭""划船""秋千"等项目在多个少数民族地区的旅游景点都能看到，尤其是能够营造欢快气氛的项目则更受欢迎。少数民族传统体育作为一种文化旅游资源进行开发，可以在一定程度上促进认知范围的扩大，实现更大范围的传播。但是，在实际的开发过程中，出现了一些传统体育活动的"嫁接""挪用""效仿"等情况，如"上刀山""爬天杆"等活动，在多个旅游景点都会出现，虽然此项目并非本地少数民族的传统体育活动。尽管国家出台了《中共中央关于深化文化体制改革推动社会主义文化大发展大繁荣若干重大问题的决定》，且提出了"要推动文化产业与旅游、体育、信息、物流、建筑等产业融合发展"的要求，但该《决定》中的产业融合一定是一种理性化且科学化的融合。酉阳的"摆手舞"应当算是一个成功的典型例子。鉴于"摆手舞"的民族特色和文化价值，酉阳市政府下大力气进行了挖掘和整理工作，早在1982年，就开始对原始资料进行全面普查和摸底，经过科学论证后，将"摆手舞"作为民

---

[1] Mac Cannell, Staged Authenticity: Arrangement of Social Space in Tourist Settings, *American Journal of Sociolog*, June, 1973.

[2] 王天军：《少数民族体育旅游的特征及其开发原则》，《新疆大学学报》（自然科学版）2000年第2期。

族生态文化进行打造，并与特色旅游文化进行融合，把整理和开发摆手舞写进《酉阳自治县旅游发展总体规划》《酉阳土家族苗族自治县"十二五"旅游发展规划》《重庆市酉阳土家族苗族自治县政府工作报告》，同时借助于各大媒体进行宣传和报道，如今，摆手舞已经成为当地政府宣传酉阳、发展酉阳旅游业、保护与开发民族生态文化的一张名片。[1] 因此，"当民族文化的经济效益被广泛看重的时候，商品化的趋势则难以遏制，某些少数民族为了获得经济利益而不惜把传统体育等民族文化遗产当作商品出售，盲目开发、重利轻义、抛弃传统、民风退化和道德水平降低等现象都是少数民族传统体育旅游开发的窄化发展。过度开发和资源的不合理利用不仅无助于保护性传承和发展机制的形成，反而会加速可利用资源的消耗和浪费，甚至可能会导致少数民族传统体育文化在无节制的贩卖中渐渐消亡[2]"。

四 生产生活方式改变的影响

生产方式决定了生活方式，两者都在不同程度上对文化的产生和类型划分产生重要的影响。从概念上讲，所谓生产方式"是指社会生活所必需的物质资料的谋得方式，在生产过程中形成的人与自然界之间和人与人之间的相互关系的体系"[3]。生活方式是"不同的个人、群体或全体社会成员在一定的社会条件制约和价值观念制导下所形成的满足自身生活需要的全部活动形式与行为特征的体系"[4]。而生产方式是作为文化创造主体的人，在自然界生存时做出的一种适应性社会选择，"生活方式是一定社会历史条件下文化发展的外在形式"[5]。从某种意义上讲，生产生活方式是一种文化的表象。从民族传统体育文化的角度而言，生产方式的差异性决定了体育文化类型的多样化，游牧生产生活方式孕育骑射文化、狩猎生产生活方式滋养弓箭（弩）文化、渔猎生产则催生舟楫文化。此处没有褒扬"生产方式决定论"的企图，但生

---

[1] 张世威、张陵：《我国民族传统体育文化发展的安全审视——以重庆酉阳土家族摆手舞为个案研究》，《北京体育大学学报》2011年第12期。
[2] 韩玉姬、王洪珅：《旅游场域中的少数民族传统体育文化发展研究》，《成都体育学院学报》2013年第1期。
[3] 360百科：《生产方式》（https://baike.so.com/doc/5837513—6050344.html）。
[4] 360百科：《生活方式》（https://baike.so.com/doc/5383413—5619808.html）。
[5] 周纪兰：《文化与生活方式》，《兰州学刊》1987年第2期。

第六章 西南地区少数民族传统体育文化生态困境

产生活方式对传统体育文化的作用是显而易见的。

在经济社会快速发展的背景下，西南少数民族地区的生产、生活方式正在发生着明显的改变，对少数民族传统体育文化生态产生不同程度的影响，形成了一种传统体育与新生产生活方式的"错位"，从而使传统体育文化处于新的生态困境。结合藏族传统体育项目"古尔朵"概述如下："古尔朵"是西藏自治区以放牧文化为基础而分化出来的传统体育项目，其原本是以放牧工具的形式存在，在广袤草原放牧这种生产生活方式是该项目赖以存在的社会基础。然而，随着近年来牧区管理政策的变化，这一项目开始出现了社会环境维度的不适应。①牧区草场承包所致的传统游牧方式转型，对"古尔朵"形成一定冲击。"游牧"是传统牧民的主要生产生活方式，而随着社会的发展，这一生活方式也在逐步转型，自给自足的传统畜牧业正逐步向商品生产的现代畜牧业转变。从20世纪80年代开始，草原地区承包责任制初步实行，截至2010年，"西藏已落实天然草场承包面积0.48亿公顷，占西藏草场面积的58.4%"[1]。本研究考察的那曲地区是一个传统的纯牧业地区，牧业是此地国民经济的支柱产业和基础产业。近年来也开始全面推行落实草场承包到户工作，制定并完善了相关制度，如《那曲地区草畜平衡管理暂行办法》《那曲地区草原承包经营权流转暂行办法》《那曲地区进一步完善落实草原家庭承包责任制实施细则（暂行）》和《那曲地区草场承包检查验收暂行办法》，同时制定了"草地载畜量、畜群结构、牲畜饲养年限、草地建设保护和使用强度"等方面的技术性规范标准。草场承包实施以后，牧民在自己承包的草场拉起围栏划分界线，同时防止野生动物侵扰。一系列的举措意味着传统的游牧方式逐渐退出历史舞台，牧民已经转型为现代型的牧民，无须像以前一样骑在马上，用"古尔朵"放牧，这种巨大的转变在很大程度上使"古尔朵"失去了原来的"用武之地"，其使用概率逐渐降低，实用功能也在生产方式转型中逐步失去，"古尔朵"的生存空间受到一定程度的挤压。②现代化交通工具对"古尔朵"的发展形成一定的影响。在考察过程中，课题组成员通过访谈发现，现在的阿里牧区，摩托车的拥有者比例达到九成以上，除了作为日常交通工具以外，摩托车也用来放牧，草原上相对平坦的地势比较适合摩托车的

---

[1] 央珍经、索朗白珍：《浅析那曲地区草场承包责任制的利弊》，《西藏科技》2010年第6期。

使用，况且在速度上也有一定的优势。然而，使用摩托车放牧时，双手不能像步行一样解放，捡石头也更为不便，所以，使用"古尔朵"就受到一定的影响。现在的阿里牧区，青壮年男性放牧基本使用摩托车，只有妇女和儿童放牧时才使用传统的放牧工具——"古尔朵"。由此可知，随着牧区经济状况的不断改善，整个社会环境也在悄然发生变化，看似不相关的各个因素之间，其实都有着千丝万缕的关联，"古尔朵"作为一项传统体育项目，其发展的每个阶段都会不同程度地受到社会环境因素的影响。

相似的情况在"吹枪"项目上也有所体现，随着时间的推移和社会的不断发展，"吹枪"的起源地——文山州之前的山林植被、农业生产方式、鸟虫防治方法、狩猎等都发生了不同程度的改变，尤其是农业生产方式的现代化和狩猎的禁止最为明显。如今，现代化的生产方式使当地的居民不再像以前那样通过农业种植和狩猎来获取生活所需的物质资料，原来可以随意砍伐的林木和随时进行的狩猎都在新的社会背景之下受到保护，在生产生活方式发生较大转型和变革的情况下，传统"吹枪"的演变和发展也将面临新的生态的挑战。

五 针对性传承机制尚未建立

文化的传承是一个复杂的过程，受传承者、传承途径、传承场域、传承媒介、传承者的接受能力等多种因素的影响和制约，同时，文化自身的生命力、影响力等也在某种程度上影响着传承效果。不仅如此，任何一种文化都有其存在的外环境，包括具象的自然环境、相对抽象的社会环境和文化生境，都会对文化的传承产生重要影响。总之，少数民族传统体育文化等传统文化的传承并非简单地、循环地、有效地在代际之间完成。结合少数民族传统体育文化的情况来看，其种类和数量可谓繁多[①]、特征可谓多样、内涵可谓丰富、功能可谓多元，如此一来，其传承和发展必然呈现路径的多样性、进程的参差性、效果的差异性。有学者通过研究设计了少数民族传统体育传承系

---

① 闫艺在《我国少数民族传统体育项目新分类标准与评价指标体系研究》（《首都体育学院学报》2015年第1期）中将少数民族传统体育项目分为球类、棋牌类、武术类、较力类、跑跳掷类、骑射类、空中类、水冰雪类、其他类9大项群，脚踢类、手打类、棋类、牌类、拳术类、器械类、气功类、较力类、跑跳掷类、骑术类、射击类、水中类、冰雪类、秋千类、放飞类15个亚类。

统结构和保障系统结构（见图 6-1、图 6-2），两个图很形象地呈现了少数民族传统体育文化传承的复杂性。

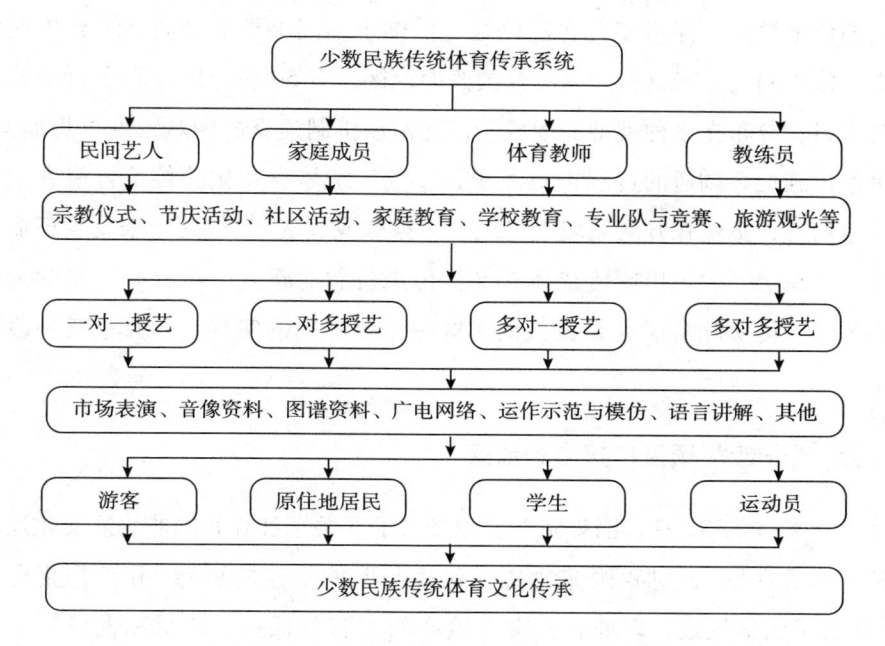

图 6-1　少数民族传统体育传承系统结构①

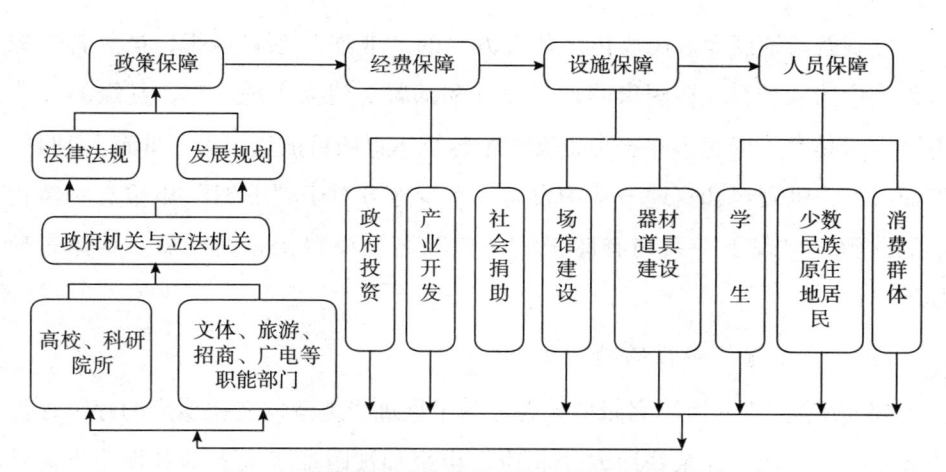

图 6-2　少数民族传统体育传承保障系统结构②

---

① 屈植斌、顾晓艳：《我国少数民族传统体育传承运行机制的系统构建》，《北京体育大学学报》2015 年第 4 期。

② 同上。

通过多年来关于少数民族传统体育文化的研究和考察中的直观感受认为，少数民族传统体育文化的传承一定是一个分类推进的过程，并且需要构建多元化的传承模式、探索多元化的路径、借助于不同类型的介质、结合传统体育文化的不同实际来进行。纵览我国西南地区，有50多个民族和上百个传统体育项目，分布在多种类型的地域上，其传承机制建立的困难程度可想而知。在少数民族地区调研的过程中也发现，多数传统体育文化的传承普遍处于一种原生状态，虽然在开展场域上出现了"挪移或改变"，但其中未发生革命性的变化。总之，少数民族传统体育文化传承机制的建立虽然具有一定的理论设想色彩，但实际意义还是较大的，这一系统工程的实现，还有很长一段路要走。

六 "非遗"项目申报中的曲解

2005年3月31日，国务院办公厅发布了《关于加强我国非物质文化遗产保护工作的意见》，对我国非物质文化遗产保护工作的目标[①]和工作指导方针[②]进行了明确规定，以非物质文化遗产的"有效保护、传承和发扬"为最终落脚点。

反观西南地区少数民族传统体育方面的"非遗"项目申报，虽然各个地区也响应国家号召，在国家的顶层设计和部署下建立了地、市、县级的"非遗"名录体系，经过多年努力也有多个传统体育项目被认定为"非遗"项目。然而，在文献资料和实地考察中发现，不少地方对于"非遗"申报有一定程度的曲解，出现了一系列有悖于"非遗"名录设置初衷的现象。具体表现如下：

（一）"非遗"申报的功利化思维

如前所述，"非遗"名录的设置是为了促进当地濒危文化遗产的存续、传承和发扬，然而，在某些地方"非遗"申报却被附加了太多功利性。土家族

[①] 我国非物质文化遗产保护工作的目标：通过全社会的努力，逐步建立起比较完备的、有中国特色的非物质文化遗产保护制度，使我国珍贵、濒危并具有历史、文化和科学价值的非物质文化遗产得到有效保护，并得以传承和发扬。

[②] 我国非物质文化遗产保护工作指导方针：保护为主、抢救第一、合理利用、传承发展。

"摆手舞"之乡轰轰烈烈的争夺就是典型实例,从文化传承和发展的角度而言,"摆手舞"是所有土家儿女的智慧结晶,虽然由于行政划分导致地域上的分隔,但所有土家儿女都是一家,应当群策群力来促进"摆手舞"的进一步传承,为子孙后代留下宝贵的民族文化遗产。从"摆手舞之乡""原生态摆手舞之乡""土家大摆手之乡"的认定和"非遗"名录的情况来看,"摆手舞"已然被作为一种"资源"来争夺,其实背后的趋利心态无非就是多一张地方名片,在增强地方知名度的同时,以此为抓手带动相关产业的发展,从而实现经济效益。"合理利用"是"非遗"工作所倡导的举措,但总体目标还是落脚于传承和发扬,否则,任何以"非遗"名义进行的经营获利都是一种置传统体育文化长远发展于不顾的短视行为。

(二)"非遗"工作的文本偏重

"非遗"申报是一项系统而又复杂的工程,不仅需要深入了解某一项目的历史、现状、相关人员、濒危情况等详细信息,而且要充分挖掘、论证其内涵和价值。针对传统体育类的"非遗"项目而言,还要进行文字、图片、视频等方面的准备。"非遗"申报的前期准备其实是一次对当地传统文化存续状况的全面普查和摸底,相应的挖掘、整理、论证工作本身就具有重要的意义。然而,在相对较低层级的"非遗"项目申报过程中,流于形式、未进行挖掘整理和价值论证、只重视申报文本的情况实有存在,通过这种方式列入的"非遗"项目,其后期的保护、传承、发展措施的跟进也不会到位,也就失去申报更高级别"非遗"项目的机会。

(三)"非遗"工作的虎头蛇尾

"非遗"项目申报需要大量的前期准备,需要动用大量的人力、物力,而且挖掘、整理工作是一项需要花费大量时间的工作。工作固然困难重重、任务艰巨,但对于某些具有重要价值的传统文化而言,却是一次"重生"的机会。通过"非遗"申报,挖掘、整理出了大量濒临失传的传统体育项目,包括某些具有重要意义的开展场所、器材制作技艺、传统器材实物等。然而,不少地方经过认真的准备申报成功之后,出现了传承人待遇落空、配套制度不健全、"非遗"项目后期发展不受关注等后续工作不到位的情况,反映出对于"非遗"申报工作的认识不到位,即认为"非遗"申报成功就意味着工作结束，殊不知，申报成功只是"非遗"工作的前半部分，更重要的是通过"非遗"的引导，促进传统文化的进一步传承、发扬和传承。

以上情况不同程度地存在于传统体育项目的"非遗"申报工作之中，抑或还有更多关于"非遗"申报工作的曲解，但相信随着国家《关于实施中华优秀传统文化传承发展工程的意见》的发布和实施，少数民族传统体育文化的发展会更上层楼。

七 传统体育社会组织的少缺

体育社会组织分为体育社团（包括项目和人群协会）、体育民办非企业单位、体育基金会和自发性群众体育组织4个类型，在促进体育项目发展、传播体育文化和提供公共服务等方面具有重要作用。在西南少数民族地区的体育社会组织当中，传统体育方面的体育社会组织主要是体育社团和自发性群众体育组织两个类型，其中，体育社团主要以单项项目协会为主，自发性群众体育组织也基本上以项目为载体组建。通过研究和考察发现，在西南地区少数民族传统体育文化的社会环境方面，传统体育社会组织是一个相对重要的因素，但却未发挥其应有的作用，在一定程度上使少数民族传统体育文化的发展失去了社会组织方面的依托。主要表现为以下两个方面：

（一）少数民族传统体育社会组织数量偏少

以贵州省为例，在63个省级体育社会组织中，体育社团有36个，而其中只有1个民族传统体育单项协会——贵州省龙舟运动协会；26个体育类民办非企业单位和1个体育基金会中，没有传统体育方面的。而贵州是一个少数民族传统体育项目众多的省份，并且有多个传统体育项目极具民族特色，这一实例从侧面反映出少数民族地区传统体育社会组织的建设情况。

（二）地方少数民族体育社会组织发展受限

在西南地区的市县级，成立了部分项目的自发性群众体育组织，如西藏工布地区的"响箭"协会（1997年）、云南景谷县的"陀螺"单项体育协会（2007年）、四川甘孜州的"赛马"活动站、云南文山州的"吹枪"协会等。这些自发的体育社会组织，由于缺乏各方面的支持而出现了经费短缺、活动场地缺乏、活动开展不畅、组织机构不健全等方面的问题，其发展空间受到极大限制。

体育社会组织对于促进少数民族传统体育文化的传承和发扬具有重要作用，既可以通过组织各种健身、比赛活动来增加少数民族传统体育的参与群体数量，又可以促进传统体育项目及其文化的传承和发扬，同时可以在某种程度上促进少数民族地区全民健身事业的发展。随着我国社会的发展和人民生活水平的不断提高，广大群众的体育需求井喷式增长，造成了体育公共服务于体育需求的供需矛盾，国家层面开始重视体育社会组织在全民健身方面的重要作用，并出台了培育体育社会组织的制度，这一社会背景为少数民族传统体育社会组织提供了有利条件，西南少数民族地区传统体育社会组织在数量上的增加和成长活力的提升将会极大缓解少数民族传统体育文化的社会环境危机，并在少数民族传统体育文化繁荣发展方面发挥重要作用。

八　传承和发展平台力量分散

少数民族传统体育文化的传承和发展是一个系统工程，不仅需要分类推进，也需要在这一长期的过程中搭建各类平台，并串联整合各类平台的合力。目前，西南地区各少数民族在传统体育文化的传承和发展方面做了积极的努力，做出了各种尝试和探索。在传承和发展的平台搭建方面，主要形成了学校平台、全民健身平台、培训（训练）基地平台、展演平台和运动会平台等，各种将本地传统体育融入学校体育课的尝试就是依托学校平台而进行的，各类舞蹈经过改编后走入"广场"是一种全民健身维度的尝试，不同项目设立了青少年培训或训练基地是一种探索，发挥少数民族传统体育的优势进行各种展演促进了"舞台化"，各种级别的运动会为少数民族传统体育创造了竞技平台。

上述平台涉及不同年龄段的群体、不同社会功能的发挥和不同发展路径的选择，从不同侧面、不同程度上促进了不同类型传统体育的传承和发展，各种有益的尝试和探索为少数民族传统体育文化提供了更多的路径和空间。但是，将西南地区作为一个整体来看，关于少数民族传统体育文化传承和发展平台尚存在以下问题：第一，各类平台的分散分布。虽然上文中提到了多种关于少数民族传统体育文化传承和发展的平台，但这些平台并非每个地区都较为全面地搭建成功,各种平台在西南地区是呈分散状态分布的,某一地区仅建设有其中的部分平台,如"吹枪"项目,在云南文山州的文山学院、文山二中和麻栗坡董干镇的中学建立了专门训练基地,也成为州运动会的竞赛项目,但却没有融入当地的全民健身,也未登台展演。通过"吹枪"的实例可以看出,不同的平台适用于不同的项目,当然还要考虑项目的具体特征。第二,各类平台的优势和力量较为分散。虽然每种平台都有各自的优势,并非适合所有的地区和项目,但是,平台与平台之间的横向关联和纵向的优势整合还比较欠缺。仅就平台而言,其优势和力量是可以实现整合的,如在项目特点和条件适合的情况之下,某个项目可以通过学校平台作为体育课外活动和体育课的内容,同时建立培训(训练)基地训练选拔和培养优秀人才,一方面培养传承人,另一方面可以参加运动会;再者,将这一项目融入全民健身的项目体系,成为广大群众平时健身的选择;此外,通过比赛这一抓手,举办以全民健身为主题的群众性比赛,以此带动广大群众平时练习的积极性和主动性,通过传承群体的量增来推动少数民族传统体育的普及和项目文化的传承与发扬;同时,在教育系统举办运动会,以此盘活各个学校设立的培训(训练)基地,为广大青少年群体提供竞技平台,通过培养优秀的传承人来拓宽传承途径,进而为少数民族传统体育及其文化的传承和发展提供基础和保障。

九 传统体育文化教育的滞后

"文化传承是文化具有民族性的基本机制,也是文化维系民族共同体的内在动因"[1]。可以说,文化的传承是一种必然要求,传承性是文化的基本属性,而"传承性,是就代代相继、绵延不绝的人群共同体即代际成员而言的,传承不仅使得人类的创造物能够代代相传,而且使得每一代都能够在前人的基础上改造文化"[2]。可见,文化的传承是代际成员的一种责任和义务。广大少数民族同胞是少数民族传统体育文化传承的重要推动者和实践者。然而,长期以来,少数民族传统体育文化的代际传承更多的是一种融于生产生活的

---

[1] 赵世林:《论民族文化传承的本质》,《北京大学学报》(哲学社会科学版)2002年第3期。
[2] 周晓虹:《文化反哺与器物文明的代际传承》,《中国社会科学》2011年第6期。

"自然状态",并未形成专门的教育环境,也未曾建立相应的制度来促进。从文化传承的角度而言,教育在少数民族传统体育文化传承过程中所起到的作用长期被少数民族居民忽视,主要表现为以下几点:

（一）少数民族传统体育文化传承的家庭教育不规范

在经济发展水平相对落后的少数民族地区,居民日常生活主要围绕以生产资料获取为主的经济活动而展开,本族的传统体育也未曾在广大居民的思想观念中上升到民族文化的高度,相应的传习活动则只能顺其自然,只能依托于家庭或家族进行祭祀或庆祝活动时获得传习的机会,而这种"群体化"的传习从严格意义上讲远远达不到"教育"的层次,毕竟传习场域的建构是临时的,传授技能技巧的人也是自然村民,传习过程的互动性和效果缺乏监督,传习的方式是口传或模仿。放眼整个西南少数民族地区,少数民族传统体育文化的传承在千百年来都依赖于这种家族式集体活动空间,严格意义上讲是没有形成关于少数民族传统体育文化规范教育机制的。但其中有一种情况较为特殊,即某种传统体育器材的制作,会通过"师徒制"的技艺传承方式来实现,如"独木龙舟"龙头的雕刻、"响箭"靶围和碧秀的制作、传统"弩"的制作等;此外,如武术类的传统体育活动,也会通过这种突破"家族"的形式来实现传承。

（二）少数民族传统体育融入学校教育的失范

随着社会的不断发展,少数民族地区的教育日益受到国家的重视,义务教育的深入推进加速了少数民族地区学校的建设。在此背景之下,少数民族传统体育以校本教材、课间操、体育课、课外活动等形式进入中小学,如贵州兴仁县的苗族"板凳舞"以"板凳操"的形式进入学校、务川县仡佬族的"打篾鸡蛋""推屎爬"等项目也进入中小学课堂,藏族的"押加""摔跤"等项目也成为学校课外活动内容……此类做法在各少数民族地区都有,还有的学校专门组织人员对少数民族传统体育项目进行改编、简化、编教材等。此举着眼于西南地区丰富的少数民族传统体育资源,及项目数量多、类型多、参与性和娱乐性强且受场地条件限制少等特征,可以说是一种有益的尝试。然而,从实际的情况来看,大多数的尝试出现了各种各样的问题,如经费问题限制了器材的配备、学校管理层观念不一造成活动开展中断、师资力量缺乏导致活动开展盲目、进入体育课程的制度性限制等。究其原因，最根本的一点就是所有的少数民族传统体育进入学校体育缺乏制度上的"顶层设计"，在全国中小学体育课程内容的确定过程中，基本是推行"以竞技体育为中心、以'三基教育'为重点的传统模式"，"传统体育"虽然在近年来多有提及，但在实践层面没有得到应有的重视。

（三）少数民族传统体育训练基地建设的"短期效应"

训练基地是促进少数民族传统体育普及、教育、传承和发展的重要平台，由于其设立一般选择高校等教育机构，具有多方面的优势：一者相对稳定的生源可为少数民族传统体育项目的大范围普及和技术、技能的教育传承提供"受众"的数量保障；二者训练基地可为各少数民族传统体育项目的开展、教育、训练和竞赛提供专业师资力量保障；三者政府提供的经费可以保障训练基地的正常运行，使少数民族传统体育教育常态化进行，从而产生持续的教育效果。但是，有些省市在训练基地的建设过程中仅着眼于"短期效应"，忽略了少数民族传统体育作为优秀传统文化所应有的持续和长久教育传承意义。2008年，贵州省先后两批在省内高校建立15个少数民族传统体育训练基地，第一批建设的三个为综合训练基地，分别建在贵州民族大学、兴义民族师范学院和铜仁学院，第二批建设的12个为单项训练基地，以《贵州省民委省体育局省教育厅关于建立我省第二批少数民族传统体育基地的通知》（黔族发〔2008〕54号）正式文件的形式确定。然而，上述15个基地在2011年以后，旨在培训省民运会和全国民族传统体育运动会后备人选的基地由于后续拨款终止而名存实亡。反观此类基地，一方面所建基地的项目仅限于民运会的竞赛、表演项目，是一种明显的"短期效应"追求；另一方面，对于基地的经费支持在民运会结束后终止，是鲜明的竞技体育政绩追求。

总体而言，西南地区少数民族传统体育文化教育在融入学校教育的过程中，主要围绕"体育课"来进行，而这种做法有一定的现实意义。但从民族传统文化教育的角度而言，少数民族传统体育文化也是一种优质素材，可以以其背后的文化内涵来串联该民族传统文化的发展和演变。因此，关于少数民族传统体育文化的教育，一方面要促进"家庭（族）"场域的优化和重构，另一方面要在视野上进一步拓展，在着眼的层次上进一步提升。

第三节 传统体育维度：转型中"异化"现象频出

文化相对论创始人博厄斯认为："一切文化的价值都是相对的，文化之间谈不上进步与落后的差别，应充分尊重每个民族的文化……"的确如此，任何一种文化的存在都有其合理性，所有的观照和对待都不该戴"有色眼镜"。但需要明确的是，文化之所以产生是由于人这一主导因素的现实需求，文化的发展也是以不断满足人的需求为出发点的。时代和社会的变化不可阻挡，作为一种文化事项的少数民族传统体育，所能也是唯一能做的是通过调整来适应社会的发展和人们不断变化的需求。然而，本研究在文化生态框架内的分析来看，少数民族传统体育之所以与社会发展步调不一，与其自身客观存在的问题不无关联，此处归结为"异化"现象，详述如下：

一 自身弊端使发展路径日渐窄化

文化是具有时代性的，即文化总是产生并服务于特定时期内的人们，当一种文化被跨地域、跨时空放置的话，会出现认知和理解上的错位。从传承的角度来看，大多数文化会在人们不断的汰选中不断调适，进而实现"去芜存菁"式的继承。当然，所谓的"芜"——此处所谓"自身弊端"也是一个相对的概念，主要所指的是某种文化对所处生态的"不适应"。

从少数民族传统体育文化的实际情况来看，有部分民族的传统体育文化在传承过程中暴露出来种种弊端，从而导致其发展路径的窄化。具体以贵州的"独木龙舟"和西藏的"古尔朵"两个实例来说明这种对所处环境的不适应或者调适不力的情况：

实例1："独木龙舟"的自身弊端。 主要表现为以下两点：1."消极"因素的存在。"独木龙舟"的开展过程中有诸多仪式和禁忌，仪式的主持者是会"巫术"的"巫师"。龙舟制作中的时间、祭品、选树、祭礼、砍树、树倒、运送、接龙船木、择日制造、如何请神、请什么样的木匠和雕刻师傅都由巫师主持。同时还有各种禁忌，如"请龙仪式和开划仪式"，乃至"鼓头"请何人煮饭与烹肉、食物的存放、如何在龙舟上吃饭、何人可以接近和触碰龙舟等都有严格的禁忌。仪式和禁忌虽然具有承载民族传统文化的功能，但也在某种程度上使"独木龙舟"更加封闭，使本民族之外的人难以了解和理解这一文化，这种情况的出现就是因为"独木龙舟"所承载的传统文化，与其他民族、其他地域生长的"他者"所处的文化之间的冲突。此外，与本民族宗教、祭祀、道佛鬼神、图腾崇拜等有关联的传统体育项目，在其仪式和进行的过程中会保留一部分与当前社会环境有冲突的元素，也是一种对文化生态的"不适应"现象。2. 形制、材料等的"不可替代"。传统是值得尊重和发扬的，但如果其中的某种元素具有唯一性和不可替代性，就会在某种程度上限制其转型。"独木"是"独木龙舟"最大的传统和最大的特色，制作"独木龙舟"的原材料在规格上有特殊要求（长度二三十米以上、高大、轻便、耐朽），限定了其形制上的独特要求，但从实际的情况来看，前些年森林资源的过度开发导致木材量逐年减少，尤其是可以用来制作龙舟的树木越来越难找到。而近年来，保护森林资源又得到高度重视，林木不能像以前那样随意砍伐，由此导致"独木龙舟"的制作原材料短缺，从而对该项目的发展形成较大的限制。这一特色的保持越来越困难，在原材料的觅得已经不再像之前那样容易的背景下，也未能发现替代性的原材料，这不能不说是一种现实矛盾。3. 传承方式的单一性。多年以来，"独木龙舟"文化在台江县的流传多数情况下是依赖于节日风俗，且更多的是通过代际口传，依赖这种相对单一的传承方式形成的传承链条是比较脆弱的，随着当地经济、社会、文化的发展所带来的人们价值观念的改变，代际传承困境日益明显。再者，"独木龙舟"的制作技艺相对复杂，掌握和习得需要几年甚至几十年的时间，况且技艺传承方式也更多地靠师徒口传亲授，并未形成全面、系统、完善的制作技艺文字说明或图片、视频，这也在很大程度上使技艺的传承受到限制。

  实例2："古尔朵"比赛的规范性相对欠缺。长期以来，"古尔朵"都是作为一种生产工具用于牧民放牧，"生产性"是该阶段"古尔朵"的主要特征。相比而言，偶尔进行的"竞技性"比赛仅仅是一种主要社会功能以外的附加，因此具有随机性、随意性、弱竞争性的特点。据藏文史书记载，旧时牧民的"俄尔多（古尔朵）"比赛主要有两种形式：一是把四五个牛角叠放起来，上边再放上一个石块，打出的石头要把上边的石块打掉在地上，而牛角堆不垮掉为胜；二是打染成红色的牛尾巴，在规定的距离内看谁打得准①。由此可见，古时的"古尔朵"比赛主要是比试准度，相关的规则和胜负判定也相对简单。时至今日，关于"古尔朵"的比赛也保留了准度比赛，同时增加了远度的竞赛，但规范性方面依然没有明显的增强，这一点是众多少数民族传统体育项目都存在的情况，或许不应当以西方体育竞赛的标准来评价和衡量"古尔朵"的民间竞赛，但从文化生态的角度而言，当前的体育文化生态是以西方体育为主导的，就连全国少数民族运动会比赛项目都参照西方竞技体育的规范性标准来制定规则和开展比赛，这种情况不能不说是对当前体育文化生态的适应性策略。如果"古尔朵"的发展坚持不走竞技化的道路，保持原有的民间竞赛方式方法也并非不可，但要想通过民运会等平台进行推广和发展，其规则、竞赛办法、裁判方法等方面的规范化是首先要解决的问题之一。

此外，"古尔朵"传承链脆弱。"古尔朵"的编制技艺尚未列入非物质文化遗产名录，相关技艺的规格要求等也未形成详细的文字说明材料，虽然有部分学者对其制作技艺进行了文字、图片、视频等形式的记录，但在藏区，这项传统技艺的传承仅仅依赖于年长的民间艺人口传亲授，其传承链处于相对脆弱的状况。此外，关于"古尔朵"制作技艺的保护性制度也未查到，在众多民族传统技艺都面临代际传承危机的情况下，"古尔朵"制作技艺传承和保护方面的制度建设还是尤为必要的。

二 转型过程中"传统"元素的遗落

文化的赓续是一个动态的过程，也是一个扬弃和创新的过程，如此才能使文化更能符合时代的需求。以此而论，在少数民族传统体育文化的传承和发展过程中，应当根据不同时代的需求变化而不断创新和转型，通过新元素的融入使其保持活力和发展的动力。转型，客观上讲是一个内部元素重组和外部环境适应的过程，内外部的有机协同，转型才能更加合理和可取。所谓

---

① 丹珠昂奔：《试说藏民族的形成》，《中央民族大学学报》1999年第5期。

内部元素，就传统体育文化而言，就是其传统文化的内涵和价值，即"传统"所含括的内容。从现实的情况来看，西南少数民族地区部分民族，在对于当地传统体育进行现代化"转型"的改造、改编过程中，出现了对项目文化中传统的丢失和遗落现象。具体表现结合考察的项目陈述如下：

（一）竞技化转型中传统的遗落

当下，社会的现代化发展已经是个不可阻挡的潮流，传统文化也应该在发展过程中进行调适，甚至进行转型。在传统文化滋养下存续的"吹枪"在近年来开始向竞技化转型，从民间逐步走上民运会的竞技赛场，此举在一定程度上拓展了"吹枪"的发展空间，不失为一种适应时代和社会变化的发展路径。然而，少数民族传统体育的转型应该是基于传统的保持和发扬，且着眼于长远可持续发展，但在"吹枪"转型的过程中出现了种种为了适应竞技化而遗落传统的现象，如"吹枪"在形制上从传统的有枪托改为"单管"、枪管从"竹子"改为"铝塑管"、子弹由"泥丸"改成"针箭"、箭靶从"鸟兽短暂停留靶"改为"60厘米×60厘米的固定靶位"等。上述做法一定程度上使传统"吹枪"不卫生、器材难统一、规则不完善等问题得到改观，但更多的做法使"吹枪"成了一项与现代射箭、射弩并无本质差异的项目，传统味道尽失。更重要的是，以狩猎文化为文化核心的传统"吹枪"，在竞技化转型中被完全丢掉，仅存一个传统体育的"外壳"。在考察中还发现，在文山州所设的训练基地和开展"吹枪"的各级学校，训练和教学所使用的"吹枪"更多的是改造后的单管吹枪，木（竹）质且有枪托的传统"吹枪"几乎未见使用。这种现象有一系列引人省思的问题。表面看来，当地的"吹枪"开展情况红红火火，且建立了专门的训练基地、引入了学校课堂、培养了传承者群体，一般意义而言已经较好地实现了传统体育的挖掘整理和传承发展；但从文化传承和发展的实质而言，这种传统逐渐被舍弃的传承和发展反而带来了新的问题，即改造转型后的"吹枪"不断传播和发展，会不会对承载了民族文化的传统"吹枪"形成发展空间上的挤压？现代"吹枪"后备人才的大量培养是不是真正发挥了文化传承中传承人的作用？本研究认为，传统"吹枪"传承和发展的遇冷所折射出的是一种"虚假"的繁荣，需要从文化生态的角度进行反思和深思。因此，"吹枪"竞技化转型中出现的上述问题，不能不说是为了适应新的环境而出现的新的生态问题。

（二）器械方面的传统元素丢失

任何一种传统文化都是在不断演变中发展的，而演变的促成因素又是多元的，是一种自然状态下的主观层面的缓慢变化，抑或是具有某些认为促成的客观层面的变革，但不论哪种形式的演变，都在一定程度上折射出某个时代的社会生态和文化生态样貌。从传统体育文化的角度而言，有些项目的器械是其"传统"性的体现，在现代化转型过程中使用新型材料的方法可取，但要根据实际情况，否则会适得其反导致传统元素的丢失，这一方面的典型例子是"独竹漂"和"响箭"项目。

实例1：新型材料的使用改变了"独竹漂"的原生态样貌。就"独竹漂"的演变和发展情况来看，大致可分为两个阶段：第一阶段是自起源至体育化转型之前，第二阶段是其近年来发生的体育化转型之后。在第一阶段中，"独竹漂"虽然也经历了一个曲折的发展过程，但总体而言是一个相对"自然"的过程，演变的主要动力在其主观层面，客观因素的作用和影响相对较小；而第二阶段中，"独竹漂"实现了从"实用工具到民俗活动，再到体育活动"的快速转型，在转型的过程中，如规则完善、竞赛方法确定等方面的规范化使其摒弃了传统"独竹漂"的不严谨之处，从一个体育项目的发展来看是具有一定的现实意义的。然而，转型过程中出现了忽视或丢弃传统的做法，主要表现在"独竹漂"比赛器材的革新方面。在比赛过程中，以保证"比赛更规范和公平"的名义，将"独竹漂"所用的竹子替换为"复合纤维制成的外形与颜色像竹子的比赛用具"，并且进行了尺寸方面的统一（长7.5米，直径为15厘米，重30公斤；划杆长4.5米，重3.5公斤，直径是4厘米），"独竹漂"的原材料由原生的"竹子"变为"塑料"。上述改变在某种程度上使"独竹漂"这项承载了少数民族传统文化、民俗文化和竹文化的传统体育项目失去了核心层面的内涵，所呈现出来的仅仅是一种外在的表现形式。以破坏"原生态"为代价的改革不仅无益于传统体育文化的赓续和传承，反而会加速文化内涵的丢失和消亡。虽说演变和发展是一种历史的必然，但因为认知欠缺而导致行为走偏的做法，对于任何一种具有传承和保护价值的传统文化而言都是极大的损失。

　　实例2：传统"响箭"项目现代转型中"传统"的遗落。任何一种文化类型都会随着时代的变迁而发生变化，不同的社会生态和文化生态之下，传统文化也会被赋予或附加某些新时代的特征，在具体表现形态上发生转变。工布地区的"响箭"也是如此，最为明显的表现是现代弓的普遍使用，在调研中发现，工布地区"响箭"比赛时，传统的竹制弓已经全部被外形美、张力大、手感好的现代复合弓所取代，早些年的竹制弓在张力、形制、准确性等方面远不及现代弓。而所谓的现代弓是指"反曲弓"，已经在形制上完全脱离了传统的竹制"直拉弓"（见图6-3），并且在准确性上已经远超传统手制竹片弓，但在价格上也与传统竹制弓有较大区别，现代弓的价格从6000—10000元不等，并且多为美国、日本和韩国的品牌，而传统竹制弓为就地取材手工制作，成本相对较低。此外，在箭方面也有现代化的元素融入，传统的竹制箭杆也被做工精细、杆形匀直、质地硬实、弹力上佳、抗冲击性强等优点的"高品质铝、玻璃纤维"取代，常用的箭是韩国制造的"现代"牌（HYUNDAI），箭靶和靶围也因新工艺的使用而更加精致，图案更加精美（见图6-4）。

图6-3 "响箭"的传统弓

图片来源：课题组成员摄于林芝

图6-4 "响箭"的现代弓

图片来源：互联网。

另外，在捡箭这一环节也开始使用机械装置，替代了以前的人工。综上所述不难发现，现代化的元素已经融入了"响箭"的多个方面，现在仅仅保留的传统部件就是"碧秀"，这种箭头只有工布地区当地制作和生产，较好地保留了传统的元素。"响箭"的现代化是不可阻挡的历史潮流和趋势，然而，这种现代化转型并非是以传统为基础的创新，而是一种可能会对传统形成一定冲击和影响的"照搬"。的确，西藏工布地区较好地保留了射"响箭"的传统，但这种传统已经更多地表现为外在形式，现代化元素的不断附加和融入，让经千年流传至今的传统"响箭"（弓、箭杆、碧秀、靶围、靶心）的制作工艺如何存在？其作为藏族文化遗产的内容恰恰是这些，而并非是某个节日中开展的射"响箭"比赛。从文化生态的角度来看，传统"响箭"的现代化发展趋势是其适应当前社会生态的结果，同时是适应其创造者——藏族居民观念改变的结果。面对"响箭"现代化转型和传统技艺保持，孰轻孰重，恐怕只有历史能够给出最终解答。

社会生态的改变使"响箭"的部分传统制作工艺逐渐失去了存在依托，从文化生态适应的角度来看，"响箭"在社会现代化过程中的任何改变都是为了适应所处的社会生态。毕竟，唯有如此，其传承才有可能，才能获取符合时代需求的发展空间。然而，"响箭"的所有适应性改变，归根到底是人（工布地区藏族居民）选择的结果，毕竟社会是由人所构成的。"响箭"虽然是一项传统体育活动，但在藏族传统文化的滋养中逐步形成了相对独立的文化个性，从每个部件的传统制作工艺，到部件的颜色、符号、装饰等所蕴含的特殊含义，共同构成了"响箭"文化的内涵体系。从现实的情况来看，"响箭"在近年来的传承过程中，更多地关注于"外在"的仪式性存在、商业价值开发、地区经济带动等方面，而在如何有效传承"响箭""内在"的传统文化内涵方面却无暇顾及，这种对传统文化的遗落，从根本上讲是一种遗憾或过失，毕竟有些"非物质"的文化元素，必须借助人这一媒介才能传承，"传授者"和"承继者"意识的淡漠会加速传统文化传承链的断裂，使"响箭"所承载的藏族传统文化逐渐湮没在历史的滚滚洪流之中。

（三）项目改编过程中"传统"元素的遗忘

传统体育文化的转型从项目的改编入手合乎常理，毕竟体育项目是体育文化的主要载体之一。但从促进传统体育文化长远发展的角度着眼，项目的改编要以"传统"为根，否则发展中途的"营养中断"也会导致新项目的夭折。在这一方面，重庆土家族"摆手舞"表现得更为突出："摆手舞"作为一项源于祭祀的传统体育活动，经过政府部门的统筹安排和合力打造，现已成为酉阳县的一张重要文化名片。以传统"摆手舞"为基础，相关部门工作者进行了改编工作，推出了"现代摆手舞"，此举是"摆手舞"现代化转型的重要成果，对于促进"摆手舞""走出深闺"发挥了重要作用，也在很大程度上促进了"摆手舞"从"摆手堂"这一单一的开展场域拓展到舞台和广场。受此影响，相关的改编工作大力开展，如今已完成了"原生态摆手舞""广场摆手舞""操化摆手舞""舞台摆手舞""健身摆手舞"等的改编工作；再者，为了更好地将"摆手舞"引入校园，酉阳土家族"摆手舞"经过改编"被简化成了 11 个小节：拜火→团圆手→车轮手→抖蛴蚤→拜观音→双摆→缠腰→大团圆手→打浪→舍巴（快节奏动作）→团火"[1]。上述的各种改编，依据形式和功用进行动作的重组，划分出以外在表现形式不同的类型，有种把传统"摆手舞"进行拆解重组的感觉。对此，也有专家学者指出："土家族摆手舞在现代变异中体现出体操化趋向，确切地说应称之为'土家摆操'。故此，操化的'摆手'舞只是在形式上继承了传统的某些元素，它在追求现代审美价值的同时，却淡化了固有的文化内涵"[2]。

三 竞技化进程中出现"异化"现象

全国少数民族传统体育运动会，是我国少数民族群众展示体育文化、增进团结友谊的民族盛会，自 1953 年至今的 65 年间，已经召开了 10 届，比赛设竞赛项目和表演项目，运动会的规模、参赛人数、比赛项目数量等都逐届

---

[1] 张世威、张陵：《我国民族传统体育文化发展的安全审视——以重庆酉阳土家族摆手舞为个案研究》，《北京体育大学学报》2011 年第 12 期。

[2] 赵翔宇：《传统的发明与文化的重建——土家族摆手舞传承研究》，《贵州民族研究》2014 年第 4 期。

递增。2005 年,《国务院实施〈中华人民共和国民族区域自治法〉若干规定》中明确规定要定期举办全国少数民族运动会,赋予其法律地位的同时也扩大了影响力。在全国少数民族传统体育运动会的影响下,省级少数民族传统体育运动会也蓬勃开展,目前已有 26 个省、市、自治区定期举办,同时,各市、县也相继举办少数民族传统体育运动会。各级少数民族传统体育运动会为我国少数民族传统体育的发展提供了宽广平台,为少数民族传统体育的发展铺就了一条"竞技化"的路径。

客观来讲,"竞技化"是部分少数民族传统体育的可取发展路径,通过竞技,可以促进民族间项目技术、项目文化及参赛者的交流,既有助于项目本身的发展,也有利于培养具有技术技能的传承人才,更加有助于增强民族团结。然而,在竞技化的过程中,种种"异化"现象的出现令人深思。

(一) 民运会竞技项目的遴选分歧

纵观各少数民族的传统体育项目,适宜竞技的项目不少,如"赛马""龙舟竞渡""摔跤""板鞋竞速""高脚竞速""射箭""射弩"等,需要通过与对手的较量来提高技术水平。但有些项目本身的属性就偏重于"娱乐",在其生长过程中更加注重"观赏",如"秋千",本身是一个民间娱乐游戏活动,列入民运会的竞赛项目,以"高度和难度"作为评判标准,显然是有悖于其本质属性的做法。

(二) 竞赛规则的"西方体育化"套用

但凡比赛,都讲求公平、公正、公开,而制定竞赛规则的目的正在于此。然而,我国的少数民族传统体育活动大都起源于民间,胜负的判定并无成文或严格的规定,毕竟其主要目的并不在于胜负的追求。况且,名称相同的某一项目,在开展过程、要求和基本规则上存在较大的地域性差异,临时口头约定规则的情况也时有存在。这种情况为竞赛项目规则的规范和统一带来难度,尽管如此,民运会竞赛项目的规则还是实现了相对统一和规范。但是,有些项目的竞赛规则与起初的"规则"相去甚远,且存在西方体育规则套用的情况,如"珍珠球"项目的竞赛规则在很大程度上与篮球相似,包括场地、运球、上场队员数量等。

(三) 器材的规范和统一过度"现代化"

为了保证比赛的公平和公正,对比赛器材进行规范实有必要,但统一过度则与促进该项目的长远发展的目标相背离。在调研中发现，部分项目的改进"现代化"程度过高，如源于云南省文山壮族苗族自治州麻栗坡县董干镇，主要在我国云南、贵州和湖南的苗族民间流传的项目——"吹枪"，为了进行比赛，在形制上取消枪托改为"单管"、原来的竹制枪管改为"铝塑管"、泥丸子弹改成了"针箭"、靶子从"鸟兽短暂停留靶"改为"60厘米×60厘米的固定靶位"，大力度的改造一定程度上使传统"吹枪"更加卫生、器材相对统一、规则进一步完善，但这种改造引发了麻栗坡县代表队"建议比赛设立传统吹枪和现代吹枪两种比赛形式"的呼吁，毕竟当地农民使用的都是祖辈流传下来的传统吹枪。此外，在调研中还发现，西藏的"响箭"项目，现在所使用的都是"现代弓"，而传统竹制弓已经被"冷落"。通过上述现象可以看出，规则的改进要遵从项目的传统，套用西方体育规则的做法虽然会显得更加规范和统一，但从文化生态的角度来看，传统的器材才能够更好地体现该项目与其族群生活的自然环境和社会环境的关系，才是该民族传统文化的重要载体，器材的现代化改进不能危及项目文化传承链条的完整性。

（四）运动员成分构成不合理

少数民族传统体育运动会理应是各地区少数民族群众的竞技平台，然而，在民运会比赛的运动员当中，绝大多数是"专业运动员+学生运动员"，下表是蒋东升等学者统计的第九届全国民运会运动员身份特征，从中不难看出，七个代表团当中，有六个代表团的运动员是以学生和专业运动员为主，两者所占比例都在70%以上。透过这一现象可以发现，少数民族传统体育的竞技化发展，虽然培养了一定数量的青少年传统体育人才，但在某种程度是脱离了少数民族群众主体的。

表6-1　　　　第九届全国民运会运动员身份特征调查统计[①]　　　单位：个/%

	代表团1 人数占比		代表团2		代表团3		代表团4		代表团5		代表团6		代表团7	
社会人士	0	0	8	8.7	29	33	38	31.7	51	81	24	30	15	29.4

[①] 蒋东升、王利春、潘宏波：《全国少数民族传统体育运动会发展研究》，《体育文化导刊》2016年第2期。

续表

	代表团1	人数占比	代表团2		代表团3		代表团4		代表团5		代表团6		代表团7	
学生	26	65	60	65.2	50	56.8	78	65	12	19	44	55	27	53
专业运动员	14	35	24	26.1	9	10.2	4	3.3	0	0	12	15	9	17.60
合计	40	100	92	100	88	100	120	100	63	100	80	100	51	100

注：不含表演项目的运动员，体校和专门武术学校学生、体工队运动员列入专业运动员范畴。

资料来源：《全国少数民族传统体育运动会发展研究》

（五）政绩体育的目标指向

在少数民族传统体育竞技化发展的过程中，比赛成绩则成为衡量政府体育部门、民族事务部门政绩的重要指标，而这种导向，无疑会滋生西方体育竞赛中出现的"裁判不公""专业球员与业余球员同场竞技""兴奋剂"等问题。幸而，从第八届民运会开始不设"金牌榜"，一定程度上使比赛更加回归本源。

四 竞技水平悬殊使竞赛生态失衡

竞技，是体育的本质属性之一，也是其魅力的最大展现。尤其是产生于工业文明的西方竞技体育，讲求胜负，挑战极限，追求更高、更快、更强。随着媒体的不断发展和更新，各种精彩激烈的赛事转播成为人们日常生活的消费品。竞技体育的普及也在某种程度上促进了我国西南地区少数民族传统体育的"竞技化"，如前文所述，有不少传统体育项目进行了"竞技化"的规范、整理、完善并统一了竞赛规则，同时，国家和各省市都举办了定期召开的运动会，为少数民族传统体育整体竞技水平的提高提供了机会和平台。然而，在考察过程中却发现了因"竞技化"而出现的新的问题——竞技水平的"一家独大"。归根溯源，这一现象的出现是部分少数民族传统体育项目的地域性特征鲜明所致，纵览西南地区的少数民族传统体育项目，有部分是跨民族、跨地域开展的，但也有一部分项目受地域性条件的限制，仅在数量不多的民族中开展，普遍的现象是某个项目的最高竞技水平在其发源地。如此一来，在运动会的竞技平台上出现了某个项目竞技水平的长期"一家独大"情况，这种现象的典型实例当属贵州的"独竹漂"。

众所周知，"独竹漂"是一项扎根民族民间的特殊传统体育文化类型，也是一项地域性特征非常突出的传统体育项目，其开展不仅需要满足场地、器材方面的特定要求，对于运动员"水性"的要求也相对较高，放眼西南地区，符合"独竹漂"所有开展条件的地区可谓鲜少。随着近年来"独竹漂"走向"竞技化"的发展道路，因地域性特征而导致的竞技水平悬殊，以及竞赛成绩的"一家独大"，使其推广遭遇了障碍。有报道称："独竹漂在贵州，就像乒乓球在中国"，2011年第9届全国少数民族运动会上，独竹漂男子、女子60米直道竞速比赛，男子、女子100米直道竞速四个一等奖（为淡化金牌意识而改称为一等奖）均被贵州队包揽，二等奖的获奖者也有部分贵州队；2015年第10届全国少数民族运动会上，独竹漂男子100米直道竞速一等奖和二等奖都是贵州选手，女子100米直道竞速二等奖是贵州选手，男子60米直道竞速比赛的二等奖有2个是贵州选手，4个分项的32个奖项中贵州选手占了9席。从比赛成绩上来看，贵州占了绝对的优势，而这种优势所带来的结果是"独竹漂"的推广困难和发展空间上的限制。其他曾派出代表队的省、市、自治区，如广西、云南、湖北、河北、重庆等多年取得不了好成绩，则不会再在该项目上投入物力、人力，长此以往，该项目就可能会因参赛队伍少而取消。正如第9届全国少数民族运动会贵州"独竹漂"负责人杨子所谈到的："独竹漂是贵州的强项，作为东道主，我们肯定想尽力获得最好的成绩，但问题是我们太强了，别人看不到希望，就不想玩了。"从文化生态的角度而言，贵州在独竹漂竞技水平上的"一家独大"是一种竞赛生态的严重失衡，会对该项目的竞技化发展造成消极影响。

此类现象最容易出现的就是开展地域较少的传统体育项目，全国，各省、市、自治区少数民族传统体育运动会比赛中还有部分项目出现类似的现象，如四川省少数民族运动会上的"押加"项目，夺魁者一般都是藏族的"大力士"。透过此类现象不难看出，少数民族传统体育的"竞技化"发展要着眼于传统体育文化生态的稳定和平衡，否则会引发更多新的体育文化生态失衡问题。

五　发展空间有效拓展的现实障碍

任何一种文化，其发展都需要一定的空间。文化空间理论认为："文化事象与依存物交互作用并形成'文化空间'，这个'文化空间'是文化事象的诞生母体和生存之源，文化事象如果失去了'文化空间'将成为无本之木、无源之水、无水之鱼。"① 从概念的角度而言，文化空间有多种界定，美国人类学家 C. 拉克洪和 W. H. 凯利认为："文化空间是一种渊源于历史的生活结构的体系，包括语言、传统、习惯、制度，以及有促动作用的思想、信仰和价值。"② 结合传统体育文化来看，其依存的文化空间包含了"民俗、时令、价值、信仰、精神、地域、水文、道器、技术、场地"③ 等多种相互联系的因素，彼此的相互作用共同构成了一个抽象但有力的空间场域。文化空间可以为文化的生长和传播提供保障，文化的传播首先需要在文化空间上实现有效拓展。在文化实现更大空间内传播的过程中，首先需要从根本因素——受众的角度开始，受众能否接纳某种文化，与能否产生文化认同有莫大关联。亨廷顿认为文化认同是"对于大多数人来说是最有意义的东西"；国内著名学者冯天瑜认为文化认同是"文化群体或文化成员承认群内新文化或群外异文化因素的价值效用符合传统文化价值标准的认可态度与方式"④。因此，文化认同是一种文化发展演变的重要基础，所反映和体现的是某个群体的"选择"。由此可见，文化认同是文化传播的重要前提，同样是文化空间拓展的必要条件。

少数民族传统体育文化因其突出的地域性特征，而在文化空间方面表现为"起源地"更为宽广，其文化认同度方面情况相近。然而，少数民族传统体育文化的发展是需要传播的，在不同地域的相同民族之间、在相同地域的

---

① 李平、吴志强：《文化空间：非物质文化遗产存在与发展的生命线》，《徐州非物质文化遗产高层论坛论文集》2011年。
② [美] C. 拉克洪、W. H. 凯利：Kroeber, A. L., & Kluckhohn, C. Culture: a critical review of concepts and definitions. Peabody Museum of Archaeology & Ethnology, Harvard University, 1952, 47 (1), viii, 223.
③ 张世威：《基于文化空间理论的民族传统体育保护研究——来自土家摆手舞的田野释义与演证》，《北京体育大学学报》2015年第8期。
④ 冯天瑜：《中华文化辞典》，武汉大学出版社2001年版，第20页。

不同民族之间甚至跨越民族和地域进行文化空间的拓展是基础条件。诚然，这种文化空间的拓展主要分为自然和人为两种情况，传统体育文化空间的自然拓展只能交给时间，虽然在人为拓展方面有过尝试，但收效甚微。结合本研究重点考察的"独竹漂"项目来看："独竹漂"千百年来的发展演变基本在相对固定的族群或范围之内，是相对固定的群体对"独竹漂"有着广泛而深刻的文化认同，"独竹漂"的价值效用被"承认"，而这一点有效地促进了它的演变、传承和发展。近年来，"独竹漂"为了在"竞技化"的发展道路上走得更远而进行了技术技能等的输出，在符合条件的外省市开展多种形式的培训来增加运动会上的参赛队伍数量，此举取得了短期效果，增加了近几届民运会上"独竹漂"的参赛队数量，但"独竹漂"在其他省市地区作为"新文化或异文化因素"并未得到当地居民这一集体的"承认或认同"，因此也影响了"独竹漂"的进一步传播。另外，文化认同表现在国籍、性别、种族、性别取向、宗教信仰、历史、地理位置和种族划分等方面。"独竹漂"的对外输出显然不够深入，仅仅在技术上的培训难以形成特定地域内的群体性认同，更不可能融入当地居民的历史、宗教信仰和族群文化，因此，"独竹漂"的这种图短期效应的传播不符合文化传播的一般规律，也就自然而然地不能寻求到更大的发展空间。

同样的困境也出现在藏族"响箭"项目上，其跨地域推广和发展也因文化认同问题而受限。"响箭"是工布地区广泛开展的活动项目，在其他地区鲜有开展，从这一点上可以说，地域性是"响箭"最显著的特征。从文化生态的角度来看，"响箭"是在特定的自然环境、社会环境、文化环境中，由特定人群（工布藏族居民）所创造和传承的传统体育活动，虽然具有鲜明的民族特色和文化内涵，但在实际的推广过程中却始终未能取得实质性进展。之前在各级民族运动会上的表演是进入正式比赛项目的前奏，但因为其他地区的居民对"响箭"的认同度不高，同时缺乏技术方面的基础，种种原因未能将"响箭"推为民运会的正式比赛项目。另外，关于"响箭"的图片、视频等也在不同的媒体进行过报道和宣传，但也因受众数量较少而未取得实质性的进展。综合来看，"响箭"在诸多方面的特殊性使其跨地域推广受到一定的限制，而其发展的空间也仅限于工布及周边的较小范围。纵览我国西南地区，诸多"地域性"特征明显的少数民族传统体育及其文化，都面临这一困境，要生存和进一步发展，就需要"走出去"并"生根发芽"。而文化认同方面的障碍跨越，无疑是巨大挑战。

六 经济环境变化带来的负面影响

随着我国经济总体水平的不断提高，少数民族地区的经济发展也有了大幅提高，广大民众开始将发展经济作为生活重心，并且在观念上也发生了重大变化，"以谈钱为耻"的观念早已成为历史。广大以村落为基本存在形态的少数民族地区，也在城镇化发展的过程中发生重要变化，之前的经济结构逐步解体。"在城镇化转型过程中，村民的经济收益并没有随其自然增长，而是通过村民外出打工、旅游文化资本输出等方式实现的。加之少数民族村落的封闭性，以及社会阶层流动渠道的狭窄，少数民族村落体育的投入并不能给村民带来可持续的经济收益。为此，少数民族村落青壮年群体离开村落，到大城市打工成了增加个人和家庭收入的主要方式"[①]。

在社会经济环境和个人经济观念都发生转变的情况下，少数民族传统体育文化的发展受到一定的冲击，不能或较慢产生经济效益的传统体育活动开始被少数民族居民有意无意地"冷落"。"独木龙舟"的调研情况分析如下："独木龙舟"因其形制较大、民族禁忌、节日依赖性等方面的原因，开展仅限于一年一度的"龙舟节"，并且此项目也不具备融入当地旅游业的条件。鉴于这种实际情况，"独木龙舟"的经济功能已经被广大少数民族居民忽略，参与的人数越来越少，甚至每年的"独木龙舟"节人们都不像以前那样千里遥远也要赶回老家过节。再者，"独木龙舟"的制作也受到冲击。龙舟的制作要花费大量的人力、财力和物力，制作龙舟，从砍龙树、抬龙树到制龙舟、制龙头，需要耗费一个100多户大家族的全体男劳动力约半年的时间，费时、费工、费力，同时还耗费大量的集体资金。"独木龙舟"因经济因素的影响而面临多方面的危机。

"独木龙舟"的处境并非个案，受经济因素制约而发展困难的项目还有一

---

① 梁勤超、王洪珅、李源：《城镇化转型中少数民族村落体育的迷失与复归》，《首都体育学院学报》2016年第1期。

些"展演类"的项目,如四川省羌族的"推杆和跳莎朗"、土家族的"摆手舞"等,有些少数民族村组织村民组建"展演团",将本民族的传统体育活动和其他活动整合在一起,如有重大活动的开、闭幕式等则在"团长"的召集和组织下进行展演,从而获取一定的酬劳。然而,此类展演并非经常有,且大多是集体项目,平均分配后的酬劳远少于外出务工,长此以往,村民的热情和参与积极性递减,展演团也就难以为继。

七 体育文化生态变化的被动适应

体育文化是一个内涵丰富、内容广博的集合性概念,从生态学的角度看,世界体育文化圈如同一个大的生态系统,不同类型的体育文化如同系统中的构成因子,彼此交流、摩擦甚至碰撞,共同构成了总体呈动态平衡状态的体育文化生态。中国体育文化生态在近代发生了重大变化,中国传统体育文化和西方体育文化的对垒与博弈,打破了中国体育文化生态原有的平衡,西方体育文化的强势推进和中国传统体育文化的无奈退让,共同构筑了中国体育文化生态的新景象①。在我国体育文化生态发生重大变革的前提下,西南地区少数民族传统体育文化所面临的也是以西方体育文化为主的新体育文化生态。

面对体育文化生态的新格局,各少数民族传统体育文化较为普遍地处于"被动适应"的境地,"竞技化"就是这种被动适应最突出的表现,具体结合"独竹漂"进行阐述。纵向梳理"独竹漂"的发展历程可以看出,其存在形态、表现形式和社会功能都发生了不同程度的演变,正如刘转青等学者所言,"独竹漂"从起源开始,经历了"官运(水路运输楠木)—游戏—生活方式—多元价值功能挖掘—文化艺术展示"②的演变过程,当然"竞技化"也是演变的一个表现,其中的每一次转变都是在自然生态、社会生态和文化生态的改变中发生的。在上述的前三个阶段中,"独竹漂"所处的自然生态在千百年来的变化不明显,在民间主要以实用工具的形式存在于人们的生产生活中,或者以表演、展演的形式存在于民族节庆活动之中,在器材、形制、规则、表现形式

---

① 王洪珅:《中国体育文化生态的历史演变论绎》,《上海体育学院学报》2017年第1期。
② 刘转青、刘积德:《独竹漂项目衍变历程对我国民族传统体育发展的启示》,《哈尔滨体育学院学报》2017年第2期。

等方面处于相对稳定的状态。改革开放以后经济大潮的冲击使社会生态和文化生态发生较大改变,包括"独竹漂"在内的大多数民俗活动归于沉寂,以致为数众多的传统体育文化濒临消亡。"竞技化"是"独竹漂"所经历的一次较大的转型,为了适应西方体育的各种竞赛标准,"独竹漂"在诸多方面发生了适应性的改变,这种适应性改变从本质上是对西方体育文化生态的适应,产生并扎根于贵州民族民间的传统体育活动被置于西方体育的话语体系之中,竞技性的突出无疑弱化了其源于民族民间的那些本源特性。"独竹漂"竞技化发展是一种对于所处生态的主动适应,出于发展路径的多元化拓展无疑具有一定的实践意义,但是,在适应过程中发生的"项目的外部包装高度同质化,项目的传承方式高度相似,项目自身的特色逐步丧失以及过度商业化"[①] 等现象的客观存在,无疑会引人省思并发问:"独竹漂"的可持续发展路在何方?其发展传承的内源性动力在哪里?

八 "传统"与"现代"契合点的难寻

少数民族传统体育文化是经由历史长河涤荡而延续下来的一种民族文化,在某种程度上承载和折射出了民族的生活风貌、民族习惯与禁忌、民族节日等内容,因此也可作为"民俗"的构成部分。"俗随时变"是民俗文化和传统文化的一个基本特征,即传统文化在发展演变过程中总是依据不同的时代背景而做出适应性变化,其实就是一个吸纳时代元素的过程。关于这一点,清华大学哲学系教授邹广文认为:"一种文化只有与时代相适应,跟上时代前进的步伐,既不断地更新和发展,又不失去自身传统的特色,才是有生命力的、根深叶茂的文化。"[②]

如此看来,少数民族传统体育文化在发展演变过程中,势必会经受时代因素的考验。在西南少数民族地区考察的所见所闻,引发了关于传统体育文化之"传统"和"现代"的思索。一方面感觉少数民族传统体育文化的"传统"正在社会现代化进程中不断消解,另一方面察觉到"传统"力量的强大

---

① 刘转青、刘积德:《独竹漂项目衍变历程对我国民族传统体育发展的启示》,《哈尔滨体育学院学报》2017 年第 2 期。

② 邹广文:《文化前行:在传统与现代之间》,《求是学刊》2007 年第 6 期。

及其对"现代"的包容。第一,传统体育文化是以生产生活方式为基础而起源和发展的,面对传统生产生活方式的现代化变革,关于少数民族传统体育文化"传统"丢失的担忧不无道理,农耕文化滋养而生的苗族"吹枪",早先作为驱赶祸害庄稼鸟虫的工具而存在,但如今的文山已经在耕作方式上发生了大的转变,农业已经不是物质生活资料获取的最主要途径,防治鸟虫也有了防护网和农药等"现代"方式;藏族的"古尔朵",为了放牧时控制畜群前进方向而存在,如今的"牧场划片"已经打破了传统的放牧方式,"古尔朵"作为生产工具的功能已经在"现代"化中被消解。第二,少数民族传统体育社会功能方面。为了渡河方便而发明的"独竹漂"在"传统"意义上的社会功能,如今已经被柏油路和跨河大桥等社会"现代"元素冲释。第三,少数民族传统体育的转型方面。少数民族传统体育"竞技化"过程中的开展场域的赛场化、竞赛规则的规范化、场地器材的正规化、参赛人员的专业化、竞赛方式的国际化等现象,是否也在逐步冲淡少数民族传统体育的"传统"味道?而上述的各种"化"的参照,是否是西方体育的"现代"标准?第四,少数民族地区的"现代"化发展方面。在社会现代化发展的过程中,"农村城镇化、生产方式工业化、社会发展市场化和信息化"是广大少数民族地区"现代"转变的基本表征,有学者认为"原本少数民族地区'核心人口'即青壮年随着城镇化的浪潮而逐渐消失在最初'生于斯,长于斯'的村落,如此,少数民族传统体育传承主体和传承自然空间出现(村落)疏离,导致少数民族传统体育传承自然空间的'空心化'"[①]。同时,少数民族地区的市场化和工业化,作为一种非"传统"的元素正在逐步冲蚀少数民族传统体育文化的"同质性"基础。凡此种种,都说明传统体育文化在发展过程中不得不面临"现代"的冲击和挑战。

然而,"文化总是在传统与现代之间的张力之中发展前行……文化在其传承过程中有两个维度:作为文化活动的结果的这一部分,是传统;作为对传统文化进行修正、补充、更新的另一部分,是现代"[②]。由此引发关于少数

---

① 李景繁、高会军:《消解与重构:少数民族传统体育传承空间衍变研究》,《体育文化导刊》2016年第11期。
② 邹广文:《文化前行:在传统与现代之间》,《求是学刊》2007年第6期。

民族传统体育文化"传统"保持和"现代"融合的契合点的理性思考,"传统"是一种历史遗存,当然也是一个经历了时间打磨之后的留存,是先祖在生产生活中对于知识、技能、价值及意义的智慧总结,其流传的过程本身就是在与"现代"不断的碰撞和交流中实现的。站在当下的时空维度中来审视少数民族传统体育文化"传统"与"现代"的冲突和融合,既在某种程度上忽略了"历史",也在很大程度上将"未来"置于未见。"传统"与"现代"的契合点的探寻会一直存在下去,而最终的答案也许会在将来的"回望"中得到。

第四节 族群维度:主观能动性缺位

文化的创造主体是人,传承主体也是人,其发展的推动者也是人。是人的社会性需求催生了文化并使之传承和发展,人在文化存续和发展中的作用无可取代,此处的人是一个集体概念,即族群。从少数民族传统体育的情况来看,其发展之所以处于艰难境地,与族群层面的主观能动性缺位有密切关系,社会经济发展改变了少数民族族群成员的旧有观念,传统的经济生产方式被"外出务工"取代,造成传承群体的集体性流失和族群成员传承能力的"代际"递减,而堪忧的是,作为少数民族传统体育创造主体的族群成员,对于这一传统文化的认知程度较低,也漠视传统体育文化发展濒危情况,即使有些地区出现了开发利用少数民族传统体育资源的尝试,也面临出发点"工具化与功利化"的侵扰,具体表现为传统体育文化资源的"工具化"利用和族群成员参与传统体育的"功利化"诉求。由于族群成员认知和观念上的落后,出现了认知和对待方面的"代际鸿沟",对于"传统"的误解也会使是某些传统体育器材的制作技艺濒临失传,而通过"非遗"申报所做的各种努力也存在族群的"缺席"状况……

一 传承群体的集体性流失

任何一种文化的传承过程中,人都是整个传承链条中最为重要的一环。

就西南地区少数民族传统体育文化而言,少数民族族员是其当然的创造主体,而在其传承过程中,又充当着"传者"和"承者"的角色,一代代的少数民族居民在"承者→传者→承者"的循环角色中实现了少数民族传统体育文化的"代际传承"。当然,在传承的过程中,需要一定的场域和空间作为基础,也需要一定的手段或途径来实现,同时,传承过程中还或多或少地发生新旧元素的碰撞和调适,最终在不断的调适和融合中实现文化的传递和传播,其中的任何一个环节,都是由人——少数民族居民来实现的。然而,在我国建设现代化国家的过程中,西南少数民族地区的经济社会也紧跟国家步伐,各少数民族地区的交通、通信、教育、医疗等方面条件发生了翻天覆地的变化,之前相对封闭落后的"老少边穷"地区已然换了新颜,伴之发生转变的还有少数民族居民的观念。教育的普及使少数民族居民的文化水平较之以前有了大幅提高,现代化的通信设备为了解外面的世界提供了便利,民族地区的广大青年和中年人,都想到城市去打拼,在前些年"外出务工"潮的推动下,大量的中青年离开村寨涌入城市,只有过年过节时才会回家,有的甚至举家迁居都市。

上述现象在少数民族地区普遍存在,少数民族居民的大量外流会直接导致参与者的整体量减,从传统文化传承的角度来看,这种传承群体的集体性流失造成的后果是直接导致传承链条的脆化或断裂。具体从本研究考察的"独木龙舟"来分析。"独木龙舟"开展最具代表性的台江县施洞镇,近年来,随着改革大潮的来临,该镇的许多村都出现了外出务工潮,大量村民从农村涌入城市打工。以施洞镇的黄泡村为例,该村共189户,人口总数740余人,其中劳动力470左右,但外出务工的就有近400人。[①]绝大多数的劳动力离开了农村,而外出务工的在外地时间基本是以年为单位,这种劳动力外出务工情况直接导致龙舟参与者的整体量减,对于"独木龙舟"的发展造成了严重的影响。在文化生态的视野下,少数民族地区居民的大量外流,使少数民族传统体育文化的传承失去了最根本的动力,虽然自然环境维度的传承场域还在,制作场地器材的原材料还在,社会环境维度的文化生成空间还在,千百年来形成的制度性乡规民俗还在,族群维度的技能拥有者还在,但作为

---

① 资料来源:http://www.yigecun.com/cityfild/showcun.aspx?id=3E10872427DF1A0E

上述因素"串联者"的中青年缺席,而这一现象在当前又缺少行之有效的改变措施。因此,西南地区各少数民族传统体育文化生态面临的最大困境就是传承群体的集体流失。

二 主体意识的缺失或淡漠

少数民族传统体育是经过多年的历史积淀而在各少数民族地区留存下来的一种民族文化的表现形式,是各民族历史变迁、生活变迁、文化演进的重要见证。西南地区有多种多样的少数民族传统体育文化,具有鲜明的民族特色和地域特色,极大程度地反映了我国民族传统体育文化的丰富程度,并且具有多重价值。此类评价在学界多有述及,且不乏更为细致和深入的论述。文献资料中的各种美好,在研究过程中尤其是调研过程中却是另外一番景象:

(一) 少数民族传统体育的"内部"认识缺憾

在多次的调研考察以后发现,少数民族传统体育更像是一种理论化的"意向性"存在,而在少数民族地区,少数民族传统体育存在的表象会在某种程度上推翻原有的认知。少数民族传统体育在少数民族地区绝大多数是以各种节日、农事活动、祭祀活动、宗教活动为主要依附形式的一种活动,其主要的目的也是跟其所依附的或者说存在的形式有很大的关联。亦即,少数民族地区的居民在参加我们所谓少数民族体育活动的时候,其目的却在娱乐、表达宗教情感、增加节日气氛等方面。由此推知,少数民族传统体育在少数民族地区没有被作为一种"体育"来认知和接受。"至于有关专家学者所指出的文化学、宗教学及其他方面的价值,在少数民族地区受到文化教育发展水平的限制很难形成这方面的认识;在某些经济条件还没有得到改善的少数民族地区,我们所谓的传统体育的价值就呈现出很大程度的多元化"[①]。从客观和理性的角度来看,这种现象的解读可能又要回到"什么是体育"这个元问题上了。

(二) 传统体育的挖掘整理中的族群"缺席"

学界关于挖掘、整理少数民族传统体育及其文化的探讨和呼吁,早在二

[①] 王洪珅:《论我国少数民族传统体育传承面临的冲击与调适》,《搏击·武术科学》2009年第6期。

三十年前就已提出，并且针对地域、民族、类别等维度提出了多种方法、路径和措施。然而，在调研中发现，学界的各种理论探讨在少数民族族群中未见回应，关于少数民族传统体育文化的挖掘、整理、传承、演进等的理论分析，其实是一种学者的"单恋"，当然，学者当中也包括了一定数量的少数民族的族员。透过这一现象可见，绝大多数少数民族族员在包括传统体育文化在内的传统文化发展过程中的"缺席"，实际上是一种正常但又令人担忧的现实。当然，少数民族传统体育文化的传承和发展不能要求所有的少数民族族员定期参与、身体力行，或许其千百年来就是在这种"自然"的状态下传承和延续的，更或许少数民族族员在其日常生活中的"在场"就是在身体力行地实现传统文化的延续，还或许应该将少数民族传统体育文化置于更为宽广的时空之内，族群的存在和延续或许就是最好的"在场"。

（三）少数民族族群对传统体育文化濒危的漠视

在学者的眼中，少数民族传统体育文化的价值是多元和不可或缺的，而且有相当一部分传统体育项目已经受多种因素的影响而濒临消亡。关于这一问题，调研中发现了少数民族族员的回应，但有忧虑感的一般是拥有某项传统体育相关技艺、技能的人，即具有"非物质"特征的项目，如"独木龙舟"的制作技艺、传统弓箭的制作技艺等。而"技艺"外围的族员则并不存在忧虑和危机感。由此而产生了一种疑惑——少数民族传统体育文化的濒危是一种"学者过虑"还是少数民族族群的"集体漠视"？

三 工具化与功利化的侵扰

文化，作为民族的记忆留存，某种程度上是一个民族的标识。少数民族传统体育文化作为一种以身体活动为基本表现形式的文化类型，在很大程度上折射出了某个民族在演变发展过程中身体维度的文化元素。然而，在社会飞速发展的当下，少数民族传统体育文化在某些地方被工具主义和功利主义所侵扰，被当作一种"工具"来利用，同时还出现了少数民族传统体育文化主体的"功利化"倾向，将少数民族传统体育文化生态置于维持上的困境。具体表现在以下两个方面：

（一）传统体育文化资源的"工具化"利用

随着社会的不断发展，文化逐渐成为一种资源，文化资源成为一个地区经济发展的重要抓手。关于文化资源,"指包括文化遗产在内的人类创造的各种物质文明和精神文明的总和。它分为有形的或物质的文化资源与无形的文化资源两类。前者指以物质形式表现的各种文化现象与事实。后者指没有物质载体的各种文化现象和事实,以及由物质载体所体现与反映的各种文化精神"①。依照此定义,少数民族传统体育文化当划为"无形的文化资源"之列。近年来,随着地区经济发展手段的多元化,包括少数民族传统体育文化在内的传统文化都被作为一种地域性的资源得到了不同程度的开发和利用,这一现象普遍存在,也无可厚非。然而,在部分少数民族地区却出现了传统体育文化资源的争夺现象,其典型实例当属土家族"摆手舞"。"摆手舞"是土家族的一项源于祭祀的舞蹈类传统体育活动,主要的流行地域为酉水流域及沅水流域,即湘、鄂、渝、黔四省市交界区,其中以酉水河沿岸最为集中。位于武陵山区腹的酉水河,流经湖北宣恩、来凤,重庆酉阳,湖南龙山、永顺等地,经多年孕育形成了巴土文化的核心区,"摆手舞"在上述地区的民间普遍流行。随着地方文化资源开发进程的加快,"摆手舞"成为一种具有带动地方经济发展的重要资源。在此背景之下,"在旅游经济发展的过程中,摆手舞又迅速成为一种优质的'文化资本'被搬上舞台进行展演……作为'城市名片'的各种'会展摆手舞'也纷纷出现在各类博览会、旅游节、贸易会、运动会之中"②。在工具主义思想的左右之下,相关县市开始了摆手舞"发源地"和"原生态摆手舞"的争夺。某村一直以"摆手舞发源地"作为宣传口号,某乡则作为"原生态摆手舞发源地"进行打造,以利益为导向、以行政为基础的"摆手舞"文化资源之争愈演愈烈。结果,酉阳县于 2002 年被文化部正式命名为"中国土家摆手舞之乡",来凤县则在 2007 年被国务院命名为"土家大摆手之乡",至于"原生态摆手舞之乡"目前尚未有官方认定。"摆手舞之乡"之争,其立场并非基于"摆手舞"的长远发展,所作所为也并非是传统体育文化的合理开发利用,反而是将其作为一种"工具",实现功利化的目标,这对于"摆手舞"文化生态而言显然是揠苗助长之举。另外,类似

---

① 陈国强:《简明文化人类学词典》,浙江人民出版社 1990 年版。
② 莫代山:《酉水流域摆手舞文化的和谐共生》,《中南民族大学学报》(人文社会科学版) 2016 年第 5 期。

的将少数民族传统体育文化"工具化"利用的现象也出现在"非遗"申报过程中,某些地区为了将某项传统体育列入"非遗"名录而动员整合各方力量,进行突击式挖掘、整理,甚至进行价值方面的"夸大化"处理,一旦成功列入,则借机大肆宣传,进行各种形式的包装,但对于促进该项目的后期保护、传承和发展等工作,则流于纸上。

(二)少数民族居民参与传统体育的"功利化"

传统体育项目是各族居民在长期的生产生活中创造出来的,可以在很大程度上起到促进族员身心健康、丰富文化生活、促进社会交往的作用,这理应是各少数民族族员的"功利"诉求。但在调研的过程中发现,不少地区少数民族居民的参与传统体育的"功利化"动机已经相当严重,下文以"独木龙舟"的考察和发现说明这一问题。"独木龙舟"是贵州台江县独有的一种"龙舟",在世界范围内也是个例,每年都会定期举行"独木龙舟节",一定程度上促进了该项目的发展。但近年来的情况开始令人担忧,20世纪五六十年代,每年的划龙舟比赛的参赛队都在20—30支,到了80年代,则只有十几支龙舟下水比赛,这种情况每况愈下,到了90年代,只有几支龙舟参加比赛。可以看出,"独木龙舟"面临着参与者群体性量减的危机。这一问题也引起了当地政府有关部门的重视,为了吸引更多村民参与,当地政府通过开展竞赛,设立奖金的形式调动居民参与的积极性。此举虽然使村民的积极性有所提高,但不少村民是在"龙舟节"开展的前几天从务工地赶回,在参加的比赛方面也根据奖金数额由高到低进行选择,有些比赛的奖金额较低,龙舟队则拒绝参赛。居民参赛"向钱看"的功利化心态有其客观原因,但过度功利化的心态普遍存在会很大程度上影响其参与的行为。另外,按照当地传统,参加龙舟比赛,每支龙舟上都得有个"鼓头"(主持人,全舟都要听从鼓头指挥,按鼓声节奏挥桨划船),"鼓头"会请合适的人来"撑篙"(船头撑篙者,苗语为"略候")、掌艄和锣手(苗语"顶妞昌",头戴银饰男扮女装的少年),还有炮手(苗语"榜雄",当龙船离寨、归寨、过寨及比赛开始时,放三眼土炮),此外还要请"桡手"(划桨者,一般每船每侧16人),比赛期间"鼓头"每天以酒肉招待,结束后还要送鹅、鸭等礼物。龙舟节结束后,"鼓头"要杀猪请寨上的人吃酒,由大家推荐来年的"鼓头"。鼓头在划龙舟的四天里要包船上所有人的吃喝，来往于在清水江沿途向有亲戚的寨子靠岸收礼，但礼尚往来，当年收的礼来年要还，此种习俗给"鼓头"造成很大的经济压力，随着近年来经济观念的改变，"鼓头"越来越难找。这种情况也在很大程度上将"独木龙舟"的发展置于艰难境地。

总之，少数民族传统体育文化等传统文化的发展需要族群的共同努力，且族群的作用和力量其他因素无法替代，传统体育文化资源的争夺和族群成员的功利化心态都可能会从根本上摧毁传统体育文化生态。应少一些"工具理性"，多一些"价值理性"，少一点"功利"，多一点"责任"，唯有如此，少数民族传统体育文化生态或许能够实现可持续化的"绿色"发展。

四 传承能力的"代际"递减

"文化是民族的核心要素，是因为文化的深层次结构——心理意识、价值判断、感情趋向、审美情趣等是文化的核心，构成民族认同感和内聚感的核心要素"[1]。此语不但道出了文化的核心要素，同时言明了文化之于一个民族的重要性，可以说，文化是一个民族存在和赓续的根本。民族的延续需要文化的传承，文化的传承需要建立一个以人为中心的链条，唯有人，才能使其他传承环节的作用得以有效整合，人的传承能力会直接影响传承的效果。传承能力是一个相对抽象的概念，目前未查到认可度较高的界定，本研究认为"传承能力是文化传承者主体对某一文化类型直接相关的技术、技艺、技能的掌握及其内涵、功能、价值的认知，能够将其进行合理化改进和完善，并将其通过适合的方式或途径传授给他人的能力"。具体结合少数民族传统体育文化的情况来阐述：首先，少数民族居民需要掌握一定的传统体育相关技术。少数民族传统体育是一项技术性较强的社会活动，"赛马""射箭""划龙舟""摔跤""吹枪"等都是技术含量较高的项目，需要经过长期的习练才能较好掌握，技术的掌握也有助于对项目文化内涵的认知和理解，也只有在项目的技术方面有一定的积累，才能有条件去教会他人；从另一方面讲，传统体育相关技术还包括了传统器械的制作，如"响箭""陀螺""独木龙舟""霸王鞭""古尔朵""吹枪"等项目的器材都是多年经验的积累，有些项目的制作

---

[1] 赵世林：《论民族文化传承的本质》，《北京大学学报》（哲学社会科学版）2002年第3期。

工具也是专门定制，且制作工艺需要长期的实践才能习得。其次，传承能力还体现在传承者的责任感和使命感上。掌握了一定技术或技能之后，须具有传承该项技术及其文化的主观意愿和责任使命，否则反而会造成技术的中断或流失。最后，传承者要具有选择适合传承途径的能力。不论是通过家庭教育还是师徒传授，抑或是公开向大众传授，总之需要一种合理化的路径来实现传统体育项目技术及其文化的传习。当然，上述所谓传承者，并非单纯意义上指"非遗"工程认定的"传承人"，其更宽范围的意义上是指所有少数民族族群的成员。

从本研究的调研情况来看，西南地区少数民族传统体育文化的传承，较为普遍地面临"后继乏人"的困境，具体表现为以下两个方面。

（一）传统体育器材的制作技艺濒临失传

西南各少数民族传统体育项目当中，有些传统器材的制作技艺相对复杂，此类项目的器材制作技艺失传的危险更为明显，具体以藏族"响箭""古尔朵"和苗族"独木龙舟"三个实例呈现：

实例1："响箭"制作技艺因复杂而濒临失传。从器械构成上来看，"响箭"这一项目包括"弓、弦、箭竿、箭头'碧秀'、箭靶、靶围、弓架和靶场"，同时还有"手套、扳指、手套和护臂"等辅助配件，其中制作工艺最复杂、技术含量最高、最能体现制作水平的当是"碧秀"。"碧秀"的制作有"掏空法"和"劈开法"两种。其中，"掏空法"所使用的工具和材料有自制机器、打磨棒、钻孔器、掏空器、锯子、砂布、牛胶、游标卡尺、橡胶皮、颜料和清漆，制作过程包括"切割长方体、打磨圆柱体、钻孔、打圈线、打磨圆锥体、掏空、打孔眼、锉箭心、上色、调试、上清漆"11个环节。"劈开法"所使用的工具有刨子、削刀、锉刀、掏刀、圆锉、砂布、铅笔、直尺、自制标尺、凹槽模具、橡胶皮和乳胶，制作过程有"刨原木、削圆锥体、削侧边半圆、切割碧秀、打内壁线、掏空、锉孔眼、黏合碧秀、固定箭心、粘橡胶皮、锯凹环、涂颜料、调试、上清漆"14个环节[①]，如今，"碧秀"的制

---

① 少数民族体育用品项目课题组：《少数民族体育用品》，中央民族大学出版社2011年版，第90—103页。

作也已经在原来的基础上进行了技术创新，现代化的机械装备代替了原来的手工，提高了工艺的精细度，也更加美观，制作成本也大大降低，已经作为旅游纪念品进行出售。然而，除此以外的传统制作工艺却逐步退出历史舞台，从传统的竹片弓在选材上十分考究，在具体制作过程中的"选材、浸泡、压、削、粘、绑等"步骤对火候的要求也相对较高；"弓弦"有的用牛筋做成，更多的是用麻来制作，制作过程包括"搓、并、泡、绑"等步骤；箭竿的制作工艺较为复杂，制作过程中的"选材、浸泡、打眼儿、烘烤、掰、削、刮、裹、绑线、粘、调试"等步骤都有一定的规格要求和注意事项；"靶围"的制作包括"剪裁底布、缝制牛皮（浸泡、脱毛、踩皮）、缝制门围、缝制香布和彩布"等环节，每个环节对制作方法都有一定的讲究。通过以上描述可以看出，虽然只是"响箭"的配件，但其制作工艺也并非没有规格、标准、要求和技术细节，然而，在现实中，"响箭"的某些传统制作工艺因掌握相关制作工艺的艺人离世和年轻一代的无心学习而加速了传统制作工艺的传承危机。

实例2："独木龙舟"制作工艺因复杂、技术习得花费时间长而濒临失传。"独木龙舟"的延续在很大程度上依赖于传承人——龙舟制作技艺的掌握者，是他们将"独木龙舟"从古代传到今天，龙舟制作是一项复杂烦琐而又精益求精的工作，仅必需的工具就有30多种，而且涉及木工、雕刻等具体技艺。在调查中了解到，台江县施洞镇的张学丁是比较知名的龙舟制作人，是村里唯一会做龙舟的，他从十几岁开始学木工，直到30岁才真正学会制作龙舟。在访谈中了解到，张学丁关于龙舟的传承觉得很无助，年轻人认为没有"前途"而不愿意学，在他们一代，会做龙舟的人本来就不多，有的已经不在人世，目前会做龙舟的不到10人，而且都是年纪较大的老人。龙舟做成后可以用很多年，且一个村寨只有1条，所以龙舟的需求也逐渐减少，张学丁说："差不多10年了，都没人请我去做独木龙舟"。之前用的工具也就有很多丢失了，留下来的也都生锈，"独木龙舟"制作技艺的有序传承已面临巨大挑战。

实例3："古尔朵"制作技艺家族传承链面临断裂。从编制工艺上讲，"古尔朵"的制作技艺称不上复杂，但也并非简单，完整的编制（麦穗花纹）包括"选材（剪毛、整理、卷毛）、捻线、编织（鞭梢、上主绳、石兜框、下主绳、结扣、石兜填充）"三道工序，其中"编织"是体现制作工艺水平的核心环节,一般是全手工编织,且编织手法多种多样,毛线数量和排列顺序的不同组合可编出多种花纹,如"麦穗花纹、九只眼、边白边黑","古尔朵"各部分的编织方法各异,规格相对固定统一,并且讲究一定的顺序。然而,对于一项传统技艺而言,"代际传承"(以家族谱系为主要存在形式,在"祖辈—父辈—子辈"之间进行技艺或技能的顺次传授和延续)是最为普遍和最为有效的传承方式,一来这种方式可以保证技能或技艺传授的时间,在日常生活中随时都可以传授;二来这种方式可以最大可能地保证技能或技艺的"纯度",同一家族内的传承会摒弃传授者刻意保留的情况,使技能或技艺得到最大限度的保存,甚至创新和发扬。根据近年来学者的调查发现,"近几年古朵在牧民家里的使用比例也在下降,尤其是古朵的制作技能,年轻人掌握这种技能的人急剧减少"[①]。在现行的教育体制下,义务教育在牧区也广泛普及,青少年儿童的大部分时间在学校度过,课余时间被作业占用,学习"古尔朵"等传统技艺失去了时间保障。鉴于上述情况,"古尔朵"在使用率上远不及以前,而具体编织技能和技艺的"传承链"逐渐断裂,呈现出较为明显的传承危机。

(二) 传统文化认知和对待方面的"代际鸿沟"

文化是人类在实践中不断积累形成的,是通过继承和发扬来发展延续的。在文化的基本属性当中,时代性是其中重要的一点,亦即文化的存在、创造、传承和淘汰都具有时代性。文化的产生是时代的产物,特定的时间内产生具有这个时代特征的文化类型,我们讨论的少数民族传统体育文化,是传统文化的构成部分,其源起的动因就是当时所处时代的一种现实需要。千百年前,人类对于自然的认知水平尚低,多数民族惯常的做法是通过"宗教祭祀"的形式来祈求平安或丰收,在各种宗教仪式中出现了各式各样的身体活动,这些身体活动随着时间的推移而不断产生功能上的分化,抑或是舞蹈,抑或是传统体育活动,如土家族的"摆手舞"、羌族的"跳莎朗"、白族的"绕三灵"活动中的"桑林舞和霸王鞭"等,呈现出鲜明的时代性。然而,

---

① 薛强:《藏族传统体育古朵的现状调查与分析——以西藏阿里地区改则县为例》,《西藏民族学院学报》(哲学社会科学版) 2014 年第 4 期。

这些传统文化作为民族文化流传下来，但其最初的社会需要已经与当前迥然不同。在调研访谈的过程中，高频率地听到某些民族的年长者抱怨现在的年轻人对老祖宗的东西不重视，不仅不去学，而且认为都是些"过时"的东西……凡此云云，意思大致相同。这种现象的普遍存在其实就是一种对传统文化认知和对待上的"代际差异"，毕竟人都是属于某个特定时代的。反观现实，如今的少数民族地区，电视、互联网覆盖率逐年提高，电脑、手机等获取信息的工具也逐渐普及，年轻一代在信息获取、社会开放性、文化交流、生活观念等方面已经完全消除了前些年长辈们所受的局限。父辈、祖辈们从事民族传统体育活动来实现娱乐、休闲、交往的目的，也就是他们在所处时代的一种现实需求，而这些目的的实现在新的社会环境中已经有了多种途径和方法，电脑游戏、手机游戏有千万种选择，QQ、E-mail、微信等自媒体时代的信息沟通工具让交往变得更加便捷。年轻一代已经不再需要通过"传统"的途径来满足自己的需求，在这种情况下，包括传统体育在内的各种传统文化类型，都在逐渐脱离新时代年轻一代的社会需求，也就自然而然地产生了认知层面和行为层面上与父辈、祖辈的差异，而这种差异性的弥合又缺少可行性的措施，"代际鸿沟"的出现不可避免，进而导致年轻一代群体性缺席传统体育活动的技术、技能和技艺的习练，其作为传承者的传承能力也失去了最根本的依托，传承能力的"代际递减"给少数民族传统体育文化生态带来了巨大冲击。

五　族群主体意愿的无端忽略

人是文化的创造者和传承者，在文化的起源、演变、传承和发展过程中，人的主体作用不容忽视也不可或缺。少数民族居民是传统体育的创造者和主体，也是本质上的拥有者，无论何种形式、何种程度的转型和改造都应该尊重文化主体的意愿，否则容易引发少数民族传统体育文化心理认同上的错位，从而带来更多的生态困境。在新的环境下，各个少数民族传统体育项目都在寻求发展路径，或者"舞台化"，或者"广场化"，还或者"操化"和"竞技化"。种种尝试和探索是少数民族传统体育文化发展的必经过程，但须从核心层面厘清主次关系，避免造成新的矛盾。

"吹枪"的竞技化改造过程中，就出现了主体意愿被忽视的情况。"吹枪"是一项源于狩猎的传统体育项目，与"射箭、射弩"等项目类似，是以"准度"作为判别胜负的依据，具有较强的竞技性。为了将该项目推向民运会的竞技赛场，当地有关部门进行了器械、规则、竞赛形式等方面的"大刀阔斧"式改造和完善，最终列为民运会比赛项目。然而，在2013年12月举行的文山壮族苗族自治州第九届少数民族传统体育运动会上，麻栗坡县代表队的罗洪明跟比赛技术代表呼吁："我们苗族吹枪比赛也应该像射弩一样分传统跟现代两种比赛方式。我们现在比赛的吹枪已经丧失了我们的民族性。建议比赛设立传统吹枪和现代吹枪两种比赛形式，不然我们当地农民都不用现代枪，现代枪不像我们的祖辈留下的传统枪"。这种呼吁表面上是对于比赛项目设置的建议，但其背后所隐含的是"吹枪"创造主体的集体呐喊，"现代枪"不属于当地的少数民族居民，两者之间存在明显的文化冲突。通过对"吹枪"现状的考察和梳理发现，文山州所辖地区对于"吹枪"的认识存在一定的差异性，在当地的政府体育、文化、民族等部门，对于"吹枪"的认识更多地是民运会赛场上作为少数民族传统体育竞赛项目的"吹枪"，而开展情况较好的村寨，更多地是从传统的角度来认识，就是祖祖辈辈流传下来的、手工制作、未进行改造过的"吹枪"。可见，传统"吹枪"的竞技化转型存在一些不能被接受和认可的情况。

此外，有些舞蹈类的传统体育活动，如土家族"摆手舞"、羌族"跳莎朗"、藏族"锅庄"、苗族"板凳舞"等，都普遍存在"操化、舞台化、广场化"三种转型路径，无论哪种形式都存在共同点——改编。其中，在"操化"方面，主要的目的是借助于学校平台，将本民族的传统体育活动融入学校体育体系，以增加受众群体数量的形式来缓解"代际"传承危机。如贵州兴仁县把当地流行的"板凳舞"改编为"板凳操"在中小学开展，引入了不少当地"板凳舞"艺人参与，取得了不错的效果。在"舞台化"方面，一般情况是具有创编才能的舞蹈工作者实地采风，根据搜集到的素材进行艺术加工，改编为舞蹈教学内容和剧场表演剧目，其中的"原生态舞蹈"表演能够舞台再现舞蹈的传统元素，这类舞蹈的成功与否，与当地艺人的参与程度有直接关系。再者，在广场化方面，有一种情况是当地居民自发地在茶余饭后来到广场参与，在"领头人"的带领下进行，形式灵活、参与自由，课题组在四川阿坝州理县调研时就参与过羌族"跳莎朗"的广场舞；另外就是像土家族"摆手舞"一样的有组织地改编，将其"广场化"。需要指出的是，在改编的过程中要适当引入"当地艺人"作为顾问和指导，否则容易出现因场域转换和作简化而导致内涵弱化等问题。

总之，关于少数民族传统体育的各种"改造"，不能披着"转型"的外衣对传统进行武断的丢弃，否则，失去了少数民族居民文化心理认同的传统体育项目也就没有了发展和传承的根本动力，毕竟"文化是人的共识符号，也是人类结成稳定共同体的依据和内在动力，其中精神文化传承或再生产是这种共同体的内聚和认同的源泉"[1]。

---

[1] 赵世林：《论民族文化传承的本质》，《北京大学学报》（哲学社会科学版）2002 年第 3 期。

第七章　西南地区少数民族传统体育文化生态建设

文化的存续、演变和发展离不开文化生态的涵养,任何一种文化都非孤立存在,文化与其所处各种环境之间的互动关系一刻也未曾停止,而文化与文化之间的相互影响和相互作用也无时无刻不在进行,文化这种客观存在是始终处于变动之中的,由此可以推知,文化生态也在不断地变化中存在和发展。就少数民族传统体育文化生态而言,其所容括的自然环境、社会环境、族群以及少数民族传统体育本身,都在不同程度地发生着各种变化,而且这种变化人们无力改变。基于此种情况,少数民族传统体育文化生态的建设也应"与时俱进"地进行,无论是自然环境维度的建设还是社会环境维度的建设,都应充分考虑各因素的"发展性",即便是族群维度,也应充分考虑其主观能动性在不同历史时期和不同社会背景中的变动情况,而传统体育维度的建设,更应在回望中找到当下的定位和未来的发展趋向,否则相应的建设路径和目的就会偏向一隅。诚然,西南地区少数民族传统体育文化生态的建设是一个复杂而又漫长的过程,非一朝一夕可见成效,同时,这一过程也并非是单纯的"体育"问题,与之相关联的因素千头万绪,在建设观念方面也应以高、远待之。

第一节　自然环境维度:加强文化实体的建设与利用

文化的发展需要一定的物质依托,否则其内涵无从呈现。虽然体育文化主要是以人的身体活动来承载和显现,但"物质"层面的元素在各种体育活动中也都不能缺席,这里所指的"物质"有着服装、场地、器材、文物、遗迹等多方面的内涵。具体到少数民族传统体育文化生态的建设而言,在自然环境维度应当从"实体"的建设和利用方面着力,小到器械制作原材料的保护,大到原生场域和传习场域的重建,都是在自然环境方面建设少数民族传统体育文化生态的基础。

一 加强传统体育原生环境的保护

任何一种文化及其体系的形成和演变,都在某种程度上取决于这种文化创造主体——族群成员所生活和从事生产的自然环境,在长期的生产生活中,民族文化在对自然环境的适应中孕育和发展,不同地域的民族文化风格各异、个性殊远,恰恰说明自然环境对民族文化品格的重要影响。少数民族传统体育文化作为少数民族传统文化大家庭的一员,其个性特征也反映出了民族文化的地域性差异,"自然生态环境制约着民族体育文化活动的内容,而各民族的体育活动在社会实践、认识关系和价值关系的每一个环节上发挥作用,都必须通过自然生态环境,并在自然生态环境的制约下才能得以实现"[1]。因此,建设少数民族传统体育文化生态,须回归自然环境这一原点,必须以原生自然环境为出发点,唯有保护好和建设好"土壤",少数民族传统体育文化才能更好地成长并发展延续。

少数民族传统体育文化生态的自然环境因素因民族不同而有所差异,总体上有原生环境和次生环境两类,在原生环境层面,与少数民族传统体育文化关联较大的因素主要包括地理位置、气候、海拔、植物、动物、居住环境、交通条件、器材场地等。其中有些因素是非人力所能控制和改变的,但有些可控性因素的保护和建设,对于西南地区少数民族传统体育文化生态的建设就尤为必要。然而,传统体育原生环境的保护也应置于社会不断发展变革的背景之下,不能一味抱守传统而忽略与时俱进,毕竟任何事物都是在不断发展的。本研究所指的传统体育原生环境的保护,其内容和内涵也有所延展,保护的方式也因内容不同而有所区别,有些少数民族传统体育项目的器材取

---

[1] 张涛:《中国少数民族传统体育文化生态学研究》,中央民族大学出版社2008年版,第37—38页。

材于当地植物,如西藏工布制作传统"响箭"箭竿的"西藏梨藤竹"和制作"碧秀"的"西藏青冈木"、贵州"独竹漂"所用的"南竹"、云南景谷制作传统"陀螺"的"柚木"、贵州制作"独木龙舟"的"柳杉"……此类项目受自然环境的影响较大,相关的"植物"都该得到应有的保护,以保证该项目的传统做法能够延续下去。再者,还有些少数民族的传统体育项目与当地的"动物"有密切关系,如藏族、水族、彝族的"赛马",藏族的"赛牦牛"等,所用马匹和牦牛的优质品种还是值得保护的。随着民族地区经济社会的不断发展,居民的居住条件和交通条件大为改观,与此有关的传统体育项目也因此受到影响,如早先作为渡河工具的"独竹漂"、用以代步的"骑马"等。通过上述分析可以看出,自然环境因素与少数民族传统体育文化的发展和传承有着千丝万缕的关系,对其原生环境进行必要的保护,是促进西南地区少数民族传统体育文化生态的建设的首要前提。

二 筹建传统体育文化生态保护区

《国家"十一五"时期文化发展规划纲要·民族文化保护》中提出,要"确定10个国家级民族民间文化生态保护区(eco-cultural protection area or eco-cultural preservation area)"。从概念上来讲,文化生态保护区是指"在一个特定的区域中,通过采取有效的保护措施,修复一个非物质文化遗产和与之相关的物质文化遗产互相依存,与人们的生活生产紧密相关,并与自然环境、经济环境、社会环境和谐共处的生态环境"①。提出文化生态保护区概念的目的就在于加强各类文化遗产保护和文化生态的保护,目前以"文化生态保护实验区"的名称进行尝试,从2007年6月至2017年1月,全国各省市共设立了17个,其中西南地区有4个,分别是:黔东南民族文化生态保护实验区(贵州省,2012年12月)、羌族文化生态保护实验区(四川省、陕西省,2008年11月)、迪庆文化生态保护实验区(云南省,2010年)、大理文化生态实验保护区(云南省,2011年1月17日)。设立的文化生态保护试验区都是以地方特色文化为主题,为地方文化的发展拓展了地域空间和文化空间。

从少数民族传统体育文化的情况来,在国家级文化生态保护实验区方面

---

① 《国家级文化生态保护区》,360百科(https://baike.so.com/doc/2151108—2275974.html)。

设立的可能性不大，毕竟传统体育文化是地方民族文化的组成部分。鉴于此，本研究认为，一方面可以在已经设立或申报设立的文化生态保护实验区内，设立或补充少数民族传统体育文化主题的板块，为少数民族传统体育文化的进一步发展创设应有的环境和空间。这一点在 2017 年茂县举办的"国家级羌族文化生态实验保护区成果展演暨羌年庆祝活动"中有所展现，羌族"羊皮鼓舞"作为其中的一个内容进行展示，取得了良好的效果（见图 7-1）。

图 7-1　羌族"羊皮鼓舞"在国家级羌族文化生态实验保护区
成果展演暨羌年庆祝活动中展示

图片来源：互联网。

另一方面，在国家大力号召和倡导建立文化生态保护试验区的背景之下，各省、市自治区可以设立省级、市级甚至县级的地方文化生态保护试验区，条件成熟后再考虑设为文化生态保护区，将少数民族传统体育文化作为其中的内容，在条件具备之后，筹建少数民族传统体育的文化生态实验区和保护区。基于此想法，本研究认为，少数民族传统体育文化生态实验区或保护区的建设应以原生环境——居民村落为区域范围，选取某一项传统体育活动开展最具特色的自然村落或村落群为范围，为各项少数民族传统体育提供可以进一步成长的"土壤"和"传习所"，避免"某某传统体育文化开发中心、传承中心、主题公园"等人为环境的建设，使各项少数民族传统体育在原生地得到原生态、原汁原味的存续和发展，实现一种"活态化"的存在，唯此，方能保证少数民族传统体育文化生态建设的"绿色、自然、活态"。

三 历史遗迹、文物的建设性保护

任何一种民族传统文化都是历经长期积累和沉淀形成的，其间或许会经历发展轨迹的起伏，或许会经历各种形式的演变，甚至有些淹没在历史的长河之中，但凡流传至今的都具有一定的历史文化厚重感。作为以身体为载体和表现形式的各种传统体育活动，在发展演变过程中会使用各种形式的器材或各种规格的场地，随着历史车轮的滚滚向前，各种民族文化发展的信息都承载于场地和相关器械之上，成为具有历史价值的遗迹或文物。从少数民族传统体育文化方面来看，某些少数民族地区至今保留着传统体育活动古老的开展场地或器材，如四川西昌彝族已有上百年历史的赛马场、西藏工布地区传统的射箭场地和历史久远的"箭靶"、重庆土家族摆手舞的"摆手堂"等。此类属于自然环境范畴的遗迹或文物承载了某个项目的历史积淀和文化信息，是少数民族传统体育文化珍贵的历史记忆，在少数民族传统体育文化生态建设的过程中，要重点加强对此类遗迹或文物的保护，尤其在后期作为文化资源进行开发利用的过程中，要防止各种可能会导致历史文化信息丢失的做法，对其进行建设性保护，从而得到持续而又持久的有序传承。

四 设立教育基地，促进纵向传承有序有效

少数民族地区将当地的传统体育项目进行课程开发并适当融入学校体育教育，可以在很大程度上促进少数民族传统体育文化的教育和传播，也有助于缓解代际传承危机。基于现实层面考量，通过设立教育基地可使少数民族传统体育进入校园的举措得以落地，从制度层面来看，原国家体委、教育部早在1983年就发布了《体育传统项目学校试行办法》（〔1983〕体群字108号），国家体育总局、教育部2000年发布《体育传统项目学校管理办法》（体群字〔2000〕86号），之后又于2003年颁发《国家级体育传统项目学校评定办法、标准及评分的通知》（体群字〔2003〕34号），以上两个文件为各地各级学校发展体育起到了重要作用；2013年，国家体育总局、教育部又颁布了修订后的《体育传统项目学校管理办法》（体青字〔2013〕10号），这一系列的制度性文件对体育传统项目学校的相关事宜进行了规范，在一定程度上为

少数民族传统体育进入学校，成为传统项目学校的备选项目提供了依据；从现实层面而言，之前所批准设立的传统项目学校有不少因为缺乏特色而取消，此类情况的出现跟所选项目没有特色和优势有直接关系，如果选择当地群众基础较好、学生有参与兴趣的传统体育活动进行申报，获批的可能性会增加。除了申报体育传统项目以外，政府体育部门和文化部门可以结合当地传统体育特色，选择适合的学校建立专门的教育基地，使少数民族传统体育有更多机会被群众认知和选择，有更多机会提供给青少年群体去参与。

五 构建传播平台，突破横向交流和融合障碍

文化的发展问题实质上就是传播的问题，文化的起源、演变和发展，都是在传播过程中实现的。从文化传播的角度来看，各少数民族传统体育文化发展面临的诸多困境都可以归为传播方面，如代际传承困境实质上是少数民族传统体育文化在本民族内未能实现有效传播，具体可归结为传播方式的不当或传播渠道的不畅；"他者"认知度不够的问题其实是少数民族传统体育文化对外传播方面存在问题。可以说，文化的有效传播是其发展的动力所在。鉴于以上所述，少数民族传统体育文化的困境走出，要将传播问题作为重要的突破口，通过多元化传播平台的构建，促进少数民族传统体育文化更大范围和更有实效的传播。

在实际操作层面，可以将传统的传播平台融入新的传播手段，实现多种传播方式的整合。以往关于少数民族传统体育文化的传统传播平台主要包括赛事、民族文化活动、节日文化展演和旅游等，此类传播平台主要通过人这一重要媒介来实现，通过身体的直观感受和亲身体验实现文化的传播。随着社会的不断发展和科技进步而出现的多种新型的传播方式，随着移动互联网而出现的有"第五媒体"之称的手机，还有一些便携的上网工具，都为构建新型传播平台提供了可能。因此，要充分利用传统的传播平台，并积极搭建以互联网为载体的网络平台、微博平台、微信平台，同时实现多种传播方式的整合利用，构建一种多元传播方式共用、多个传播平台互补的立体化传播平台体系，从而实现族内传播和对外传播的联动，通过基本内容、内涵和价值的传播促进少数民族传统体育文化的发展。

第二节　社会环境维度：多点发力构筑发展新格局

社会环境是一个相对复杂的概念，就少数民族传统体育文化生态建设所指的社会环境而言，其内容的丰富程度也难以全面呈现。本研究基于调研和综合分析认为，从社会环境维度建设少数民族传统体育文化生态，需要从教育方面进行环境创设并设立教育基地，同时建立健全保障制度和传承机制，在打造少数民族传统体育文化符号的基础上，通过节日文化营造拓展传统体育的参与面，借由交流和传播平台的搭建实现少数民族传统体育文化更大范围的传播，对于有条件的地区和项目可以通过申报"非遗"等途径加强传统体育的保护和发展，也有必要动员社会力量参与少数民族传统体育文化生态的建设。总之要通过多种力量、多种途径的共同作用，形成有利于少数民族传统体育发展的新格局。

一　创设教育环境

教育的社会功能是多元的，其中"最深远功能是影响文化发展，教育不仅要传递文化，还要满足文化本身延续和更新的要求"[1]。鉴于此，本研究认为，西南地区少数民族传统体育文化生态的建设，首先要创设必要的教育环境，主要针对的对象是两种环境。第一，创设少数民族居民的传统体育文化教育环境。从现实来看，少数民族传统体育文化的发展面临的根本性的问题在于广大少数民族地区群众的知识欠缺、认知不够以及观念未树立，之所以这么讲，是因为广大少数民族群众对于本民族传统文化的价值没有客观的清醒认识，大多数行为仅仅从个人的眼前利益出发，对于传统文化的漠视和远离，在很大程度上未能发挥创造主体的作用。究其原因，根本的一点在于教育的滞后，一方面不少少数民族地区教育发展落后，尤其是 20 世纪五六十年代，多数居民接受正规教育的时间不长，导致对于包括少数民族传统体育在内的民族传统文化认知水平上的整体偏低；另一方面的原因是少数民族地区

---

[1] 《教育》，360 百科（https：//baike. so. com/doc/5338309 - 5573749. html#5338309 - 5573749 - 7）。

受各种条件的限制，在少数民族传统文化的宣传教育方面未能跟进。随着国家义务教育的实施和推进，民族地区的教育状况大为改观，居民的教育水平日渐提高，现已具备了在文字材料阅读、认知能力提高和观念建立的基本条件，因此，有必要通过各种途径对少数民族传统体育文化等具有民族特色的文化进行宣传，使当地居民逐步建立传统意识，不断增强对于民族文化价值的理解，从而建立争取的观念。第二，创设少数民族地区学生群体的传统体育文化教育环境。少数民族地区的各级学校是重要的平台，在学校教育层面，根据实际情况开发以少数民族传统体育为内容的特色课程或"校本课程"，在课间操、课外活动、体育课中进行开展，使作为传承主要群体的年青一代增强对本民族文化的认知和理解，从而引发参与的积极性，进而实现代际传承的过渡。这一点有不少民族地区已经积累了成功的经验，如贵州兴义地区将苗族盛行的"板凳舞"改编成"板凳操"，在各级学校的课外活动或体育课上推行；云南景谷县益智乡的学校中开设了"陀螺"课……各种有益的尝试都在很大程度上使青少年有机会接触并理解本民族的传统体育文化，这对于缓解少数民族传统体育文化传承的"代际"危机是大有帮助的。因此，基于上文所述，本研究认为，西南地区各少数民族传统体育文化生态的建设，要加强广大群众和青少年群体的教育环境创设，以此推进少数民族传统体育文化生态社会环境的建设。

二 建构制度环境

西南地区地域广袤、民族众多、文化各异，加上各民族地区经济、社会、文化发展水平不一，关于少数民族传统体育文化生态的建设可以说是一个复杂的系统工程，涉及体育、文化、宣传、民族、宗教、环境等多个部门，具体工作的内容也是方方面面，需要多部门联动、协调、配合。因此，加强制度建设，并形成良好的制度环境是保证各项工作开展的重要前提。制度环境是"指一系列与政治、经济和文化有关的法律、法规和习俗，是人们在长期交往中自发形成并被人们无意识接受的行为规范"①。西南地区少数民族传统体育文化生态的建设，要依据现有的如《全民健身条例》《"健康中国2030"

---

① 《制度环境》，360 百科（https：//baike.so.com/doc/6444125 - 6657806.html）。

规划纲要》《关于加强和改进新形势下民族工作的意见》《全民健身计划（2016—2020年）》和《"十三五"促进民族地区和人口较少民族发展规划》等国家层面的制度，制定出台各省市、自治区和地级、县级的具体实施条例和计划。同时，2018年国家体育总局和国家民委共同发布的《关于进一步加强少数民族传统体育工作的指导意见》（体群字〔2018〕9号）也为西南地区少数民族传统体育文化生态的建设提供了重要的制度保障，当中的"任务9条"[①]也指出了今后一段时期少数民族传统体育工作的重点。尤其是《意见》明确提出："把少数民族传统体育事业发展纳入各级人民政府国民经济和社会发展总体规划；各级体育工作、民族工作部门要切实履行职能职责，统筹安排，科学谋划，制定推动少数民族传统体育事业发展的中长期规划。"这为少数民族传统体育文化生态的建设提供了重要制度依据，同时在某种程度上对相关部门的责任进行了总体部署。以上述各项制度文件为基础，西南地区各级地方政府会出台相应的地方性意见，在此过程中，适当将少数民族传统体育文化生态建设的内容融入，一方面可以解决建设过程中的制度性缺失，为各项工作做好制度保障；另一方面可以切实推进少数民族传统体育文化生态建设的各项任务。总之，以现有的相关制度为基础，进行地方制度的建设和完善，并形成多制度的协同机制，营造良好的制度环境，可有力推动西南地区少数民族传统体育文化生态的建设。

三 搭建交流平台

西南地区地处我国边陲，而各少数民族大都聚居于相对偏远的地区，有的民族就住在我国与其他国家的边境线上。千百年来，各少数民族因交通不便而与外界交流较少，长此以往，铸就了少数民族传统文化鲜明的地域性和封闭性特质，有些地区虽然是多民族共同居住，但彼此的文化交流还是相对保守和欠缺。而文化的传续和发展是需要借鉴和吸收他民族文化精华的，否

[①] "任务9条"，加强少数民族传统体育的统筹规划；加强少数民族传统体育的基础性研究和应用性研究；实施少数民族全民健身"六个身边"工程；办好少数民族传统体育赛事；大力发展少数民族传统体育产业，助力乡村振兴和扶贫攻坚；加强少数民族传统体育传承创新；加强少数民族传统体育交流；加强少数民族传统体育基地建设；培养少数民族传统体育人才。——《关于进一步加强少数民族传统体育工作的指导意见》（体群字〔2018〕9号）。

则文化的生命力和活力就会受到影响，同时，缺乏交流也会很大程度上阻碍文化的跨域传播。鉴于此，西南地区少数民族传统体育文化生态的建设，需要解决传统体育文化的交流问题。随着少数民族地区经济社会的不断发展，交通状况大为改善，各种通信设施也在广大民众中广泛使用，这为少数民族传统体育文化的交流提供了必要的前提和基础，在传统体育文化生态建设的具体过程中，当地政府体育和文化部门应结合实际搭建以少数民族传统体育为主题的交流平台，借助于重大节日庆祝活动、文化交流活动、经贸活动，将本地各民族的传统体育文化内容有目的地植入，通过各种形式的展演，使不同民族之间进行体育文化的沟通和交流，同时也为传统体育文化的跨民族、跨地域传播创造条件。再者，积极组织参与各地市州、自治区、省级乃至全国性的运动会，不论是表演项目还是竞赛项目，都可以借此平台实现传统体育文化的交流和互动。此外，鼓励各族居民组建民间表演团体，将本民族的传统体育文化进行适当改编，与其他形式的歌舞一起，作为对外展演的内容，也是一种交流平台的搭建。这一点上，四川省阿坝州的"萝卜寨"有成功的经验。"羌族推杆"在2008年北京奥运会开幕式上表演之后，该村寨在支书的带领下，组建了文艺表演团体，将"推杆、羊皮鼓舞"等传统体育内容作为节目到外地表演，取得了良好的反响。此举不仅促进了本民族传统体育"走出去"，实现了对外的文化交流，也通过表演达到了居民增收的目的，可谓一举两得。因此，交流平台搭建是促进少数民族传统体育文化繁荣发展的有力措施，同时，会在一定程度上促进少数民族传统体育文化生态的保持与建设。

四 打造文化符号

从一般意义来讲，文化符号是指具有某种特殊内涵或意义的标示，是某种独特文化的抽象体现，也是某种文化所具有的内涵的重要载体和形式。文化符号具有丰富的内涵，但也具有很强的抽象性。从严谨的学术层面而言，关于文化符号的定义可谓众说纷纭，本研究认为蒙象飞博士2014年提出的定义具有一定的代表性，他认为"文化符号是指一个民族、国家或地区长时间沉淀下来的文化资源的凝结式标示，是一个民族、国家或地区物质文化和精神文化的精华，反映了某个特定社会或社会群体特有的精神、物质、智力与情感等方面的一系列特质"[1]。从此定义出发可以看出，文化符号是一种特质文化的凝结，对于一个民族而言，该民族的文化符号在某种程度上体现了这个民族文化的内涵、特征和本质。文化符号，根据不同的划分标准，可以分为不同的类型，从性质上可以分为物质文化符号和精神文化符号，从特点上可以划分为人物、节日、品牌文化符号。

　　日常生活中，每当我们提及某种文化，很自然地会联想到某种客观存在的标示，如提到中国文化会想到"长城、书法、瓷器、京剧、少林寺"等等，提到美国文化，会自然而然地想到"好莱坞、麦当劳、NBA、可口可乐……"，提到西班牙文化会想起"斗牛士"，提到韩国会想到"跆拳道"，提到希腊会联想到"奥林匹克"。同样地，在少数民族传统体育方面，提到羌族会想起"推杆"，提到蒙古族会与"赛马"相关联，提到苗族会想起"独竹漂和独木龙舟"……凡此种种，都是文化符号对于人的主观认知的影响。这是由于文化符号比一般符号更具有内涵和价值，更加具有民族性特征和凝聚功能，最重要的一点是文化符号在形象传播功能方面更具优势。从这层意义上来讲，西南地区各少数民族的传统体育如果能够成为该民族的文化符号，会在很大程度上加深人们对于该项目的认识和理解。基于此，西南地区各少数民族传统体育文化生态的建设，可以将文化符号打造作为一个重要内容，将某个民族最具代表性的传统体育项目进行历史文化信息的深挖，使之民族特征更加明显，更能体现某个少数民族传统文化的内涵和价值。某一项传统体育活动能够打造成文化符号，对于增加"他者"对于该民族及其文化的认知具有重要作用，同时对于本民族其他传统体育活动的发展也具有辐射和带动作用。因此，可以想见，如果西南地区几十个少数民族的传统体育有大部分能够成为民族的文化符号的话，那么整个西南地区少数民族传统体育文化生态自然而然会走向一个生命力和活力兼具的良性循环。

---

[1]　蒙象飞：《中国国家形象建构中文化符号的运用与传播》，博士学位论文，上海外国语大学，2014年。

五 建立传承机制

传承有"传"和"承"两个维度的含义,传承就是"传者"和"承者"的有序对接,实现器物、技能、技术、技艺、文化的传授、掌握和发扬。西南地区少数民族传统体育文化丰富多彩、各具特色、风格殊异,正是这种"百花齐放"的状况体现了良好的生态样貌。然而,在多种因素的影响之下,少数民族传统体育文化的发展遭遇了多重冲击,面临着诸多发展困境,其中,最为突出的一个方面就是传承链的断裂。具体而言,少数民族传统体育文化同其他类型的传统文化面临同样的传承困境,一方面是"传者"数量的日减,另一方面是"承者"的青黄不接。究其原因,症结在于未能建立合理有效的传承机制,而传承机制是保持传统文化延续的基本保障。从传统体育的情况来看,多数具有传承价值的活动项目在传承方面遭遇瓶颈,抑或是"传者"年事已高或离世,抑或是"承者"的传承主观意愿缺失或群体性远离传承场域,还有些存在传承过程的封闭性和限制性。然而,一个状况良好的文化生态,必然是多种文化共生共长、和谐共荣、传承有序的样貌,传承虽然是民族传统文化发展的一个基本环节,但所起到的作用却不容小觑。鉴于此,建设西南地区少数民族传统体育文化生态,要重点解决的问题就是传承机制的建立,其中即包括对于传承者的保护,"三技"(技术、技艺、技能)的抢救性保护和整理,也包括传承模式的科学合理构建,还包括"承者"群体的培育及传承能力的培养。总之,解决少数民族传统体育文化的有序传承问题,是建设少数民族传统体育文化生态的前提,唯此,共生共荣、和谐统一、绿色活态的传统体育文化生态愿景才能实现。

六 申报"非遗"项目

我国从 2005 年开始提出要保护非物质文化遗产,至今已经走过了 13 年的历程,县级、市级、省级、国家级的四级非物质文化遗产保护名录已经建立并且取得了显著成绩,对于促进我国各地、各民族的传统文化发展具有重大意义,毕竟非物质文化遗产是源于群众生活、世代相传、见证历史的一种历史文化传统,是民族精神、情感、历史、个性、气质、凝聚力和向心力的有机组成和重要表征，是国家、民族文化软实力的重要资源。目前，西南地区少数民族传统体育已有一定数量的项目列入县级、市级甚至省级的非物质文化遗产名录，尽管有些传统体育项目是以其他"名义"（游艺、艺术、舞蹈、节日）等形式列入的，但这对于"养在深闺人未识"的传统体育而言，是一个展现文化价值和历史价值的机会，否则，传统体育项目所蕴含的某个少数民族的精神价值、思维方式、想象力和文化意识就无法被他人认知和理解。因此，本研究认为，西南地区少数民族传统体育文化生态的建设，要将"非遗"项目申报作为一个重要内容，当然，基本的前提是要对传统体育项目的各方面价值进行挖掘并通过论证，拣选出符合"非遗"标准的传统体育项目进行申报。相信我国在"非遗"工作上所积累的十几年的经验，会通过各种措施促进"非遗"项目的进一步流传和发展。可以说，申报非物质文化遗产项目，其本身就是对本民族传统体育文化的挖掘和整理工作，成功与否，都在某种程度上使传统体育项目有了被认知的机会，同时是对少数民族传统体育文化生态建设的有力推动。

七　设立教育基地

如前所述，西南少数民族地区将当地的传统体育项目进行课程开发，适当融入学校体育教育可以在很大程度上促进少数民族传统体育文化的教育和传播，也有助于缓解代际传承危机。基于现实层面考量，在西南地区各少数民族地区，可以通过设立少数民族传统体育教育基地的形式，使少数民族传统体育进入校园的举措得以落地。从制度层面来看，原国家体委、教育部早在 1983 年就发布了《体育传统项目学校试行办法》（〔1983〕体群字 108 号），2000 年，国家体育总局、教育部发布《体育传统项目学校管理办法》（体群字〔2000〕86 号），之后又于 2003 年颁发《国家级体育传统项目学校评定办法、标准及评分的通知》（体群字〔2003〕34 号），以上文件为各地各级学校发展体育起到了重要作用；2013 年，国家体育总局、教育部又颁布了修订后的《体育传统项目学校管理办法》（体青字〔2013〕10 号），这一系列的制度性文件对体育传统项目学校的相关事宜进行了规范，也在一定程度上为少数民族传统体育进入学校，成为传统项目学校的备选项目提供了依据；

从现实层面而言，之前所批准设立的传统项目学校有不少因为缺乏特色而取消，这种情况的出现跟所选项目没有特色和优势有直接关系，如果选择当地群众基础较好、学生有参与兴趣的传统体育活动进行申报，获批的可能性会增加。除了申报体育传统项目以外，政府体育部门和文化部门可以结合当地传统体育特色，选择适合的学校建立专门的教育基地，使少数民族传统体育有更多机会被群众认知和选择，有更多机会提供给青少年群体去参与。综上，设立少数民族传统体育文化教育基地，是促进少数民族各年龄阶层居民加强传统体育文化认知的教育实体，将会在很大程度上促进少数民族传统体育文化生态的建设。

八　动员社会力量

伴随我国经济增长的不断加速，广大西南少数民族地区居民的生活也有了很大程度的改善，居住环境、交通条件、医疗卫生、信息传播、文化教育等方面都在逐步跟进。在物质文化生活得到满足并日益富足的情况之下，少数民族群众的体育需求也被激发出来，尤其是2008年北京奥运会后国民体育需求蓬勃迸发的背景之下，少数民族地区的体育事业也面临着体育需求增长和供给不足的矛盾。随着《全民健身计划（2016—2020年）》和《"健康中国2030"规划纲要》的颁布实施，西南少数民族地区的全民健身事业也在扎实推进。在此背景之下，完全依赖政府提供体育公共服务来满足民族地区群众的体育需求，在短期之内还面临诸多困难和现实问题。鉴于此，本书认为，西南少数民族地区有着丰富的传统体育文化资源，各地市政府体育部门和文化部门可以在政策层面进行引导，鼓励、动员当地社会力量参与到全民健身事业中来，对原有的地方体育协会进行摸底调查，根据存在的问题进行针对性支持和帮助，使其更好地发展。同时，出台鼓励政策，扶持培育一部分民间体育社会组织，对当地的民族体育进行挖掘和整理，通过开展各种形式的群众体育活动和竞赛活动，吸纳群众参与，借此为广大少数民族居民提供体育公共服务，满足其体育需求。此举一方面促进了当地民族传统体育的挖掘、整理和利用，促进了当地民族传统体育文化生态的建设和良性运转；另一方面，促进了民族传统体育与全民健身的融合，社会组织挖掘整理出来的"本土化"民族传统体育健身内容，更加贴近当地群众的生活和需求，同时为政府分忧；而在此过程中还培育了大量的体育组织，这些组织的成长和良性发展可在很大程度上促进当地群众体育事业的良性运转。可以说，通过上述举措，动员社会力量参与可有效促进少数民族传统体育服务于社会、服务于当地民众，而少数民族地区群众体育事业的发展，也会在很大程度上促进了西南地区少数民族传统体育文化生态的建设。

九 营造节日文化

节日，是各族人民为适应生产和生活的需要而共同创造的一种民俗文化。我国西南地区的各少数民族，在长期的民族演变和发展过程中创造了多种形式的节日，以一年为周期，在不同的季节有不同主题的节日，有的为了庆祝丰收，有的为了宗教祭祀，有的出于纪念，有的出于历法。总之，各少数民族都有属于自己的节日。节日既可以促进民族团结、民族交往和民族文化传承，也可以增强族群认同、加深民族认可，大多数少数民族节日都是伴随民族演变而流传下来的，如彝族的"火把节"、哈尼族的"扎勒特"、珞巴族的"昂德林节"、傣族的"泼水节"、羌族的"羌历年"、白族的"三月街"、水族的"端节、卯节"、景颇族的"目瑙纵歌"……都是某个民族历史文化的记忆，具有重要的传统价值和意义。随着社会的不断发展，也有些新的节日被设定，如藏族的"赛马节"、苗族的"龙舟节"、傣族的"陀螺节"等是以民族传统体育为主题的节日。从少数民族传统体育文化生态的建设角度来看，节日文化是不可或缺的重要内容，因为从现实的情况来看，绝大多数的少数民族传统体育是依托"节日"而存在和开展的，可以说，节日为少数民族传统体育提供的是"时—空"两个层面上的保障，是一个民族多种传统文化集中展示的平台。从某种意义上讲，节日可以说是少数民族传统体育文化的"孵化场"和"温室"，鉴于此，在西南地区少数民族传统体育文化生态的建设过程中，要把节日文化的营造作为重点内容，使少数民族传统体育文化更好地融入节日文化，从而寻求到更多的发展机遇和更大的发展空间。

十 构建传播平台

文化的发展问题实质上就是传播的问题，文化的起源、演变和发展，都是在传播过程中实现的。从文化传播的角度来看，西南地区各少数民族传统体育文化发展面临的诸多困境都可以归为传播方面，如代际传承困境实质上是少数民族传统体育文化在本民族内未能实现有效传播，具体可归结为传播方式的不当或传播渠道的不畅；"他者"认知度不够的问题其实是少数民族传统体育文化对外传播方面存在问题。可以说，文化的有效传播是其发展的动力所在。鉴于以上所述，本研究认为，西南地区少数民族传统体育文化生态的建设要将传播问题作为重要的突破口，通过多元化传播平台的构建，促进少数民族传统体育文化更大范围和更有实效地传播。

在实际操作层面，可以将传统的传播平台融入新的传播手段，实现多种传播方式的整合。以往关于少数民族传统体育文化的传统传播平台主要包括赛事、民族文化活动、节日文化展演和旅游等，此类传播平台主要通过人这一重要媒介来实现，通过身体的直观感受和亲身体验实现文化的传播。随着社会的不断发展和科技进步而出现的多种新型的传播方式，如以广播、电视、印刷、电影、网络等为代表的传播媒介，以及随着移动互联网而出现的有"第五媒体"之称的手机，还有一些便携的上网工具，都为构建新型传播平台提供了可能。因此，西南地区少数民族传统体育文化生态的建设要充分利用传统的传播平台，并积极搭建以互联网为载体的网络平台、微博平台、微信平台，同时实现多种传播方式的整合利用，构建一种多元传播方式共用、多个传播平台互补的立体化传播平台体系，从而实现族内传播和对外传播的联动，通过少数民族传统体育文化基本内容、内涵和价值的传播促进文化生态的建设。

第三节 传统体育维度：价值与内涵的理性回归

少数民族传统体育之所以陷入当前的困境，绝非一朝一夕的事，其中固然有客观环境的影响和制约，但也应在其"价值和内涵"方面，结合当前时代和社会发展，以及人们日益增长的多元化体育需求进行反思，即当前的少数民族传统体育还能否成为广大族民生活中的"必需品"？其作为中国传统文化重要组成部分所应有的价值体现在何处？因而，从传统体育自身维度建设少数民族传统体育文化生态，应当进行理性反思，通过规范化整理使其去芜存菁，进行体系化构建，使其作为体育的存在价值更加彰显，同时采取措施增强其普适性来增加参与，并结合当前社会发展进行社会功能的拓展和附加，以此增强其在多变的社会环境中的自我调适能力，以此强化其作为传统文化所应有的文化内涵，实现价值与内涵的理性回归，进而成为一种与社会发展同频的文化存在。

一　规范化整理

少数民族传统体育就像是撒落在中国幅员辽阔的大地上的颗颗明珠，在所处一隅光华时隐时现。从目前掌握的资料和考察的情况来看，未见各少数民族关于传统体育的规范化整理材料，多数都是散见于科研成果中的项目介绍，或某个项目的具体研究。再者，本研究在调研中还发现，多数没有列为民运会比赛项目的传统体育活动项目，存在基本规则不清晰、不完善的情况，有些是因为常年不开展而遗忘，有些是开展时现场口头约定，而且可变性因素过多；也有的地方存在同一个活动具有多个名称的现象，村寨之间的差异性都比较明显；还有些属于该民族且在此地有开展记录的活动项目，在实地的群众访谈中却遇到了"一问三不知"的窘况，也有些项目通过我们演示和解释，居民才恍然记起。上述情况在本研究实地考察中多次遇到，透过这种现象可以反映出以下问题：第一，少数传统体育项目存在诸多方面的不规范；第二，学术研究与实际情况存在一定程度的脱节；第三，少数民族传统体育的本地化规范整理迫在眉睫。鉴于此，本研究认为，少数民族传统体育文化生态的建设，最基本的任务之一就是进行少数民族传统体育活动项目的规范化整理，否则，各传统体育项目就像是在杂草丛生的田野中生长的无人管理的庄稼，与之有关的传承、开发、发展等都是空谈。本研究认为，迫切需要开展西南地区少数民族传统体育的规范化整理工作，以地域或民族为基本单位，从活动项目数量、类型、依托方式、开展方式方法、场地器材、基本规则、竞赛情况、起源与演变、传承与发展等方面进行摸底式调查和收集整理，以文字记载、图片、视频等形式保存和呈现，形成相对完整的规范化资料，这对于某一地区少数民族传统体育文化生态的建设而言是一项"拓荒"式的基础工作。

二 体系化构建

西南地区少数民族传统体育文化生态的建设，一方面需要对少数民族传统体育活动项目的具体内容进行全面深入的了解，另一方面需要在学理上进行梳理和总结概括，毕竟少数民族传统体育文化和文化生态两个概念，是出于学术研究而提出和存在的。此两方面，可以说是实践与理论的结合，两者互为补充。上文述及的规范化整理，在很大程度上依赖于西南各少数民族地区政府体育、文化等部门，以及各乡镇、村寨、村民的协同配合。而此处所谓体系化构建，是由学者、专家来完成的工作。规范化整理是体系化构建的基础，其整理工作的准备期和后期也需要专家、学者的共同参与。

本研究认为，西南地区少数民族传统体育的体系化构建，有以下几个方面所指：其一，各少数民族传统体育活动项目内容体系构建。具体包括某个项目的所有名称、起源的大致年代或时间、参与的主要人群，器械、场地和服饰的使用情况及规格和要求，项目开展的时间、以何种方式开展、规则是否规范等方面。其二，各少数民族传统体育活动的分类体系构建。主要从项目的基本属性（宗教祭祀类、节日庆典类、休闲娱乐类、游戏类……）、分布的地域范围、开展的形式（个人、集体）等方面进行类别划分和归类。其三，各少数民族传统体育活动的传承体系构建。某项传统体育活动的传承群体情况、通过何种途径传承（师徒、家族、学校教育、艺术、生活……）、传承场域等方面进行归类。其四，各地区少数传统体育活动项目的体系整合。在内容体系、分类体系和传承体系的基础上，按照不同级别的地域进行体系化整合，同时根据内容、分类和传承进行更大地域的体系归类和构建。具体（见图7-2）。

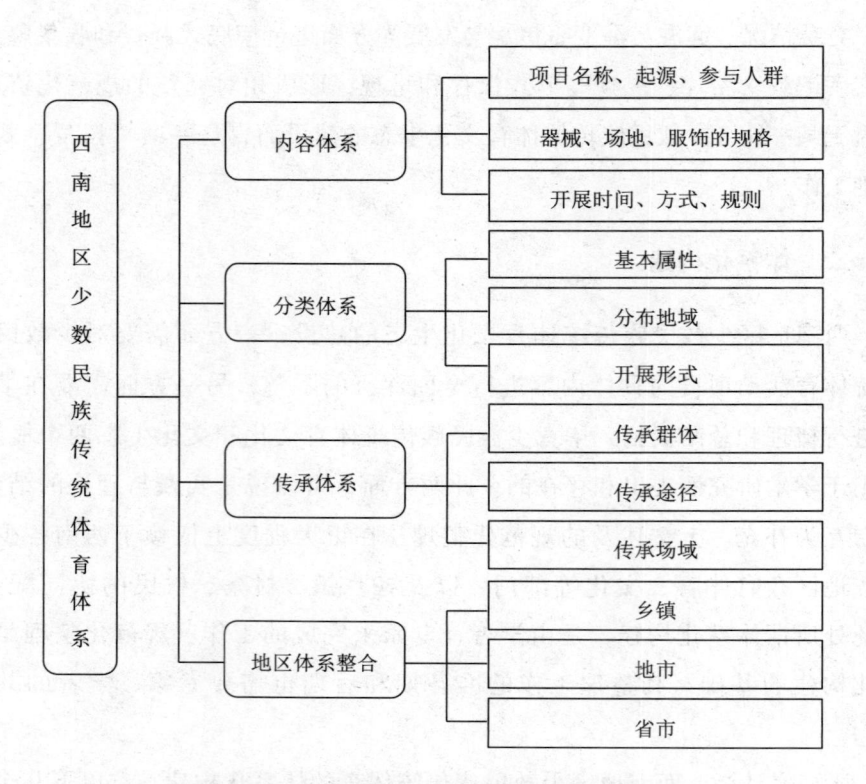

```
                            ┌─ 项目名称、起源、参与人群
                ┌─ 内容体系 ─┼─ 器械、场地、服饰的规格
                │           └─ 开展时间、方式、规则
西              │           ┌─ 基本属性
南              ├─ 分类体系 ─┼─ 分布地域
地              │           └─ 开展形式
区              │
少              │           ┌─ 传承群体
数              ├─ 传承体系 ─┼─ 传承途径
民              │           └─ 传承场域
族              │
传              │              ┌─ 乡镇
统              └─ 地区体系整合 ─┼─ 地市
体                             └─ 省市
育
体
系
```

图 7–2 西南地区少数民族传统体育体系构建

西南地区少数民族传统体育种类繁多、内容丰富、传承方式各异，因此，在建设少数民族传统体育文化生态的过程中，对其进行系统的整理，形成相对完整的体系，对于促进少数民族传统体育文化的发展具有举足轻重的作用。

三 增强普适性

如前所述，西南地区少数民族传统体育具有鲜明的地域性，这种地域性一方面表现为开展的基本形式和基本特征，另一方面表现为民族文化内涵。从某种程度上而言，地域性的存在也使各少数民族传统体育呈现出较为明显的差异性，这种差异性既是一种不可回避的客观事实，也是传统体育文化生态应该呈现的一种状态。本研究所谓普适性是基于某些传统体育文化的交流和传播而言的，一般意义上的普适性"指某一事物（特别是观念、制度和规律等）比较普遍地适用于同类对象或事物的性质"①。具体而言，由于多数少数民族传统体育项目所承载的文化信息与本民族的宗教、祭祀、婚嫁、信仰等文化密切相关，在文化交流和跨文化传播的过程中往往会出现他民族认知或理解上的障碍，甚至会产生文化层面的误读和误解，这种情况的出现会导致适得其反的结果。因此，本研究所谓普适性的增强是指在传统体育文化交流和传播的过程中，要从普适性的角度考虑受众的文化认知可能，在整理和改编某些传统体育活动的过程中，加入一些文化内涵的解释性内容，使"他者"能够比较容易地认知和理解其文化内涵。如此方能促进各民族传统体育文化的相互交流，实现更大范围的有效传播。

四 拓展社会功能

文化，在人类社会的发展过程中具有重要作用，主要有"认同、规范、整合和涵化"等功能。文化对个人来讲具有塑造人格，实现社会化的功能，对于群体而言具有目标、规范、行为整合等功能；对于整个社会而言，社会的整合和社会导向是文化作用的表现。不同类型的文化，在不同的历史阶段具有不同的社会功能，就少数民族传统体育文化而言，其社会功能也是随着社会的不断发展而有所增减的。少数民族传统体育文化最初与其他类型的传统文化并无严格区分，只是后来在学理层面有了一定程度的分野，就社会功能而言，它既有传统文化所具有的一般性功能，对于整个族群具有规范和行为整合的作用，也有其作为体育文化而具有的独特功能，如"导向、激励、凝聚和调适"等。一般意义上而言，少数民族传统体育文化是以各种形式的身体动作为载体的，通过肢体语言表达特殊民族情感，在一定程度上可以促进族民之间的沟通和交流、增强族群认同、增进族民身心健康、丰富文化生活。

社会的不断发展对文化提出了新的要求，这是文化发展的必然。西南少数民族地区经济社会的不断发展，赋予了少数民族传统体育文化以新的内涵，使其社会功能有了新的拓展。西南地区少数民族传统体育文化生态的建设，也应该着眼于少数民族传统体育文化在促进地方社会发展的功能方面，具体

---

① 《普适性》，360百科（https：//baike.so.com/doc/6931437—7153759.html）。

而言，改革开放40年来，少数民族地区基本上脱离了贫困、落后的生活，人们物质生活的富足逐渐产生了新的精神层面的需求，而传统体育文化作为一种健康、积极的文化类型，成为少数民族居民生活的重要组成部分，也对其社会功能有了新的标准和要求。其一，少数民族传统体育的参与可以在一定程度上满足居民的体育需求，尤其是在全民健身普遍推行的背景之下，传统体育活动成为少数民族居民健身的首选；其二，在传统文化繁荣发展的背景之下，少数民族传统体育文化又成为一个特色品牌，可有效促进民族地区文化的发展；其三，少数民族传统体育文化逐渐被作为一种资源进行开发利用，因此而具有了促进地方经济发展的新功能。上述几种仅仅是少数民族传统体育文化社会功能拓展的部分体现，相信少数民族传统体育文化会随着社会的发展而逐步拓展，而这种拓展也在某种程度上促进了少数民族传统体育文化生态的良性循环和发展。

五 增强调适能力

文化调适，是以文化的差异性和文化冲突为基本前提的，文化本身是一种多样化的存在，这种多样化在某种程度上而言就是差异性。文化差异性是不可避免的，而文化冲突也是一种文化之所以存在的客观事实，因为"文化的地域性与区域性、群体性与民族性，决定着文化发展过程中的差异性与不平衡性，进而也就造成文化发展中的不断冲突与交融现象"[1]。由此可见，文化的差异性和文化冲突都是不容回避的客观现象，因此，文化调适也就成为一种自然而然。从概念上讲，文化调适"是当一种文化面临的生存环境（包括自然的、社会的）发生变迁时，该种文化能主动放弃一些不适应的文化要素，改造某些文化要素的性质或者吸纳一些外来文化要素，对文化自身进行一次结构性改组，使之适应于已变化的生存环境"[2]。此界定给出了文化调适的基本前提、具体内容和基本阐释。

我国西南地区是一个民族众多、文化类型多样的区域，包括汉族在内的

---

[1] 周忠华、向大军：《文化差异·文化冲突·文化调适》，《吉首大学学报》（社会科学版）2011年第2期。

[2] 周晓阳：《论文化与自然环境的协调统一》，《湖南社会科学》2004年第2期。

几十个民族的文化在此交汇，还有部分边境地区的民族会接触到其他国家或民族的文化，在这种情况下，少数民族传统体育文化差异性也成为一个基本事实，多种文化共生和交流所导致的文化冲突也就在所难免。从文化生态的角度，虽然倡导文化多样性的存在，但也并未否定客观存在的文化冲突，鉴于此，少数民族传统体育文化生态的建设也应基于这样的客观事实而进行建设，具体可行的途径就是增强各民族传统体育文化的文化调适能力，在各种客观环境发生变化的情况之下，能够适时做出调整性反应，与环境变化保持一致性，能够在与他民族文化进行交流和冲突中，保持自身的独立品格，同时能借鉴、吸纳他文化的先进要素来发展自身。需要明确的是，文化是一种抽象性的存在，具体还是要通过人及其行为来体现，也就是说，西南地区少数民族传统体育文化调适能力的加强，其核心要素在于少数民族居民，他们对于本民族文化的认知、认同和自信是关键环节，通过各种形式的教育来强化居民的本族文化意识是重要途径，全面的认知、强烈的认同会增强民族文化自信，而唯有如此，民族文化的独立品格才能保持，民族文化的调适能力才能不断增强。从西南地区少数民族传统体育文化生态建设的整体来看，只有各民族传统体育文化的调适能力不断增强，其文化特色才能进一步彰显，其活力和生命力才能不断提高，西南地区少数民族传统体育文化生态才能呈现"百花齐放、各美其美"的繁荣景象。

六 挖掘文化内涵

任何一种文化的产生都非"偶然"，而是一个民族在长期生产生活中总结形成的一种"必然"，亦即所有的民族传统文化都是民族智慧的凝结，其背后都有深厚的内涵。少数民族传统体育文化，具有多种根源，或是源于民族的宗教信仰，或是从生产劳动中分化出来，或是生产技能的延展，或是日常游戏方式的升华，或是休闲娱乐方式的演进，可以说是与该民族的居民及其生活密不可分的。少数民族传统体育文化同其他类型的民族传统文化一样，有着多重文化身份和内涵，所承载的民族文化也非只有一个方面，因此，在少数民族传统体育文化生态的建设过程中，要对少数民族传统体育进行充分的文化内涵挖掘，从项目起源与民族演变的关系、某个动作的具体内涵和寓意、传统体育文化与歌舞、音乐等民族传统文化的横向关联、体育项目与该民族重要历史人物的关系等方面进行深入挖掘，使更多的传统体育活动项目避免以一种单薄的身份存在，要在尊重历史和事实的前提下，将其背后的历史文化内涵挖掘出来并予以呈现，使更多的少数民族传统体育给人以明显的厚重感。如此一来，少数民族传统体育活动项目方可以通过这种"寻根"的方式，使发展的根基更加深厚，从而在深厚底蕴的滋养下形成强劲的生命力和发展动力。借此，伴随各少数民族传统体育发展动力的增强，充满生机和活力的西南地区少数民族传统体育文化生态就有了形成的基础和可能。

第四节　族群维度：在守护中发扬传统体育文化

文化的传承、发展和发扬需要人，少数民族传统体育文化的延续更需要人，毕竟"体育"是人的专属。因此，少数民族传统体育文化生态的建设，其核心点在于人。首先要做的是在观念层面进行重构，使广大少数民族居民增强认识，进行观念纠偏；其次，在观念转变的前提下培育各项目的参与群体，形成相对稳定的参与者，并培养具有传承意愿的传承人群体；最终通过传统体育的方式增强族群身份的认同和对于民族传统文化的认可，进而形成对于本民族文化的自信和对他文化的理性对待。

一　重构族群观念

少数民族传统体育是经过多年的历史积淀而留存下来的一种民族文化的表现形式，大多数是以各种节日、农事活动、祭祀活动、宗教活动为主要依附形式的一种活动。也就是说，体育学者所谓"少数民族传统体育"在少数民族地区并没有被作为一种"体育"形态存在，少数民族地区居民是出于娱乐、表达宗教情感、增加节日气氛等目的而参与的。少数民族地区居民的体育意识还相对淡薄，也就是说少数民族传统体育在少数民族居住地区没有作为一种体育的形式被接受和传承，充分说明传统体育在本族居民中缺乏内部认同。这种情况对于少数民族传统体育文化生态建设的影响可以说是巨大的，毕竟少数民族居民是传统体育文化的创造主体和传承主体，传统体育文化生态的建设最终还是要以人——少数民族居民为最终落脚点。少数民族居民对于传统体育及其价值认识的多元化问题，可以通过各种形式的宣传教育，使少数民族居民对传统体育的基本情况和相关价值的认识逐步增强，从思想上认识到本民族传统体育活动的重要价值，转变以往的传统观念，进而引发参与、保护和传承的积极主动性。诚然，少数民族居民的观念转变和重构是一个比较缓慢的过程，这与当地的经济发展、社会文明程度、教育水平等客观因素有一定关系，但此项工作对于少数民族传统体育文化生态的建设而言，却是重中之重的任务之一。

二 培育参与群体

在少数民族传统体育文化发展面临的各种困境当中，"代际传承困境"是最为突出，也是最为关键的。导致这一困境的原因是复杂多面的，其中参与人群的流失是主要原因之一。传统体育是以身体活动为载体的，离开了参与者的亲身从事，传统体育也就失去了其本真的意义和价值。而从现实的情况来看，外出务工导致了大量少数民族传统体育参与者的外流，学校体育中传统体育内容的鲜少使少数民族传统体育又失去了一部分参与者，对这两种情况若不采取措施，所导致的参与者群体性流失将会引发更多的不良后果。因此，西南地区少数民族传统体育文化生态的建设，要以参与群体的培育为抓手，采取必要的措施使这种窘况得以改观。首先，政府体育、教育和文化部门要出台政策，鼓励和倡导少数民族地区中小学开发传统体育校本课程，将少数民族传统体育以课间操、课外活动、体育课等形式融入体育教学，使青少年群体能够有机会接触、了解、参与本民族的传统体育活动。其次，出台政策鼓励少数民族地区外出居民返乡创业、就业。外出务工导致了诸多社会问题，其中留守儿童、空巢老人等新群体就是直接的反映。鼓励引导少数民族居民返乡就业，通过给予就业机会和创业支持等形式，使外出务工者能够在家乡实现经济上的增收，实现个人的社会价值，不论是从传统体育文化传承的角度，还是少数民族地区社会问题的解决方面都是非常必要的。所以说，加大力度培育参与群体，是促进少数民族传统体育持续发展的重要前提，也是建设少数民族传统体育文化生态的重要内容。

三 传承者的培养

传承者,在此处是区别并包含"非遗"认定的传承人的一个所指较多的概念,传承者是少数民族传统体育文化发展延续的桥梁,既承担"传者"的责任,也担当"承者"的角色。本研究多次提及,少数民族传统体育文化在很长一段时间以来面临各种形式的"传承危机",这一问题的症结就在于传承者,尤其是"承者"群体的数量太少,导致少数民族传统体育无以为继的窘境。这种"传-承"断裂的现象对少数民族传统体育生态的结构影响巨大,因此,在传统体育文化生态建设的过程中,要加大传承者的培养,不仅在数量上达到理想状态,也要在传承责任上予以强化。

少数民族传统体育文化,在性质上区别于其他类型的传统文化,虽然不像民间文学、民间音乐、民间舞蹈、传统戏剧、曲艺、杂技、民间美术、传统手工技艺、传统医药那样需要经历多年的积淀和练习才能掌握,但看似简单的背后也并非轻而易举。具体而言,如藏族的"响箭"、苗族的"独木龙舟"、傣族的"打陀螺"等传统体育项目,需要传习的内容也有很多。首先,器材制作方面。某些传统体育需要特制的器材,而器材制作过程中的原材料选取、制作工具、制作工序、制作工艺、尺寸规格等都有特定的要求,不经"传者"的经验传授和手把手教授很难完全掌握。如"响箭"的碧秀,初学者制作出来的要么不响,要么精细度不够,要么规格达不到要求。其次,工具方面。有些传统体育项目的器材制作需要多种工具,如"陀螺"的制作就需要几个类型的工具:(1)砍砸类:锤子、钳子、锯、锥子、改锥、砍刀、钻。主要用于削、打孔、修制陀钉;(2)标记画线类:钉子、棉线、圆规、铅笔、木炭、胶泥,用于做砍削标记及调试陀螺;(3)抛光类:剪刀、木锉、刮刀、砂纸、手刨、小刀;(4)保护类:油脂、蜂蜡、动物脂肪等抹在陀螺外面,起保护陀螺的作用[①]。有些器材的制作还需要特殊的工具才能完成,而这些工具也需要单独制作,市场上无法购得。再次,技能、技艺方面。上述

---

① 少数民族体育用品项目课题组:《少数民族体育用品》,中央民族大学出版社2011年版,第44页。

器材及制作工具仅仅是需要传授内容的一部分,更重要的是传者要具有相对高超的技能和技艺。只有熟练掌握了某一项传统体育技能,才有可能教会其他人,这一点在很多"非遗"项目传承人身上都有所体现,如景谷县"打陀螺"的传承人李少春,就曾经获得过全国民运会的冠军。最后,传承者责任。传承者的培养不仅仅在上述的工具、技能方面,还要具备强烈的责任感,在道德层面上要有所考量,即要有传承民族传统文化的意识和责任,而不是掌握了相关技能后去作为自己获取利益的工具。综上所述,少数民族传统体育文化的传承需要大量的"传承者",当然,并非所有的传承者都具备上文所述及的各种技能,但最少要具备其中的 1—2 项技能和传承者的责任感,传承者数量的增多势必会出现优秀者,这些优秀者可以再进一步培养,成为"非遗"的传承人,进而承担更大的责任。

四　强化族群认同

族群认同（Ethnic identity）,即族群身份的确认,具体是指"成员对自己所属族群的认知和情感依附"①。而族群这一概念,却有着多种界定和理解,马克斯·韦伯（Max Weber）给出了最早的界定,他认为族群是"体型或习俗或两者兼备的类似特征,或者由于对殖民或移民的记忆而在渊源上享有共同的主观信念的人类群体,这种信念对群体的形成至关重要,而不一定关涉客观的血缘关系是否存在";"具有共同血统与文化所构成的人群种类"是班顿（Banton）对于族群的界定,相对简要,主要核心词在于血统和文化;更为简要的界定来自本尼迪克特·安德森（Benedict Anderson）,他认为族群就是"想象的共同体"。在我国著名学者郭洪纪那里,"族群是作为某种共同体的象征符号存在的,而且是主要建立在共同的名称、神话、价值和风俗习惯之上,以祖先的居住地、历史叙事、民间传说为文化根源"。通过以上界定可以发现,族群由血统和文化两大元素构成,同时是构成族群认同的两种必需成分,血统比较容易理解,构成族群的文化主要包括语言文字、文学、宗教、历史、风俗、习惯、艺术等。

从少数民族传统体育近年来的发展情况来看,出现了因外来文化进入而

---

① 《族群认同》,360 百科（https：//baike.so.com/doc/7899848 - 8173943.html）。

导致少数民族居民，尤其是青年一代对于本族传统文化的冷落和漠视，尤其是西方体育文化的强势楔入，少数民族地区青年对于西方体育的参与程度和认可程度远高于本族传统体育，"很多青少年通过现代媒体了解、喜欢上了篮球、足球、乒乓球等现代体育活动，并且，在少数民族民族地区中小学的体育课堂上也很少能看到民族传统体育项目的教学，许多优秀的传统体育项目失去了存在的空间和传承的渠道"①。上述情况，从本质上就是少数民族青年群体的族群认同感逐渐降低的表现，除却血统这一不可变因素之外，在本族文化方面的漠视也会造成情感依附的渐渐失去，这一现象在文化认同理论中属于"认同失谐"。因此，西南地区少数民族传统体育文化生态建设，要重点关注人——少数民族居民这一关键因素，通过开展各种形式的传统文化活动，使青少年群体在各种仪式中认知、感受和体验本族的传统文化，同时，通过各种形式的宣传教育，尤其是学校教育中，将本族历史、文化、宗教等作为教育内容，使青少年群体的传统文化意识和族群意识不断强化，如此方能加深少数民族青少年对于包括传统体育文化在内的本族传统文化的认同，传承本族文化的意识才能逐步形成。可以说，无论是对传统体育文化而言，还是其他类型的传统文化而言，加强族群认同都是至关重要的，否则传统体育文化生态的建设就失去了根基。

五 增强文化自信

如果说文化认同是对本民族文化在心理层面的认可和接受的话，那么文化自信就是对本民族文化因为尊敬而产生的自豪感。从定义上讲，文化自信是"文化主体对身处其中的作为客体的文化，通过对象性的文化认知、批判、反思、比较及认同等系列过程，形成对自身文化价值和文化生命力的确信和肯定的稳定性心理特征"②。对于少数民族居民而言，由于受到居住地偏远、经济社会发展落后、他族文化冲击等方面的影响，往往在心理上有一种对于本族文化的片面认识，认为自己民族的文化属于非主流的地位，从而失去了

---

① 王洪珅：《论我国少数民族传统体育传承面临的冲击与调适》，《搏击·武术科学》2009年第6期。

② 刘林涛：《文化自信的概念、本质特征及其当代价值》，《思想教育研究》2016年第4期。

应有的文化自信，进而导致对于本族文化认同感的降低。从文化生态的角度而言，各种类型的文化都是平等的，而且在某种程度上是相互影响、相互促进、共生共长的，并没有高低优劣之分。"文化生态建设就是要让那些曾经被贬低、被看不起的人因为他们的文化而受到尊重，让他们的文化得到承认，让他们也有真正的文化自觉"[①]。因此，关于少数民族传统体育文化生态的建设，要从增强文化自信的高度和深度，使广大少数民族居民对自己民族的传统文化有清醒客观的认识，对自己民族的传统文化高度认可与信赖，对本民族文化的生命力有充分的信心，对本民族文化的价值持有坚定的信念，同时能够在与他文化的比较和选择中保持客观，积极借鉴吸收他文化来改造本族文化，促进本族文化的繁荣发展。

就少数民族传统体育文化而言，广大少数民族居民，尤其是青年一代的认可度不高，是种种客观因素造成的。大而言之是因为西方价值观在中国广大民众中的侵占，小而言之是西方体育及其裹挟的价值观在世界范围内的广泛扩展。面对各种冲击，少数民族传统体育文化生态的建设应当将文化自信的增强作为最终落脚点。具体而言，一方面通过弘扬中国传统文化来增强各少数民族居民的中国文化自信。随着我国政治经济文化的不断发展，在世界范围内的话语权也逐渐增多，在此背景之下，中国传统文化也正在向世人展现出独有的魅力，在西南少数民族地区要加强中国传统文化的宣传和教育，尤其是青少年群体。另一方面，加强对于本民族传统体育文化的宣传和教育。文化自信的增强首先要解决的是认知的问题，在此基础上进行内涵和价值观等方面的教育，使广大少数民族居民产生强烈的认同，进而提高文化自信。需要指出的是，文化自信的增强是一个缓慢的过程，只有少数民族居民在日常生活中形成对于中国传统文化正确的价值观，敢于面对本族文化的弱点和他文化的优势，居民的文化自信才能真正形成。总之，西南地区少数民族传统体育文化生态的建设，要在少数民族居民的行为层和精神层共同着力，如此才能从根本上解决少数民族传统体育发展中的系列问题，建设传统体育文化生态才有根本保障。

[①] 高丙中：《关于文化生态失衡与文化生态建设的思考》，《云南师范大学学报》（哲学社会科学版）2012年第1期。

第八章　西南地区少数民族传统体育文化生态优化

　　西南地区少数民族传统体育文化生态的优化是一个复杂的系统工程，涉及方方面面，而此处的"优化"既有从无到有之意，也有保持维护使之更加完善之意。文化生态的优化是一个长期的过程，无论是自然环境方面还是社会环境方面，抑或是少数民族传统体育本身以及少数民族居民的传统体育观念方面，其优化都不是一蹴而就的，需要几年甚至几十年的建设和促进才可能见到成效。尽管如此，少数民族传统体育文化作为我国传统文化的重要组成部分，其延续和发展需要良好的生态环境，唯此才能保证少数民族传统体育文化焕发生命力，不至于在历史的长河中渐次消亡。

第一节　西南地区少数民族传统体育文化生态优化的基本原则

　　西南地区民族众多，且皆有特点和差异，其民族传统体育的风格和特征也各有千秋，因此，各民族传统体育文化生态的优化当有所区别。然而，从西南地区少数民族传统体育这一集合性概念出发去研究，其共性特征也客观存在，且更有助于从整体上去把握其发生、发展的内在逻辑。至于西南地区少数民族传统体育文化生态优化的基本原则，则整体性的归纳会更加客观和实际，通过研究认为，以下六个方面的原则可以基本统摄西南地区少数民族传统体育文化生态的优化问题。

一 底线原则

"底线",原指运动场地的边界线,是限定场地大小和参赛双方都共同遵守的,判定是否得分、违规违例和胜负的重要依据。"底线"后来"被引申到社会活动领域,意思是指不能超越的权力的权限与义务的责限界线,或对某项活动的最低期望目标的最起码保证,或对某种事态的心理承受最低阈值"[1]。不论哪个领域的"底线"都有基本的共性,即底线"都是主体依据自身利益、情感、道义、法律所设定的不可跨越的临界线、临界点或临界域"[2]。以底线的引申含义为基础,"底线思维"(bottom-line thinking)逐渐形成,而本研究所谓底线原则即基于"底线"和"底线思维"而提出。众所周知,"底线思维"是一种唯物辩证法,对最坏情况出现的可能进行估算,并接受这种情况,对可预见事物发展做出调整。"底线思维则是一种系统战略思维,它不仅指出什么是不可跨越的底线,按照现行的战略规划可能出现哪些风险和挑战,可能发生的最坏情况是什么,以做到心中有数;而且它还能通过系统的思考和运作告诉人们如何防患于未然,如何化风险为坦途、变挑战为机遇"[3]。同时,"底线思维"要求在做出决策前对情况有全面的了解,进行双向、双面的思考[4]。就西南地区少数民族传统体育文化生态的优化而言,需要在优化的各个环节坚持"底线原则",具体有以下几个方面的所指:

(一) 生态底线

生态底线是少数民族传统体育文化生态建设首先要坚持的,同时要以"和谐共生、良性循环、全面发展为最高要求和最佳状态"[5]。我国西南地区是少数民族传统体育文化的集中分布区,也是传统体育文化资源的集聚地,具有鲜明民族特色的原生传统体育文化往往产生和发端于特殊的自然环境和

---

[1] 刘希刚:《论生态文明建设中的"底线"与"底线思维"》,《西南大学学报》(社会科学版) 2015 年第 2 期。
[2] 张国祚:《谈谈"底线思维"》,《求是》2013 年第 19 期。
[3] 同上。
[4] 王郅强、尉馨元:《"底线思维":历史寻根与现代价值》,《马克思主义与现实》2016 年第 3 期。
[5] 曾美海、杨娴:《民族文化资源开发中的底线思维》,《中华文化论坛》2015 年第 10 期。

社会环境，在资源开发和利用的过程中，在地区经济发展的过程中，要坚守生态底线，要以"底线思维"为依据进行考虑和考量，尽最大努力不破坏少数民族传统体育文化的生存和生长环境。

（二）社会底线

文化具有一定的社会属性，少数民族传统体育文化也是如此，作为一种传统文化，应该通过各种形式的交流和传播，促进传承和积累，并借各种形式的传统体育文化活动促进民族交往，提高民族居民的身体素质、心理素质和文化素质，以此促进当地社会的不断发展。少数民族传统体育文化生态的优化需要以此为着眼点和落脚点，在制定发展规划的过程中科学合理地摒弃传统体育文化中的消极、保守、迷信等成分，使其与社会的文明化发展同步共频。

（三）文化底线

在文化资源的视域下，少数民族传统体育文化具有一定的特殊性，西南地区的不少地方政府都不同程度地进行了地方资源的整合，将少数民族传统体育文化资源与旅游资源整合，打造成当地的特色资源，进行了不同程度的开发。此举在某种程度上会促进少数民族传统体育文化生态的建设和保持，但在开发的过程中要坚守"文化底线"，即要统筹合理利用少数民族传统体育文化这种独特性和脆弱性兼具的文化资源，在开发的过程中坚持适度原则，防止出现片面追求商业利益的过度开发，同时要避免娱乐化和表演化的过度，恰恰少数民族传统体育具有这方面的特点，但不能一味迎合消费者的口味而掺杂进一些低级趣味的内容，从而冲淡甚至亵渎了本民族的传统文化。因此，文化底线是保证少数民族传统体育文化资源开发所必须坚守的，也是保证民族传统文化原生态可持续发展所必须坚守的。

（四）经济底线

在市场经济的大潮中，西南地区各级地方政府都在挖掘当地旅游文化资源方面做文章，走民族文化产业化的发展道路。这种发展方式某种程度上来讲是符合社会发展需要和民众需求的，但也要坚持经济底线。少数民族传统体育文化的产业化发展要在坚持民族特色的前提下进行，以市场为导向，以盈利为目的，避免政绩和形象工程，避免同质化的开发；同时坚持市场导向，遵守市场原则和经济发展基本规律，避免行政干预。

二　嵌入原则

我国西南地区具有丰富的旅游资源和民族文化资源，其中包括自然景观旅游资源、民族民俗文化旅游资源、宗教文化资源、体育旅游资源等。少数民族传统体育文化，具有民族民俗文化资源的特征，同时是一种有特色的体育旅游资源。在当前所处的低碳经济时代，旅游和文化产业已作为"绿色朝阳产业"在各个国家得到优先发展。在中国，近年来党中央提出了"要推动文化产业与旅游、体育、信息、物流、建筑等产业融合发展"的目标和要求，作为第三产业发展的新模式得到大力扶持，可以说，文化与旅游产业的融合将会是今后一段时期各级地方政府发展经济的重要举措。从长远来看，少数民族传统体育文化若单纯作为一种体育旅游资源或民族文化资源，就可能会面临发展空间不够、发展后劲不足、发展潜力不大的情况。因此，西南地区少数民族传统体育文化生态的建设，应从少数民族传统体育文化可持续发展的角度入手，将其作为一种可以产生经济效益的文化资源和旅游资源，在文旅产业融合发展的背景下，将少数民族传统体育文化"嵌入"文化旅游产业之中，一来作为一种民族特色和体育特色兼具，且可以体验的文化类型丰富文化旅游产品种类；二来可以在很大程度上促进少数民族传统体育文化资源的经济利益转化，有利于促进当地少数民族居民积极性的调动和能动性的发挥，进而促进少数民族传统体育文化在"原生地"的传承和发展，形成"活态性"的发展机制。因此，西南地区丰富的少数民族传统体育文化资源，应该"嵌入"当地的文化旅游产业之中，在产业融合模式中寻求更大的发展机遇和空间。

三　"护根"原则

"根"是植物学名词，"一般指植物在地下的部位，主要功能为固持植物体，吸收水分和溶于水中的矿物质，将水与矿物质输导到茎，以及储藏养分"[①]。而本研究所谓的"根"是指少数民族传统体育文化赖以存在的各种环

---

① 《根》，360 百科（https://baike.so.com/doc/4528408—4738512.html）。

境和条件的集合,"护根"即是对这些环境和条件的保护和建设。少数民族传统体育,产生和存在于特定地域的少数民族居民的生活,是生产生活经验的总结,也是集体智慧的结晶,在其长期的传承、演变和发展过程中,得益于民族传统文化的滋养,少数民族传统体育文化的"母体"是少数民族传统文化。西南地区少数民族传统体育文化生态优化中所谓"护根"原则,简言之就是对于少数民族传统文化的保护性建设,在具体的优化过程中,应当按照以下逻辑主线进行(见图 8-1)。

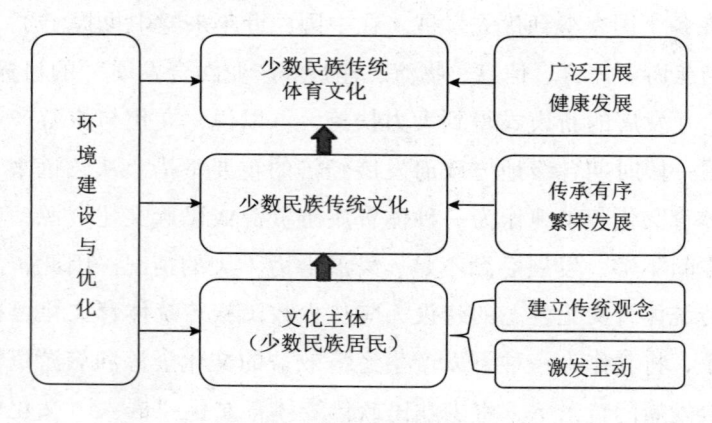

图 8-1 "护根"原则示意

首先,明确并强化少数民族居民的主体作用。文化的创造者是人,传承者和发扬者也是人,所以说,少数民族传统体育文化最主要的"根"就是少数民族的广大居民。从近年来某些少数民族传统体育所面临的消亡危机、传承困境、发展受阻等情况来看,其本质上是"人"这一方面上出了问题,作为一种传统文化,多年无人问津,势必导致消亡;作为一种传统文化,后继无人当然面临传承困境;作为一种传统文化,过度开发必然导致发展乏力。因此,西南地区少数民族传统体育文化生态优化坚持的"护根",就是要通过各种手段,使少数民族居民建立传统观念,形成对于传统文化的正确认识,并在行为上积极作为,身体力行地促进本民族传统文化的有序传承和繁荣发展。从传统体育文化的实际来看,只有形成本民族居民广泛参与的局面,形成良好的发展机制,才能促进少数民族传统体育文化的健康发展。其次,"护根"原则有另一方面的所指,即各种有利于"根系"成长的环境的建设和优化。从文化主体到民族传统文化再到传统体育文化的推进，还需要包括制度环境、经济环境、文化环境在内的社会环境的建设，营造适宜传统文化发展的良好氛围，通过积极引导和宣传，对传统文化的繁荣发展保驾护航。

四 体系化原则

体系"泛指一定范围内或同类的事物按照一定的秩序和内部联系组合而成的整体，是不同系统组成的系统"[①]。而所谓体系化则是使事物成为体系的过程。就西南地区少数民族传统体育文化生态的建设而言，更是一个体系化的过程，文化生态本身所包括的内容就有自然环境、社会环境，而两种环境又可细分为更多具体的要素，环境与环境之间、各要素之间是相互关联、相互作用的横向关系，文化生态与环境之间、环境与要素之间是整体与局部、包含与被包含的关系。因此，文化生态这一集合性概念所包括的内容繁多，是多种因素的有机组合，其建设和优化过程必然需要坚持体系化原则。可以说，西南地区少数民族传统体育文化生态的优化是厘清多方面关系并使之有机统一的过程，体系化原则本质上是整体思维的体现。具体而言，西南地区少数民族传统体育文化生态首先得作为一个整体来设计，不能遗漏或者偏向于某一个方面，同时需兼顾自然环境、社会环境、少数民族居民、传统体育活动本身四个要素的关系统一。其次，少数民族传统体育文化生态是民族文化生态的组成部分，其建设也应顾及相同层级文化生态类型及其关系，顾及"小生态"与"大生态"的关系，考虑到西南地区和整个国家所有民族文化生态的关系。最后，文化生态的优化最终是要促进和服务于社会的不断发展和进步，少数民族传统体育文化生态的优化要以此为落脚点和最终目标。因此，西南地区少数民族传统体育文化生态的优化要坚持内部元素的体系化、各种环境的体系化、同层级文化生态的体系化，唯此，其建设方能有所始、有所终。

五 活态性原则

西南地区集中了我国大多数的少数民族，各族人民在生产生活中创造了

[①] 《体系》，360 百科（https://baike.so.com/doc/4216825-4418230.html）。

丰富多彩的传统体育活动，形成了独具地域特色的传统体育文化，各民族的传统体育文化曾经在原生地长期地传承与流传，但近年来却出现了民族传统体育消亡的危机，究其原因，最重要的一点就是各种形式的开发破坏了少数民族传统体育文化赖以存续和发展的"原生土壤"。而少数民族传统体育文化生态得以优化，重要也是基础性的一个环节就是加强对少数民族传统体育的保护和传承。关于保护和传承，学界多有谈及，本研究认为，基于少数民族传统体育文化生态建设的保护和传承应该坚持"活态性"原则，即对少数民族传统体育文化进行"活态性"传承与保护，而"活态性"是相对于"静态性"保护而言的，"静态性"保护指的是通过调查而整理、录音、录像的记录及文字资料或收集的实物，最终将这些成果以民族博物馆等方式保存下来。这种方式的保存针对某些项目具有较为针对性的现实意义，但是也存在一定程度的局限性，这种保存和保护的方式或多或少使一些少数民族传统文化成为真正意义上的"化石"。所谓"活态性"传承与保护是指创设少数民族传统体育"原生土壤"的条件和环境，在保证少数民族传统体育各种特色的前提下，在符合其发生、发展规律的基础上得到保存、保护和传承[①]。因此而言，西南地区各少数民族传统体育文化生态的优化应当重视"原生土壤"的保护和重建，不论是自然环境还是社会环境，都应当在开发的过程中注重软性环境的保持和维护，如此才能使少数民族传统体育文化生态保持应有生机和传续能力。

六 可持续性原则

可持续性原则是一种科学理念。从经济、社会发展方面来看，"可持续发展是指既满足当代人的需求，又不损害后代人满足需要的能力的发展"[②]。结合本研究的内容来看，西南地区少数民族传统体育文化生态的优化也应以此为基本理念，着眼于传统体育文化内生力量的增强、调适能力的提高和各要素的协调统一。如前文所述，西南地区是我国的边陲，有相当一部分少数民

---

① 王洪珅：《民族聚落旅游开发视角下的少数民族传统体育"活态性"保护和传承》，《搏击·武术科学》2010年第9期。

② 《可持续性发展》，360百科（https://baike.so.com/doc/6762556—6977217.html）。

族聚居于更为偏远的边境地区，包括传统体育文化在内的各种传统文化资源丰富，但由于其所处的各种环境易于破坏且再生能力差，所以文化生态较为脆弱，其中的某一个元素缺失都可能会影响整个文化生态的整体样貌。例如，少数民族居民这一文化主体，少数民族所居住的村寨大都规模较小，且较为分散，近年来外出务工的情况大面积出现，壮年劳动力纷纷离开原住地，导致了文化主体的外流性缺失，从而导致传统体育文化传承链的断裂，少数民族传统体育文化生态遭到了严重破坏，而这种破坏又不可能短时间内得到恢复。鉴于此，西南地区少数民族传统体育文化生态的优化应在可持续性方面着力，通过制度建设和政策引导，使少数民族居民能够返乡创业，通过从事与本民族传统文化相关产业的工作实现个人经济利益的增长。同时创设有益于传统文化持续发展的各种环境，使少数民族传统体育文化等民族传统文化在原生地健康茁壮成长，唯此，西南地区少数民族传统体育文化生态才能提升内生成长能力和对环境变化的自我调适能力，从而形成良性循环的发展机制，实现可持续性的发展。

第二节　西南地区少数民族传统体育文化生态优化的具体路径

基于上文提出的总体性优化原则，本研究从实际操作层面进行了探讨，按照从理念到制度再到实践层面的基本思路，提出了以下优化西南地区少数民族传统体育文化生态的具体路径，作为理论设计和探讨，每个路径并非适用于所有地区和所有民族，且每个路径的实施主体也应根据实际情况进行变通，在实践层面，每个路径中提出的措施也并非孤立存在，相互之间的组合和搭配，或许更有成效。

一　树立生态发展理念

建设生态文明，促进生态发展已然成为新时代的一种发展战略，在此背景之下，文化生态建设也将成为文化发展的重要任务。作为我国传统文化优秀组成部分的少数民族传统体育文化，要紧跟时代步伐，在今后的一段时期内牢牢树立生态发展的基本理念，从而助力我国文化生态文明建设。少数民族传统体育文化的生态发展理念，是基于文化生态的重要作用而提出的，因为，文化生态既关系到文化自身的生存，也关系到多元文化的共存共荣，还关系到生态环境的保护和社会的发展。少数民族传统体育文化的生态发展有以下几方面的内涵：

（一）少数民族传统体育文化生存和发展状态良好

文化生态是文化生存状态的体现，少数民族传统体育文化生态所反映的是各少数民族传统体育的生存状况，生态发展理念之下，少数民族传统体育能够在原生地得到广大居民的认可、群众基础深厚、开展时间相对固定、传承状况良好、调适能力较强，整体处于良好的生存状况，具有可持续发展的动力和能力。

（二）各民族传统体育文化"各美其美、美美与共"

少数民族传统体育文化是一种多元化的存在，分布地域、民族归属、文化类型等因素都决定了少数民族传统体育文化的独特个性。某种意义上而言，生态发展所倡导的就是各种类型传统体育文化的共同存在，多样性、多元化才是文化生态的应有样貌，各种类型的传统体育文化相互影响、相互作用、相互促进，彼此之间在交流中共在、在冲突相互融合、在调适中共荣，总体呈现一种个性与共性同在，各美其美、美美与共的生态格局。

（三）少数民族传统体育文化内外部环境绿色和谐

文化生态也是文化所处环境的体现，少数民族传统体育文化的生态发展，既是内部器物层、制度层和精神层的和谐，也是同一民族的各传统体育活动之间的相互关系和谐，同时是少数民族传统体育文化与所处的自然环境、社会环境的和谐。生态发展倡导绿色、可持续，自然环境的"绿色"发展会为少数民族传统体育文化提供必要的物质环境，"绿色、和谐"发展的社会环境会使少数民族传统体育文化具备可持续发展的动力和动能。

（四）少数民族传统体育文化助力与地方社会发展

生态发展最终以人和社会的发展为落脚点，少数民族传统体育文化的生态发展应该是基于促进人的全面发展，促进人在"身、心、群"等方面的健康，促进人的社会化，并借此助力于人和社会之间关系的和谐。同时，少数民族传统体育文化还应在丰富人的文化生活、促进地方经济发展水平提高、促进民族关系健康和谐、服务于全民健身事业、服务于小康社会建设等方面做出应有的贡献。

二　加强制度设计落实

少数民族传统体育文化生态优化也是一个系统工程，仅就西南地区而言也是一个艰巨任务，涉及的内容广泛，同时需要体育、文化、民族、环保、旅游等多个政府部门的协同推进。但是，西南地区少数民族传统体育文化生态优化，是在生态文明建设的框架之下，从文化生态的视角，对我国西南地区丰富多彩、特色鲜明、价值多元的少数民族传统体育文化可持续发展的总体设计，对于保护和发扬我国传统文化具有重要意义，同时是贯彻落实中共中央办公厅、国务院办公厅印发的《关于实施中华优秀传统文化传承发展工程的意见》精神的重要工作。各项工作的开展和落实，以及各政府部门的协同配合，需要制度层面的保障：

（一）进行相关制度的顶层设计

"顶层设计"（Top Level Design），原是工程学的一个概念，后来逐渐用到各个领域，其内涵是指："运用系统论的方法，从全局的角度，对某项任务或者某个项目的各方面、各层次、各要素统筹规划，以集中有效资源，高效快捷地实现目标。"西南地区少数民族传统体育文化生态优化在制度层的顶层设计，一方面处于此项工作的复杂性和系统性，另一方面基于顶层设计所具有的三个特征——决定性、整体关联性和实际可操作性。具体而言，关于西南地区少数民族传统体育文化生态的优化，应置于我国少数民族传统体育文化生态或我国传统文化生态的框架之下，有如此高度和战略视野的制度，势必由国家民委、国家体育总局、文化部、教育部等国家层面的部委联合制定发布，对总体目标、总体要求、基本原则、具体内容等予以明确，同时各省、市、自治区、地级县、市也制定相应的配套制度，共同推进相关工作的开展。

（二）形成相对完善的制度体系

一项顶层设计的制度涉及多个领域，需要与不同领域的相关制度建立必要的横向关联,各项制度相互支撑、相互促进、共同发力才能取得实效。就少数民族传统体育文化生态的优化而言,所涉及的领域会有传统文化、非物质文化遗产、旅游、全民健身等,同一部门出台的制度之间要形成纵向的关联,不同部门之间的制度也要有横向的呼应。此外,一项战略性的制度,需要多个配套办法予以保障,以此为基础形成的相对完善的制度体系才能更好地发挥作用。可以说,制度的顶层设计,既是少数民族传统体育文化生态优化的保障和依据,也是对重点工作和实际问题的通盘考虑与整体部署。

三 促进发展方式转变

发展方式转变,是"十二五"期间以科学发展为主题,在经济领域首先提出的,面对新阶段的新矛盾问题,转变发展方式是各个领域都迫切实现的战略举措,体育领域也是如此。"体育发展方式是指确保满足社会体育需求的这一过程得以持续的方法与机制"[①]。从我国少数民族传统体育的发展情况来看,随着社会不断转型而出现了一系列的新问题,也迫切需要转变发展方式。少数民族传统体育发展方式转变,一定意义上是对过去很长一段时期内发展模式、理念、目标等的适应性调整,同时是认清新的社会背景之下少数民族传统体育发展中面临的新问题的战略调整。而发展方式的转变,在优化少数民族传统体育文化生态的语境之下也具有特殊意义,其实质上也是构建少数民族传统体育文化新生态的一种选择。

过去很长一段时间以来,西方体育文化以其强势文化的身份在世界范围内广泛传播,尤其是随着经济全球化、文化全球化和奥林匹克运动全球化发展,我国传统体育文化的发展空间逐渐被挤压,各民族的传统体育活动逐渐失去了本土竞争力而处于一种"边缘化"的状态。短期来看,西方体育文化的强势地位难以撼动,面对这种情势,少数民族传统体育文化在发展方式上应该如何抉择?理性的选择肯定是处理好与现代体育文化的关系,客观分析二者之间的关系,在不断的调适中实现融合发展。即适当借鉴现代体育的规则规范及竞技性强、观赏和对抗性强的特点,对少数民族传统体育活动项目

[①] 杨桦、任海:《转变体育发展方式由"赶超型"走向"可持续发展型"》,《北京体育大学学报》2013年第1期。

进行改造，形成既吸收现代体育精华又保持民族特色的体育项目。在体育全球化不可改变的情况下，少数民族传统体育文化应当以主动的姿态进行文化适应方面的调整，实现现代转型，即"不断挖掘和弘扬传统中合理的、具有文化竞争力的部分，充分发挥自身优势，不断赋予少数民族传统体育文化以新的内涵和现代人文精神，同时通过某些共同的文化模式、行为规范来增强各少数民族群体的凝集聚力强化民族意识，形成更具民族特色的民族传统体育文化，最终实现我国少数民族传统体育在秉承传统基础上的现代转型"[①]。此外，少数民族传统体育发展方式的转变，一方面要在西方体育文化的冲击下增强自身的文化竞争力，在"内部市场"上力争最大的发展空间；另一方面要确定"走出去"的发展战略，即在"海外市场"寻求发展。面对不断变化的世界体育文化生态，我国的少数民族传统体育文化应该不断提高适应能力，在发展方式上紧密结合外部环境的变化并适当调整，唯有如此，才能紧跟体育文化发展的世界方向。因此，西南地区少数民族传统体育文化生态的优化过程中，战略性的任务就是实现发展方式的适时转变。

四 建立体育竞赛体制

竞技性是所有体育项目的本质属性之一，少数民族传统体育也是如此，尽管有些传统体育活动的参与目的在于休闲娱乐，但分出优胜是所有参与者的一个共同心理，儿童少年所参与的某些游戏性质传统体育活动，也会自然而然地区分高下。纵观各少数民族传统体育活动，藏族的"摔跤""赛马""射箭""抱石头""押加""赛牦牛""响箭"，苗族的"独木龙舟""独竹漂"，水族的"赛马"，羌族的"推杆"，仡佬族的"打篾鸡蛋"，等等，无不崇尚优胜，可以说，竞赛使体育更具魅力和活力。基于此，本研究认为，西南地区少数民族传统体育文化生态的优化，要围绕竞赛建立多层级、多元化的竞赛体制，通过多种形式的竞赛带动广大居民参与的积极性，同时，通过竞赛促进少数民族传统体育多重社会功能的发挥。本研究所提出的竞赛体制有以下几方面的所指：

---

① 霍红、王洪珅：《我国少数民族传统体育发展方式转变研究》，《成都体育学院学报》2012 年第 7 期。

（一）优化现有的以民运会为导向的竞赛体制

从目前的情况来看，以全国少数民族运动会和各省市的少数民族运动为导向的竞赛体制已经建立，并且在固定的周期内都会发挥作用。然而，在运动会举办年，多数地区多数情况下基本采用临时抽调、临时组队训练的形式来准备少数民族运动会，但这种组建参赛队的形式存在组建不成的可能性，主要的原因在于后备人才的不确定性，而各地方体育局组建代表队长年训练的做法又不切实际。因此，要改变这种不确定情况的存在，使现有的这种竞赛体制得以优化，就需要建立面向大众和学生群体的竞赛体制。

（二）建立面向大众的竞赛体制

建立面向广大群众的传统体育竞赛体制具有多方面的价值和意义，具体而言，就是定期举办区域性的少数民族传统体育竞赛活动，参赛对象以广大群众为主，具体可以结合上文中提到的"传统体育节"，在相对固定的时间组织竞赛活动，使广大少数民族居民都有机会参与其中。建立群众性的竞赛体制，首先可以带动少数民族居民参与传统体育的积极主动性，增加传统体育的参与者数量；其次，通过竞赛活动，可以为少数民族传统体育运动会培养后备人才，同时有助于参赛队员的选拔；最后，少数民族传统体育的大众竞赛是少数民族地区全民健身事业的组成部分，可以很大程度上使全民健身活动更加丰富多彩。

（三）建立面向学生群体的竞赛体制

除了上述两种竞赛体制以外，面向学生群体建立以各级学校为范围的竞赛体制也十分必要。在每年举办的学校运动会中，融入一定数量的传统体育项目，通过竞赛带动更多学生的亲身参与；再者，在某些条件具备的少数民族地区，在教育系统举行县级、市级少数民族传统体育运动会也是可行之举。这种以学生为参与主体的竞赛体制，一方面可以培养少数民族传统体育的竞技后备人才，另一方面在很大程度上解决了少数民族传统体育代际传承受阻的问题。同时，学校竞赛体制的建立，会较大程度地带动学生群体从事体育锻炼的积极性，对于增进学生体质健康也有一定的促进作用，在某种程度上也使少数民族传统体育的社会功能得以延展。

五 推进产业融合开发

西南地区是我国经济发展相对落后的区域，但也有一定的资源优势，随着近年来旅游业的勃兴，西南少数民族地区在自然景观、人文景观等方面的资源优势得到展现和利用。在旅游产业发展的过程中，少数民族传统文化成为一个吸引游客的亮点，不少地方打"地方特色文化牌"，开发出了多种形式的旅游产品。其中，带有体验性质的传统体育被旅游产业吸纳，较好地发挥了促进地方经济发展的作用。然而，这种融入旅游产业的开发模式也出现了一系列不尽如人意的"异化"现象，如"现代化的服务设施在古老的民族村寨配备，现代和传统被生拉硬扯在一起，以至于出现了因过于迎合游客口味而粗制滥造甚至扭曲民族文化的现象，对经济利益的过分追逐而出现'伪民俗、粗俗化、庸俗化'等现象，因管理制度不健全而出现居民私自拉客、乱收费、销售劣质旅游产品等恶意竞争现象"①。虽然上述现象并非因传统体育文化而生，或者并非出现在少数民族传统体育文化的旅游产品方面，但也在很大程度上使少数民族传统体育文化的外在环境遭到破坏。

本研究所着力的少数民族传统体育文化生态优化，在某种程度上也是对其所处外在环境的再建和优化，同时是其发展模式的改进和完善。具体而言，本研究认为西南地区少数民族传统体育文化应该从以下几个方面加速推进产业融合开发，从而实现更好的发展：

（一）少数民族传统体育文化产业开发

在我国大力推进体育产业发展的背景下，西部少数民族地区也应紧跟时代步伐，抓住历史机遇，在产业化的道路上进行发展路径的拓宽。《国务院关于加快发展体育产业促进体育消费的若干意见》（国发〔2014〕46号）中明确指出，要"支持中西部地区充分利用江河湖海、山地、沙漠、草原、冰雪等独特的自然资源优势，发展区域特色体育产业。扶持少数民族地区发展少数民族特色体育产业。鼓励地方根据当地自然、人文资源发展特色体育产业，大力推广武术、龙舟、舞龙舞狮等传统体育项目，扶持少数民族传统体育项

---

① 霍红、王洪珅：《我国少数民族传统体育发展方式转变研究》，《成都体育学院学报》2012年第7期。

目发展……"①。不仅为少数民族传统体育的产业化指明了方向，也提供了制度上的保障。

（二）促进少数民族传统体育与旅游的深度融合

2016年国家体育总局和国家旅游局签署了《关于推进体育旅游融合发展的合作协议》，"旅游+体育"的发展模式成为市场中的一股新生力量。国家体育总局副局长冯建中认为："体育旅游作为一种全新的休闲方式已成为新的消费热点。体育作为内容，进一步提升了旅游的资源价值；旅游作为渠道，进一步拓展了体育的实现方式。"在此背景之下，我国西南地区丰富的传统体育旅游资源应当进一步加强与旅游的深度融合，通过"解构+建构"来创造新产品，通过"观赏+体验"深挖市场潜力，从而实现旅游与体育价值双重最大化。

（三）积极推进体育特色小镇的建设

"特色小镇"是近年来出现的一个新名词，是指"以行政区划为单元，资源禀赋各异、特色产业鲜明、具有一定人口和经济规模的建制镇"，其实质是一种"在块状经济和县域经济基础上发展而来的创新经济模式"，2016年得到住建部等三部委力推，于当年7月发布的《关于开展特色小镇培育工作的通知》。国家体育总局于2017年5月9日下发了《关于推动运动休闲特色小镇建设工作的通知》，正式启动了体育小镇的建设工作，从而掀起了以"体育产业+特色旅游"为方向的体育小镇建设热潮。西南地区有着丰富而又独特的旅游资源和传统体育资源，在国家大力倡导建设特色小镇的背景下，西南地区应以此为契机，结合当地传统体育和旅游特色，在国家体育总局首批认定的西南地区15个运动休闲特色小镇基础上，继续积极创建以少数民族传统体育为主题的特色小镇，借此促进少数民族传统体育的产业开发和融合发展，进而促进少数民族传统体育文化的发展和产业升级。

六 创办传统体育节日

西南地区不仅少数民族传统体育文化丰富多彩，而且节日文化也是风格

---

① 《国务院关于加快发展体育产业促进体育消费的若干意见》（国发〔2014〕46号），2014。

各异。节日，是中国传统文化的重要组成部分，从功能上讲，"节日具有娱乐或审美的功能，但是节日的最终目的并不在于娱乐或审美，而是在于社会教育和社会融合，即通过集体的节日活动和人人参与，来建立一套公共的精神信仰和价值观念"[1]。因此而言，节日是促进社会教育和社会融合的有效手段，同时，通过节日可以促进参与者在精神层面和价值观层面的积极变化。节日，在少数民族居民中具有重要的地位和特殊价值，西南地区少数民族传统体育文化生态的建设，要将节日文化作为重要的抓手，在充分挖掘利用现有传统节日为传统体育提供空间的基础上，结合本地特色创办以传统体育为主题的节日，是促进少数民族传统体育文化生态发展的重要途径。

（一）传统体育节可促进传统体育的教育

但凡节日，都有某种程度的仪式嵌入，在仪式上举行的各种活动会营造出一种特殊氛围，身处其中的人因为身体的"在场"，很容易受到精神层面的渲染，节日仪式"作为一种'集体无意识'现象，便成为一种黏合剂，形成了具有自己特色的'文化场'，并且以它自身巨大的同化力促使个体按照它所内含的价值指向行事，促使个体在集体心理的'同频共振'中逐渐趋向于这一共同体"[2]。因此，通过传统体育节，可以实现关于传统体育的群体性教育，而这种形式的教育效果是其他任何形式所无法达到的。

（二）传统体育节可促进传统体育文化的内部认同

如上所述，传统体育节对于在场的参与者具有一定的教育作用，同时，在节日期间，"节日生活以其公共的时间性、空间性以及独特的行为方式而构成了一种特殊的文化空间，其意义在于建立集体的文化认同和加固文化记忆"[3]。可以说，传统体育节所营造的是一种特殊空间，这对于参与其中的少数民族居民来说，是一个加深民族文化认知、民族文化记忆和民族文化认同的特殊场域，脱离了传统体育节的特殊时间和空间条件，这种记忆和认同就不会有形成的可能，而一年一度或固定时间周期的开展，会使少数民族居民对于传统体育文化的内部认同不断增强。

---

[1] 王霄冰：《节日：一种特殊的公共文化空间》，《河南社会科学》2007年第4期。
[2] 李红真：《论学校常规活动仪式的育人功能》，硕士学位论文，河南大学，2009年。
[3] 王霄冰：《节日：一种特殊的公共文化空间》，《河南社会科学》2007年第4期。

（三）传统体育节可为传统体育文化提供发展空间

当前，少数民族传统体育活动更多地是以本民族的重要节日为依托的，如彝族"火把节"中的摔跤，白族"三月街"中有赛马和赛龙舟，傣族"泼水节"上有赛龙舟，苗族"踩花节"中开展爬竿，傈僳族"刀杆节"中有上刀山、下火海……在此类节日中，传统体育活动仅仅是众多活动中的一少部分。而如果创办以传统体育为主题的体育节，则可以将本民族的或本地区的少数民族传统体育文化进行集中，如藏族的"射箭节""赛马节"，主题以外的传统体育活动也可以融入其中。通过表演、技能展示、体验、竞赛等多种形式，促进少数民族传统体育活动的参与，可以说是营造了一个较之于平时而言更大的发展空间，对于促进少数民族传统体育文化的发展和交流具有重要作用。

（四）传统体育节可促进民族传统文化的交流传播

节日创建也是一个平台搭建的过程，传统体育节的创建要以某一个地区或某一个民族的特色传统体育为主题和主要内容，以其他传统体育活动和民族文化类型为辅，同时开展一系列相关的经贸活动。通过传统体育节，一方面可以促进传统体育文化的跨地区交流和传播，同时可以促进少数民族传统体育文化与其他民族传统文化之间的横向交流。可以说，传统体育节是一个促进传统体育文化交流的平台，同时会在很大程度上创造一个传统体育文化与外界接触的机会，某种程度上也起到了传播的作用。

（五）传统体育节有助于传统体育文化传承机制的建立

本研究提出的创办传统体育节，还有一层促进少数民族传统体育文化有效传承之意，在上文中多次述及，传统体育文化的传承链条面临断裂的困境，而这一问题短期内找不到有效方法。创办传统体育节，在固定的时间举行，从长期来看使传统体育文化具有了相对固定的开展周期，从而避免了在民间开展时间、周期、人群等方面的不确定问题；从短期来看，少数民族居民要在传统体育节上展示某项传统体育技能，势必促进其在平时加强练习，如此一来，群众参与程度的加深会为少数民族传统体育文化的传承提供基础性条件保障。因此，通过传统体育节的创办，可以有效缓解少数民族传统体育文化的传承困难问题，这对于建立有效的传承机制也是非常必要的。

（六）传统体育节可促进个人和地区经济利益实现

创办传统体育节，政府有关部门可以将其作为全民健身事业的组成部分，将当地的部分体育彩票基金作为奖金，凡是参与者都给予一定的奖励。同时，也鼓励少数民族居民在传统体育节上进行物资方面的交流，吸引相关企业前来贸易。如赛马节上的马匹交易、陀螺节上的陀螺制品交易、射箭节上的弓箭等器材买卖等。如此一来，少数民族居民会因为经济利益的实现而更加具有参与的积极主动性，从另一个方面实现了地区经济的发展。以此形成少数民族传统体育繁荣发展的局面，也在某种程度上促进了少数民族传统体育文化生态的良性循环，可以说，创办传统体育节是一个"多方互利共赢"的举措。

七　纳入全民健身计划

从 1995 年国务院颁布实施《全民健身计划纲要》开始，少数民族传统体育就被列入其中，在第 12 条中明确指出："积极发展少数民族体育，在民族地区广泛开展以少数民族传统体育项目为主的体育健身活动"；2011 年，国务院印发的《全民健身计划（2011—2015 年）》的主要内容当中，少数民族传统体育作为一个独立板块出现，在第六条——积极发展少数民族传统体育中指出："在少数民族地区开展以民族优秀传统体育为主的体育健身活动，……发展'少数民族传统体育项目之乡'。做好民族民间传统体育项目挖掘整理工作……"；国务院于 2016 年印发的《全民健身计划（2016—2020 年）》第 9 条（强化全民健身发展重点，着力推动基本公共体育服务均等化和重点人群、项目发展）中，将民族地区全民健身作为重点扶持对象，少数民族传统体育在全民健身计划中的重要性可见一斑。发展少数民族传统体育并将其融入当地居民的日常生活当中，借此满足人民日益增长的体育需求，也是少数民族传统体育文化生态优化的应有之义。具体操作层面，主要从以下几个方面着手。

（一）将少数民族传统体育列入地方全民健身计划

在国务院颁发的全面健身文件指导之下，西南地区各级地方政府在编制地方性全民健身计划的过程中，要充分考虑到少数民族居民的健身需求，将少数民族传统体育作为全民健身计划中的内容，以此为少数民族传统体育融入全民建设计划提供制度层面的保障，同时为后续的资金等问题提供依据。

（二）加强挖掘整理并将其打造为健身"本土"项目

在广大少数民族地区，部分群众的健身需求得不到满足，其中主要的一个方面就是健身项目的选择面太窄，有些年龄段的居民照顾不到。将当地老百姓的健身项目进行摸底调查，根据需求进行项目的整理和配给，将具有广泛群众基础的项目作为重点，通过规范化整理、创编、指导等，使少数民族居民能够选择自己熟悉且感兴趣的传统体育项目进行健身。一方面促进了当地全民健身事业的发展，另一方面促进了少数民族传统体育的发展，从而促进了少数民族传统体育文化生态的优化。

（三）加大经费投入，改善全民健身"硬件"条件

少数民族传统体育融入全民健身事业具有多重价值和意义，但从全国的情况来看，健身场地短缺是全民健身事业发展的瓶颈，从少数民族地区来看，这一问题也普遍存在。将少数民族传统体育项目进行挖掘整理，并融入当地全民健身，可在一定程度上缓解场地短缺的问题，毕竟少数民族传统体育大都来自民间，对于场地设施器材等的要求不像篮球、足球、羽毛球等项目那样高，即使有些需要专门场地的项目，所需费用也不会太高。如"打陀螺"，所需要的就是相对平整的场地和居民可以自己制作的器械，将此类项目作为全民健身的选择项目，既经济又符合民众需求。政府有关部门应着力于少数民族传统体育在全民健身中的作用，从体育彩票基金中抽出部分经费，修缮和建设少数民族传统体育的场地，提供一些必要的健身器材，可以在很大程度上调动居民参与健身活动的积极性和主动性。

八 培育体育团体组织

在西南地区，将少数民族传统体育纳入全民健身计划意义深远，也有一定的可行性。但是，面对地域宽广、人口众多、体育需求多元化等现实问题，仅仅依靠政府体育部门是完全不够的，必须要借力于社会，加大力度培育体育团体组织，使其在成长过后承担一定的政府职能。从概念上讲，体育社会组织是指"体育社团（包括项目和人群协会）、体育民办非企业单位、体育基金会、自发性群众体育组织（包括健身活动站点、团队、网络组织等）等以

发展群众体育为目的非营利性组织"①。从少数民族地区的实际情况来看，将体育社团和自发性群众体育组织作为培育重点是比较可行的，可以更好地服务于少数民族地区的全民健身事业。

过去很长一段时间以来，我国体育社会组织的成长一直面临各种问题，依法注册、登记、管理、经费、法律地位等现实问题都阻碍了体育社会组织的成长。据国家体育总局群体司调查，我国95%以上的体育社会组织还没有"正式身份"，按照民政部《取缔非法民间组织暂行办法》的规定，还有可能面临处罚甚至取缔。近年来，政府购买体育公共服务的提法广泛出现，也有些地方政府开始尝试，培育体育团体组织，使其能够承接部分体育公共服务是今后全民健身事业发展的一个主要方向。国家有关部门开始着力解决体育社会组织的相关问题，2014年，民政部围绕全民健身计划出台了一系列措施，在简政放权、降低登记门槛儿等方面做出了一些调整，大力培育发展多形式、多层次的体育社会组织，对符合条件的体育社会组织实行直接登记。同时，联合财政部出台了《关于支持和规范社会组织承接政府购买服务的通知》，还牵头起草了《志愿服务条例》。一系列的举措为体育社会组织的发展、壮大提供了制度保障。从西南地区的情况来看，培育体育团体组织，鼓励传统体育的社团发展，以及自发性群众体育组织的成立都有了一定保障。因此，可以在原来各地方体育协会的基础上进行调整，将少数民族传统体育社团进行改革或重组，将其纳入全民健身体系之中，同时鼓励各个地方成立民间草根体育社会组织，成立以某个传统体育活动为主题的项目团体，鼓励其定期开展活动，在政策、经费、场地等问题上给予相应的支持。如此一来，体育社会组织发展中的"三无"（无经费、无场所、无人员）问题便会得到一定程度的解决，其活力也会不断被激发出来，民间体育活动、赛事的组织等方面的承接能力也会不断增强。可以看出，通过培育体育社会团体组织，可以使少数民族地区的全面健身事业更具活力和成效，此举不仅很大程度上促进了少数民族传统体育活动的开展，也在某种程度上促进了少数民族传统体育文化生态的更加优化落地。

---

① 《体育社会组织》，360百科（https：//baike.so.com/doc/24820278—25750797.html）。

结　　语

　　西南地区是我国少数民族的聚居区，地理位置特殊，地域广阔，人口数量和分布很不均衡，在自然环境、人文环境和社会发展等方面也有着显著的差异性。千百年来，西南地区各少数民族居民在长期的生产生活和独特的地域环境孕育之下，创造了风格各异、色彩斑斓、内涵丰富的少数民族传统文化，"纳西族东巴文化""傣族贝叶文化""白族照壁文化""哈尼族梯田文化""布依族铜鼓文化"等民族风情和特色兼具的文化类型，很大程度上丰富了我国的民族传统文化体系，具有明显的"地域性、多样性、稀有性、包容性和交融性"[①]等特征，具体表现在"宗教、婚丧、建筑、语言文字、节庆、服饰、民俗、传统体育"等方面。西南少数民族传统体育文化在母体文化——西南少数民族传统文化的孕育和滋养中形成了鲜明的特色，同时，在长期的演变和发展过中，与其他少数民族传统文化互相吸收、互相融合、和谐共荣，内容体系不断充实、内涵不断丰富、风格逐渐形成。西南少数民族传统体育文化跟其他类型的传统文化一样，都随着社会的不断发展而演变、传承和发展。从历史的纵轴进行梳理发现，有些承载传统体育文化的活动项目已经在历史长河的涤荡中淡出人们的视野，从社会发展的横轴来分析，有些项目则在与其他社会因素的交融中发生了形质上的改变，这些变化从文化生态的角度来看，都是对所处文化生态适应的结果。

　　到底是哪些因素改变导致了少数民族传统体育文化所处生态和其内部生态的改变？少数民族传统体育文化演变、传承和发展过程中哪些因素导致了

---

① 肖琼、李克建、杨昳：《中国西南少数民族文化要略》，四川人民出版社2011年版，第16页。

结　语

困境的出现？出于上述疑问的答案找寻，本研究开始着手设计研究思路、选取理论基础、厘定理论框架、论证并选定个案、实施实地考察、搜集相关资料、调整研究设计、理顺逻辑关系、深度剖析个案、撰写调研总结、形成研究报告，通过课题组成员的共同努力和相关专家的大力支持，在五个省、市、自治区的 50 余个少数民族，几百项传统体育活动中选取了云南省景谷彝族傣族自治县的"打陀螺"和文山州麻栗坡县董干镇的"吹枪"，贵州省台江县施洞镇的苗族"独木龙舟"和赤水市、遵义市的"独竹漂"，四川省凉山彝族自治州的"赛马"和阿坝州的羌族"推杆"，西藏自治区工布地区的"响箭"和那曲草原的"古尔朵"，重庆市酉阳土家族自治县的"摆手舞"作为本研究的考察民族和项目予以呈现。但实际考察过程中远不止以上地区、民族和项目，如本研究在考察过程中对贵州省务川仡佬族苗族自治县的"打篾鸡蛋"和"推屎爬"、三都县水族的"端节""卯节"中的赛马，还有凯里西江千户苗寨、龙潭仡佬古寨、咕噜寨等地进行了考察；在云南德宏州芒市考察了傣族的"孔雀拳"，在西山乡弄丙村考察了景颇族的"目瑙纵歌"，在大理考察了白族的"霸王鞭"，以及云南民族村、云南省民族博物馆等少数民族传统文化汇集地；考察了四川省的北川县春节"大巡游"和"黑虎羌寨、萝卜羌寨、桃坪羌寨、水磨古镇、羌人谷"等地，在西藏自治区考察了"打牛角""赛马"，以及山南地区贡日乡、山南洛扎县教育局和体育局，平均海拔 4000 多米的色村、扎日乡完小等。在实地调研的基础上进行了总结和概括，最终形成了 28 余万字的研究报告文本。

研究内容围绕西南地区"3 省、1 市、1 区"的少数民族传统体育文化生态展开，在总括各地区基本情况的基础上，主要通过文献资料法对少数民族传统体育项目进行了挖掘和整理，汇总和补充了该民族传统体育项目的名录和简介，以此为基础，选取能够反映该民族传统体育文化生态基本样貌的 1—2 项传统体育活动进行研究，通过实地考察等方式，相对立体化地了解该项目在自然环境、社会环境、自身特质和族群四个维度上的所有情况，并以四个维度为纲进行具体维度的划分和深度分析，对该项目的生成、生存、演变、传承和发展的相关问题进行具体分析，并通过图表的形式形象呈现各个维度和元素间的相互关系。基于西南地区部分少数民族的考察，对西南地区少数民族传统体育文化面临的生态困境进行了总结式概括。分述如下：①自然环境维度。研究发现自然环境在西南地区少数民族传统体育文化发展过程中的作用正在逐渐消弭，传统体育文化正在慢慢地脱离自然环境，对于自然环境的依赖逐步降低。②社会环境维度。在社会环境维度发现，少数民族传统体育文化对民族节日这一平台过度依赖，传统体育活动的开展过度集中在节日期间，同时传统体育节日也存在异化的现象；由于制度安排的乏力或缺失，导致某些少数民族传统体育的庙堂化搁置，从而使其发展缺乏制度性的支撑和规约；在旅游开发的背景之下，少数民族传统体育文化嵌入旅游业，导致部分少数民族传统体育器材在工艺化和商品化过程中流失了一定的传统文化内涵，传统体育文化资源的开发也处于相对失序的状态，同时因为大量"异质"文化的进入引发文化同化的危机；由于少数民族聚居区生产生活方式的改变，部分少数民族传统体育活动的发展受到冲击和影响；在多数西南少数民族地区，未建立关于当地传统体育文化的针对性传承机制，且在"非遗"项目申报过程中存在思维功利化、申报工作偏重文本和整体工作虎头蛇尾的曲解现象。此外，西南地区少数民族传统体育社会组织数量偏少并且发展受到多重因素的限制，在传承和发展的平台方面比较分散并且优势和力量未得到应有的整合；而广大西南地区，少数民族传统体育文化传承的家庭教育也欠规范，在融入学校教育的过程中也出现了一系列失范的现象。③传统体育维度。研究发现，西南地区少数民族传统体育文化因自身弊端（"消极"因素的存在，形制、材料等的"不可替代"，传承方式的单一，比赛的规范性差和传承链极度脆弱）的客观存在导致了发展路径的窄化；并且在转型的过程中出现了遗落和丢弃传统的现象，尤其在竞技化的进程中，出现了民运会竞技项目的遴选分歧、竞赛规则的"西方体育化"套用、器材的规范和统一过度"现代化"、运动员成分构成不合理及政绩体育的目标指向等"异化"现象；另外切实存在"竞技水平悬殊导致竞赛生态失衡、发展空间难以有效拓展、经济环境变化造成负面影响、体育文化生态变化的被动适应、'传统'与'现代'契合点的难寻"等现实困境。④族群维度。面对传承和发展困境，西南地区少数民族传统体育文化在族群维度出现了传承群体的集体性外流，对于少数民族传统体育缺乏"内部"认识，"缺席"相关的挖掘和整理工作以及漠视少数民族传统体育文化濒危现状的情况；而且将传统体育文化资源作为获取经济收益的工具，在参与过程中存在严重"功利化"的做法；总体呈现出少数民族传统体育文化传承能力方面的代际递减现象。

针对西南地区少数民族传统体育文化的生态困境，本研究从自然环境、社会环境、传统体育和族群维度明确了西南地区少数民族传统体育文化生态建设的基本内容：①自然环境方面要加强传统体育原生环境保护，筹建传统体育文化生态保护区，历史遗迹、文物的建设性保护。②社会环境方面，要创设适宜的教育环境、建构科学的制度环境、搭建交流平台、打造文化符号、建立有效传承机制、积极申报"非遗"项目、设立专门教育基地、积极动员社会力量参与、不断营造节日文化和构建更多传播平台。③在传统体育自身方面，要进行规范化的整理形成项目体系，增强普适。④在族群方面，首先要培育一定数量的参与群体，培育具有传承能力的传承者，通过转变居民的观念、强化族群认同，使其文化自信不断增强。

根据西南地区少数民族传统体育文化的基本样貌和客观存在的现实困境，本研究提出了优化西南地区少数民族传统体育文化生态的"六大基本原则"，即底线原则、嵌入原则、"护根"原则、体系化原则、活态性原则和可持续性原则。同时提出了八个方面的具体路径：第一，树立生态发展理念；第二，加强制度设计落实；第三，促进发展方式转变；第四，建立体育竞赛体制；第五，推进产业融合开发；第六，创办传统体育节日；第七，纳入全民健身计划；第八，培育体育团体组织。并在每一条路径的建设中提出了可行性的做法和举措。

《基于田野考察的西南地区少数民族传统体育文化生态研究》项目的研究工作虽然已经完成，但关于少数民族传统体育文化的研究远未结束，将会在后续的研究工作中结合新的发现，进行更加深入的研究，为我国传统体育文化和中华传统文化的繁荣复兴做出应有的贡献。

参考文献

——中文期刊类

徐寿彭、严英俊：《丰富多彩的少数民族传统体育》，《中央民族学院学报》1982年第4期。

徐永昌、李建章：《少数民族传统体育具有极强的生命力》，《中国民族》1982年第8期。

武恩莲：《生活气息浓郁的我国少数民族传统体育》，《沈阳体育学院学报》1983年第2期。

吴志平：《我国少数民族传统体育初探》，《贵州民族研究》1986年第3期。

闭锦源：《我国少数民族传统体育的特点及美的特征》，《武汉体育学院学报》1994年第2期。

赵昌毅：《中国少数民族传统体育运动发展展望》，《北京体育大学学报》2000年第1期。

黄建文、陈丽珠：《21世纪少数民族传统体育发展的新趋势》，《体育文化导刊》2001年第5期。

芦平生、陈玉玲：《少数民族传统体育的传承与演进》，《成都体育学院学报》2003年第3期。

徐万邦：《少数民族传统体育的特点和功能》，《宁夏社会科学》2003年第5期。

冯胜刚：《我国少数民族传统体育的价值研究》，《贵州民族研究》2003年第 3 期。

徐金尧：《少数民族传统体育教学探究》，《武汉体育学院学报》2003 年第 2 期。

李志清：《少数民族传统体育起源与变异探析》，《体育科学》2004 年第 1 期。

颜绍泸：《走近主流文化的历程——少数民族传统体育研究之一》，《成都体育学院学报》2005 年第 1 期。

冯胜钢：《我国少数民族传统体育存在方式和存在基础的特征调查与近 30 年内逐步现代化的对策研究》，《北京体育大学学报》2006 年第 11 期。

胡小明：《中国少数民族传统体育的文化多元价值》，《体育学刊》2007 年第 8 期。

袁华亭：《论我国少数民族传统体育项目的保护措施》，《中南民族大学学报》（人文社会科学版）2007 年第 6 期。

白晋湘：《少数民族传统体育项目及其文化编目的价值与方法》，《体育学刊》2008 年第 9 期。

郭礼：《我国少数民族传统体育的传承途径研究》，《西南师范大学学报（自然科学版）》2008 年第 6 期。

王虹、赵晓玲：《全国少数民族传统体育运动会研究》，《体育文化导刊》2009 年第 11 期。

刘少英、肖宪平、赵志强：《少数民族传统体育虚拟博物馆构建研究》，《成都体育学院学报》2009 年第 12 期。

张守平、王天军：《少数民族传统体育引入高校对策研究》，《体育文化导刊》2011 年第 7 期。

刘昀、刘闯、杨元英：《少数民族传统体育增强农村社区凝聚力研究》，《体育文化导刊》2011 年第 7 期。

丁辉：《少数民族传统体育发展的社会实效性研究》，《广州体育学院学报》2012 年第 32 年第 5 期。

霍红、王洪珅：《我国少数民族传统体育发展方式转变研究》，《成都体育学院学报》2012 年第 7 期。

王新武、张建军：《少数民族传统体育资源的社会价值及其发挥》，《体育文化导刊》2014年第12期。

屈植斌、顾晓艳：《我国少数民族传统体育传承运行机制的系统构建》，《北京体育大学学报》2015年第4期。

李姗姗：《论少数民族传统体育的教育价值及其实现》，《贵州民族研究》2015年第4期。

谭广鑫、罗国旺：《论少数民族传统体育遗产保护路径》，《体育文化导刊》2016年第5期。

管学庭：《论广西少数民族传统体育》，《广西师范大学学报》（哲学社会科学版）1986年第3期。

李锦：《广西少数民族传统体育考究》，《广西民族学院学报》（哲学社会科学版）1986年第2期。

梁柱平：《广西少数民族传统体育源流传说中的祭祀特征浅析》，《体育文史》1989年第6期。

庞锦荣：《我国西南少数民族传统体育略论》，《体育文史》1989年第3期。

韦晓康：《中国北方少数民族传统体育初探》，《黑龙江民族丛刊》1994年第3期。

芦平生等：《西北少数民族传统体育发展的理论构建》，《成都体育学院学报》2001年第1期。

芦平生、杨兰生：《西北少数民族传统体育的形成与发展》，《西北师范大学学报》（自然科学版）2001年第2期。

芦平生等：《西北少数民族地区体育资源的开发与利用》，《体育科学》2002年第1期。

芦平生、陈玉玲：《西北少数民族传统体育的若干理论与实践问题》，《体育学刊》2002年第1期。

芦平生、冯平：《西北少数民族传统体育理性化的自然选择与定位》，《体育学刊》2003年第1期。

芦平生：《西北少数民族地区传统体育活动开展的现状调查与研究》，《天津体育学院学报》2004年第4期。

芦平生、潘健：《西北少数民族地区体育资源开发的社会价值研究》，《武汉体育学院学报》2006年第5期。

芦平生：《西北少数民族群众参与传统体育活动的行为特征》，《上海体育学院学报》2007年第3期。

芦平生：《西北少数民族传统体育的项群分类及其特征》，《中国体育科技》2001年第9期。

王琳、谢智学：《对西北少数民族体育运动项目文化类型的特征分析》，《西北民族大学学报》（哲学社会科学版）2013年第4期。

张扬、王玉红：《西北少数民族传统体育研究新进展》，《体育文化导刊》2003年第6期。

周伟良：《西北地区少数民族传统体育发展的几点思考》，《体育文化导刊》2001年第5期。

沈林、宋楚欢：《新疆少数民族传统体育传承与保护研究》，《体育文化导刊》2010年第12期。

阿不拉·玉素甫、查萍：《新疆少数民族传统体育项目研究》，《体育文化导刊》2009年第5期。

刘全福：《新疆少数民族传统体育项目分类及其特征分析》，《成都体育学院学报》2009年第5期。

武杰、庞辉、王欢：《新疆少数民族传统体育项目场地发展的特殊性及契机》，《体育学刊》2007年第7期。

王国元、张玉祥：《新疆少数民族传统体育项目文化特征分析》，《新疆师范大学学报》（哲学社会科学版）2004年第3期。

李险峰、朱梅新、熊飞：《新疆少数民族传统体育与新疆体育的发展研究》，《北京体育大学学报》2009年第10期。

沈林、朱梅新、胡金明：《新疆少数民族传统体育发展研究》，《体育文化导刊》2009年第1期。

杨成、刘胜兵、龙凤：《新疆少数民族传统体育活动开展现状及发展对策》，《成都体育学院学报》2008年第11期。

庞辉：《从新疆民运会看我国少数民族传统体育发展模式之构建》，《西安体育学院学报》2008年第2期。

余彬、李军：《基于文化软实力提升视角下的新疆少数民族传统体育开发途径研究》，《首都体育学院学报》2014年第5期。

谭永洁：《西南少数民族传统体育游艺分类及其特征》，《中南民族大学学报》（人文社会科学版）2004年第6期。

董素云：《西南少数民族传统体育特征及其功能的现代发展》，《贵州民族研究》2012年第3期。

雍桂军：《关于西南少数民族传统体育保护创新的多元思考》，《黑龙江民族丛刊》2010年第3期。

肖谋远：《非物质文化视野下西南少数民族传统体育的保护与发展研究》，《成都体育学院学报》2009年第4期。

郭永东：《论多元文化圈对西南少数民族传统体育的影响》，《体育文化导刊》2005年第8期。

庞元宁、蒋仕延：《西南地区少数民族传统体育文化基征考》，《北京体育大学学报》2002年第6期。

冯胜刚：《生活方式变迁中贵州少数民族传统体育发展契机研究》，《贵州民族研究》2012年第5期。

冯胜刚：《南方喀斯特地区少数民族传统体育价值观研究——以贵州为例》，《贵州民族研究》2011年第1期。

李红：《贵州少数民族传统体育的文化特征及传承保护》，《贵州民族研究》2014年第5期。

吴小焱：《浅析少数民族传统体育项目的美学价值——以贵州独竹漂为例》，《贵州民族研究》2014年第9期。

龙忠德：《贵州少数民族传统体育的流变与传承发展的理性思考》，《贵州民族研究》2012年第3期。

徐咏：《贵州少数民族传统体育的传承与发展研究》，《贵州民族研究》2011年第6期。

国伟、田维华：《贵州少数民族传统体育的传承和发展》，《体育学刊》

2009 年第 9 期。

谢芳：《合理开发利用贵州少数民族传统体育推动贵州旅游业的发展》，《贵州民族研究》2003 年第 1 期。

戴文忠：《云南少数民族传统体育的起源与发展》，《体育文史》1996 年第 4 期。

尹晓燕：《云南少数民族体育的宗教渊源及影响》，《贵州民族研究》2014 年第 10 期。

方桢、黄光伟：《云南少数民族传统体育的地域文化特征》，《体育文化导刊》2006 年第 5 期。

赖云华：《云南少数民族传统体育可持续发展研究》，《昆明大学学报》2008 年第 4 期。

温和琼、敬龙军：《云南少数民族体育与新农村建设互动研究》，《体育文化导刊》2011 年第 12 期。

饶远、王丽静：《云南少数民族体育产业发展的思路与构想》，《体育文化导刊》2003 年第 2 期。

栾桂芝：《东北少数民族传统体育的形成与发展探究》，《中南民族大学学报》（人文社会科学版）2004 年第 5 期。

栾桂芝：《东北少数民族传统体育的现状与特点》，《北京体育大学学报》2004 年第 11 期。

朴刚、栾桂芝、陈立华：《东北少数民族传统体育的传承及其发展研究》，《天津体育学院学报》2004 年第 2 期。

朴刚：《东北少数民族传统体育项目及其对体育的促进作用》，《上海体育学院学报》2005 年第 3 期。

朴刚、陈立华：《东北少数民族传统体育现状及其发展思路研究》，《体育科学》2004 年第 4 期。

赵忠伟等：《东北地区少数民族传统体育的发展现状及其未来发展趋势》，《武汉体育学院学报》2006 年第 9 期。

赵忠伟、郑鸿：《东北少数民族传统体育发展研究》，《体育文化导刊》2009 年第 3 期。

陈立华：《东北少数民族传统体育的现状研究》，《沈阳体育学院学报》2005年第1期。

唐明：《基于社会资本理论的少数民族传统体育文化传承发展研究》，《沈阳体育学院学报》2016年第1期。

王洪珅：《互动仪式链理论视域下的少数民族传统体育本质推演》，《体育科学》2014年第7期。

魏建军：《基于差异化理论的桂西地区少数民族传统体育文化资源开发模式构建》，《广西师范大学学报》（哲学社会科学版）2013年第5期。

成英、葛小军、陈振勇：《代价论视域下少数民族传统体育旅游可持续发展研究》，《山东体育学院学报》2013年第2期。

张兴奇、顾晓艳：《耗散结构理论视阈下少数民族传统体育文化的进化理路》，《南京体育学院学报》（社会科学版）2012年第5期。

吴建逊：《我国少数民族传统体育的内涵与发展——基于文化多样性、价值多元化的视角》，《广州体育学院学报》2015年第4期。

余彬、李军：《基于文化软实力提升视角下的新疆少数民族传统体育开发途径研究》，《首都体育学院学报》2014年第5期。

刘铮等：《我国西部少数民族传统体育文化安全略论》，《成都体育学院学报》2013年第5期。

冯胜刚：《中国现代化进程中少数民族传统体育有效传承路径的实证研究》，《贵州民族研究》2012年第2期。

郝国栋、石文：《非物质文化遗产视域下贵州省少数民族传统体育文化的保护与传承》，《贵州民族研究》2011年第2期。

宁新辉、谢玉琴、刘玉兰：《城镇化进程对少数民族传统体育文化的影响及对策：以新疆哈萨克族为例》，《首都体育学院学报》2014年第4期。

刘坚、吕赟、徐长红：《城市化进程中少数民族传统体育文化传承与保护》，《体育与科学》2009年第6期。

朱杰等：《全球化语境下少数民族传统体育文化传承的SWOT分析》，《南京体育学院学报》（社会科学版）2010年第2期。

白永生、方征、马辉：《论经济全球化形势下我国少数民族传统体育文化的保护及发展》，《中央民族大学学报》2006 年第 6 期。

何亮、杨世如：《传统文化视野下的全国少数民族传统体育运动会价值观的构建》，《体育学刊》2008 年第 9 期。

郭风兰、闫晓、臧留鸿：《少数民族传统体育与构建和谐社会的研究》，《首都体育学院学报》2013 年第 1 期。

方征：《少数民族传统体育文化多样性保护的人类学解读》，《体育文化导刊》2016 年第 5 期。

闫艺：《历史人类学视域下西北少数民族传统体育文化流变研究》，《南京体育学院学报》（社会科学版）2015 年第 1 期。

李因霞：《少数民族传统体育文化变迁的文化人类学思考——以黔南地区为个案》，《搏击·武术科学》2012 年第 3 期。

谭广鑫、胡小明：《少数民族传统体育的人类学考察——以第 8 届全国少数民族传统体育运动会为考察对象》，《西安体育学院学报》2009 年第 5 期。

李因霞、顾晓艳：《少数民族传统体育文化传承的教育人类学研究》，《黔南民族师范学院学报》2008 年第 3 期。

张文涛、刘志元：《从社会学角度审视少数民族传统体育发展进程中的整合》，《内蒙古体育科技》2011 年第 1 期。

栾桂芝：《对中国少数民族传统体育文化的再认识》，《中南民族大学学报》（人文社会科学版）2003 年第 2 期。

段军刚：《传统文化与少数民族传统体育文化研究》，《体育文化导刊》2004 年第 4 期。

姜明、文格西：《西南地区少数民族传统体育文化特点及发展趋势》，《西南民族大学学报》（人文社会科学版）2004 年第 10 期。

冯胜刚：《关于正确定义中国少数民族传统体育文化的研究》，《贵州民族研究》2004 年第 4 期。

马辉、方征：《少数民族传统体育文化探源》，《宁夏大学学报》（人文社会科学版）2004 年第 6 期。

芦平生：《西北少数民族传统体育文化的社会价值》，《上海体育学院学报》2005 年第 6 期。

韦晓康、方征：《民族文化生态建设与少数民族传统体育文化研究》，《体育文化导刊》2006 年第 8 期。

袁华亭：《对少数民族传统体育文化基本概念的探讨》，《武汉科技学院学报》2006 年第 12 期。

钟全宏：《少数民族传统体育文化的类型及特征》，《广西民族大学学报》（自然科学版）2008 年第 1 期。

吴湘军、白晋湘：《我国少数民族传统体育文化源流探究》，《吉首大学学报》（自然科学版）2008 年第 4 期。

任莲香：《体育全球化与少数民族传统体育文化》，《甘肃社会科学》2010 年第 1 期。

田祖国、钟海平、白晋湘：《西部地区少数民族传统体育文化与节日文化研究》，《西安体育学院学报》2002 年第 3 期。

王南童：《浅析少数民族传统体育文化的传承》，《贵州民族学院学报》（哲学社会科学版）2003 年第 5 期。

刘东渝：《试论民族地区高校对少数民族传统体育文化的传承》，《成都体育学院学报》2007 年第 5 期。

黄银华、龚群：《少数民族传统体育文化资源开发中存在问题及对策探析》，《中南民族大学学报》（人文社会科学版）2009 年第 1 期。

袁华亭：《断裂与传承——"范式"视域内的少数民族传统体育文化》，《贵州民族研究》2009 年第 3 期。

夏琼华：《少数民族传统体育文化传承的教育策略》，《体育与科学》2010 年第 1 期。

刘铮、郝凤霞、贾文彤等：《我国西部少数民族传统体育文化安全略论》，《成都体育学院学报》2013 年第 5 期。

朱琳、刘礼国、徐烨：《论我国少数民族传统体育文化遗产保护》，《体育与科学》2013 年第 5 期。

肖谋远、韦晓康：《少数民族传统体育文化传承与教育路径研究》，《西南民族大学学报》（人文社会科学版）2014 年第 7 期。

李晓通、周山彦、高志才等：《我国少数民族传统体育文化传承机制研究》,《体育文化导刊》2014年第7期。

杨敏、沈卫珍:《少数民族传统体育文化保护的问题与对策》,《贵州民族研究》2014年第8期。

丁雨:《新时期少数民族传统体育文化的保护与传承》,《贵州民族研究》2016年第5期。

王长乐:《论"文化生态"》,《哈尔滨师专学报》1999年第1期。

梁渭雄、叶金宝:《文化生态与先进文化的发展》,《学术研究》2000年第11期。

王玉德:《生态文化与文化生态辨析》,《生态文化》2003年第3期。

李学江:《生态文化与文化生态论析》,《理论学刊》2004年第10期。

管宁:《文化生态与现代文化理念之培育》,《教育评论》2003年第3期。

吴圣刚:《文化的生态学阐释和保护》,《理论界》2005年第5期。

方李莉:《文化生态失衡问题的提出》,《北京大学学报》(哲学社会科学版)2001年第3期。

沈建良:《文化安全:文化生态的视野》,《江南社会学院学报》2007年第1期。

黄云霞:《论文化生态的可持续发展》,《南京林业大学学报》(人文社会科学版)2004年第3期。

布特、闫静:《体育文化生态理论:新范式引入与展望》,《吉林体育学院学报》2013年第4期。

龚建林:《体育文化生态系统的结构与特性》,《体育学刊》2011年第4期。

江伟、徐成立:《文化生态视域下少数民族体育的发展》,《贵州民族研究》2012年第1期。

李吉远:《文化生态嬗变下传统武术的历史走向》,《西安体育学院学报》2011年第3期。

谢业雷、李吉远:《文化生态视野下传统武术的生存价值研究》,《武汉体育学院学报》2009年第1期。

郭永东:《西南地区少数民族体育项目分布及其文化特征》,《西南民族大学学报》（人文社会科学版）2005年第6期。

姜明、文格西：《西南地区少数民族传统体育文化特点及发展趋势》，《西南民族大学学报》（人文社会科学版）2004年第10期。

饶远、赵玲玲、沈阳：《民族体育在云南民族文化大省建设中的作用》，《云南民族学院学报》（哲学社会科学版）2000年第5期。

陈辉、饶远等：《云南少数民族体育资源产业化的SWOT分析与策略》，《山西师大体育学院学报》2008年第1期。

丁先琼、鲁平俊、胡志红、刘朝阳、赵功景：《云南苗族"吹枪"的历史渊源和现代传承》，《军事体育进修学院学报》2009年第3期。

王萍、周山彦：《云南苗族吹枪发展探析》，《文山学院学报》2012年第3期。

周山彦：《文化生态视野下苗族吹枪的活态传承》，《体育研究与教育》2015年第5期。

坦龙：《贵州少数民族的宗教信仰》，《贵州文史丛刊》1986年第3期。

田原：《贵州文化浅论》，《贵州民族研究》2004年第2期。

刘转青、刘积德：《独竹漂项目衍变历程对我国民族传统体育发展的启示》，《哈尔滨体育学院学报》2017年第2期。

王馨平等：《苗族独木龙舟变迁的经济动因探析》，《六盘水师范学院学报》2013年第3期。

胡小明等：《黔东南独木龙舟的田野调查——体育人类学的实证研究（一）》，《体育学刊》2009年第12期。

朱琳、徐晓光：《"独木龙舟活动"隐含的故事——黔东南清水江流域苗族的社会规则及礼物互惠》，《体育与科学》2016年第2期。

周华：《黔东南苗族村寨的独木龙舟节文化初探》，《贵州民族学院学报》（哲学社会科学版）2012年第4期。

张红娜：《苗族独木龙舟文化调查》，《原生态民族文化刊》2009年第4期。

王洪珅、霍红：《羌族传统体育挖掘研究》，《体育文化导刊》2010年第8期。

徐学书：《嘉绒藏族"锅庄"与羌族"锅庄"关系初探》，《西藏艺术研究》1994 年第 3 期。

付茂忠等：《凉山州现代畜牧业发展探讨》，《四川畜牧兽医杂志》2014 年第 12 期。

廖恒：《羌族推杆研究》，《体育文化导刊》2012 年第 4 期。

丁玲辉：《西藏民族传统体育的特性》，《西藏体育》2003 年第 4 期。

丁玲辉：《略论西藏民族传统体育的社会特性和功能》，《中国藏学》1999 年第 3 期。

丹珠昂奔：《试说藏民族的形成》，《中央民族大学学报》1999 年第 5 期。

胡益阳：《西藏昌都地区麻类资源考察》，《作物品种资源》1984 年第 2 期。

赵秉理：《从〈格萨尔〉看古代藏族部落战争的作用》，《青海社会科学》1996 年第 4 期。

王兴怀：《藏族"工布响箭"的产生及发展演变初探》，《西藏民族学院学报》（哲学社会科学版）2013 年第 4 期。

王兴怀、杨建军：《博弈论视角下藏族工布响箭文化遗产保护研究》，《西藏大学学报》（社会科学版）2014 年第 3 期。

阎劲：《试论藏族传统体育形成及特征》，《青海民族研究》2006 年第 3 期。

谷枫、韦晓康、于浩：《藏族传统体育俄尔多的社会功能及文化内涵研究》，《西安体育学院学报》2011 年第 3 期。

朗杰：《藏族牧民的抛石绳——"古朵"》，《化石》1987 年第 2 期。

张世威、张陵：《我国民族传统体育文化发展的安全审视——以重庆酉阳土家族摆手舞为个案研究》，《北京体育大学学报》2011 年第 12 期。

王一波、陈廷亮、咏梅：《浅析苗族鼓舞的起源和发展》，《北京舞蹈学院学报》2008 年第 1 期。

彭振坤：《来凤县舍米湖文化资源的调查报告》，《土家族研究》2004 年第 4 期。

萧洪恩：《摆手舞的起源及文化内涵初探》，《湖北民族学院学报》（社会科学版）1996 年第 1 期。

赵翔宇：《从娱神到娱人：土家族摆手舞的功能变迁研究》，《民族艺术研究》2012 年第 4 期。

张世威、张陵：《我国民族传统体育文化发展的安全审视——以重庆酉阳土家族摆手舞为个案研究》，《北京体育大学学报》2011 年第 12 期。

范大平：《论中国农村文化生态环境建设》，《求索》2005 年第 2 期。

孙九霞：《族群文化的移植："旅游者凝视"视角下的解读》，《思想战线》2009 年第 4 期。

董学荣、罗维萍：《民族文化保护的悖论与超越——以基诺族文化保护为例》，《黑龙江民族丛刊》2009 年第 4 期。

王天军：《少数民族体育旅游的特征及其开发原则》，《新疆大学学报》（自然科学版）2000 年第 2 期。

韩玉姬、王洪珅：《旅游场域中的少数民族传统体育文化发展研究》，《成都体育学院学报》2013 年第 1 期。

周纪兰：《文化与生活方式》，《兰州学刊》1987 年第 2 期。

屈植斌、顾晓艳：《我国少数民族传统体育传承运行机制的系统构建》，《北京体育大学学报》2015 年第 4 期。

赵世林：《论民族文化传承的本质》，《北京大学学报》（哲学社会科学版）2002 年第 3 期。

周晓虹：《文化反哺与器物文明的代际传承》，《中国社会科学》2011 年第 6 期。

丹珠昂奔：《试说藏民族的形成》，《中央民族大学学报》1999 年第 5 期。

张世威、张陵：《我国民族传统体育文化发展的安全审视——以重庆酉阳土家族摆手舞为个案研究》，《北京体育大学学报》2011 年第 12 期。

赵翔宇：《传统的发明与文化的重建——土家族摆手舞传承研究》，《贵州民族研究》2014 年第 4 期。

蒋东升、王利春、潘宏波：《全国少数民族传统体育运动会发展研究》，《体育文化导刊》2016 年第 2 期。

张世威：《基于文化空间理论的民族传统体育保护研究——来自土家摆手

舞的田野释义与演证》,《北京体育大学学报》2015 年第 8 期。

梁勤超、王洪珅、李源:《城镇化转型中少数民族村落体育的迷失与复归》,《首都体育学院学报》2016 年第 1 期。

王洪珅:《中国体育文化生态的历史演变论绎》,《上海体育学院学报》2017 年第 1 期。

刘转青、刘积德:《独竹漂项目衍变历程对我国民族传统体育发展的启示》,《哈尔滨体育学院学报》2017 年第 2 期。

邹广文:《文化前行:在传统与现代之间》,《求是学刊》2007 年第 6 期。

李景繁、高会军:《消解与重构:少数民族传统体育传承空间衍变研究》,《体育文化导刊》2016 年第 11 期。

王洪珅:《论我国少数民族传统体育传承面临的冲击与调适》,《搏击·武术科学》2009 年第 6 期。

莫代山:《酉水流域摆手舞文化的和谐共生》,《中南民族大学学报》(人文社会科学版) 2016 年第 5 期。

薛强:《藏族传统体育古朵的现状调查与分析——以西藏阿里地区改则县为例》,《西藏民族学院学报》(哲学社会科学版) 2014 年第 4 期。

刘希刚:《论生态文明建设中的"底线"与"底线思维"》,《西南大学学报》(社会科学版) 2015 年第 2 期。

张国祚:《谈谈"底线思维"》,《求是》2013 年第 19 期。

王郅强、尉馨元:《"底线思维":历史寻根与现代价值》,《马克思主义与现实》2016 年第 3 期。

曾美海、杨娴:《民族文化资源开发中的底线思维》,《中华文化论坛》2015 年第 10 期。

王洪珅:《民族聚落旅游开发视角下的少数民族传统体育"活态性"保护和传承》,《搏击·武术科学》2010 年第 9 期。

周忠华、向大军:《文化差异·文化冲突·文化调适》,《吉首大学学报》(社会科学版) 2011 年第 2 期。

周晓阳:《论文化与自然环境的协调统一》,《湖南社会科学》2004 年第 2 期。

刘林涛：《文化自信的概念、本质特征及其当代价值》，《思想教育研究》2016年第4期。

高丙中：《关于文化生态失衡与文化生态建设的思考》，《云南师范大学学报》（哲学社会科学版）2012年第1期。

杨桦、任海：《转变体育发展方式由"赶超型"走向"可持续发展型"》，《北京体育大学学报》2013年第1期。

王霄冰：《节日：一种特殊的公共文化空间》，《河南社会科学》2007年第4期。

——中文书籍类

楼宇烈：《中国文化的根本精神》，中华书局2016年版。

司马云杰：《文化社会学》，山东人民出版社1987年版。

冯天瑜：《中华文化史》，上海人民出版社1990年版。

编写组：《贵州省志·民族志》，贵州民族出版社2002年版。

冯胜刚：《贵州少数民族传统体育理论与方法》，贵州民族出版社2011年版。

编写组：《贵州省志·民族志》，贵州民族出版社2002年版。

周伟良：《中华民族传统体育概论高级教程》，高等教育出版社2003年版。

编者：《镇远府志》，中州古籍出版社1996年版。

赵荣、王恩涌等：《人文地理学》，高等教育出版社2000年版。

王昌富：《凉山彝族礼俗》，四川民族出版社1994年版。

霍红等：《汶川地震后羌族传统体育的抢救保护与恢复重建研究》，人民体育出版社2012年版。

尕藏加：《西藏宗教》，五洲传播出版社2004年版。

丁玲辉：《西藏的民族传统体育》，西藏人民出版社2006年版。

降边嘉措、吴伟：《格萨尔王全传》，五洲传播出版社2006年版。

重庆市民族宗教事务委员会：《重庆民族志》，重庆出版社2002年版。

全国政协文史资料委员会：《土家族百年实录》，中国文史出版社2002年版。

《龙山县志》卷七：《风俗》，1818年版（清嘉庆二十三年）。

《龙山县志》卷十一：《祁禳条》，1870年版（清同治九年）。

中国民族民间舞蹈集成编辑部编：《中国民族民间舞蹈集成·湖南卷》，中国舞蹈出版社1991年版。

——网络文献类

《文山》，360百科（https：//baike.so.com/doc/4400312—4607145.html）。

《贵州概况》，贵州省人民政府网（http：//www.gzgov.gov.cn/）。

《贵州》，中国政府网（2005-08-10）。

《贵州概况》，贵州百科信息网（2011.10.30）。

《多民族的大家庭》，贵州省人民政府网（http：//www.gzgov.gov.cn/）。

《贵州赤水走"旅游兴 经济活 百姓富"全域旅游发展新路》（http：//www.sohu.com/a/158004121_120702）。

彝族人网（http：//www.yizuren.com/survey/gyyz/32226.html#a10）。

百度知道（https：//zhidao.baidu.com/question/2206238362500026068.html）。

《族群认同》，360百科（https：//baike.so.com/doc/7899848—8173943.html）。

《西藏的宗教》（http：//news.xinhuanet.com/ziliao/2003-12/01/content_1207579.htm）。

《藏族人口》，中国网（http：//www.china.com.cn/）。

http：//www.china.com.cn/culture/aboutchina/zz/2009-09/04/content_18467809.htm。

西藏信息港（http：//www.tibetculture.net/lsmy/xzls/zzqy/200712/t20071212_298121.htm，2007-03-29）。

好搜百科：《藏族》（http：//baike.haosou.com/doc/2621436—2767967.html#2621436—2767967-14）。

《门巴族》（http：//www.seac.gov.cn/index.html）。

《珞巴族》（http：//www.seac.gov.cn/col/col451/index.html）。

《珞巴族》，中国民族宗教网（http：//www.mzb.com.cn/html/report/240176-1.htm2011-09-26）。

《西藏文化》,360 百科(http://baike.so.com/doc/5878836—6091708.html)。

《西藏民族体育》,360 百科(http://baike.so.com/doc/9123810—9456816.html)。

《生产工具》,百度百科(http://baike.baidu.com)。

《文化认同》,360 百科(http://baike.so.com/doc/6185295—6398545.html)。

《制度》,360 百科(https://baike.so.com/doc/3100265—3267739.html)。

《生产方式》,360 百科(https://baike.so.com/doc/5837513—6050344.html)。

《生活方式》,360 百科(https://baike.so.com/doc/5383413—5619808.html)。

《根》,360 百科(https://baike.so.com/doc/4528408—4738512.html)。

《体系》,360 百科(https://baike.so.com/doc/4216825—4418230.html)。

《可持续性发展》,360 百科(https://baike.so.com/doc/6762556—6977217.html)。

《国家级文化生态保护区》,360 百科(https://baike.so.com/doc/2151108—2275974.html)。

《教育》,360 百科(https://baike.so.com/doc/5338309—5573749.html#5338309—5573749-7)。

《制度环境》,360 百科(https://baike.so.com/doc/6444125—6657806.html)。

《普适性》,360 百科(https://baike.so.com/doc/6931437—7153759.html)。

《族群认同》,360 百科(https://baike.so.com/doc/7899848—8173943.h)。

《体育社会组织》,360 百科(https://baike.so.com/doc/24820278—25750797.html)。

李勖:《来凤县志·风俗志(同治版)》,来凤县史志办在线资料(http://www.laifeng.gov.cn/szb)。

林翼池:《来凤县志(乾隆版)》,来凤县史志办在线资料(http://www.laifeng.gov.cn/szb/:63.)。

——硕士、博士学位论文类

仝兆静:《新疆少数民族传统体育项目场地现状分析及发展对策》,硕士学位论文,新疆师范大学,2006年。

王南童:《少数民族传统体育纳入贵州高校体育课程资源体系的研究》,

硕士学位论文，武汉体育学院，2009 年。

刘坚：《云南省少数民族传统体育非物质文化遗产保护与传承研究》，博士学位论文，北京体育大学，2012 年。

邓开民：《云南少数民族传统体育旅游资源开发利用研究》，博士学位论文，北京体育大学，2012 年。

夏晟：《文化软实力视域下我国少数民族传统体育开发研究》，硕士学位论文，湖南大学，2011 年。

徐巧：《文化生态学视角下湘西州少数民族传统体育文化研究》，硕士学位论文，吉首大学，2013 年。

徐建：《当代中国文化生态研究——基于文化哲学的视角》，博士学位论文，华东师范大学，2008 年。

李延超：《民族体育的生态与发展——南方喀斯特地貌区域的调查》，博士学位论文，上海体育学院，2011 年。

魏丽萍：《云南省景谷县彝族打陀螺活动的形成、演进与发展研究》，硕士学位论文，云南师范大学，2015 年。

刘楠楠：《试论土家族摆手舞形态流传与发展研究》，硕士学位论文，中央民族大学，2006 年。

蒙象飞：《中国国家形象建构中文化符号的运用与传播》，博士学位论文，上海外国语大学，2014 年。

李红真：《论学校常规活动仪式的育人功能》，硕士学位论文，河南大学，2009 年。

——其他类

Te Bu, Dilemma of Study on Chinese National Traditional Sports Culture and the Selection of Paths, *Asian Social Science*, Vol. 7, No. 1, June, 2010.

Dilshat Mohammad, Study on the Interaction between the Modern Change of the National Traditional Sports Culture and the Reconstruction of Ethnic College Students' Value Consciousness, *Asian Culture and History*, Vol. 3, No. 1, June, 2010.

Jinghong Yan, Minority Traditional Sports Culture Development Mode Adjustment in the Urbanization Process, Information Engineering Research Institute, USA. Proceedings of 2013 3rd International Conference on Social Sciences and Society (ICSSS 2013) Vol. 39, Information Engineering Research Institute, USA: Dec, 2013.

Ling Jing, The study on the development approaches of traditional sports culture and resources of minority people in Xinjiang, Proceedings of 2010 International Conference on Computer Science and Sports Engineering (CSSE 2010), Mar. 2010.

F. W. Rudmin, "Field Notes from the Quest for the First Use of 'Acculturation'", Cross–Cultural Psychology Bulletin, Vol. 3, 2003.

Redfield, R., Linton, R. & Herskovits, M. J.. Memorandum on the study of acculturation, *American Anthropologist*, 38, 1936.

F. W. Rudmin, Critical History of the Acculturation Psychology of Assimilation, Separation, Integration, and Marginalizationo, *Review of General Psychology*, Vol. 7, 2003.

邹启山:《联合国教科文组织·人类口头和非物质遗产代表作申报指南》,文化艺术出版社2005年版。

冯天瑜:《中华文化辞典》,武汉大学出版社2001年版。

陈国强:《简明文化人类学词典》,浙江人民出版社1990年版。

附：考察行迹

以下图片均来自课题组成员调研
实地考察之西藏自治区篇

课题组访谈错那县体育局局长边巴（左一）

课题组在洛扎县教体局考察"打牛角"

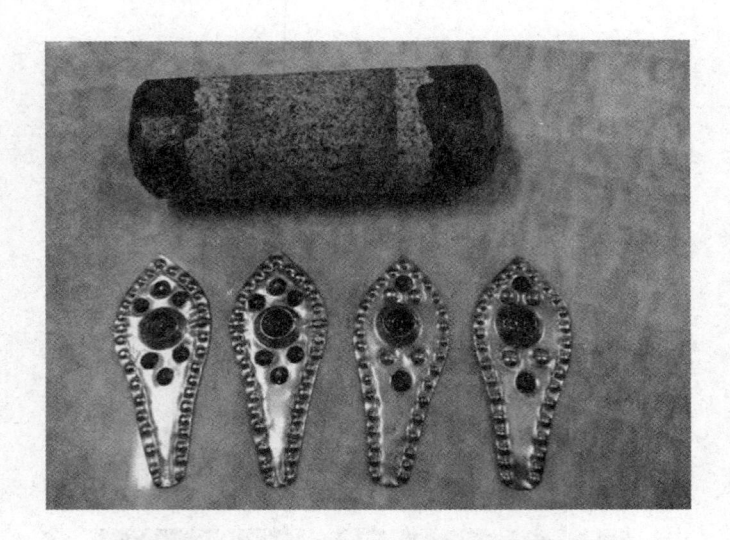

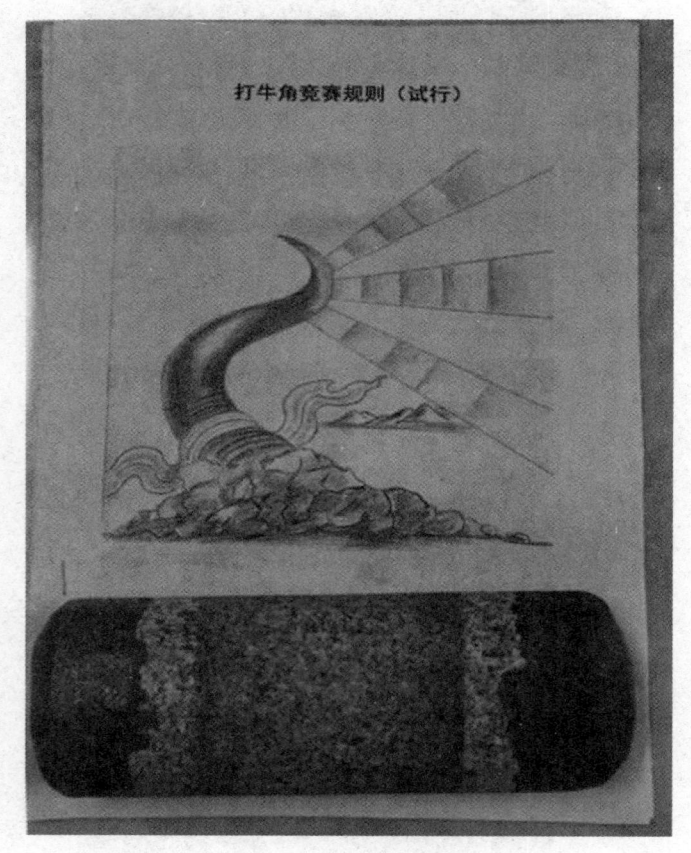

"打牛角"竞赛规则和器材

附：考察行迹

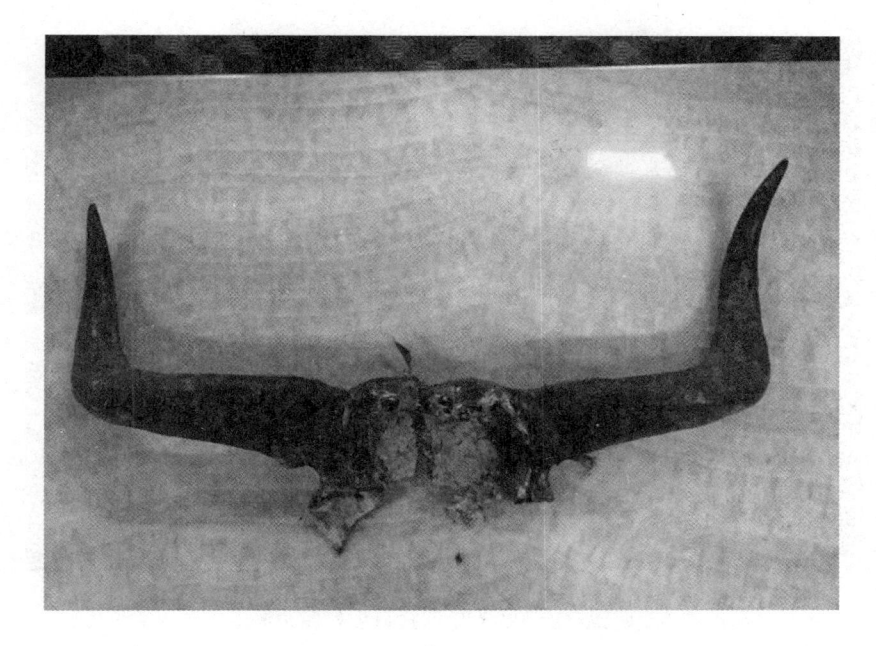

牛角

访谈山南县原副县长、人大常委会主任平措（门巴族，前排左二）

西藏自治区山南地区贡日乡村民访谈

错那县麻玛门巴民族乡访谈门巴族居民（左一）

附：考察行迹

课题组在西藏自治区山南地区贡日乡调研（左二为联络人索朗旦增）

西藏自治区山南洛扎县扎日完小调研 　　西藏自治区山南洛扎县教育局、体育局调研

西藏自治区山南地区色村调研

实地考察之贵州省篇

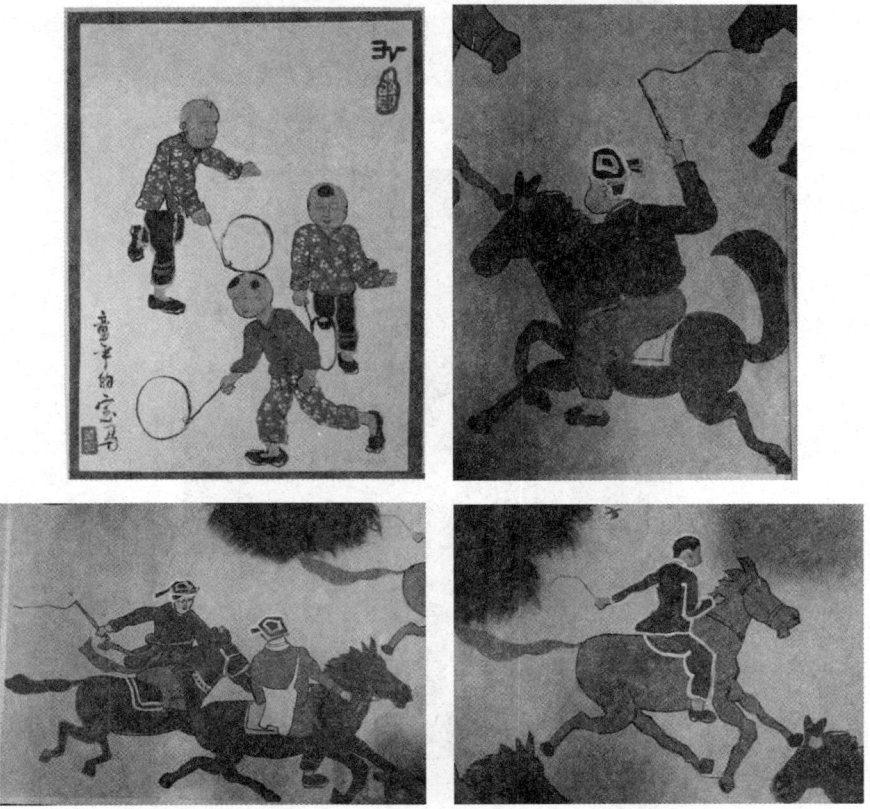

三都水族自治县"卯节"及民族体育活动壁画

贵州三都水族九阡中学调研（左二为访谈的水族居民）

贵州三都水族九阡中学调研（右一为联络人潘永大）

附：考察行迹

贵州三都水族九阡中学调研（左一为联络人潘永大）

三都石板大寨访谈水族村民

三都水族自治县的"卯坡"

贵州三都水族自治县祥寨小学调研　　贵州师范大学访谈冯胜刚教授（右一）

附：考察行迹

罗正琴、冯胜刚教授提供的专著资料

贵州务川仡佬族苗族自治县大坪镇龙潭村调研（右一为联络人邹太红）

实地考察之四川省篇

访谈西昌学院洛边木果副教授（右一）

凉山州"火把节"拖觉片区调研

附：考察行迹

凉山州"火把节"上的"爬天杆"

凉山州"火把节"上的"斗牛"

"火把节"拖觉片区访谈彝族老乡(左一)

附：考察行迹

"火把节"拖觉片区访谈彝族大学生（左三、四）

四川省阿坝州水磨镇考察

实地考察之云南省篇

云南大理大学考察

访谈大理大学李云清副教授

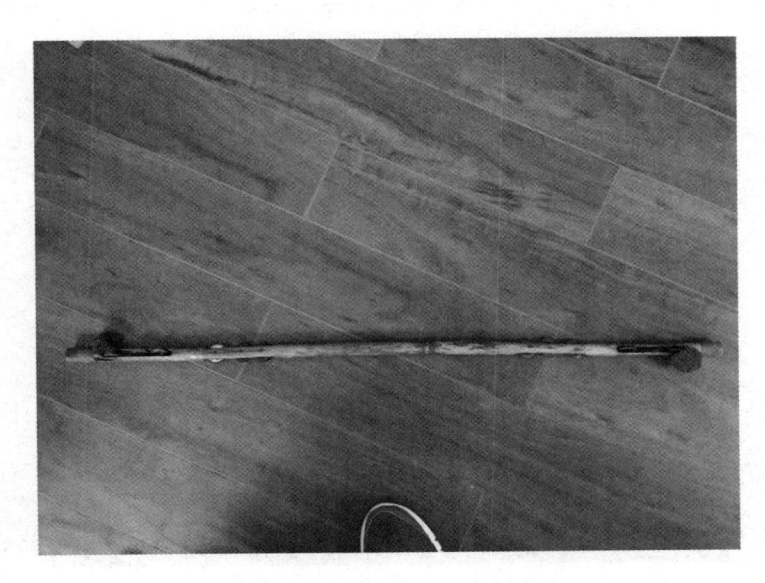

附：考察行迹

大理大学李云清副教授提供的"陀螺"和"霸王鞭"

云南大理三月街前的"火把"

云南德宏傣族景颇族自治州访谈孔雀拳创立者杨四（中）

附：考察行迹

孔雀拳创立者杨四现场展示

云南省芒市西山乡弄丙村考察

云南省芒市西山乡弄丙村村民访谈

云南省芒市西山乡弄丙村"目瑙纵歌"广场

附：考察行迹

访谈云南大学彭多毅教授

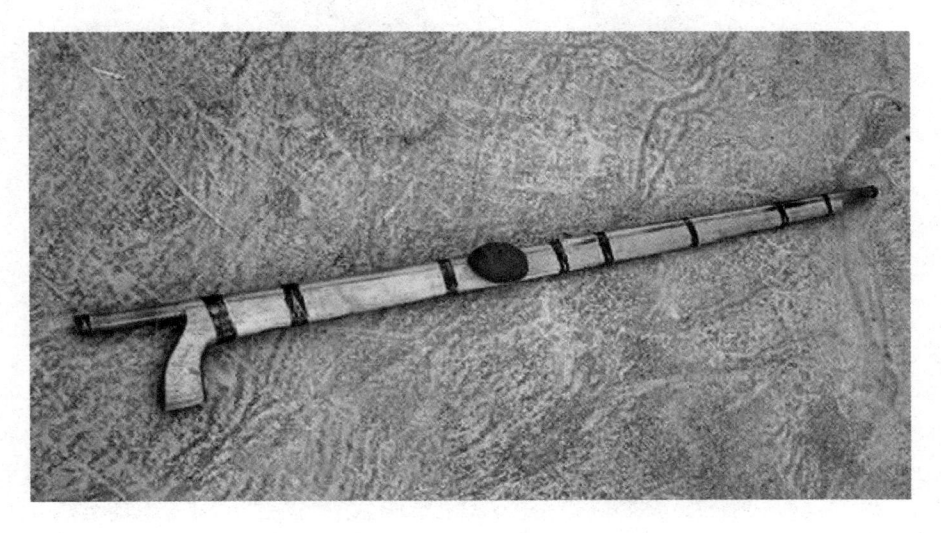

文山"吹枪"

"吹枪"子弹（泥丸）制作

民间"吹枪"比赛

附：考察行迹

实地考察之重庆篇

酉阳后溪镇河湾村访谈

酉阳后溪镇河湾村调研走访

后　　记

　　我国西南地区物产丰饶、山灵水秀、文化荟萃，广袤的大地上孕育了勤劳的人民，也孕育了五彩斑斓的民族文化，历经千年传袭至今而依然风采熠熠。集广大民族同胞集体智慧而生、以身体活动为基本表现形式的传统体育，承载了人们对于自然的敬畏、对于生活的体验和对于自我的认知，描绘出民族历史演变和民族文化赓续的轨迹，反映出民族成长和发展的点点滴滴，散发出无穷的魅力。基于对民族文化的浓厚兴趣和崇敬，走走停停地进行了十多年的研究，所期望的就是有朝一日能够将积累的"散珠"串联，为了解认知西南地区少数民族传统体育提供些许便利。

　　《西南少数民族体育文化生态论》是从文化生态学的角度，分析探讨少数民族传统体育与文化生态框架内"自然环境、社会环境、族群"之间的多种关系，所做的努力仅仅是尝试性地"向前迈一小步"。成果出版之际，难掩欣喜与激动，欣喜于自己主持的第一个国家社会科学基金项目顺利完成，并在最终的结项成果鉴定中得到"良好"的评定结论；欣喜于项目研究过程中结识了多位专家和新朋友，并在交流和碰撞中增长了见识、积累了经验；欣喜于自己善始善终地完成了项目的研究工作而没有辜负国家的支持和信任。当然还有与欣喜相伴的激动，依然记得在得知立项消息那一刻与自己博导相拥的一幕；依然记得家人得知好消息时电话里兴奋的惊讶；依然记得翻山越岭调研获取有用信息的心潮澎湃；依然记得访谈专家语重心长的教导和悉心教诲；依然记得突破研究卡顿后的那份柳暗花明；依然记得假期调研中的各种阻碍和艰难；依然记得节假日舍弃陪伴家人在电脑前的日日夜夜……研究成果出版或许是研究者最大的欣慰和最好的安慰。

回望来时路,立项之初的喜悦在研究开展的过程中渐渐褪去,随之而来的是日益疯长的各种困顿和艰辛,调研之前的各种资料查阅往往了无头绪,实地考察中时常伴有各种闭门羹和空手而归,研究思路和框架多次痛苦的调整和修改,家庭工作等各种关系的协调处理……幸而,时间给了我们成长的机会,幸而组建了一支有力的研究团队,使研究顺利完成。项目研究过程中,中央民族大学的韦晓康教授不仅参与了研究设计、思路确定和框架调整的整个过程,而且在实地考察中做了大量工作,既亲自参与调研过程,也协调关系促进其他地区调研工作的开展;成都中医药大学的韩玉姬副教授全程参与了研究过程,并撰写了西藏板块的大量内容,为项目的完成提供了大力支持;江西师范大学的张文涛副教授参与了研究过程并承担了部分章节的撰写;贵阳学院的李晨博士在考察贵州传统体育项目的过程中做了大量协调工作;云南德宏师范专科学校的李斗才副教授参与了云南德宏州地区的实地考察和部分章节的撰写,原就职于西昌学院的吴勇副教授在四川凉山州调研过程中做了大量协调工作,使"火把节"的各项考察工作顺利开展,成都体育学院的李传国副教授和徐鹏老师撰写了部分内容并协助调研……

同时,在项目开展的过程中,得到了大量国内知名专家的指导和帮助,如北京体育大学任海教授、黄亚玲教授,西藏大学丁玲辉教授,云南大学彭多毅教授、贵州师范大学冯胜刚教授,遵义学院罗正琴教授,长江师范学院张世威教授,成都体育学院霍红教授、王广虎教授、程林林教授等,在研究设计、调研准备、框架拟定、研究思路等方面给予了耐心指导和大力帮助。感谢好友梁勤超、孙亮亮、张建、孟欣欣给予的帮助,要感谢我的研究生汪利蓉、刘月簌和张梦云,在书稿校对中付出的辛劳,还要感谢中国社会科学出版社的郭晓鸿编辑为书稿所做出的贡献。在本书付梓之际,向诸位提供过帮助和支持的师长、同人、家人和朋友表示诚挚的谢意!

正是基于专家、同人的指导和课题组成员的共同努力,西南地区少数民族传统体育文化生态的考察和各项研究工作才能顺利完成。而在项目的完成过程中,课题组不仅较为全面地了解和把握了西南地区少数民族传统体育文化的生存情况,也在各项研究工作的开展中积累了经验、增长了见识、锻炼

后 记

了能力，同时搜集整理了大量图片、文字材料和视频等研究素材，发现了许多值得进一步研究的问题。《基于田野考察的西南地区少数民族传统体育文化生态研究》项目的研究基本完成，但受研究能力、研究视野、时间精力等方面的限制，本项目尚且存在考察的范围还不够广、考察的民族和传统体育项目数量还不够多、研究视野还不够开阔等问题，研究团队将会在今后弥补上述不足。

书中不当、不妥、疏漏之处，望请学界诸方家不吝赐教！

王洪珅
2019年7月于典未斋